Franco Giannini
Massimiliano Pieraccini

Elettronica Analogica: i fondamenti

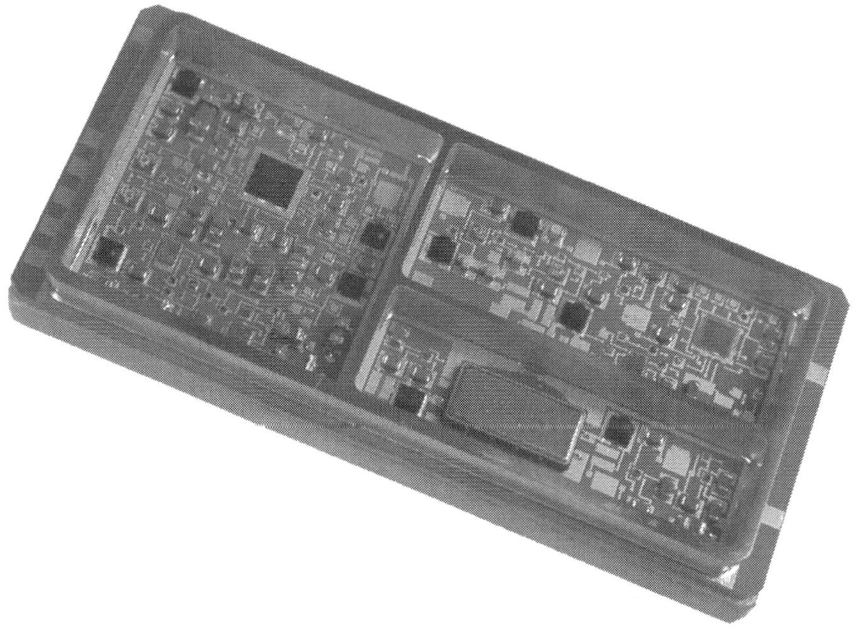

Società Editrice ESCULAPIO

ISBN 978-88-7488-588-6

Società Editrice Esculapio s.r.l.
Via Terracini, 30 – 40131 Bologna
www.editrice-esculapio.com – info@editrice-esculapio.it

In copertina: Convertitore Banda Ku-IF con filtro SAW (THALES ALENIA SPACE ITALIA)

Impaginazione: Gabriella Gatti, Giancarla Panigali, Carlotta Lenzi Layout
copertina: Gabriella Gatti, Giancarla Panigali, Carlotta Lenzi

Società Editrice
ESCULAPIO

Un ringraziamento speciale al collega e comune amico prof. Giuseppe Pelosi (Università di Firenze), senza il cui stimolo e assiduo incoraggiamento questo libro non sarebbe mai stato scritto.

Indice

Nella mia, ormai lunga, vita accademica ho avuto la fortuna di assistere a una delle più grandi rivoluzioni tecnologiche e culturali di tutti i tempi. Nel volgere di pochi anni l'elettronica da una disciplina di cui si intuiva l'enorme potenziale, ma ancora in qualche modo ristretta a una limitata cerchia di addetti ai lavori, è diventata quella tecnologia pervasiva e ubiqua di oggi. La prova più evidente del suo successo è, paradossalmente, la sua "scomparsa".

I primi componenti elettronici erano oggetti ingombranti, relativamente costosi ed in grado di svolgere poche funzioni elementari. L'elettronica di oggi è fatta di micro e nano componenti incorporati (embedded) negli oggetti che usiamo tutti i giorni in grado di trasmettere informazioni ad alta velocità permettendoci di essere connessi ovunque; la tecnologia delle reti di sensori collegati da onde radio (wireless sensor network) consente di monitorare da remoto i principali parametri ambientali con a scala spaziale e cadenza temporale non ottenibile prima d'ora, mentre i moderni computer sono in grado di sviluppare calcoli computazionali con velocità, dimensioni e costi impensabili fino a pochi anni fa. I moderni sistemi elettronici hanno trovato utili applicazioni in luoghi un tempo impensabili, dai musei per fornire ai visitatori informazioni puntuali e localizzate, alle coltivazioni per monitorarne le condizioni ambientali ed il rischio di insorgenza di patogeni, solo per citare due esempi tra la miriade di altri che potrebbero essere menzionati. Le applicazioni della moderna elettronica hanno pervaso il nostro mondo in maniera spesso invisibile e costituiscono un elemento indispensabile ed irrinunciabile della nostra vita di tutti i giorni. Una vera e propria rivoluzione, appunto, che, forse non tutti sanno, ha avuto una delle sue prime scintille nell'Ateneo dove ho trascorso gran parte della mia vita accademica. Nel 1924, infatti, fu istituito a Firenze il biennio propedeutico di Ingegneria presso la Facoltà di Scienze Fisiche e Naturali; un allora giovane neolaureato, Enrico Fermi, fu chiamato ad insegnare "Meccanica Razionale". Fermi restò a Firenze fino al 1926 ed in tale periodo ha pubblicato uno dei contributi teorici fondamentali per lo studio della fisica dei semiconduttori, noto appunto come 'Statistica di Fermi'.

Se è vero che l'elettronica ha fatto dei progressi straordinari dall'epoca di Fermi, è altrettanto vero che le sue basi sono ancora quelle che ho insegnato ormai a molte generazione di studenti, diventati ottimi professionisti e ricercatori. In effetti, malgrado il vortice di riforme che l'università ha dovuto subire in questi anni, spesso frantumando e snaturando corsi efficaci e ben consolidati, la preparazione dei nostri ingegneri è - nonostante tutto - rimasta di buon livello e riconosciuta a livello internazionale. La scuola italiana, almeno nella maggior parte delle sedi universitarie, è riuscita a mantenere il rigore e la serietà che da sempre la contraddistingue, senza scivolare in facili compromessi che forse, momentaneamente, avrebbero soddisfatto le richieste del mercato del lavoro, ma che nel lungo termine sarebbero andati contro gli stessi interessi degli studenti e delle aziende, perché è la solida preparazione di base che fa la differenza anche in una carriera aziendale.

Il libro dell'Amico e Collega Franco Giannini (Università di Roma "Tor Vergata") - cui mi lega una pluridecennale amicizia e colleganza accademica - e di Massimiliano Pieraccini (Università di Firenze), si inserisce pienamente nel solco di questa tradizione. Si tratta di un testo di base per gli studenti di elettronica destinato a formarne le conoscenze di base, indispensabili per affrontare con successo le sfide che il progresso tumultuoso delle tecnologie elettroniche pone. L'opera completa coprirà tutti i fondamenti della materia: dalla fisica dei semiconduttori, alla componentistica elettronica analogica e numerica. Questo primo volume tratta i semiconduttori, i diodi, il transistor bipolare, i transistor a effetto di campo, gli amplificatori e le tecniche per il calcolo della loro risposta in frequenza. Gli argomenti sono certo ben noti e ampiamente trattati in numerosi altri testi, ma ciò che sicuramente contraddistingue quest'opera è la chiarezza cristallina dell'esposizione e l'efficacia didattica, frutto indubbiamente della lunga esperienza di insegnamento dei due autori.

E' per me un piacere, oltreché un onore, scrivere la prefazione di questo testo che considero base indispensabile per la preparazione dei futuri studenti di Elettronica delle Scuole di Ingegneria degli Atenei italiani.

Firenze, gennaio 2013

Prof. Gianfranco Manes
Ordinario di Elettronica, Università di Firenze

Dare una definizione di **elettronica analogica** non è agevole a meno che non si faccia riferimento, per contrasto, all'altra e forse ben più nota branca dell'Elettronica, ovvero l'**elettronica digitale**, nella quale i circuiti elettronici sono utilizzati per trattare, essenzialmente, un solo tipo di segnale elettrico (forma d'onda): l'impulso di tensione o di corrente.
Se non si ricorre a questo espediente, possiamo intendere l'***analogica*** come la scienza che studia l'insieme dei circuiti che realizzano la **generazione**, l'**amplificazione** e la **trasformazione** delle forme d'onda di vario tipo, senza trascurare peraltro lo studio del funzionamento dei dispositivi elettronici a partire dalle loro caratteristiche fisiche e fino alla loro implementazione nei circuiti.
Ecco perché, in tale accezione, l'elettronica analogica precede e complementa l'elettronica digitale occupandosi di capire e di spiegare il funzionamento fisico e circuitale di tutti i dispositivi ed i circuiti compresi, ovviamente, quelli in uso nella branca digitale.

In questo libro non ci occuperemo di tutti i dispositivi elettronici oggi disponibili. E ciò, sia perché la tecnologia ne offre in continuazione di nuovi, sia perché siamo interessati più agli aspetti metodologici della disciplina che all'analisi di specifiche realizzazioni con un particolare tipo di dispositivo. Tali metodologie infatti, è bene sottolinearlo sin d'ora, hanno dimostrato una longevità ed una validità ben maggiore di quella relativa all'uso dei vari dispositivi (che si sono succeduti nel corso di molti decenni) e continuano ad essere fondamentali nell'affrontare con successo le moderne sfide progettuali nel campo delle alte ed altissime frequenze.
Ci occuperemo perciò di diodi a giunzione e diodi Schottky, del transistor bipolare (BJT: Bipolar Junction Transistor) e del transistor a effetto campo (JFET: Junction Field Effect Transistor; MOSFET: Metal Oxide Field Effect Transistor; MESFET: Metal Semiconductor Field Effect Transistor).
Come vedremo, l'analisi di circuiti comprendenti tali dispositivi richiede la creazione di modelli del dispositivo stesso. I modelli sono essenzialmente di due tipi: **modelli fisici** e **modelli circuitali**. Nel primo caso il modello deriva, più o meno direttamente, dalla rappresentazione matematica dei processi fisici che regolano il funzionamento del dispositivo. La caratteristica peculiare di questo approccio è che consente una comprensione profonda del dispositivo stesso, comprensione essenziale per un utilizzo consapevole e "creativo" dello stesso. Lo svantaggio è che questo tipo di modello procede necessariamente per approssimazioni successive. Il primo livello è di solito piuttosto semplice e

intuitivo, ma mai del tutto rispondente alla realtà. I passi successivi tendono ad essere più complessi e sofisticati se vogliono arrivare a spiegare in dettaglio e con maggior precisione le caratteristiche elettriche di un dispositivo.
Un approccio alternativo è la creazione di modelli circuitali a partire dall'analisi delle caratteristiche esterne (ai morsetti) del dispositivo, espresse ad esempio in forma puramente grafica (curve caratteristiche) e senza riferimento diretto ai processi fisici alla base del suo funzionamento. Il vantaggio evidente è l'immediata aderenza alla realtà e quindi l'impiego diretto nella progettazione e nell'analisi di circuiti, con il limite di una non facile comprensione fisica dei processi fisici di base, limite che finisce per essere un handicap negli usi più sofisticati del dispositivo stesso. Ovviamente (ed entro certi limiti) modelli su base fisica e modelli su base circuitale devono portare a risultati, se non sovrapponibili, almeno similari. Tuttavia, proprio per la loro complementarietà, in questo libro i due approcci saranno utilizzati in parallelo, tenendo peraltro presente che, qualunque sia il modello utilizzato (fisico o circuitale), si tratta sempre di rappresentazioni della realtà da utilizzare nei propri limiti di validità. Ad esempio, molti dei modelli che utilizzeremo non hanno una dipendenza esplicita dalla frequenza: ciò significa che potranno essere utilizzati senza particolari accortezze per l'analisi in continua dei circuiti e/o solo a frequenze sufficientemente basse. Inoltre, anche quando verranno introdotti elementi in grado di tenere conto del comportamento in frequenza dei dispositivi elettronici, tali elementi estenderanno il limite di validità del modello, al prezzo di una maggiore complessità del modello stesso, ma saranno utili solo in determinati campi di frequenza senza mai avere una validità del tutto generale.

Capitolo Primo
Semiconduttori

1.1 Isolanti e conduttori

In elettronica si usano molti differenti materiali che tuttavia rientrano sempre in tre grandi categorie: isolanti, conduttori e semiconduttori. Gli isolanti hanno conducibilità tipicamente compresa tra 10^{-20} e 10^{-8} $\Omega^{-1}cm^{-1}$. I conduttori hanno conducibilità compresa tra 10^{4} e 10^{8} $\Omega^{-1}cm^{-1}$. I semiconduttori hanno conducibilità intermedia tra gli isolanti e i conduttori. Ad esempio la conducibilità del silicio puro, che è appunto un semiconduttore, è dell'ordine di 10^{-6} $\Omega^{-1}cm^{-1}$. Si noti bene che tra la conducibilità dei conduttori e la conducibilità degli isolanti ci sono almeno 12 ordini di grandezza.

Sia per gli isolanti sia per i conduttori (così come per i semiconduttori) vale la legge di Ohm, tuttavia applicando una tensione (di valore ragionevole) a un isolante la corrente indotta sarà così piccola, che nella gran parte dei casi pratici, potrà essere del tutto trascurata. Ad esempio applicando una tensione di un Volt a un cilindretto di isolante di conducibilità 10^{-8} $\Omega^{-1}cm^{-1}$ lungo 1 cm e di raggio 1mm, la corrente che scorre è di circa 3 pA. Per ogni scopo pratico due punti collegati da un isolante, sono appunto "isolati". Un circuito elettrico interrotto da un materiale isolante è quindi un circuito praticamente *aperto*, ovvero un circuito in cui non scorre corrente. Al contrario nel caso dei conduttori la conducibilità è così grande che anche una piccola tensione produce una corrente considerevole. Ad esempio applicando una tensione di un Volt a un cilindretto di materiale conduttore di conducibilità 10^{6} $\Omega^{-1}m^{-1}$ lungo 1 cm e di raggio 1 mm, la corrente che scorre è di circa 300A, che è un valore eccessivo per un dispositivo elettronico. Una corrente di 300A, infatti, con una differenza di tensione di 1V dissipa sul materiale attraversato 300W: una potenza in grado di danneggiare la maggior parte dei dispositivi elettronici di cui ci occuperemo in questo libro. Nella pratica, nei fili conduttori o nelle piste di materiale conduttore in un circuito elettrico, con l'eccezione dei dispositivi di potenza che saranno trattati a parte, scorrono tipicamente correnti di qualche mA, che nell'esempio di cui sopra e per la legge di Ohm daranno luogo a differenze di tensione dell'ordine di circa 3μV, valore del tutto trascurabile nella gran parte dei casi pratici. In definitiva possiamo affermare che due punti collegati da un conduttore saranno, ad ogni fine pratico, allo stesso potenziale indipendentemente dalla corrente che scorre. Questa assunzione sarà fatta frequentemente nel corso di questo libro, senza ulteriori specificazioni.

Infine, c'è da tenere presente che la conducibilità di un materiale non è una costante perché, ad esempio, dipende sensibilmente dalla temperatura ed in modo diverso nei conduttori e negli isolanti. Nei primi diminuisce all'aumentare della temperatura, nei secondi aumenta.

1.2 Semiconduttori

I semiconduttori hanno conducibilità molto più alta degli isolanti, ma minore dei conduttori. Gli atomi sono legati da legami covalenti come per gli isolanti, con i quali condividono anche la dipendenza della conducibilità con la temperatura: all'aumentare dell'agitazione termica aumenta il numero di cariche mobili (che come vedremo non sono solo elettroni), molto più di quanto diminuisca la mobilità (un altro parametro che useremo per caratterizzare i processi di conduzione) e quindi nel complesso la conducibilità aumenta.

Il semiconduttore di uso più comune è il Silicio che con il Germanio (un semiconduttore "storico" essendo stato utilizzato ai primordi dell'elettronica analogica e che ritorna oggi nella versione binaria SiGe per gli usi ad altissima frequenza) è l'unico semiconduttore non composto, ovvero costituito da atomi di un solo tipo. Appartengono peraltro alla categoria dei semiconduttori anche i seguenti composti binari: GaAs, GaN, GaP, GaSb, AlSb, InP, InSb, InAs, SiGe.

Proviamo ora a localizzare gli atomi di ciascuna *coppia* nella tavola periodica. Noteremo che sono tutti a cavallo della IV colonna: quella del Carbonio, del Silicio e del Germanio. Evidentemente le particolari proprietà dei semiconduttori hanno a che fare con questa colonna.

Si possono realizzare semiconduttori anche prendendo due atomi a sinistra della IV colonna e uno a destra formando un composto ternario: $(Ga_x\,In_{1-x})As$, $(Al_x\,In_{1-x})As$, ad esempio. La x sta a indicare la frazione di una specie atomica. Tali composti, infatti, non sono stechiometrici, ovvero non hanno una frazione fissa di atomi di un tipo e atomi di un altro tipo, ma sono piuttosto delle leghe, la cui composizione può essere variata con una certa continuità, variandone al contempo le proprietà fisiche in generale ed elettriche in particolare. Con la stessa logica si possono realizzare composti quaternari come ad esempio: $(In_{1-x}Ga_x)(As_{1-y}P_y)$.

	III	IV	V	VI	VII
	B 5	C 6	N 7	O 8	
	Al 13	Si 14	P 15		
Zn 30	Ga 31	Ge 32	As 33		
Cd 48	In 49	Sn 50			

Figura 1.1: tavola periodica degli elementi

Tornando ora al Silicio, che sarà il semiconduttore che utilizzeremo nella quasi totalità delle applicazioni oggetto del libro, notiamo che ha numero atomico 14, ovvero ha 14 elettroni disposti in orbitali intorno al nucleo. Due elettroni sono sistemati nell'orbitale più interno (che è anche la corteccia più interna) e otto elettroni nei quattro orbitali molto vicini tra loro che costituiscono la seconda corteccia. I restanti quattro elettroni sono sistemati nella corteccia più esterna, anch'essa potenzialmente costituita da quattro orbitali in grado di contenere otto elettroni.

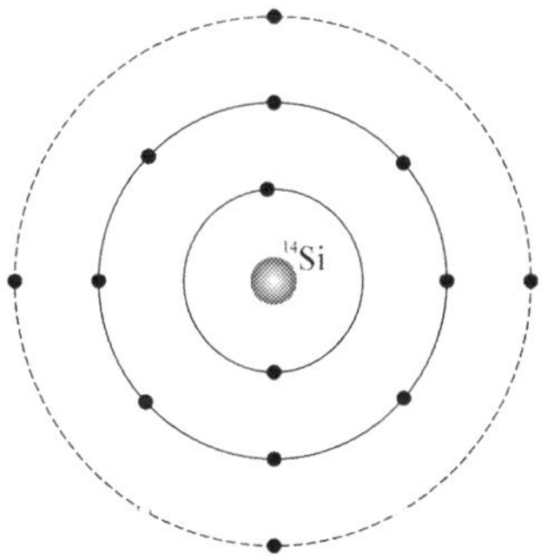

Figura 1.2: rappresentazione schematica dell'atomo di silicio

I quattro elettroni della corteccia più esterna dell'atomo di Silicio vanno a costituire quattro legami covalenti con altrettanti atomi vicini di Silicio. La struttura spaziale che ne risulta è quella in Figura 1.3.

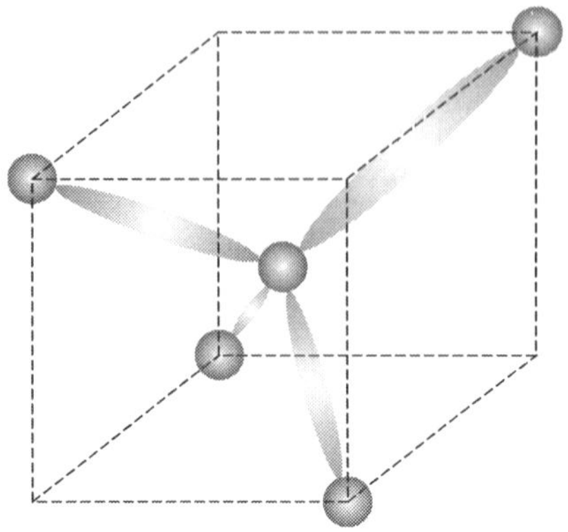

Figura 1.3: disposizione degli atomi nel reticolo di Silicio

Nel seguito, per comodità grafica disegneremo il reticolo cristallino del silicio come se fosse planare (vedi Figura 1.4), con l'accortezza di ricordare che si tratta solo e per l'appunto, di un espediente grafico.

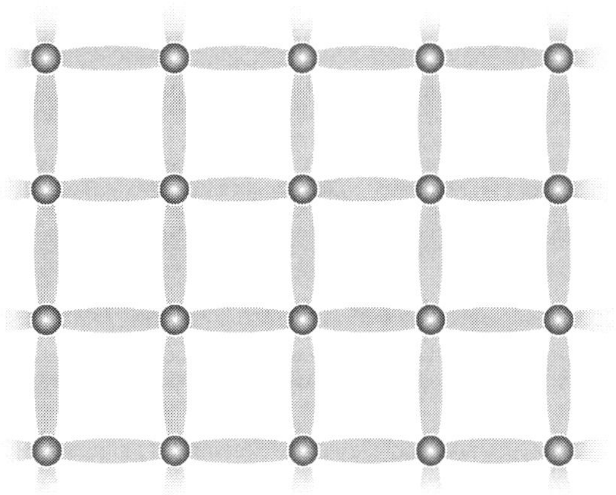

Figura 1.4: rappresentazione planare del reticolo cristallino del silicio

1.3 Silicio intrinseco

Se la presenza di specie atomiche differenti dal Silicio è trascurabile, si parla di Silicio **intrinseco**. In questo caso, solo elettroni provenienti dagli stessi atomi di Silicio possono condurre elettricità nel cristallo, ovviamente al verificarsi di particolari situazioni. Più esattamente, cominciamo col notare che nel Silicio gli elettroni più debolmente legati al reticolo cristallino sono gli elettroni dei legami covalenti, legami che con l'agitazione termica possono rompersi, liberando l'elettrone relativo. Così, a causa dell'agitazione termica degli atomi che costituiscono il reticolo del semiconduttore, ci sarà una certa concentrazione $\boldsymbol{n}$ di elettroni mobili, concentrazione che crescerà all'aumentare della temperatura. La relazione tra concentrazione e temperatura è di tipo esponenziale e può essere scritta come segue

$$n^2 \propto e^{-\frac{E_g}{kT}} \qquad \textbf{(1. 1)}$$

dove $\boldsymbol{E_g}$ è l'energia necessaria per liberare un elettrone dal legame covalente e k è la costante di Boltzmann. La (1.1) mostra che, all'aumentare di tale energia, come è ragionevole, diminuisce il numero di elettroni liberi. Viceversa all'aumentare della temperatura, n aumenta fino a un valore di saturazione che raggiunge per $\boldsymbol{T}$ molto elevata. L'esponenziale tende infatti a 1 (tutti gli elettroni liberati dai propri legami covalenti) per $\boldsymbol{T}$ che tende all'infinito.

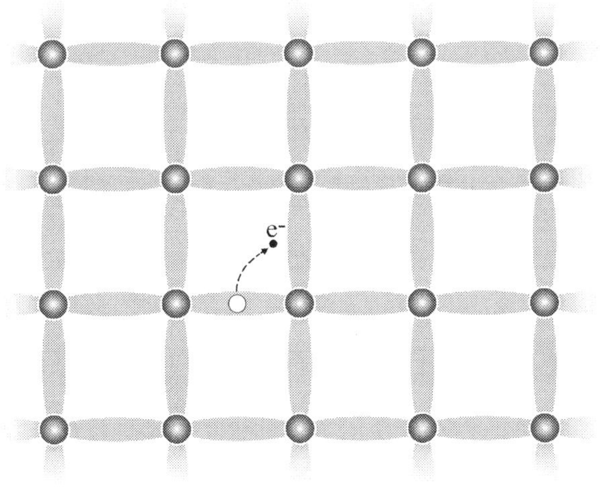

Figura 1.5: elettrone di conduzione

Possiamo ora valutare, nel caso del Silicio, l'entità dei fenomeni sin qui descritti. Nel Silicio a temperatura ambiente (300 K) la concentrazione di elettroni liberi è circa di 10^{10}cm^{-3},mentre la distanza tra un atomo e l'altro è 5.4×10^{-10} m, e quindi la densità degli atomi è circa $(5.4\times10^{-10}\text{m})^{-3} = 6.4\times10^{21}\text{cm}^{-3}$. Ogni atomo, come si è detto, forma quattro legami covalenti, ai quali compartecipano quattro elettroni. La concentrazione complessiva di elettroni potenzialmente in grado di diventare elettroni liberi è quindi $4\times6.4\times10^{21}\text{cm}^{-3} \cong 10^{22}\text{cm}^{-3}$. Poiché la densità di elettroni

liberi è circa $10^{10}cm^{-3}$, risulta che a temperatura ambiente solo un legame ogni mille miliardi (10^{12}) è spezzato dall'agitazione termica e dà luogo a un elettrone mobile.
Vediamo ora cosa succede agli elettroni che si sono liberati e che quindi possono muoversi nel cristallo. Se non intervengono fattori esterni a cambiare la condizione di equilibrio raggiunta dal semiconduttore alla temperatura $\boldsymbol{T}$, gli elettroni mobili si muovono di modo casuale soggetti solo al campo elettrico generato dall'insieme degli atomi ordinati nel reticolo cristallino. Quando però viene applicato un campo elettrico esterno, che va quindi a sommarsi a quello interno, a questo moto casuale si sovrappone un moto per così dire "ordinato" nella direzione del campo applicato e con una velocità di deriva $\boldsymbol{v_n}$, che, a bassi valori di campo, può assumersi proporzionale al campo elettrico stesso, secondo l'equazione:

$$v_n = -\mu_n E \quad \textbf{(1. 2)}$$

dove il segno negativo indica che gli elettroni si muovono in verso opposto al campo elettrico e dove la costante $\boldsymbol{\mu_n}$ è detta mobilità degli elettroni: nel Silicio è di circa 1350 $cm^2/(Vs)$.

Il moto degli elettroni liberi non è però l'unico modo per trasportare elettricità in un semiconduttore: per ogni elettrone che si libera dal proprio legame covalente, si crea una buca di potenziale vuota in grado di "accogliere" un altro elettrone. La particolarità dei semiconduttori infatti, è che, essendo la funzione d'onda degli elettroni dei legami covalenti vicini più grande delle rispettive buche di potenziale, c'è una probabilità non trascurabile che un elettrone di un legame vicino passi nella buca di potenziale vuota anche se non ha abbastanza energia per liberarsi dal legame covalente. Si tratta di un fenomeno squisitamente quantistico detto "effetto tunnel". Naturalmente, l'elettrone che passa nella buca di potenziale vuota, la riempie ma lascia a sua volta un'altra buca vuota. Il risultato è che anziché considerare il moto "successivo" di un gran numero di elettroni (un elettrone deve aspettare che il vicino si muova e gli lasci libero il posto per consentirgli di spostarsi a sua volta) quello che appare ad un osservatore esterno e che sia la buca di potenziale a muoversi, in verso opposto a quello degli elettroni. Di fatto, quindi, le buche di potenziale vuote, dette *lacune*, è come se migrassero di moto casuale all'interno del Silicio trasportando una carica positiva ad esse associata (quella dell'atomo privo di un elettrone associato a ciascun legame covalente spezzato) con le caratteristiche di cariche positive mobili. In realtà, conviene ripeterlo, nessuna carica positiva si muove realmente: sono ancora gli elettroni che passando da una buca all'altra per effetto tunnel, trasportano la loro carica. Agli effetti pratici però l'analogia tra lacune e cariche positive è così forte e così semplice da descrivere analiticamente che anche per le *lacune* conviene definire una velocità di deriva $\boldsymbol{v_p}$ proporzionale al campo elettrico applicato:

$$v_p = \mu_p E \qquad \textbf{(1. 3)}$$

Il segno positivo (contrariamente al caso degli elettroni) indica che le lacune si muovono nel verso positivo del campo elettrico. Si noti, tuttavia, che la mobilità delle lacune μ_p non è uguale a quella degli elettroni ma sensibilmente minore, μ_p = 550 $cm^2/(Vs)$ nel caso del Silicio, visto che il movimento di una lacuna è in realtà la schematizzazione, come si è detto, di un moto complessivo che coinvolge un numero enorme di elettroni.

In definitiva, dal punto di vista fisico, quando si applica una tensione, e quindi si genera un campo elettrico, si creano due flussi di elettroni (vedi Figura 1.6):

1. un flusso di elettroni liberi nel verso opposto al campo elettrico;
2. un flusso di elettroni "sotterraneo" determinato dal fatto che gli elettroni, pur non avendo energia sufficiente per uscire dalle buche di potenziale dei legami covalenti, passano per effetto tunnel da un legame occupato a un legame privo di un elettrone (lacuna). Questo moto di elettroni è sempre, lo ripetiamo, nel verso opposto al campo elettrico, ma il fenomeno può essere visto, più semplicemente, come un moto di lacune (legami covalenti privi di un elettrone) nel verso del campo elettrico.

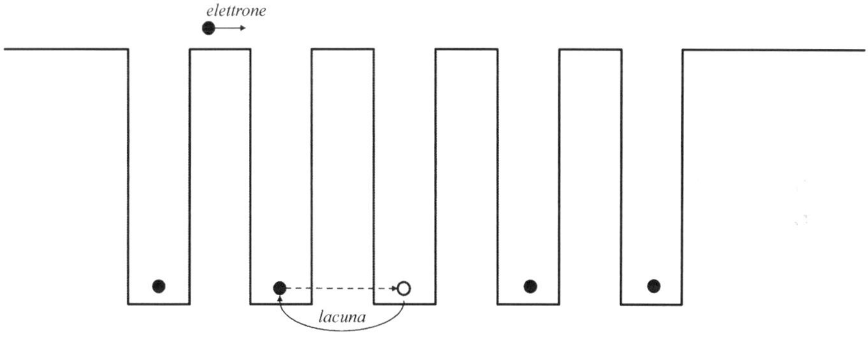

Figura 1.6: elettroni e lacune

Ne segue che, in presenza di un campo elettrico applicato dall'esterno, elettroni e lacune contribuiscono entrambi alla densità di corrente locale ***j***:

$$j = j_n + j_p = -qn_i v_n + qn_i v_p = qn_i \mu_n E + qn_i \mu_p E \qquad \textbf{(1. 4)}$$

Si noti che elettroni e lacune contribuiscono alla corrente complessiva ***j*** in misura differente. Infatti, sebbene le concentrazioni di elettroni e lacune in un semiconduttore intrinseco siano le stesse, il contributo della corrente di elettroni è

circa tre volte (2.7) maggiore del contributo della corrente di lacune, a causa della maggior mobilità degli elettroni.
D'altra parte i due contributi alla corrente complessiva sono "concordi" (entrambe le correnti sono positive): la corrente totale ***j*** è quindi in valore assoluto maggiore rispetto al caso in cui ci fossero solo elettroni.

1.4 Silicio drogato con impurezze di tipo n

Nel Silicio intrinseco elettroni e lacune sono in ugual numero e la loro concentrazione, a temperatura ambiente, è pari a circa 10^{10} cm^{-3}. Vedremo ora come l'introduzione nel reticolo di opportune impurezze permetta di controllare in modo significativo la concentrazione dell'uno o dell'altro portatore.

Come si è detto, il Silicio è un atomo della IV colonna che quindi forma 4 legami covalenti. Durante il processo di formazione del reticolo si possono aggiungere alcuni atomi di specie chimiche presenti nella V colonna, ad esempio il Fosforo (P). Questi atomi sono detti *donatori*, ed il semiconduttore con tali impurezze è detto di tipo ***n***. Un semiconduttore che contiene impurezze di tipo ***n*** (o tipo ***p*** come vedremo in seguito) è detto drogato o **estrinseco**, e la specie chimica aggiunta è detta *drogante*.

In un semiconduttore drogato, è opportuno sottolinearlo subito, la specie chimica ospitante, il Silicio nel nostro caso, deve rimanere decisamente maggioritaria perché valgano tutte le considerazioni che faremo nel seguito. In tal caso, infatti, il reticolo cristallino si formerà come se ci fossero solo atomi di Silicio, con l'unica differenza che, di tanto in tanto, un atomo di Silicio sarà sostituito da un atomo di Fosforo. Questo si legherà, come il Silicio, ai quattro atomi di Silicio vicini mediante legami covalenti, ma rimarrà con il quinto elettrone nella corteccia più esterna senza la possibilità di legarsi. Questo elettrone *in più* si troverà in una condizione di bassa energia (una buca di potenziale meno profonda delle buche di potenziale dove sono confinati gli elettroni dei legami covalenti) per cui l'agitazione termica lo libererà facilmente rendendolo disponibile alla conduzione. Di fatto a temperatura ambiente tutte le impurità di tipo ***n*** risulteranno ionizzate. In altre parole tutte le impurità libereranno un elettrone mobile e andranno a costituire ioni positivi fissi, ben legati al reticolo cristallino. Gli elettroni mobili nel reticolo saranno quindi la somma degli elettroni prodotti dagli atomi di fosforo e dagli elettroni liberati dai "normali" legami covalenti. Questi ultimi al più saranno pari alla concentrazione degli elettroni nel silicio intrinseco ($10^{10}cm^{-3}$), ma se la concentrazione delle impurezze di Fosforo è molto maggiore, potremo trascurare il contributo degli elettroni liberati dai legami covalenti e supporre il numero di elettroni (***n***) pari al numero di impurità donatrici ($\boldsymbol{N_D}$)

$$n \approx N_D \tag{1.5}$$

Infatti, se ad esempio la concentrazione degli atomi di Fosforo è di 10^{13} cm^{-3}, solo un elettrone su mille potrà derivare dai legami covalenti, e pertanto sarà corretto trascurarne la presenza nei processi di conduzione elettronica.

Di conseguenza, per quanto sin qui detto, la concentrazione di impurezze aggiunta dovrà essere molto minore della densità degli atomi di Silicio, ma molto maggiore della concentrazione degli elettroni liberi nel Silicio intrinseco, ovvero

$$10^{10}\mathrm{cm}^{-3} << N_D << 10^{22}\mathrm{cm}^{-3} \quad \textbf{(1. 6)}$$

Infine, notiamo ancora come la presenza di droganti nel semiconduttore, oltre a modificare la concentrazione dei portatori, modifichi anche la mobilità degli elettroni a causa delle deformazioni che le impurezze introducono nel reticolo cristallino (deformazioni che ostacolano il movimento degli elettroni stessi). Anche la sola presenza di ioni fissi, infatti, aumenta la probabilità di interazione degli elettroni con il reticolo, riducendone la velocità. Ne deriva che la mobilità di un semiconduttore estrinseco molto drogato può essere anche dieci volte inferiore a quella di un semiconduttore intrinseco.

1.5 Silicio drogato con impurezze di tipo p

In alternativa a specie chimiche presenti nella V colonna, durante il processo di produzione di un cristallo di Silicio, si possono introdurre impurezze della III colonna, come ad esempio il Boro (B). Questi atomi sono detti *accettori* ed il semiconduttore con tali impurezze è detto estrinseco di tipo ***p***.
Un atomo della III colonna ha tre elettroni nella corteccia più esterna e quindi può costituire solo tre legami covalenti. Se un atomo di Boro sostituisce un atomo di Silicio nel reticolo, uno dei quattro atomi vicini non può legarsi al Boro. Questo atomo di silicio si troverà quindi con solo tre legami covalenti, pur potendone formare quattro. Possiamo schematizzare questa condizione come se in corrispondenza del quarto elettrone ci sia un posto vuoto, ovvero una buca di potenziale, più profonda rispetto alle buche di potenziale relative agli elettroni dei legami vicini. Per effetto tunnel, un elettrone dei legami covalenti vicini potrà spostarsi in questa buca di potenziale, dalla quale non potrà però uscire, essendo questa buca, come si è detto, più profonda delle altre.
Il risultato finale sarà il seguente: da un lato un elettrone imprigionato, ovvero uno ione negativo fisso; dall'altro una lacuna mobile. In altre parole per ogni accettore si avrà uno ione fisso negativo e una lacuna positiva. Se la concentrazione N_A delle impurità di tipo ***p*** è molto maggiore della concentrazione delle lacune nel Silicio intrinseco, la concentrazione delle lacune sarà circa uguale a quella delle impurezze aggiunte:

$$p \approx N_A \tag{1.7}$$

Ancora, come nel caso dei donatori, anche per la concentrazione delle impurezze di tipo ***p*** dovrà valere la condizione

$$10^{10}\text{cm}^{-3} << N_A << 10^{22}\text{cm}^{-3} \tag{1.8}$$

valendo considerazioni analoghe al caso del semiconduttore estrinseco di tipo ***n***, sia per il numero dei portatori sia per gli effetti degli atomi di drogante sulla mobilità dei portatori stessi (lacune, in questo caso).

1.6 Legge di azione di massa

L'introduzione di impurezze di tipo ***n*** nel reticolo cristallino del Silicio permette di controllare il numero di elettroni liberi mediante la (1.5); analogamente l'introduzione di impurezze di tipo ***p*** permette di controllare il numero di lacune mediante la (1.7). Cosa succede se sono presenti impurezze dei due tipi? Possiamo controllare indipendentemente l'una dall'altra la concentrazione di elettroni e di lacune? La risposta è negativa. Donatori e accettori si annullano reciprocamente, ciò significa che se in un semiconduttore c'è una concentrazione N_D di atomi donatori e una concentrazione N_A di atomi accettori, se $N_D > N_A$ la situazione è equivalente ad avere una concentrazione di donatori pari a $N_D - N_A$. Viceversa se $N_A > N_D$, la situazione è equivalente ad avere una concentrazione di accettori pari a $N_A - N_D$. In altre parole, è possibile controllare, mediante impurezze, solo una delle due concentrazioni: elettroni oppure lacune, non entrambi. La domanda da porsi è quindi: fissata la concentrazione degli elettroni mediante impurezze di tipo ***n***, ad esempio, qual è la corrispondente concentrazione delle lacune? E viceversa: fissata la concentrazione delle lacune mediante impurezze di tipo ***p***, qual è la concentrazione degli elettroni? La risposta alle due domande è fornita dalla cosiddetta **legge di azione di massa**.

Incominciamo con l'osservare che elettroni e lacune si muovono casualmente all'interno di un semiconduttore. Quando si trovano molto vicini l'uno all'altra, l'elettrone è intrappolato nella lacuna, il legame covalente è ricostituito ed entrambi cessano di esistere come portatori mobili di carica. Questo fenomeno è detto **ricombinazione**.

Prendiamo in considerazione una scacchiera di N caselle dove posizionare N_n pedine bianche e N_p pedine nere.

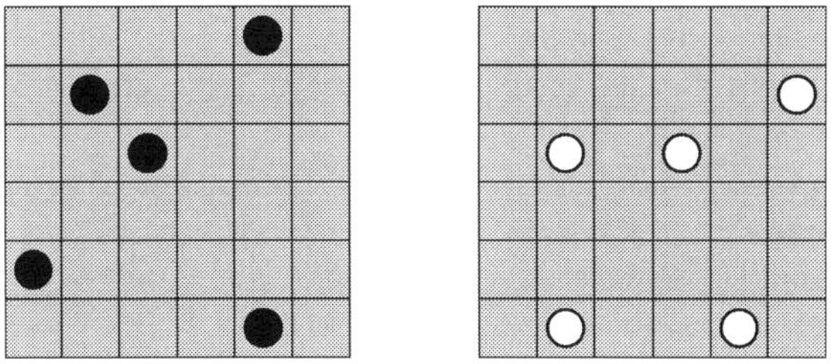

Figura 1.7: legge di azione di massa

La probabilità che una pedina bianca si trovi in una particolare casella sarà N_n/N, analogamente la probabilità che una pedina nera si trovi in una particolare casella sarà N_p/N. La probabilità che entrambe le pedine si trovino nella stessa casella sarà il prodotto delle due probabilità. Per ottenere il numero totale di caselle in cui ci sono entrambe le pedine dovremo moltiplicare questa probabilità per il numero di caselle ottenendo $(N_n/N)(N_p/N)N$.

Se ora torniamo ai semiconduttori, possiamo ragionevolmente pensare che il *tasso di ricombinazione* per unità di volume $\boldsymbol{R}$, ovvero il numero di coppie elettrone-lacuna che si ricombinano cessando di essere portatori mobili, sarà proporzionale al prodotto delle concentrazioni degli elettroni e delle lacune:

$$R = rnp \tag{1.9}$$

con $\boldsymbol{r}$ opportuna costante. Abbiamo già detto che l'agitazione termica provoca la rottura dei legami covalenti e la generazione di coppie elettrone-lacuna. Fissata una temperatura, ci sarà quindi un *tasso di generazione* $\boldsymbol{G}$. Questo tasso è circa lo stesso sia per il Silicio intrinseco sia per il silicio estrinseco. Infatti, la concentrazione delle impurezze è sempre molto minore della densità dei legami covalenti e quindi la presenza di tali impurezze non influenzerà in modo apprezzabile il meccanismo di generazione delle coppie elettrone-lacuna del solo Silicio.

D'altra parte, il tasso di generazione deve essere uguale al tasso di ricombinazione, altrimenti tutti i legami si romperebbero o, viceversa, non ci sarebbero più portatori, quindi:

$$G = R = rnp \tag{1.10}$$

Per il Silicio intrinseco potremo scrivere

$$G_i = R = rnp = rn_i^2 \tag{1.11}$$

Ma poiché il tasso di generazione è lo stesso per il Silicio intrinseco e per il Silicio estrinseco (***G***=***G****i*), possiamo concludere con la seguente importante relazione

$$np = n_i^2 \qquad \textbf{(1. 12)}$$

che è appunto la **legge di azione di massa,** legge che consente di calcolare la concentrazione delle lacune nota quella degli elettroni e viceversa.

Così poiché in un semiconduttore estrinseco di tipo ***n***, la concentrazione degli elettroni è pari circa a quella dei donatori

$$n \approx N_D \qquad \textbf{(1. 13)}$$

si avrà per la concentrazione delle lacune il valore:

$$p \approx \frac{n_i^2}{N_D} \qquad \textbf{(1. 14)}$$

Inoltre, dovendo valere la condizione $10^{10}\text{cm}^{-3} << N_D << 10^{22}\text{cm}^{-3}$, se prendiamo ad esempio $N_D=10^{13}\text{cm}^{-3}$, essendo $n_i=10^{10}\text{cm}^{-3}$, segue che $p=10^{7}\text{cm}^{-3}$.
Riflettiamo su questi numeri: in un semiconduttore estrinseco di tipo ***n***, la concentrazione degli elettroni è enormemente superiore rispetto alla concentrazione delle lacune (nell'esempio 6 ordini di grandezza, ovvero un milione di volte superiore).

Il caso del silicio drogato con atomi accettori è del tutto analogo. Poiché

$$p \approx N_A \qquad \textbf{(1. 15)}$$

la concentrazione degli elettroni sarà:

$$n \approx \frac{n_i^2}{N_A} \qquad \textbf{(1. 16)}$$

Anche per impurità di tipo ***p*** deve valere la condizione $10^{10}\text{cm}^{-3} << N_A << 10^{22}\text{cm}^{-3}$, segue che in un semiconduttore di tipo ***p*** la concentrazione delle lacune è enormemente superiore alla concentrazione degli elettroni.

In conclusione, i risultati numerici trovati giustificano l'affermazione che in un semiconduttore di tipo ***n*** gli elettroni sono i *portatori di maggioranza* e le lacune i *portatori di minoranza*. Viceversa, ovviamente, in un semiconduttore di tipo ***p***.

1.7 Effetto Hall

Se un campione di semiconduttore percorso da una corrente ***I*** è posto in un campo magnetico trasversale di induzione ***B***, in esso è indotto un campo elettrico ortogonale sia alla corrente sia al campo magnetico. Questo fenomeno, detto effetto Hall, è molto utile per caratterizzare sperimentalmente i semiconduttori. Il verso di tale tensione è dato dal tipo di semiconduttore (***n*** o ***p***) e il suo valore è legato alla concentrazione dei portatori maggioritari. Viceversa, note le caratteristiche del semiconduttore, l'effetto Hall è comunemente impiegato nei sensori di campo magnetico.

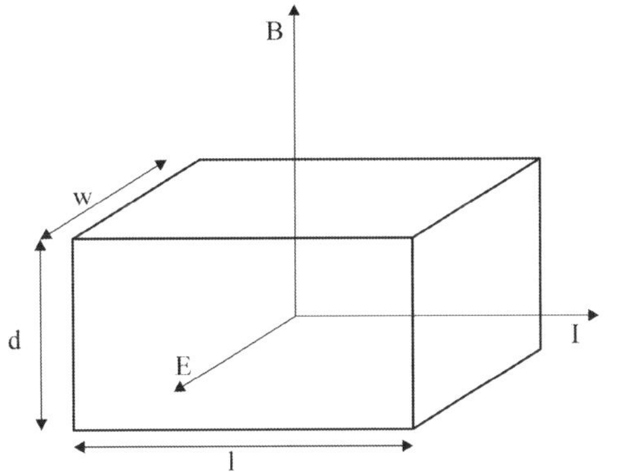

Figura 1.8 Effetto Hall

In generale cariche elettriche in moto in un campo magnetico subiscono la forza di Lorentz che ha verso ortogonale alla velocità delle cariche ed al campo magnetico. Il verso è dato dalla cosiddetta regola della mano destra. Mettendo la mano come in Figura 1.9, se l'indice ha la direzione della velocità (e quindi della corrente), il medio la direzione del campo magnetico, il pollice indica il verso della forza di Lorentz). Il valore è dato da

$$F_l = qvB \qquad \textbf{(1. 17)}$$

con ***q*** carica in moto e ***v*** velocità della carica.

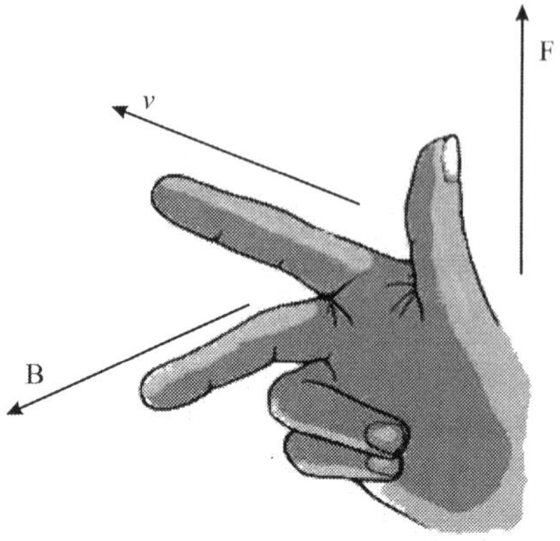

Figura 1.9 regola della mano destra

La forza di Lorentz produce uno spostamento di cariche ortogonale al loro "moto principale", ma poiché la corrente può scorrere in una sola direzione (quella della tensione applicata) e le cariche non possono uscire dal semiconduttore, si creerà un accumulo di cariche ai lati del semiconduttore stesso tale da compensare la forza di Lorentz con un campo elettrico *E*, pertanto

$$qE = qvB \qquad \textbf{(1. 18)}$$

D'altra parte

$$v = \frac{J}{qN} = \frac{I}{wdqN} \qquad \textbf{(1. 19)}$$

dove ***J*** è la densità di corrente, ***N*** la concentrazione dei portatori maggioritari, ***d*** e ***w*** sono le dimensioni del campione di semiconduttore come mostrato in Figura 1.8.
Se la dimensione ***w*** è piccola rispetto alle altre due e le facce ortogonale al campo elettrico sono metallizzate, il campione può essere considerato un condensatore a facce piane e parallele e pertanto

$$E = -\frac{V}{d} \qquad \textbf{(1. 20)}$$

Sostituendo nella (1.19) si ottiene:

$$N = -\frac{BI}{qVw} \qquad \textbf{(1. 21)}$$

che permette di calcolare la concentrazione dei portatori maggioritari. il segno indica il tipo di semiconduttore, la (1.21) è calcolata per portatori di tipo ***p***.

1.8 Correnti di diffusione

In un materiale in cui possono muoversi portatori di carica, l'applicazione di una tensione (e quindi localmente di un campo elettrico) produce una corrente, detta ***corrente di deriva***. Tale corrente segue la legge di Ohm ed è proporzionale alla tensione applicata (localmente al campo elettrico). Tuttavia, in generale, può aversi una corrente anche in assenza di un campo elettrico applicato dall'esterno, tale corrente è detta ***corrente di diffusione***. Le correnti di diffusione, come vedremo, svolgono un ruolo fondamentale nel funzionamento dei dispositivi a semiconduttore ed in particolare di quelli basati su giunzioni di tipo ***p-n***.

Se consideriamo una distribuzione continua di concentrazione di portatori (ad esempio ***p***) è ragionevole pensare che ci sia uno spostamento netto di cariche dalle zone a concentrazione maggiore verso le zone a concentrazione minore. A causa di questo flusso di cariche, si istaurerà una densità di corrente locale j_p proporzionale al gradiente della concentrazione $p(x)$ con verso positivo nella direzione in cui il gradiente diminuisce, quindi nel caso monodimensionale

$$j_p = -qD_p \frac{dp(x)}{dx} \tag{1.22}$$

dove q è la carica elettrica portata da ciascun portatore e D_p è detta *costante di diffusione delle lacune*. Per gli elettroni, portatori di carica negativa, la corrente elettrica sarà di segno opposto al flusso degli elettroni e quindi

$$j_n = qD_n \frac{dn(x)}{dx} \tag{1.23}$$

essendo D_n la *costante di diffusione degli elettroni.*

Riassumendo, in un semiconduttore possono sussistere quattro differenti correnti: corrente di deriva degli elettroni, corrente di diffusione degli elettroni, corrente di deriva delle lacune, corrente di diffusione delle lacune. La densità di corrente locale j è la somma di questi quattro contributi:

$$j = qn\mu_n E + qD_n \frac{dn(x)}{dx} + qp\mu_p E - qD_p \frac{dp(x)}{dx} \tag{1.24}$$

essendo μ_n e μ_p rispettivamente la mobilità degli elettroni e delle lacune.

Nella (1.24) le correnti di diffusione e di deriva dipendono da due costanti diverse: il coefficiente di diffusione (***D***) e la mobilità (***μ***). Tuttavia, per quanto diverse, una relazione semplice e per molti aspetti sorprendente le unisce:

$$\frac{D_n}{\mu_n} = \frac{D_p}{\mu_p} = \frac{kT}{q} \tag{1. 25}$$

dove ***k*** è la costante di Boltzmann, ***T*** la temperatura e ***q*** la carica elementare dell'elettrone. La (1.25) è detta *equazione di Einstein* e, come vedremo, ha un ruolo fondamentale nel principio di funzionamento dei dispositivi a semiconduttore. Inoltre, ***kT/q*** è dimensionalmente una tensione ed è detto *potenziale termico* ***V_T***

$$V_T = \frac{kT}{q} \tag{1. 26}$$

A temperatura ambiente (300 K) il potenziale termico vale 26mV.

1.9 Iniezione di cariche e ricombinazione

In questo paragrafo calcoleremo la distribuzione di portatori ***n*** in un semiconduttore di tipo ***p***, supponendo che in un lato del semiconduttore ci sia una concentrazione nota ***n(0)***, eventualmente dovuta ad una iniezione di elettroni. Fisicamente si potrebbe pensare di irradiare una faccia di un semiconduttore ***p*** con radiazione luminosa in grado di generare in prossimità della superficie coppie elettrone-lacuna. Infatti se i fotoni incidenti hanno sufficiente energia per spezzare il legame covalente, per ogni fotone assorbito si creerà un elettrone libero ed una lacuna. Poiché si tratta di semiconduttore ***p***, l'iniezione di lacune non ha praticamente effetto sulla concentrazione già molto alta dei portatori di maggioranza (le lacune per l'appunto), mentre il numero di elettroni iniettati (o generati dai fotoni incidenti) potrà non essere trascurabile rispetto ai portatori di minoranza (gli elettroni già presenti) e quindi, se tale numero è sufficientemente elevato, potrà alterare sensibilmente la distribuzione di elettroni preesistente, come vedremo in questo paragrafo.

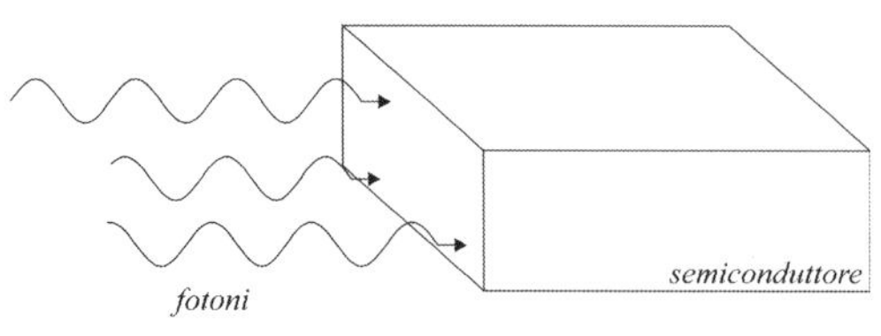

Figura 1.10 iniezione di portatori mediante irradiazione

Prima di procedere è necessario scrivere la cosiddetta *equazione di continuità*. Prendiamo in considerazione un generico volumetto e supponiamo che vi scorra una corrente di elettroni nella direzione $\boldsymbol{x}$. Se all'interno del volumetto non avvengono fenomeni di ricombinazione (o di generazione), la corrente entrante dovrà essere uguale a quella uscente:

$$j_n(x+\Delta x)\Delta y\Delta z = j_n(x)\Delta y\Delta z \qquad \textbf{(1. 27)}$$

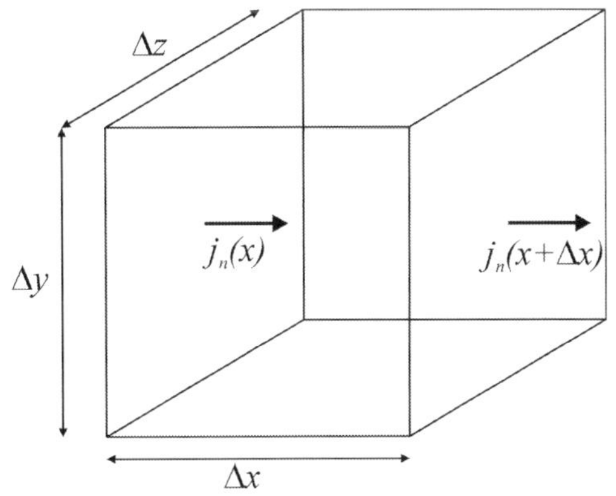

Figura 1.11: volumetto infinitesimo

In realtà, a causa della ricombinazione elettrone-lacuna ci sarà una diminuzione del numero di elettroni, ovvero una diminuzione di cariche negative. Scriveremo quindi:

$$j_n(x+\Delta x)\Delta y\Delta z - j_n(x)\Delta y\Delta z = (-q)\frac{dn}{dt}S\Delta x\Delta y\Delta z \qquad \textbf{(1. 28)}$$

che in forma differenziale diviene

$$\frac{dj_n}{dx} + q\frac{dn}{dt} = 0 \qquad \textbf{(1. 29)}$$

A questo punto è necessario introdurre una relazione che quantifichi il tasso di diminuzione degli elettroni, ovvero il loro tasso di ricombinazione con le lacune. Tale tasso di ricombinazione è proporzionale, come si è detto, al prodotto tra la concentrazione degli elettroni $\boldsymbol{n}$ e la concentrazione delle lacune $\boldsymbol{p}$:

$$\frac{dn}{dt} = -rnp \qquad \textbf{(1. 30)}$$

con $\boldsymbol{r}$ opportuna costante. Per il silicio: $\boldsymbol{r} = 5\times10^{-18}$ cm^{-3}/s.

A rigor di logica, un aumento di $\boldsymbol{n}$, dovuto all'iniezione di portatori, produce una riduzione di $\boldsymbol{p}$, ma se la concentrazione delle lacune è molto più grande di $\boldsymbol{n}$ ($p \cong N_A$) questa riduzione sarà piccola e quindi possiamo scrivere

$$\frac{dn}{dt} = -\frac{n}{\tau} \tag{1. 31}$$

con $\boldsymbol{\tau}$ costante definita come:

$$\tau = \frac{1}{rN_A} \tag{1. 32}$$

Oltre alla ricombinazione è necessario tener conto della generazione per agitazione termica degli elettroni nella zona $\boldsymbol{p}$.

$$\frac{dn}{dt} = rn_i^2 = rN_A \frac{n_i^2}{N_A} = \frac{n_{p0}}{\tau} \tag{1. 33}$$

avendo definito

$$n_{p0} = \frac{n_i^2}{N_A} \tag{1. 34}$$

Tenendo conto sia della ricombinazione sia della generazione, ovvero sommando algebricamente la (1.31) e la (1.33), scriviamo

$$\frac{dn}{dt} = -\frac{n - n_{p0}}{\tau} \tag{1. 35}$$

Sostituendo la (1.35) nella (1.29) si ottiene

$$\frac{1}{q}\frac{dj_n}{dx} - \frac{n - n_{p0}}{\tau} = 0 \tag{1. 36}$$

Tenendo presente che la corrente di diffusione è legata al gradiente della concentrazione dalla seguente espressione

$$j_n = qD_n \frac{dn}{dx} \tag{1. 37}$$

la (1.36) diviene

$$\frac{d^2n}{dx^2} = \frac{n - n_{p0}}{\tau D_n} \tag{1.38}$$

che è, appunto, l'equazione di continuità dei portatori ***n*** nella zona ***p***.
Definiamo, per comodità, l'eccesso di elettroni come

$$n' = n - n_{po} \tag{1.39}$$

e introduciamo la *lunghezza di diffusione degli elettroni*

$$L_n = \sqrt{\tau D_n} \tag{1.40}$$

Ne segue che la (1.38) può essere scritta più semplicemente come

$$\frac{d^2n'}{dx^2} = \frac{n'}{L_n^2} \tag{1.41}$$

che ha soluzione

$$n'(x) = n'(0)e^{-\frac{x}{L_n}} \tag{1.42}$$

ovvero un andamento, in funzione dell'ascissa ***x***, di tipo esponenziale.

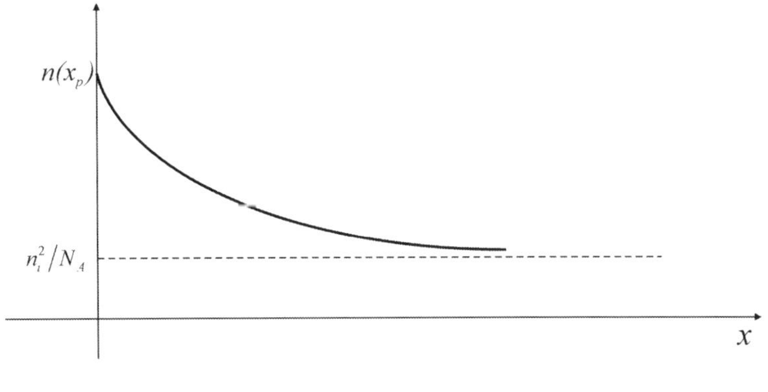

Figura 1.12: concentrazione di portatori minoritari

Riflettiamo sul risultato trovato. L'iniezione di un eccesso di elettroni (rispetto al valore di equilibrio) su una faccia di un semiconduttore ***p*** determina due effetti: la diffusione degli elettroni e la loro ricombinazione. Il risultato combinato della diffusione e della ricombinazione è una riduzione esponenziale della concentrazione degli elettroni (portatori di minoranza) mano a mano che ci si allontana dalla superficie dove sono stati iniettati, fino al raggiungimento del valore di equilibrio $\boldsymbol{n_i^2/N_A}$ ad una distanza dalla superficie che dipende dalla lunghezza di diffusione $\boldsymbol{L_n}$.

1.10 Regione di svuotamento

Consideriamo ora un semiconduttore che presenti due zone a differente drogaggio: una zona di tipo ***n*** e una zona di tipo ***p***. Nella zona ***p*** c'è una alta concentrazione di lacune ($\boldsymbol{p \cong N_A}$) e una bassa concentrazione di elettroni ($\boldsymbol{n \cong n_i^2/N_A}$). Viceversa nella zona ***n***: $\boldsymbol{n \cong N_D}$, $\boldsymbol{p \cong n_i^2/N_D}$. Le differenze di concentrazione daranno origine a due correnti di diffusione: una di lacune da ***p*** a ***n*** e una di elettroni da ***n*** a ***p***. Mano a mano che le lacune migrano dalla zona ***p***, lasciano degli ioni negativi non compensati da cariche positive mobili. Analogamente gli elettroni che migrano dalla parte ***n*** verso la parte ***p*** lasciano ioni positivi non compensati da cariche negative mobili. Ioni fissi positivi nella zona ***n*** e ioni fissi negativi nella zona ***p*** danno origine a un campo elettrico che ha il verso giusto per opporsi alla migrazione, di qui descritta, delle lacune e degli elettroni. In breve si raggiungerà una situazione di equilibrio tale che il campo elettrico arresti l'ulteriore migrazione di cariche per diffusione.

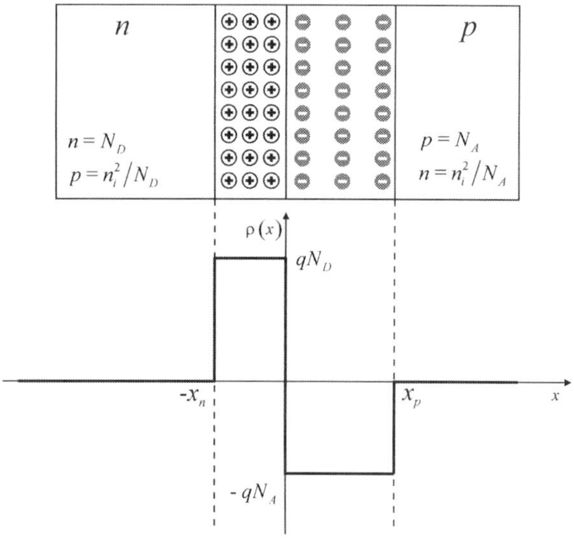

Figura 1.13 ioni fissi nella regione di svuotamento

In questa condizione, con riferimento alla Figura 1.13, si sarà creata una regione completamente svuotata di cariche mobili a destra (zona ***p***) e a sinistra (zona ***n***) della *giunzione metallurgica* (superficie di separazione tra la zona ***n*** e ***p*** a $\boldsymbol{x}=0$), regione che avrà bordi netti nella zona ***n*** e ***p***. Infatti, all'interno della regione di svuotamento ci sono cariche fisse non compensate da cariche mobili e quindi, come si è detto, c'è un campo elettrico diverso da zero. Se ci fossero anche cariche mobili queste si muoverebbero spinte dal campo elettrico e quindi il semiconduttore non potrebbe essere in condizione di equilibrio. Segue che la regione di svuotamento non può essere parzialmente svuotata e quindi che ci dovrà essere un bordo netto tra regione di svuotamento e corpo del semiconduttore ***n*** oppure ***p***.

La Figura 1.13 mostra la distribuzione delle cariche fisse. L'origine dell'asse $\boldsymbol{x}$ è sulla superficie di separazione tra le zone ***n*** e ***p***; $\boldsymbol{x=-x_n}$ e $\boldsymbol{x=x_p}$ sono i bordi della regione di svuotamento. Poiché il semiconduttore era neutro prima dello spostamento delle cariche e nessuna carica ha lasciato il corpo del semiconduttore, la neutralità complessiva dovrà essere conservata. Pertanto la carica accumulata nella parte ***n*** della regione di svuotamento $\boldsymbol{Q_n}$ deve essere uguale alla carica accumulata nella parte ***p*** della regione di svuotamento $\boldsymbol{Q_p}$:

$$Q_n = Q_p \tag{1. 43}$$

che possono essere calcolate come segue:

$$qN_D S x_n = qN_A S x_p \tag{1. 44}$$

dove ***S*** è la superficie di separazione tra le zone ***n*** e ***p***.

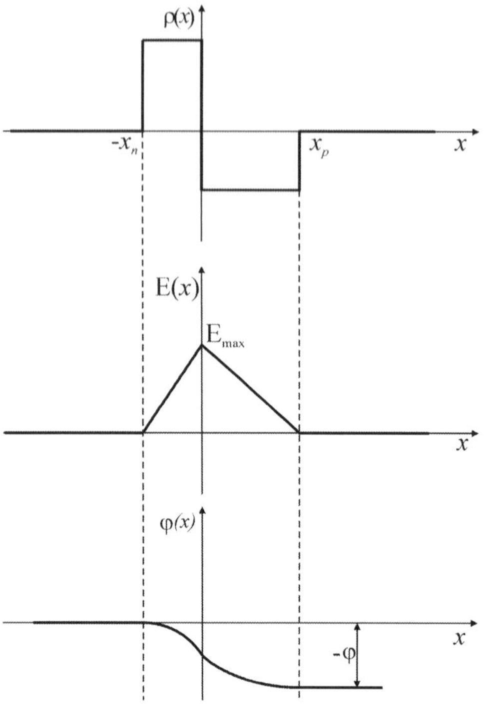

Figura 1.14: densità di carica, campo elettrico e potenziale nella regione di svuotamento

Campo elettrico e densità di carica (ρ) sono legati dall' equazione di Poisson:

$$\frac{\partial E}{\partial x} = \frac{\rho}{\varepsilon} \tag{1. 45}$$

dove ε è la costante dielettrica del materiale (del Silicio nello specifico). La (1.45) per il lato ***n*** e il lato ***p*** della regione di svuotamento sarà rispettivamente

$$\frac{\partial E_n}{\partial x} = \frac{qN_D}{\varepsilon} \tag{1. 46}$$

$$\frac{\partial E_p}{\partial x} = -\frac{qN_A}{\varepsilon} \tag{1. 47}$$

da cui:

$$E_n(x) = \frac{qN_D}{\varepsilon} x + C_n \tag{1. 48}$$

$$E_p(x) = -\frac{qN_A}{\varepsilon}x + C_p \qquad \textbf{(1. 49)}$$

Le costanti si determinano imponendo che le due funzioni siano nulle rispettivamente per $x=-x_n$ e $x=x_p$, segue quindi che

$$E_n(x) = \frac{qN_D}{\varepsilon}x + \frac{qN_D}{\varepsilon}x_n \qquad \textbf{(1. 50)}$$

$$E_p(x) = -\frac{qN_A}{\varepsilon}x + \frac{qN_A}{\varepsilon}x_p \qquad \textbf{(1. 51)}$$

Imponendo inoltre la continuità del campo per $x=0$, ovvero $E_n(0)=E_p(0)$, si ottiene

$$\frac{qN_D}{\varepsilon}x_n = \frac{qN_A}{\varepsilon}x_p = E_{\max} \qquad \textbf{(1. 52)}$$

Si noti, inoltre, che $N_D x_n = N_A x_p$ anche per la condizione sulla neutralità del semiconduttore già espressa nella (1.44).
Il campo elettrico nella regione di svuotamento determina una differenza di potenziale tra la zona p e n. Questo potenziale $\varphi(x)$ può essere calcolato come

$$\varphi = \int_{-x_n}^{x_p} E(x)dx \qquad \textbf{(1. 53)}$$

Si faccia attenzione al segno. In generale il potenziale è l'integrale del campo elettrico cambiato di segno, ma in Figura 1.14 il potenziale è stato definito $-\varphi$ in modo che φ risulti positivo.

$$\varphi = \int_{-x_n}^{0} E_n(x)dx + \int_{0}^{x_p} E_p(x)dx \qquad \textbf{(1. 54)}$$

Sostituendo le (1.50) e (1.51) nella (1.54) e calcolando gli integrali, si ottiene:

$$\varphi = \frac{q}{2\varepsilon}\left(N_D x_n^2 + N_A x_p^2\right) \qquad \textbf{(1. 55)}$$

Usando la relazione (1.44) che lega x_p e x_n, possiamo esplicitare x_p e x_n nella (1.55) ottenendo

$$x_n = \sqrt{\frac{2\varepsilon}{q}\varphi\frac{N_A}{N_D}\frac{1}{N_A + N_D}} \tag{1. 56}$$

$$x_p = \sqrt{\frac{2\varepsilon}{q}\varphi\frac{N_D}{N_A}\frac{1}{N_A + N_D}} \tag{1. 57}$$

e quindi:

$$w = x_p + x_n = \sqrt{\frac{2\varepsilon}{q}\varphi\left(\frac{1}{N_A} + \frac{1}{N_D}\right)} \tag{1. 58}$$

La (1.58) permette di calcolare lo spessore della regione di svuotamento, noto il potenziale di giunzione.

1.11 Il potenziale di giunzione

Nel paragrafo precedente abbiamo trovato un'equazione per calcolare lo spessore della regione di svuotamento, noto il potenziale di giunzione. In questo paragrafo troveremo un'espressione per il potenziale di giunzione che, come sarà dimostrato, dipende solo dalle concentrazioni dei droganti.

In un semiconduttore la corrente è la somma di quattro termini: corrente di deriva degli elettroni, corrente di diffusione degli elettroni, corrente di deriva delle lacune, corrente di diffusione delle lacune:

$$j = qn\mu_n E + qD_n\frac{dn}{dx} + qp\mu_p E - qD_p\frac{dp}{dx} \tag{1. 59}$$

corrente che, in condizioni di equilibrio (in assenza di polarizzazione esterna, ad esempio), non può che essere nulla. Inoltre, sempre per ragioni di equilibrio termodinamico, dovranno essere nulli separatamente i contributi della corrente di lacune (la somma cioè della corrente di deriva e della corrente di diffusione delle lacune) e della corrente di elettroni (la somma anche in questo caso della corrente di deriva e della corrente di diffusione degli elettroni). Ciò è vero sia se il semiconduttore drogato e di tipo ***n*** (o ***p***) ed ha una concentrazione di donatori (o accettori) non uniforme, sia, a maggior ragione, se il semiconduttore presenta due zone a drogaggio uniforme ma differente (una zona ***n*** ed una zona ***p***).
Supponiamo ora, per semplicità di trattazione ed anche per maggior aderenza alla realtà, che una delle due parti della giunzione sia molto più drogata dell'altra. A proposito della precedente affermazione, c'è da dire infatti che le giunzioni, sono realizzate mediante drogaggi successivi ed è tecnologicamente più semplice

iniziare da un semiconduttore poco drogato e fare in modo che ogni drogaggio successivo sia significativamente più "pesante" del precedente. Sia, quindi, la regione ***n*** molto più drogata della regione ***p*** ed esaminiamo, sotto tale ipotesi, il contributo alla corrente complessiva degli elettroni,che essendo il semiconduttore in condizione di equilibrio, dovrà essere nulla. Ovvero dovrà aversi

$$j \approx qn\mu_n E + qD_n \frac{dn}{dx} \qquad \textbf{(1. 60)}$$

quindi

$$n\mu_n E = -D_n \frac{dn}{dx} \qquad \textbf{(1. 61)}$$

che può essere scritta come

$$Edx = -\frac{D_n}{\mu_n}\frac{dn}{n} \qquad \textbf{(1. 62)}$$

Ricordando l'equazione di Einstein la (1.62) può essere scritta come:

$$Edx = -V_T \frac{dn}{n} \qquad \textbf{(1. 63)}$$

Integriamo prendendo come estremi i bordi della regione di svuotamento

$$-\int_{-x_n}^{x_p} Edx = V_T \int_{n(-x_n)}^{n(x_p)} \frac{dn}{n} \qquad \textbf{(1. 64)}$$

L'integrale del primo membro è il ***potenziale di giunzione*** detto anche ***potenziale di built-in***. La concentrazione dei portatori ***n*** all'estremo della regione di svuotamento nella zona ***n***, sarà pari alla concentrazione degli elettroni nella zona ***n***, ovvero $n=N_D$. La concentrazione dei portatori ***n*** all'estremo della regione di svuotamento nella zona ***p***, sarà pari alla concentrazione degli elettroni nella zona ***p***, ovvero $n=n_i^2/N_A$.

$$\varphi = -V_T \int_{N_D}^{n_i^2/N_A} \frac{dn}{n} \qquad \textbf{(1. 65)}$$

Calcolando l'integrale, avremo dunque:

$$\frac{\varphi}{V_T} = \ln\left(\frac{N_D N_A}{n_i^2}\right) \quad \textbf{(1. 66)}$$

In definitiva, il potenziale di giunzione è dato da:

$$\varphi = V_T \ln\left(\frac{N_D N_A}{n_i^2}\right) \quad \textbf{(1. 67)}$$

Proviamo ad usare la (1.67) con valori numerici realistici. Supponiamo ad esempio N_D=10^{17}cm^{-3}, N_A=10^{14}cm^{-3}. Poiché V_T=26mV, il potenziale di giunzione risulta pari a 0.66V.

Noto il potenziale di giunzione possiamo usare la (1.58) del paragrafo precedente per calcolare lo spessore della regione di svuotamento. A questo proposito si tenga presente che la costante dielettrica relativa del silicio ε_r è circa 12 e che la costante dielettrica del vuoto ε_0 è 8.85×10^{-12} F/m. La costante dielettrica ε sarà perciò:

$$\varepsilon = \varepsilon_r \varepsilon_0 \quad \textbf{(1. 68)}$$

Con questi valori lo spessore ***w*** della regione di svuotamento è circa 3μm. Rispetto alle dimensioni della zona ***n*** o ***p*** della maggior parte dei diodi, lo spessore di qualche μm per la regione di svuotamento è una dimensione che nella maggior parte dei casi si può trascurare.

1.12 La caratteristica corrente-tensione di una giunzione pn

Polarizzando direttamente una giunzione, cioè applicando una tensione con il polo positivo collegato al lato ***p*** e quello negativo al lato ***n***, si produce un abbassamento della tensione alla giunzione agevolando la diffusione delle cariche attraverso la giunzione stessa. L'effetto è un'iniezione di portatori ***n*** dalla zona ***n*** nella zona ***p*** e, viceversa, un'iniezione di portatori ***p*** dalla zona ***p*** nella zona ***n***. La distribuzione di portatori minoritari che ne consegue è quella mostrata nel paragrafo 1.9. Il risultato complessivo è il passaggio di una corrente diretta che è funzione della tensione applicata. Al contrario, applicando una tensione di segno opposto (polarizzazione inversa o contropolarizzazione), tale tensione produce un incremento della tensione di giunzione, che quindi a maggior ragione è in grado di impedire la diffusione di portatori da un lato all'altro delle due zone. Tenendo conto delle correnti di diffusione e di deriva nella regione di svuotamento, si calcola che la corrente che attraversa la giunzione in funzione della tensione applicata alla giunzione stessa è data dalla seguente espressione, detta "caratteristica corrente-tensione" o ***legge di Shockley*** per il diodo ideale:

$$i = I_s\left(e^{\frac{v}{V_T}} - 1\right) \qquad \textbf{(1. 69)}$$

dove V_T è la *tensione termica* (26mV), I_s è una quantità costante detta ***corrente di saturazione inversa***. Soffermiamoci un attimo su questa espressione. Per $v=0$ la corrente è nulla, come è ragionevole aspettarci. Per v minore di zero (contropolarizzazione), la corrente tende rapidamente a $-I_s$, che per questo si chiama corrente di saturazione inversa. I_s è legato principalmente all'area della giunzione, essendo la densità di corrente un valore molto piccolo (nA o pA), e quindi in molti casi pratici possiamo assumere nulla la corrente che scorre nel diodo quando la tensione è negativa. Per v positiva (polarizzazione diretta), la corrente cresce in modo esponenziale e per $v >> 2V_T \approx 50$mV possiamo assumere

$$i \approx I_s e^{\frac{v}{V_T}} \qquad \textbf{(1. 70)}$$

L'esponenziale ha un tipico andamento: all'aumentare dell'argomento, parte da valori molto piccoli per poi aumentare repentinamente. A rigore, non esiste un vero e proprio valore di soglia per cui la corrente comincia ad aumentare molto rapidamente, ma per le giunzioni al Silicio possiamo spesso assumere che non conduca per tensioni minori di 0.6V. Superata tale soglia, attraverso la giunzione comincia a scorrere una corrente significativa. Ci domandiamo ora per quale valore della tensione applicata la corrente che scorre nel diodo diventerà, ad esempio, 1000 volte tanto. Ebbene è sufficiente un aumento di tensione di appena 0.1V per produrre un aumento di corrente di un fattore mille. In altre parole, superata la tensione di soglia, in condizioni operative la tensione ai capi della giunzione varia poco (non più di 0.1V). Nel seguito, quando non diversamente specificato, per un diodo al silicio assumeremo 0.6V come tensione di soglia, 0.7V come tensione operativa tipica e 0.8V come tensione massima. Si tratta, ovviamente, di assunzioni piuttosto drastiche, ma molto utili per una rapida comprensione del funzionamento di molti circuiti e per valutarne rapidamente e con buona approssimazione le prestazioni.

Tornando ora alla (1.70), anche se non è esplicitamente indicata come variabile, la temperatura è "presente" ed anzi la caratteristica della giunzione ne dipende in due modi. Innanzi tutto perché la tensione termica V_T è proporzionale alla temperatura

$$V_T = kT \qquad \textbf{(1. 71)}$$

con k costante di Boltzmann. Inoltre, la corrente di saturazione (I_s) dipende dalla concentrazione dei portatori minoritari che, per la legge di azione di massa, è a sua volta proporzionale al quadrato della concentrazione dei portatori nel semiconduttore intrinseco, pertanto:

$$I_S = An_i^2 = Be^{-\frac{E_g}{kT}} \tag{1. 72}$$

Fissata ora la corrente ***I*** che scorre nella giunzione vogliamo ora calcolare come varia la tensione con la temperatura. Scriviamo

$$v = \frac{kT}{q}\ln\left(\frac{I}{I_s}\right) \tag{1. 73}$$

Calcoliamo ora

$$\frac{dv}{dT} = \frac{k}{q}\ln\left(\frac{I}{I_S}\right) - \frac{kT}{q}\frac{1}{I_S}\frac{dI_S}{dT} \tag{1. 74}$$

Da cui

$$\frac{dv}{dT} = \frac{v - E_g/q}{T} \tag{1. 75}$$

Poiché $v \approx 0.6$V, $E_g/q = 1.12$V, $T = 300$K segue che

$$\frac{dv}{dT} \approx -2mV/K \tag{1. 76}$$

ovvero la tensione sul diodo (e quindi anche la tensione di soglia) diminuisce di 2mV per ogni aumento di temperatura pari a un grado Kelvin.

L'uso della relazione esponenziale, per legare la corrente in una giunzione e tensione ai suoi capi, è senz'altro opportuna per comprendere gli aspetti del funzionamento di un diodo, più squisitamente legati alla fisica, ma nella pratica utilizzazione del dispositivo, appesantisce notevolmente la trattazione dei problemi. Per questo motivo, in molti casi, può essere utile <u>linearizzare</u> la caratteristica ***i=i(v)*** del diodo stesso. A questo proposito scriviamo la tensione applicata al diodo come la somma di due termini

$$v_D = V_D + v_d \tag{1. 77}$$

e sviluppiamo in serie di Taylor la (1.70)

$$i(v) = i(V_D) + \left.\frac{di}{dv}\right|_{v=V_D} v_d + \frac{1}{2}\left.\frac{d^2 i}{dv^2}\right|_{v=V_D} v_d^2 + \ldots \qquad \textbf{(1. 78)}$$

$$i(v) = i(V_D) + \frac{i(V_D)}{V_T} v_d + \frac{1}{2}\frac{i(V_D)}{V_T^2} v_d^2 + \ldots \qquad \textbf{(1. 79)}$$

Per comodità definiamo $\boldsymbol{i(V_D)=I}$. Il termine quadratico è trascurabile rispetto al termine lineare se

$$\frac{1}{2}\frac{I}{V_T^2} v_d^2 << \frac{I}{V_T} v_d \qquad \textbf{(1. 80)}$$

ovvero

$$v_d << 2V_T \approx 50\text{mV} \qquad \textbf{(1. 81)}$$

Se ora indichiamo con $\boldsymbol{i_d}$ la variazione di corrente nel diodo indotta dalla piccola variazione di tensione $\boldsymbol{v_d}$, possiamo scrivere

$$i_d = \frac{I}{V_T} v_d \qquad \textbf{(1. 82)}$$

In altre parole, per piccole variazioni di tensione, la corrente e la tensione in un diodo possono essere considerare legate linearmente da una resistenza di valore pari a

$$r = \frac{V_T}{I} \qquad \textbf{(1. 83)}$$

La Figura 1.15 mostra graficamente questo concetto.

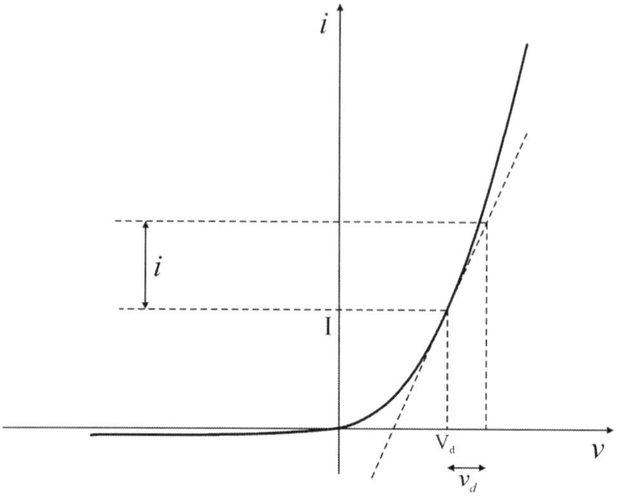

Figura 1.15: linearizzazione della caratteristica del diodo

Tornando ora alla legge di Shockley (1.69), essa vale, come si è detto, per un diodo ideale. Ne segue che, per utilizzarla (come abbiamo fatto e faremo) nei casi reali, è stata implicitamente fatta tutta una serie di drastiche semplificazioni ed in particolare:

1) ricombinazione elettrone-lacuna trascurabile nella regione di svuotamento;
2) generazione coppie elettrone-lacuna trascurabile nella regione di svuotamento;
3) corrente sufficientemente piccola da poter trascurare la caduta di tensione per effetto Ohm nelle regioni n e p lontane dalla regione di svuotamento (corpo del semiconduttore);
4) corrente sufficientemente piccola da non alterare in modo significativo la distribuzione spaziale dei portatori minoritari.

Nella realtà, naturalmente, tutti i fenomeni trascurati sono presenti anche se in diversa misura, alterando nei fatti l'andamento della caratteristica che è quindi alquanto differente da quella "ideale" descritta dalla (1.69).

Vediamo dunque di esaminare, anche se brevemente ed in modo più qualitativo che quantitativo, la portata degli effetti ricordati e trascurati nella trattazione "ideale". Per la ricombinazione delle coppie elettrone-lacuna nella regione di svuotamento, ad esempio, c'è da osservare che, quando scorre una corrente debole (di bassa intensità), una trattazione più completa mostrerebbe che tale fenomeno dà origine ad una corrente (di ricombinazione per l'appunto), dovuta ad elettroni della zona ***n*** che vengono iniettati nella regione di svuotamento e qui si ricombinano in parte,

prima di passare nella zona ***p***. La stessa cosa vale per le lacune iniettate dalla zona ***p***.
Per correnti deboli, in particolare, si vede che questo fenomeno è predominante rispetto alla corrente di diffusione descritta nei paragrafi precedenti e, con opportune assunzioni, si può dimostrare che l'espressione di questa corrente di ricombinazione è data da:

$$i_{ric} \propto \left(e^{\frac{v}{2V_T}} - 1 \right) \qquad \textbf{(1. 84)}$$

In definitiva possiamo dire che in un diodo reale polarizzato direttamente la corrente è data dalla (1.84) per correnti deboli (indicativamente per una tensione ***v***<0.5V-0.6V). Per correnti maggiori (indicativamente per una tensione ***v***>0.5V-0.6V) invece, vale la

$$i \propto \left(e^{\frac{v}{V_T}} - 1 \right) \qquad \textbf{(1. 85)}$$

In generale si è soliti scrivere

$$i = I_s \left(e^{\frac{v}{\eta(v)V_T}} - 1 \right) \qquad \textbf{(1. 86)}$$

All'aumentare di ***v***, il ***fattore di non idealità*** η passa con continuità dal valore 2 a 1.

Un altro fenomeno di cui è necessario tenere conto è, come si è detto, la generazione di coppie elettrone-lacuna che ha effetto soprattutto sull'andamento della caratteristica del diodo in contropolarizzazione. Infatti, la corrente di saturazione inversa reale non è così piccola come quella prevista teoricamente dal modello e non è costante al variare della tensione. Nella regione di svuotamento, a causa dell'agitazione termica, si generano coppie elettrone-lacuna che, essendo cariche di segno opposto, vengono separate dal campo elettrico presente nella regione. Ne risulta una corrente di deriva di cui non abbiamo fatto cenno nei paragrafi precedenti. Questa corrente è proporzionale al volume della regione di svuotamento ed al tasso di generazione coppie elettrone lacuna (***G***).

$$i = qGSw \qquad \textbf{(1. 87)}$$

La larghezza della regione di svuotamento, quando non è applicata una tensione esterna è data dalla (1.58), qui ripetuta per comodità d'uso:

$$w = \sqrt{\frac{2\varepsilon}{q}\varphi\left(\frac{1}{N_A} + \frac{1}{N_D}\right)} \tag{1.88}$$

con ε costante dielettrica, φ potenziale di giunzione, N_A concentrazione degli accettori nella zona p e N_D concentrazione dei donatori nella zona n.
Una tensione di contropolarizzazione v_R ha l'effetto di aumentare il potenziale di giunzione, pertanto:

$$w = \sqrt{\frac{2\varepsilon}{q}(\varphi + v_R)\left(\frac{1}{N_A} + \frac{1}{N_D}\right)} \tag{1.89}$$

Sostituendo la (1.89) nella (1.87) si ottiene un'espressione che mostra come la corrente di saturazione inversa aumenti al crescere della tensione di contropolarizzazione.

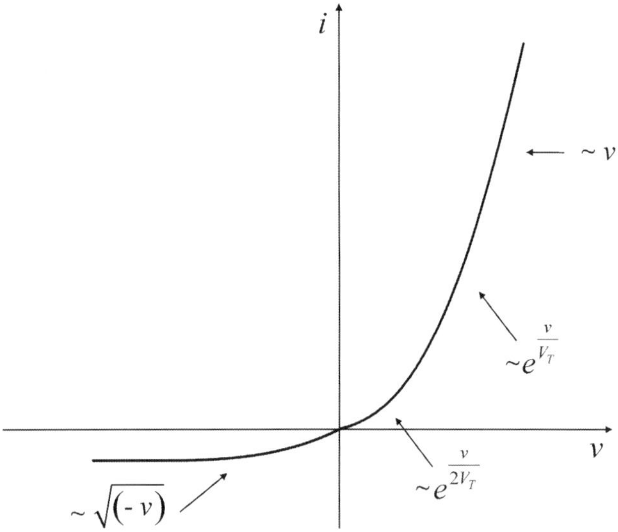

Figura 1.16: caratteristica reale di una giunzione pn

Infine, oltre alla corrente di diffusione, alla corrente di generazione ed alla corrente di ricombinazione, per una trattazione completa è necessario tener conto anche della corrente di deriva nelle zone lontane dalla regione di svuotamento. Infatti, solo in prossimità della regione di svuotamento la corrente è essenzialmente di diffusione. Mano a mano che ci si allontana, dalla giunzione metallurgica, la componente di deriva all'interno del corpo del semiconduttore di tipo p (ovvero

n), infatti, aumenta fino ad essere predominante quando la distanza dalla regione di svuotamento è molto più grande della lunghezza di diffusione dei portatori iniettati dalla zona di tipo ***n*** (ovvero ***p***). Tale corrente di deriva determina, per la legge di Ohm, una caduta di potenziale proporzionale alla corrente stessa,caduta di tensione che è trascurabile solo per correnti deboli, ma che può diventare predominante quando l'intensità della corrente è maggiore. Ne segue che la tensione ai capi della giunzione è inferiore a quella applicata dall'esterno e che l'andamento della caratteristica corrente-tensione non è più esponenziale ma tende a divenire lineare, assumendo caratteristiche resistive.

Quanto detto, appare evidente se si traccia la caratteristica ***i=i(v)*** in scala semilogaritmica (Figura 1.17), ovvero si riporta la corrente nel diodo in funzione della tensione esterna. Come si può notare, infatti, l'andamento della corrente in funzione della tensione esterna applicata, si discosta da quello rettilineo (corrispondente in questo tipo di grafico alla legge esponenziale) all'aumentare della tensione. Non solo, ma se si fissa un valore di corrente, la lunghezza del segmento orizzontale compreso tra l'andamento ideale (rettilineo) e la curva reale, dà proprio il valore di tensione applicata che cade, per effetto ohmico, sul corpo del semiconduttore.

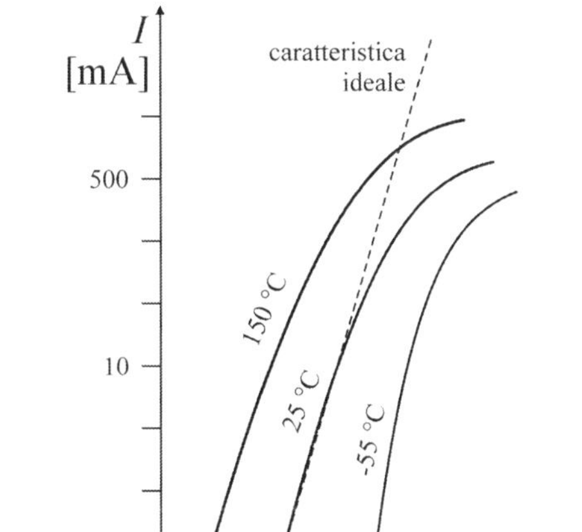

Figura 1.17 caratteristica reale in scala semilogaritmica

Infine, l'ipotesi di corrente sufficientemente piccola da non alterare la distribuzione spaziale dei portatori minoritari è di solito ben verificata, ma ovviamente viene meno quando nel diodo scorre una corrente molto grande, come nel caso di diodi impiegati in applicazioni di potenza.

1.13 Modello linearizzato della giunzione pn

La caratteristica corrente-tensione di una giunzione ***pn***, come abbiamo visto e con tutte le accortezze necessarie e poste in evidenza non è lineare. Tuttavia, entro certi limiti (piccole variazioni) la caratteristica può essere linearizzata semplificando notevolmente l'analisi dei circuiti in cui il diodo è inserito, essendo i circuiti lineari molto più semplici da analizzare.

Per questo motivo, in questo paragrafo introdurremmo il cosiddetto "modello linearizzato a tratti".

L'idea base è quella di sostituire alla giunzione un ***circuito equivalente*** contenente 4 elementi circuitali: due resistenze, un generatore ideale di tensione e un interruttore ideale (vedi Figura 1.18). L'interruttore, che rappresentiamo con il simbolo indicato in Figura 1.18, è un "diodo ideale" che presenta la caratteristica mostrata in Figura 1.19. Come si può notare, tale caratteristica si può considerare come una drastica schematizzazione del diodo di Shockley, indicando che il dispositivo in questione si comporta da corto circuito (tensione nulla ai suoi capi e corrente indeterminata) quando è ON e da circuito aperto (corrente nulla e tensione ai suoi capi indeterminata) quando è OFF.

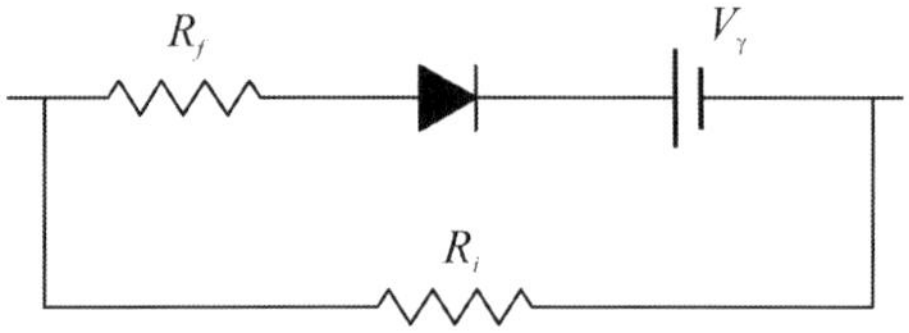

Figura 1.18 circuito equivalente della giunzione pn lineare a tratti

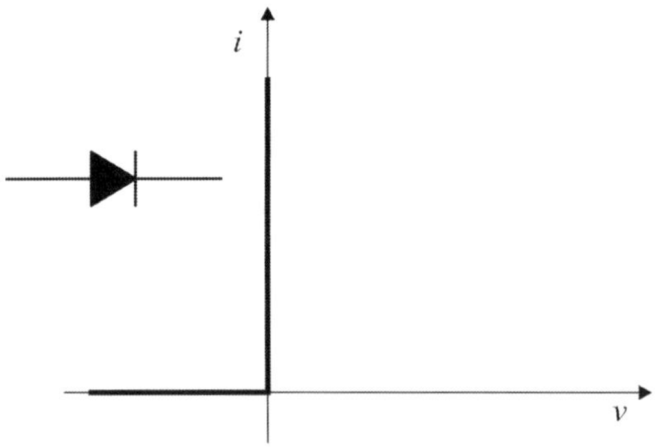

Figura 1.19 caratteristica del diodo ideale

Sommando geometricamente le caratteristiche ***I-V*** dei quattro elementi (ricordando che le caratteristiche si sommano graficamente per ascisse –a parità di corrente- se gli elementi sono in serie e per ordinate-a parità di tensione- se sono in parallelo) il risultato finale della composizione grafica relativa al circuito di Figura 1.18 è un dispositivo che ha la caratteristica come in Figura 1.20.

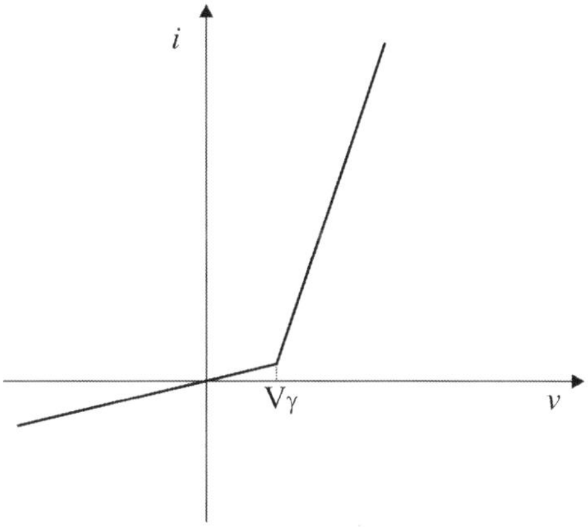

Figura 1.20: caratteristica tensione-corrente lineari a tratti

in cui, il generatore di tensione determina la tensione di soglia V_γ (il vertice della spezzata), R_f fissa *praticamente* la pendenza della caratteristica sopra soglia (in realtà data $R_f // R_i$ ma con R_f molto più piccola di R_i) e R_i quella sotto la soglia. Lo "scatto" del diodo ideale, infine determina il passaggio da un ramo all'altro della spezzata. Questo modello ha il pregio della semplicità e della facilità di analisi, ma ovviamente è molto approssimato, soprattutto nel tratto sopra-soglia.

1.14 Capacità di una giunzione polarizzata inversamente

Una giunzione ***pn*** polarizzata inversamente presenta dei fenomeni di tipo capacitivo legati all'accumulo di cariche fisse ai due lati della giunzione metallurgica e alla loro variazione in funzione della tensione applicata e del conseguente spessore variabile della regione di svuotamento.

Abbiamo già calcolato lo spessore della regione di svuotamento nelle due zone ***n*** e ***p***, in particolare:

$$x_n = \sqrt{\frac{2\varepsilon}{q}\varphi\frac{N_A}{N_D}\frac{1}{N_A + N_D}} \qquad \textbf{(1. 90)}$$

dove ε è la costante dielettrica del silicio, q la carica dell'elettrone, φ il potenziale di giunzione, N_A concentrazione degli accettori nella zona ***p***, N_D concentrazione dei donatori nella zona ***n***.

L'applicazione di una tensione di contropolarizzazione v_R , va a incrementare il potenziale di giunzione della stessa quantità, quindi

$$x_n = \sqrt{\frac{2\varepsilon}{q}(\varphi + v_R)\frac{N_A}{N_D}\frac{1}{N_A + N_D}} \quad (1.91)$$

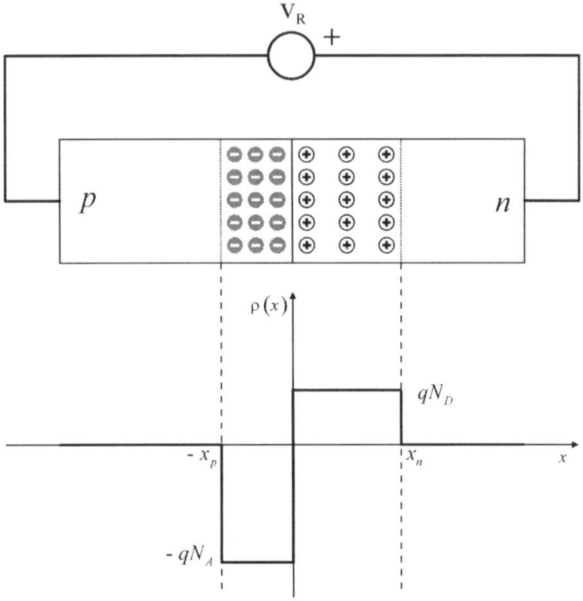

Figura 1.21: regione di svuotamento di una giunzione pn contropolarizzata

Ne segue che la carica positiva accumulata nella zona n è pari a

$$Q = qSN_D x_n = qSN_D\sqrt{\frac{2\varepsilon}{q}(\varphi + v_R)\frac{N_A}{N_D}\frac{1}{N_A + N_D}} \quad (1.92)$$

dove S è la sezione della giunzione.
La carica accumulata, come si può notare, non dipende linearmente dalla tensione applicata (v_R). Pertanto, a rigor di termini, il fenomeno in esame non è schematizzabile come una capacità lineare. Per piccole variazioni della tensione v_R, ovvero per piccoli segnali, però, possiamo porre

$$C \approx \left.\frac{dQ}{dv_R}\right|_{v_R = V_R} \quad (1.93)$$

calcolando la derivata nel punto V_R per il quale sia

$$v_R = V_R + v_r \tag{1.94}$$

dove v_r è l'ampiezza della piccola variazione rispetto al punto V_R.
Sostituendo la (1.92) nella (1.93) e indicando con w_o lo spessore della regione di svuotamento quando la tensione applicata è nulla:

$$w_o = \sqrt{\frac{2\varepsilon}{q}\varphi\left(\frac{1}{N_A} + \frac{1}{N_D}\right)} \tag{1.95}$$

si ottiene la notevole equazione

$$C = \frac{C_o}{\sqrt{1 + \frac{V_R}{\varphi}}} \tag{1.96}$$

con

$$C_0 = \varepsilon \frac{S}{w_0} \tag{1.97}$$

Il risultato trovato ha un immediato significato fisico: *la capacità della regione di svuotamento (**capacità di transizione**) è equivalente alla capacità di un condensatore a facce piane e parallele la cui separazione è pari allo spessore della regione di svuotamento.*

1.15 Capacità di una giunzione polarizzata direttamente

La *capacità di transizione*, sempre presente, risulta prevalente, come fenomeno capacitivo, quando la giunzione è polarizzata inversamente. Se la giunzione ***pn*** è polarizzata direttamente, invece, c'è un altro fenomeno di accumulo di carica che diventa prevalente e rende trascurabile il contributo capacitivo predetto. La tensione di polarizzazione diretta infatti, sappiamo che tende ad abbassare la tensione di giunzione che impedisce la migrazione dei portatori da una zona all'altra. Pertanto portatori ***n*** cominceranno ad andare dalla zona ***n*** alla zona ***p*** e, viceversa, portatori ***p*** dalla zona ***p*** alla zona ***n***. Di solito una delle due zone è molto più drogata dell'altra (ad esempio la zona ***n***) e quindi possiamo considerare, per semplicità di trattazione, cosa avviene per un solo tipo di portatori (gli elettroni nella zona ***p***, nel caso considerato). Come mostrato in Figura 1.22, l'effetto della polarizzazione positiva è la comparsa (iniezione) di portatori ***n*** al confine tra la regione ***p*** e la regione di svuotamento. Questa iniezione produce un aumento dei portatori ***n*** di minoranza ed una loro distribuzione spaziale che decade esponenzialmente, come visto nel paragrafo 1.9.

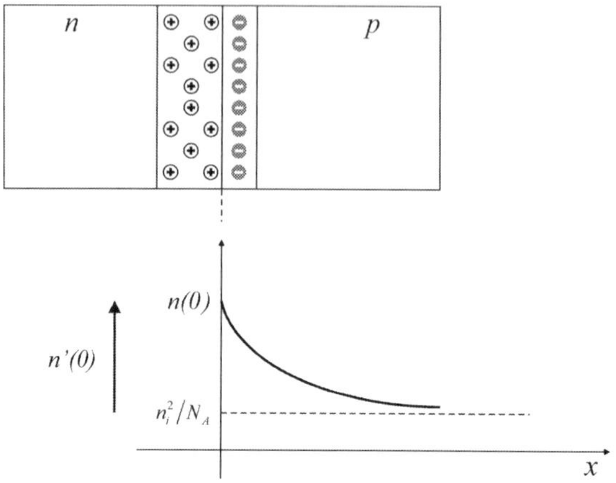

Figura 1.22: iniezione di portatori minoritari in una giunzione pn

Nella zona ***n***, in prossimità della zona di svuotamento (***x***=0) il campo elettrico è nullo, pertanto la corrente che scorre non potrà che essere una corrente di diffusione. Tale corrente di diffusione è data da

$$I = qSD_n \left.\frac{dn}{dx}\right|_{x=0} \qquad \textbf{(1. 98)}$$

D'altra parte, abbiamo già calcolato la distribuzione dei portatori dovuta alla loro iniezione

$$n'(x) = n'(0)e^{-\frac{x}{L_n}} \qquad \textbf{(1. 99)}$$

Quindi

$$I = -\frac{qSD_n n'(0)}{L_n} \qquad \textbf{(1. 100)}$$

(con il segno meno è dovuto al fatto che la corrente ha verso opposto rispetto all'asse ***x*** di Figura 1.22).
Calcoliamo ora la carica complessiva dei portatori iniettati

$$Q = -qS\int_{x=0}^{x=\infty} n'(x)dx = -qSn'(x)\int_{x=0}^{x=\infty} e^{-\frac{x}{L_n}}dx = -qSn'(x)L_n \qquad \textbf{(1. 101)}$$

E' interessante notare che

$$\frac{Q}{I} = \frac{D_n}{L_n^2} = \tau \qquad \textbf{(1. 102)}$$

ovvero che la carica elettrica dei portatori iniettati è proporzionale alla corrente che scorre attraverso la giunzione (***legge del controllo di carica***). Questa carica dà luogo, con le sue variazioni in presenza di una tensione variabile nel tempo, a una capacità parassita con la carica di stesso valore, ma di segno opposto tra il semiconduttore ***n*** e il reoforo, ovvero il contatto elettrico dal lato n. Si tratta, ovviamente, di una capacità non lineare, che definiamo ***capacità di diffusione*** (essendo legata come si è visto alla diffusione dei portatori di minoranza nel corpo del semiconduttore), ma che per piccole variazioni può essere linearizzata. Potremo porre quindi

$$C = \frac{dQ}{dv} = \tau\frac{dI}{dv} \qquad \textbf{(1. 103)}$$

D'altra parte, la corrente in una giunzione ***pn*** polarizzata direttamente ha l'ormai noto andamento esponenziale

$$I \propto e^{\frac{v}{V_T}} \qquad \textbf{(1. 104)}$$

e quindi

$$C = \tau\frac{I}{V_I} \qquad \textbf{(1. 105)}$$

Espressione che ci dice come una giunzione ***pn*** polarizzata direttamente presenti una capacità parassita proporzionale alla corrente di polarizzazione che vi scorre. Come vedremo, le capacità parassite hanno un ruolo fondamentale nel comportamento ad alta frequenza dei dispositivi, ivi compresi i circuiti a rapida commutazione.

Capitolo Secondo
Il diodo

2.1 Il diodo

Il diodo è il dispositivo più semplice realizzato con una giunzione ***pn*** e ne sfrutta la caratteristica corrente-tensione ovvero le sue proprietà *rettificanti*. Potremo dire infatti, che il diodo è in grado di "condurre", solo in una direzione (quando cioè la giunzione è polarizzata positivamente), comportandosi da circuito aperto se lo si forza a condurre in direzione opposta.
Dal punto di vista costruttivo, le due zone ***p*** e ***n*** sono munite ciascuna di un contatto elettrico (reoforo) al quale poter applicare la tensione esterna. Inoltre, la zona ***n*** non è normalmente in contatto diretto con il metallo del reoforo: per evitare infatti che tra la zona ***n*** ed il reoforo possa formarsi un'ulteriore giunzione rettificante (di verso opposto a quella tra zona ***n*** e zona ***p***), si aggiunge un secondo strato di materiale ***n*** di drogaggio molto elevato (n^+).
Il reoforo in contatto con la zona ***p*** è detto anodo (**A**), quello in contatto con la zona ***n*** (con le precisazioni viste) catodo (**K**). La tensione applicata è quindi detta positiva se l'anodo è positivo rispetto al catodo.

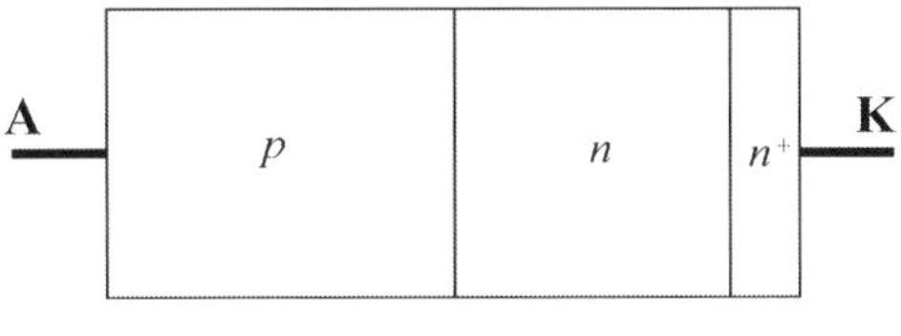

Figura 2.1: diodo

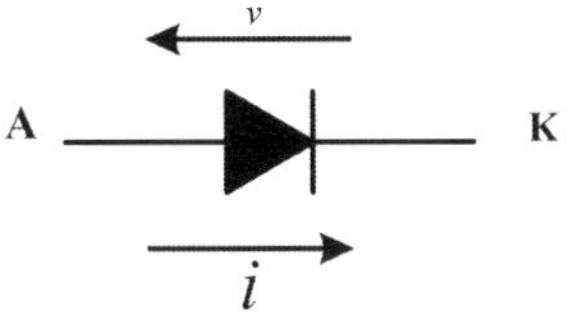

Figura 2.2: simbolo circuitale del diodo

In Figura 2.3 è mostrata la realizzazione fisica di un diodo a giunzione ***pn***. L'anodo ha una forma allungata ed il catodo lo circonda su tre lati. In tal modo, il percorso che le cariche devono seguire all'interno del corpo del semiconduttore per raggiungere ed "attraversare" la giunzione, viene ridotto in modo significativo aumentando al contempo le dimensioni trasversali al moto delle cariche stesse. In tal modo si riduce la resistenza serie parassita, sempre presente quando una corrente scorre attraverso un semiconduttore. Una metallizzazione in alluminio su catodo e anodo fornisce poi la "base" per i reofori esterni. Più precisamente, la metallizzazione del catodo è in contatto con numerose piazzole ***n+***, mentre la metallizzazione del catodo è in contatto con la zona ***p*** mediante numerosi fori sull'ossido di protezione (SiO_2) del semiconduttore.

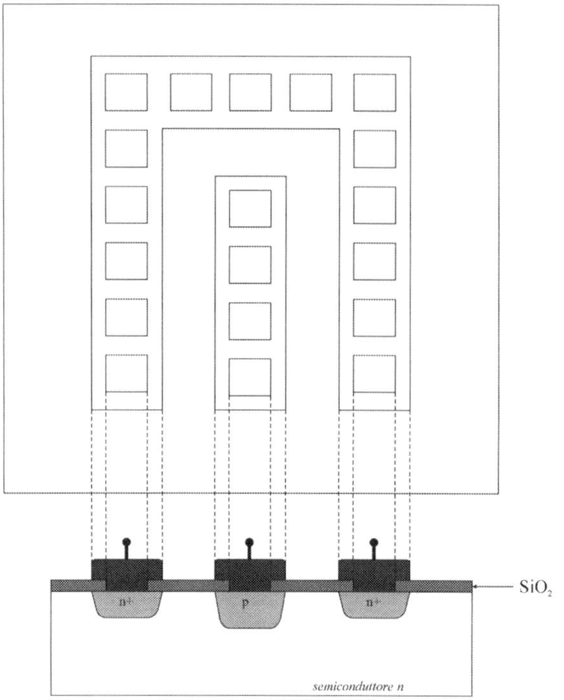

Figura 2.3: Layout del diodo

2.2 Retta di carico e punto di lavoro

Prendiamo in considerazione il circuito in Figura 2.4 (costituito da un generatore di tensione, un diodo ed un resistenza di carico) e determiniamo i valori delle tensioni ai capi del diodo e della resistenza, nonché la corrente che li attraversa (unica perché i due elementi sono in serie).
L'analisi del circuito può farsi analiticamente a partire dalla legge di Kirchoff alla maglia, ricordando che si ha $V_R = RI$, per la resistenza e si ha $i=i(v)$ per il diodo (utilizzando in questo caso una delle espressioni ottenute a partire dalla legge di Shockley). Tale approccio comporta però la soluzione, non banale, di un'equazione

trascendente, ragione per cui seguiremo un approccio differente, molto più agevole ed immediato.

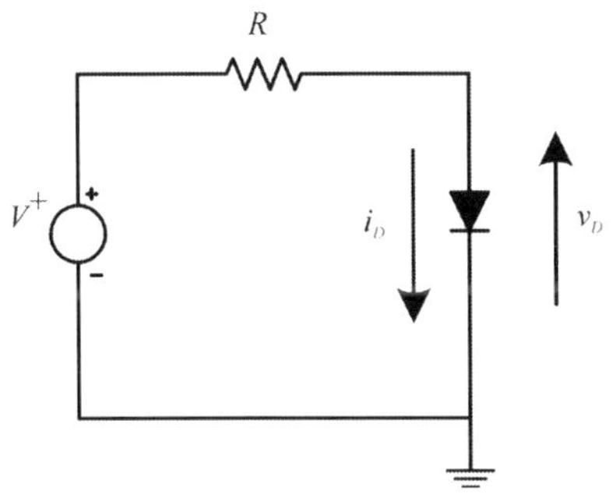

Figura 2.4 circuito con diodo e resistenza in serie

Tracciamo dunque la caratteristica del diodo nel piano ***i-v*** (Figura 2.5) e scriviamo la prima legge di Kirchoff applicata alla maglia

$$v = V^+ - Ri \qquad \textbf{(2. 1)}$$

osservando che nello stesso piano ***i-v*** la (2.1) è l'equazione di una retta, che, tracciata, intercetterà gli assi rispettivamente in $\boldsymbol{v=V^+}$(ascisse) e $\boldsymbol{i=V^+/R}$ (ordinate).

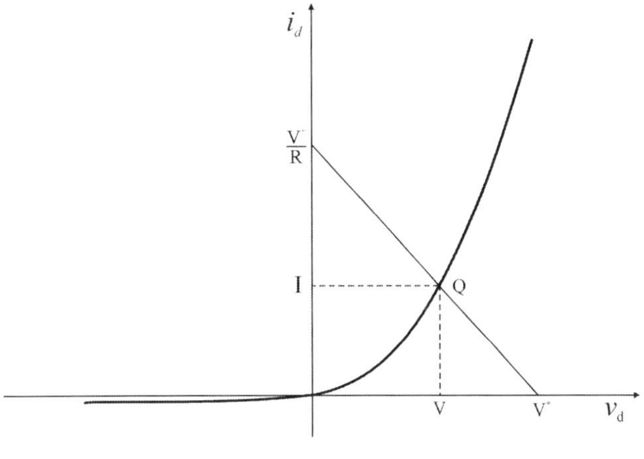

Figura 2.5: retta di carico

L'intersezione tra le due curve, detto **punto di lavoro**, determina il valore della corrente che scorre nel diodo e la tensione ai suoi capi (e quindi, per differenza con la tensione applicata $\boldsymbol{V^+}$, anche la tensione ai capi della resistenza ***R***). Inoltre, al variare della tensione applicata (se cambia il valore di $\boldsymbol{V^+}$, cioè) la nuova intersezione darà il nuovo punto di lavoro e quindi ancora una volta darà la soluzione grafica del problema. Per questo motivo, la retta di equazione (2.1), chiamata ***retta di carico*** del dispositivo, è il luogo di tutti i possibili punti di lavoro del dispositivo stesso.

Infine, poiché l'andamento esponenziale della corrente del diodo in conduzione, ne comporta (sopra la soglia) un rapido aumento in corrispondenza a variazioni "trascurabili" della tensione ai suoi capi, in molti casi pratici si preferisce approssimare la corrente stessa con il valore dato dalla (2.2), fissando cioè la tensione ai capi del diodo al valore di soglia(V_γ).

$$i \approx \frac{V - V_\gamma}{R} \tag{2. 2}$$

2.3 Linea di carico

Nel paragrafo precedente abbiamo visto come sia agevole determinare graficamente la tensione ai capi di un elemento non lineare (il diodo) e la corrente che lo attraversa, tracciando, nel piano della sua caratteristica, la **retta di carico**, ovvero l'equazione di Kirchoff alla maglia che contiene il dispositivo. Vediamo ora come sia possibile estendere il metodo al caso di Figura 2.6, in cui un dispositivo non lineare di caratteristica ***i=i(v)*** è caricato da un altro dispositivo non lineare di caratteristica ***i'=i'(v')*** , ovviamente con ***i=i'***, essendo i due dispositivi connessi in serie.

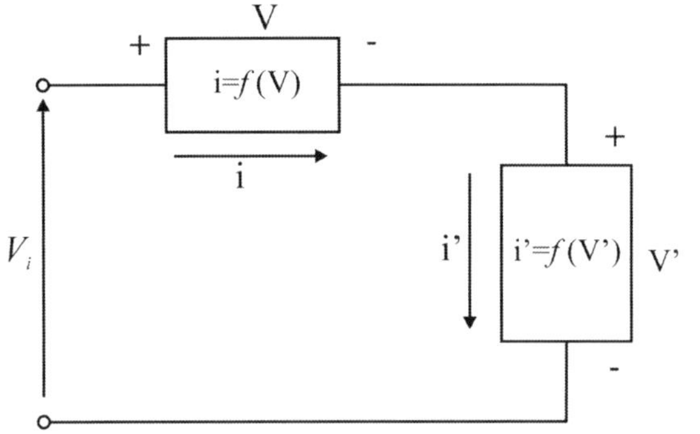

Figura 2.6: carico non lineare

Il metodo della retta di carico, infatti, può essere generalizzato e quindi essere esteso facilmente al caso di Figura 2.6, introducendo il concetto di ***linea di carico*** ed imparando a tracciarla sul piano della caratteristica di un elemento non lineare.

Per farlo, osserviamo che la retta di carico di Figura 2.5 può pensarsi tracciata nel modo seguente:

- *la resistenza R ha una propria caratteristica, una retta di equazione* ***I= V_R/R*** *passante per l'origine e con pendenza pari a* ***arctg 1/R****;*

- *la retta, nel piano del diodo, è stata traslata verso destra della quantità* V^+*;*
- *la retta, sempre nello stesso piano, è stata ribaltata verso sinistra (intorno ad un asse verticale passante per* $v=V^+$*) di 180°.*

Il risultato è ovviamente lo stesso ma, non essendo coinvolta, nel meccanismo indicato, alcuna equazione, si può pensare di applicarlo anche nel caso di Figura 2.6. Pertanto facendo l'ipotesi che i due dispositivi non lineari siano due diodi uguali e considerando uno dei due il "carico" dell'altro, si prenderà la caratteristica ***i-v***, la si traslerà sull'asse delle ascisse di V^+ e la si ribalterà verso sinistra di 180° ottenendo il risultato di Figura 2.7, in cui l'intersezione della **linea di carico** (caratteristica ***i-v*** del secondo diodo) con la caratteristica ***i-v*** del primo diodo, ne individua il punto di lavoro.

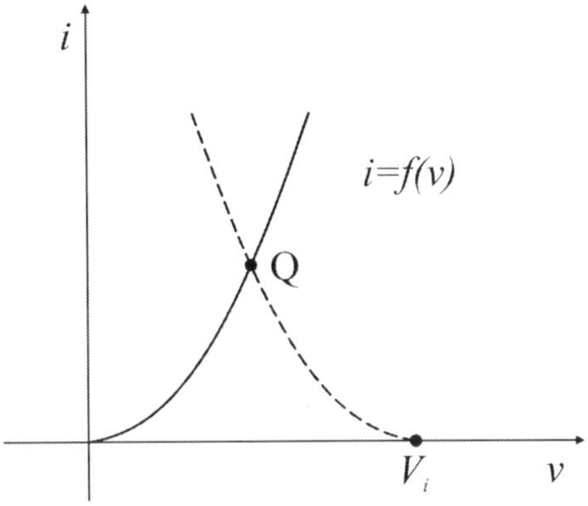

Figura 2.7: linea di carico

Il metodo qui descritto, pur nella sua semplicità, dimostrerà in seguito la sua praticità ed utilità quando dovremo studiare, ad esempio, i circuiti a transistori con i cosiddetti *carichi attivi.*

2.4 Il diodo come elemento di commutazione

Il diodo è spesso usato come elemento di commutazione, sfruttando il fatto che, quando è polarizzato direttamente ed è quindi in conduzione (stato ON) si comporta (approssimativamente) come un corto circuito, mentre in polarizzazione inversa (stato OFF) si comporta, sempre in prima approssimazione, come un circuito aperto. Per studiarne il comportamento nei casi reali, prendiamo in considerazione il circuito di Figura 2.8 e supponiamo che il generatore non sia una semplice batteria, come nei paragrafi precedenti.

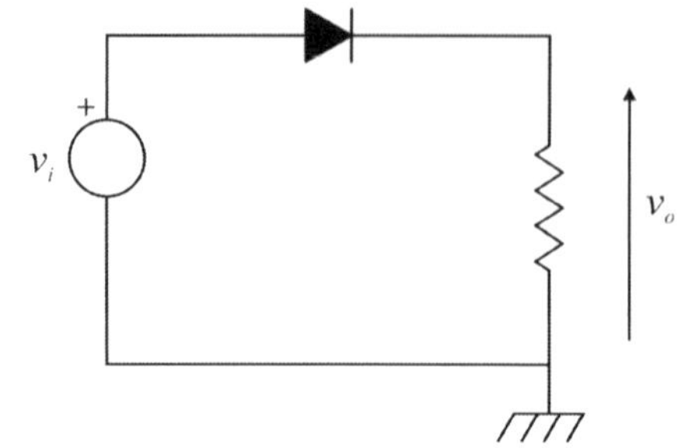

Figura 2.8 circuito con diodo

Assumiamo dunque, per la tensione di controllo v_i l'andamento temporale indicato in Figura 2.9: la tensione v_i assume solo due livelli, uno positivo V_p ed uno negativo V_r e passa "istantantaneamente" dall'uno all'altro, al tempo t_o. In questo caso, nell'ipotesi di un diodo ideale (soglia nulla, resistenza di conduzione nulla, fenomeni capacitivi nulli, comportamento da circuito aperto quando è in polarizzazione inversa), l'andamento temporale della tensione sul carico è quella mostrata in Figura 2.9: la tensione di controllo ai capi della resistenza $\boldsymbol{R}$ vale V_p , quando il diodo è ON, ma diventa istantantaneamente nulla quando il diodo commuta nel suo stato OFF.

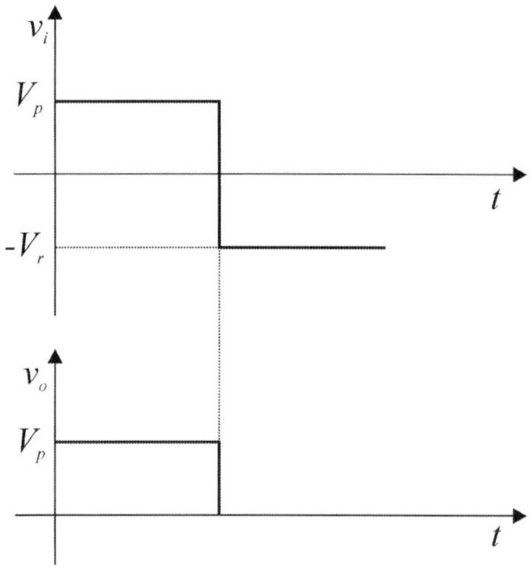

Figura 2.9: risposta nel tempo di un diodo ideale

L'andamento mostrato in Figura 2.9, dunque, presuppone che il diodo risponda immediatamente alle variazioni della tensione di controllo, cosa che nella realtà non avviene. Se rimuoviamo infatti dall'elenco delle idealità del diodo sopraelencate quella di *assenza di fenomeni capacitivi*, legati come sappiamo all'accumulo di cariche a cavallo della giunzione (capacità di transizione) e nel

corpo del semiconduttore (capacità di diffusione), l'andamento della tensione ai capi del carico è ben diverso da quello sin qui ipotizzato.
Poiché i fenomeni in questione riguardano il comportamento della giunzione ***pn*** in presenza di variazioni "istantanee" della tensione esterna ad essa applicata, risulta più agevole esaminare la risposta del circuito di Figura 2.9, studiando l'andamento della corrente nel diodo e quello della tensione ai suoi capi, cosa che viene fatta con i grafici di Figura 2.10 .

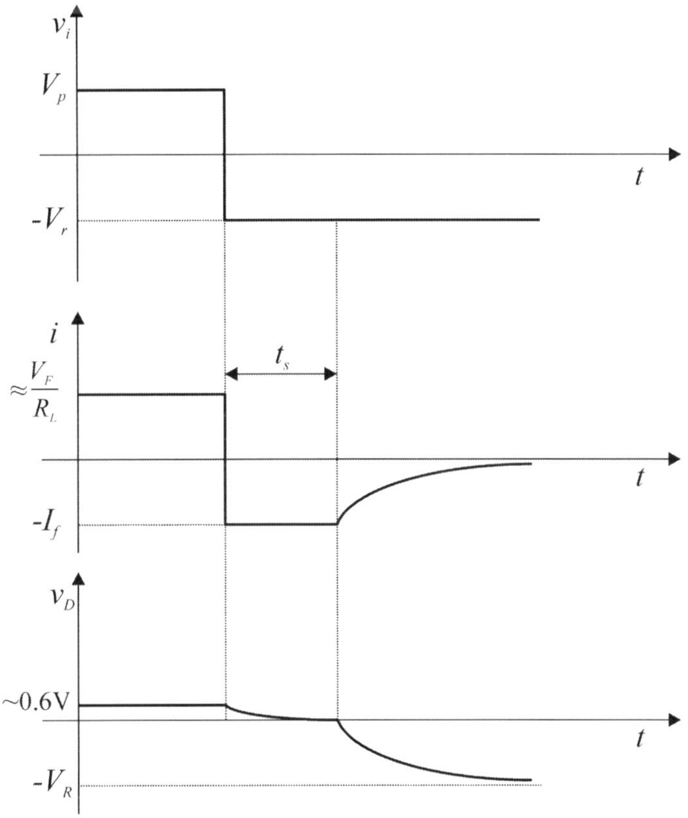

Figura 2.10: tempi di transizione

L'aspetto più importante del comportamento di un diodo reale, forzato a cambiare stato da una brusca inversione di polarità della tensione applicata ai suoi capi, si deduce osservando gli andamenti temporali indicati in Figura 2.10. In essi si osserva infatti che, quando la polarizzazione ai capi del diodo è bruscamente invertita (in corrispondenza al passaggio della tensione di controllo da V_p a V_r), il diodo stesso non passa immediatamente in interdizione (annullando istantaneamente la corrente che lo attraversa) ma rimane per un certo tempo t_s

(detto ***tempo di storage*** o di ***immagazzinamento***) nello stato ON, permettendo il passaggio di una corrente inversa di valore $I_r = -V_p/R$, ovvero circa uguale in modulo a quella diretta, ma con verso opposto.
Questo fatto, che influisce pesantemente sull'utilizzazione del diodo come interruttore, poiché ne allunga in modo significativo i tempi di commutazione limitandone di conseguenza l'uso a frequenze elevate, è dovuto a cause legate alla fisica della giunzione, già illustrate nel Capitolo 1.
Più precisamente, ricordiamo che quando il diodo è polarizzato direttamente si forma, all'interno del corpo del semiconduttore, un accumulo di carica proporzionale alla corrente stessa come visto nel paragrafo 1.15 e come mostrato in Figura 2.11: questa carica è dovuta ai portatori minoritari.
Nell'istante in cui la polarizzazione viene invertita, la tensione si oppone al moto dei portatori maggioritari, ma non alla diffusione dei portatori minoritari. Pertanto, è proprio la carica dei portatori di minoranza, accumulata dal diodo in conduzione, a sostenere la corrente inversa di intensità circa uguale a quella diretta, per tutto il tempo di immagazzinamento t_s. Passato questo tempo, la corrente incomincerà a diminuire esponenzialmente verso il valore di equilibrio corrispondente al diodo polarizzato inversamente. Solo quando questa carica sarà del tutto esaurita, infatti, il diodo di potrà passare allo stato OFF.

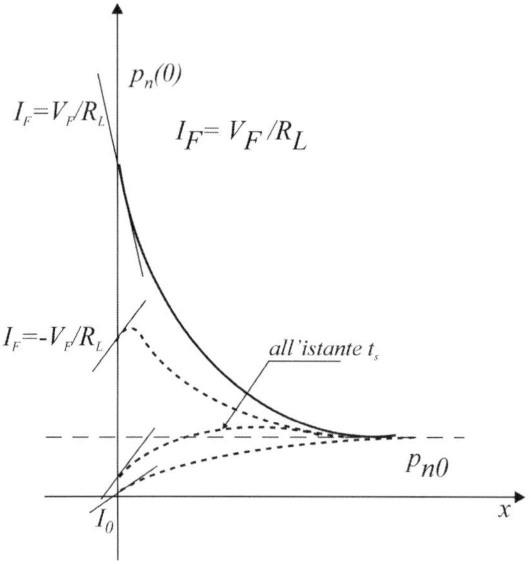

Figura 2.11 distribuzione dei portatori minoritari (*p*) nella zona *n* durante la transizione

In realtà, un'analisi più approfondita di quanto riportato Figura 2.11 ci permette di comprendere in modo più preciso quello che avviene all'interno del diodo durante tutta la fase di spegnimento (passaggio da ON a OFF).

Per maggiore semplicità poi, la figura riporta l'evoluzione temporale dell'accumulo delle cariche di minoranza nel corpo del semiconduttore, limitatamente agli elettroni accumulati nella zona drogata ***p***: si tratta comunque di una buona approssimazione della realtà, ad esempio nel caso in cui sia trascurabile l'analogo contributo delle lacune accumulate nella zona ***n***.

Esaminiamo dunque in dettaglio i grafici riportati in figura. Prima dell'istante di transizione t_0, la distribuzione spaziale degli elettroni segue la legge esponenziale. Inoltre, come è noto, la tangente alla curva in $x=0$, è proporzionale alla corrente nel diodo (dovuta in massima parte al contributo della corrente di diffusione dei portatori di minoranza). All'istante $t=t_0$, la tensione cambia polarità e la corrente cambia verso, mentre la curva di distribuzione delle cariche rimane praticamente invariata. Di conseguenza, cambia solo la pendenza della tangente alla curva in $x=0$ (che da negativa diventa positiva). Successivamente, mentre la carica accumulata diminuisce (diminuisce cioè l'area sotto la curva di distribuzione spaziale dei portatori minoritari) la tangente in $x=0$ non cambia (corrente nel diodo inversa e di valore costante).

Al tempo $t=t_s$, l'area complessiva tra curva di distribuzione spaziale dei portatori minoritari e la retta che rappresenta la condizione di equilibrio degli stessi si annulla, ovvero si annulla la carica complessiva accumulata in conduzione e si determina l'inversione della stessa, accompagnata dalla contemporanea rotazione della tangente in $x=0$, tangente che tenderà ad assumere il valore corrispondente alla corrente (di saturazione inversa, ad esempio) relativa al diodo nello stato OFF.

2.5 Varactor

Nel diodo polarizzato inversamente, la *capacità di transizione*, legata alla presenza di cariche fisse all'interno della regione di svuotamento a cavallo della giunzione metallurgica, ha un peso prevalente rispetto alla *capacità di diffusione*. La capacità di transizione, inoltre, ha la notevole caratteristica di dipendere dalla tensione di polarizzazione V_R ad essa applicata secondo la legge

$$C = \frac{C_o}{\sqrt{1 + \frac{V_R}{\varphi}}} \tag{2. 3}$$

Questa proprietà è interessante in alcune applicazioni poiché consente di realizzare capacità controllate in tensione (***varactor*** o ***varicap***) componenti fondamentali nei circuiti risonanti accordabili.

Figura 2.12 Simbolo del varistor

Una tipica applicazione circuitale per un varactor è mostrata in Figura 2.13, in cui è indicato lo schema elettrico di massima di un filtro risonante accordabile. I due capacitori di by-pass (BP) hanno capacità così grandi alle frequenze operative del filtro da poter essere considerati dei corto-circuiti e non influenzano quindi il funzionamento del filtro stesso. Il loro scopo è infatti solo quello di isolare dalla linea del segnale il generatore della tensione di controllo (V_{CTRL}) che è praticamente una tensione continua, ovvero varia molto più lentamente del segnale. Sempre con lo stesso scopo, in serie all'induttore, viene inserito un ulteriore capacitore (C_{BLOCCO}) che impedisce all'induttore stesso di cortocircuitare il generatore di tensione che può così polarizzare correttamente il varactor. Anche in questo caso il valore del condensatore C_{BLOCCO} è tale che, alle frequenze di lavoro, possa considerarsi un corto-circuito.

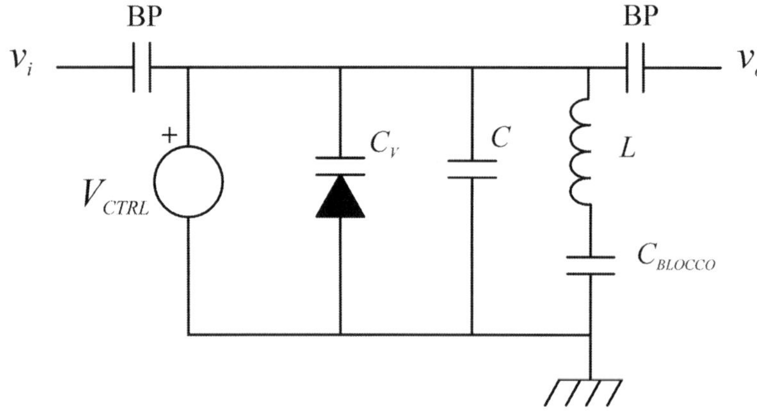

Figura 2.13: circuito risonante serie con tensione di controllo

Con le precisazioni suddette, il circuito tra i due capacitori di by-pass è un circuito risonante parallelo con frequenza centrale f, che è quindi funzione della capacità C_V del varactor e quindi della tensione V_{CTRL}, che controlla tale capacità

$$f = \frac{1}{2\pi\sqrt{(C + C_V)L}} \tag{2. 4}$$

Al variare della tensione di controllo V_{CTRL} infatti, la frequenza di risonanza del circuito varia, consentendo di realizzare un filtro accordato, ovvero un componente elettronico tipicamente usato per la sintonia nei ricevitori radio o come elemento selettivo in frequenza negli oscillatori controllati in tensione (***VCO***: *Voltage Controlled Oscillator*).

Infine, è opportuno sottolineare che per ricavare l'espressione (2.1) è stata assunta uniforme la concentrazione di donatori nella zona n e di accettori nella zona p. Tale assunzione, in generale, è vera solo approssimativamente, soprattutto quando la regione di svuotamento non ha dimensioni trascurabili (e ciò è piuttosto comune nei varactor). Nella pratica, perciò, la legge di dipendenza della capacità di transizione dalla tensione applicata assume l'espressione seguente:

$$C \propto \frac{1}{V_R^n} \tag{2. 5}$$

con n opportuno indice minore di 1.

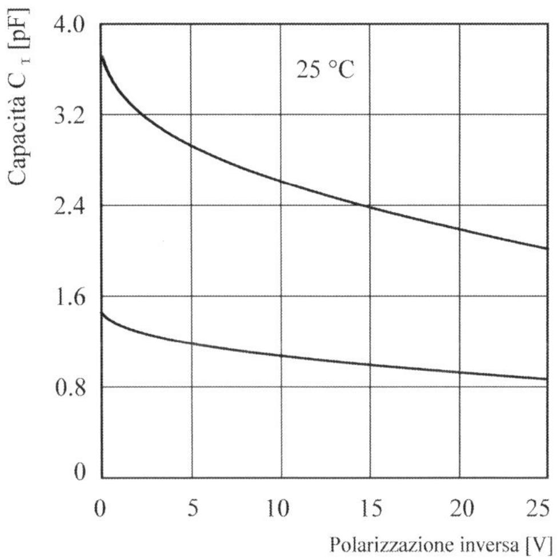

Figura 2.14: capacità di varactor reali

2.6 Il diodo Zener

Un diodo ideale continua a far scorrere una piccola corrente di saturazione inversa qualunque tensione di contropolarizzazione venga applicata. Un diodo reale ad una particolare tensione di contropolarizzazione V_z, detta tensione di breakdown, cessa di essere un (quasi) circuito aperto per diventare un quasi-cortocircuito, ovvero inizia a condurre correnti inverse di valore considerevole, mostrando la caratteristica ***i-v*** di Figura 2.15. Alcuni diodi, detti diodi Zener (il simbolo è mostrato in Figura 2.16), sono progettati per lavorare proprio in questa condizione e sono utilizzati tipicamente come stabilizzatori di tensione.

Diamo una giustificazione fisica del fenomeno, incominciando con l'osservare che le cause di questa sorta di "rottura" dell'isolamento (breakdown) sono essenzialmente due, sempre presenti, ma prevalenti l'una sull'altra al variare del tipo di diodo, (meglio a seconda del livello di drogaggio scelto nella sua realizzazione) e quindi del valore assoluto di V_z: l'***effetto Zener*** e l'***effetto valanga***.

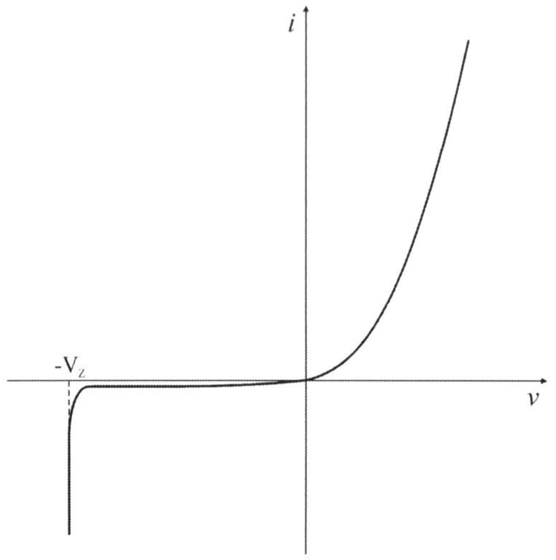

Figura 2.15: caratteristica del diodo Zener

Figura 2.16: diodo Zener

La tensione di contropolarizzazione V_R ha l'effetto di aumentare il potenziale di giunzione, producendo l'allargamento della zona di svuotamento e l'innalzamento del valore massimo del campo elettrico (vedi Figura 2.17). Per elevate tensioni di contropolarizzazione, il campo elettrico può diventare così intenso (>1MV/cm) da ionizzare gli atomi di silicio, "strappando via" gli elettroni di valenza e generando una carica libera, analogamente a quello che accade quando si applica un forte campo elettrico ad un isolante. Questo meccanismo detto "effetto Zener", risulta prevalente sotto i 6 Volt di tensione V_z perché gli alti valori di drogaggio utilizzati limitano fortemente l'estensione dello strato svuotato. Di conseguenza, essendo praticamente fisso il potenziale di built-in, il campo elettrico associato è già di per sé elevato e l'effetto della tensione applicata pertanto è maggiore. Inoltre, all'aumentare della temperatura, aumenta l'agitazione degli elettroni di valenza intorno alla loro posizione di equilibrio, così che diventa più facile "estrarli" dagli atomi. Ne segue che, con l'aumento della temperatura, si riduce la tensione di breakdown dovuta all'effetto Zener.

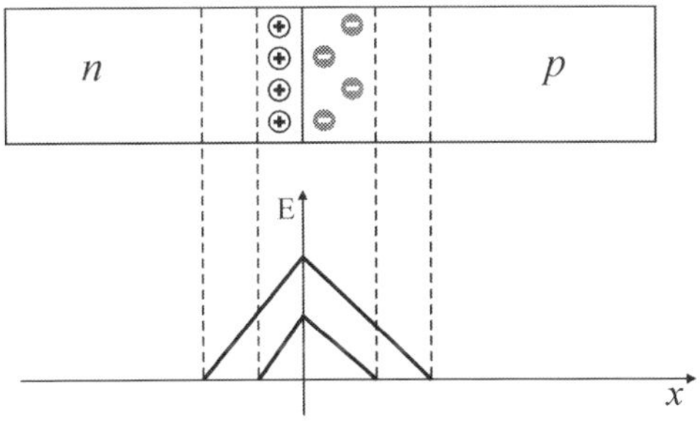

Figura 2.17: allargamento della regione di svuotamento e aumento del campo elettrico

Se le tensioni di breakdown sono maggiori di 6 volt, ovvero se i livelli di drogaggio sono inferiori a quelli precedentemente ipotizzati, l'effetto prevalente è diverso anche se ugualmente legato alla presenza di un forte campo elettrico. Il passaggio di cariche libere all'interno della regione avviene ad una velocità dipendente dal campo elettrico, che le accelera facendone aumentare l'energia cinetica. Ne segue che quando le cariche così accelerate "urtano un atomo", sono in grado di strappargli un elettrone, con conseguente aumento del numero dei portatori. Il meccanismo si autosostiene in quanto gli elettroni così strappati a loro volta sono accelerati dal campo elettrico fino a raggiungere una energia cinetica in grado di strapparne altri: per questa ragione il fenomeno è detto "effetto valanga". D'altra parte, all'aumentare della temperatura, il libero cammino medio delle cariche diminuisce (al pari della mobilità, ad esso legata) ed è quindi necessario un campo elettrico maggiore per innescare la valanga. Per questa ragione all'aumentare della temperatura, aumenta anche la tensione di breakdown V_z.

In conclusione, se il diodo Zener è realizzato con livelli di drogaggio tali che si abbia una tensione V_z di circa 6 Volt, entrambi i meccanismi intervengono con peso all'incirca equivalente. Così, poiché al variare della temperatura i due effetti hanno comportamento opposto (l'uno fa diminuire, l'altro fa aumentare la tensione di breakdown), il risultato è che la tensione di breakdown risulta praticamente costante non solo al variare della corrente che vi scorre, ma anche al variare della temperatura. Per questa ragione gli Zener, come si è detto, sono utilizzati nei circuiti elettrici per fornire tensioni di riferimento stabili.

In Figura 2.18 è mostrato un tipico circuito utilizzato per fornire una tensione stabilizzata. Si noti, in particolare, la resistenza in serie al diodo che ha lo scopo di limitare la corrente nello Zener in modo che la potenza sul componente non superi il valore massimo che è in grado di dissipare. La corrente che scorre nel circuito è infatti

$$I = \frac{V - V_z}{R} \tag{2. 6}$$

e la potenza dissipata

$$P = \frac{V - V_z}{R} V_z \tag{2. 7}$$

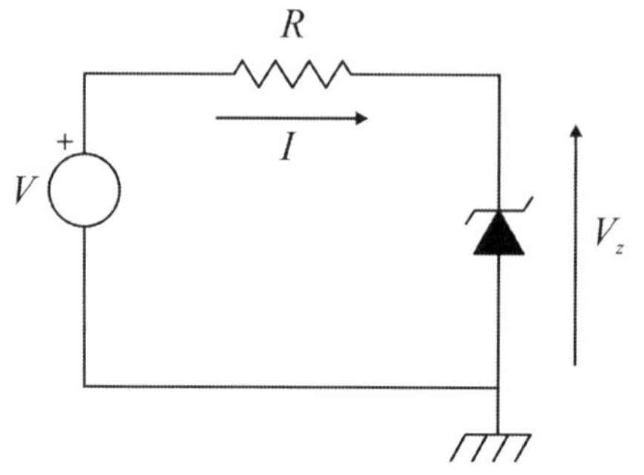

Figura 2.18: stabilizzatore di tensione

Esaminiamo ora, in maggior dettaglio, il comportamento di un diodo Zener per comprendere in che modo sia in grado di stabilizzare la tensione sia in presenza di variazioni del carico $\boldsymbol{R_L}$, che della tensione di alimentazione $\boldsymbol{V}$ completando il circuito di Figura 2.18 come in Figura 2. 19.

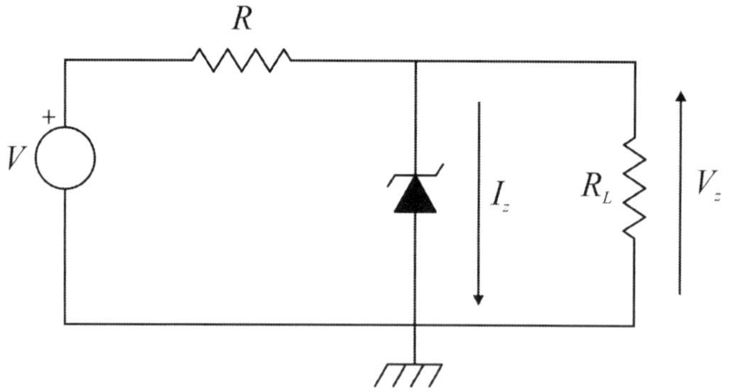

Figura 2. 19: stabilizzatore di tensione con carico

Studiamo graficamente il circuito, tracciando la retta di carico del dispositivo come riportato in Figura 2. 20 ed osserviamo che, al variare della resistenza $\boldsymbol{R_L}$, la retta di carico appartiene al fascio di rette che passa per il punto sull'asse delle ordinate di valore ***V/R***. Pertanto, fino a che l'intersezione con la caratteristica del diodo rimane in zona di Zener, la tensione ai capi del diodo V'_z è praticamente uguale a V_z.

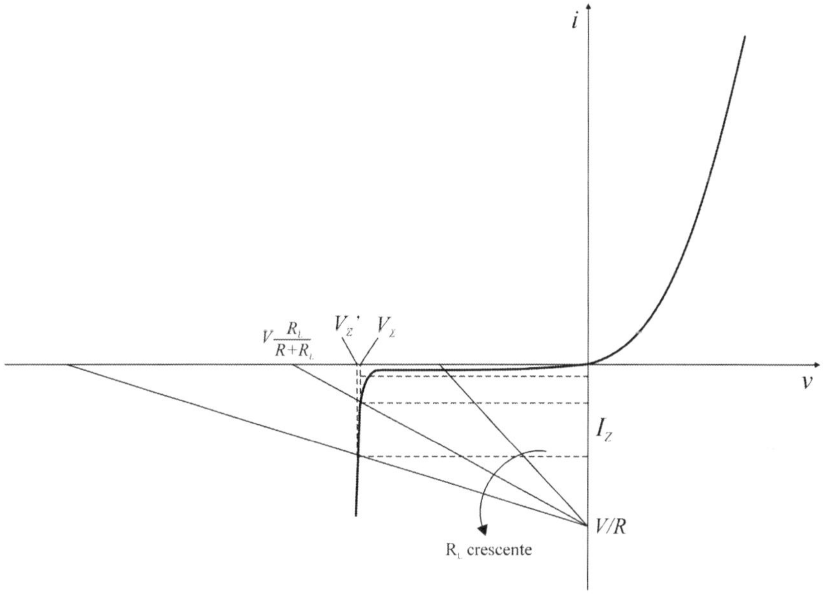

Figura 2. 20: Zener e retta di carico, carico variabile

Analogamente, il grafico di Figura 2. 21, mostra come lo stabilizzatore di tensione risponda in presenza di una variazione della tensione di alimentazione ***V***. In questo caso infatti, la retta di carico trasla intersecando sempre la caratteristica del Diodo nella zona di Zener e la tensione corrispondente V''_z , ancora una volta, non cambia apprezzabilmente rispetto a V_z.

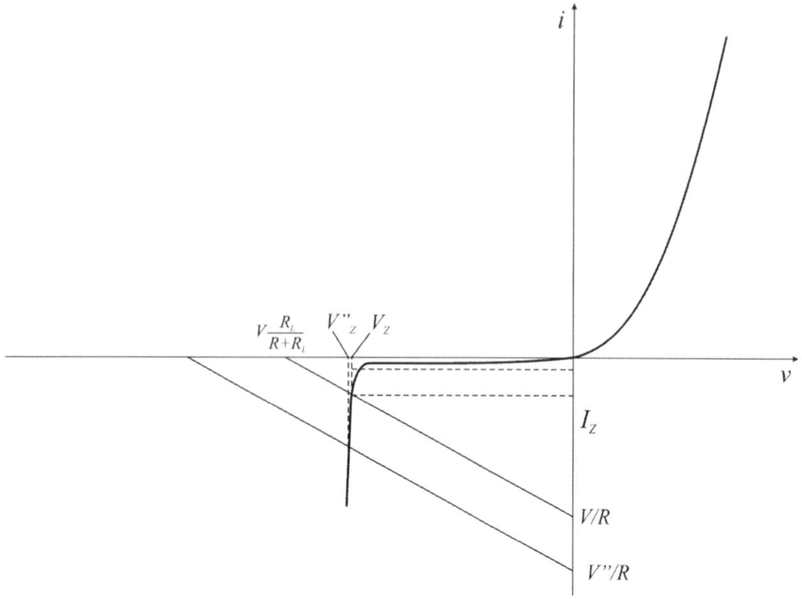

Figura 2. 21: Zener e retta di carico, tensione variabile

2.7 Il diodo Tunnel

Lo spessore della zona di svuotamento di una giunzione ***pn*** diminuisce, come si è detto, all'aumentare della concentrazione dei droganti. In particolare, portando tale concentrazione a valori superiori a 10^{19} cm^{-3} la regione di svuotamento risulta inferiore a 10 nm. Per dimensioni così piccole l'effetto tunnel degli elettroni (lo stesso effetto che spiega il moto delle lacune nei semiconduttori) diventa predominante rispetto alla "efficacia" della barriera di potenziale nell' impedire il passaggio di corrente. Il componente così realizzato è detto ***diodo tunnel*** ed è rappresentato come in Figura 2.22.

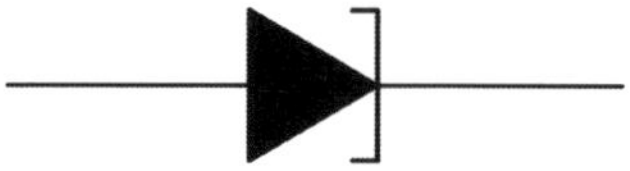

Figura 2.22: diodo tunnel

La sua caratteristica corrente-tensione è naturalmente molto diversa rispetto al diodo tradizionale è molto diversa dal diodo classico a causa della presenza della componente dovuta all'effetto tunnel (Figura 2.23) che va a sommarsi alla componente esponenziale tipica dei diodi. Il risultato è mostrato in Figura 2.24.

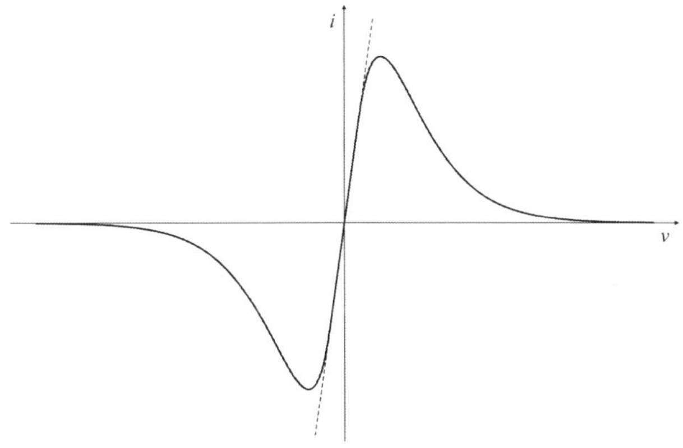

Figura 2.23: caratteristica tensione corrente dovuta all'effetto tunnel

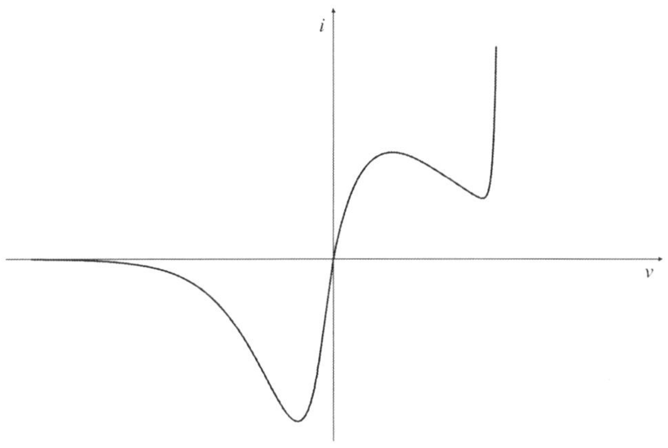

Figura 2.24: caratteristica del diodo tunnel

La corrente aumenta in modo all'incirca lineare per bassi valori di tensione (sia diretta che inversa), per poi diminuire prima di aumentare nuovamente (limitatamente al primo quadrante, ovvero in presenza di tensioni positive). Si noti in particolare che si tratta di un andamento decisamente insolito: per polarizzazioni maggiori, all'aumentare della tensione la corrente diminuisce! Non è cosa da poco, perché significa che localmente è come se fosse presente una resistenza differenziale negativa. Mentre una resistenza normale (positiva) dissipa potenza e quindi attenua un eventuale segnale, la resistenza negativa fornisce potenza al segnale e quindi è in grado di amplificarlo. E' una proprietà importante ed estremamente utile in Elettronica Analogica, ad esempio nella realizzazione di oscillatori ad alta frequenza.

Il circuito in Figura 2.25 illustra schematicamente quanto detto sopra. Il generatore di tensione costante polarizza il diodo in modo da mantenerlo nel tratto discendente della caratteristica. Se ora linearizziamo la curva nel punto di lavoro con una retta di pendenza ***arctan(-1/r)***, il segnale è come se vedesse un partitore di tensione e la tensione in uscita sarà pari a

$$v_O = V_O + \frac{R}{R+r} v_{sig} \tag{2. 8}$$

poiché ***r*** è negativa, il segnale in uscita (la componente dipendente da $\boldsymbol{v_{sig}}$) risulta amplificato.

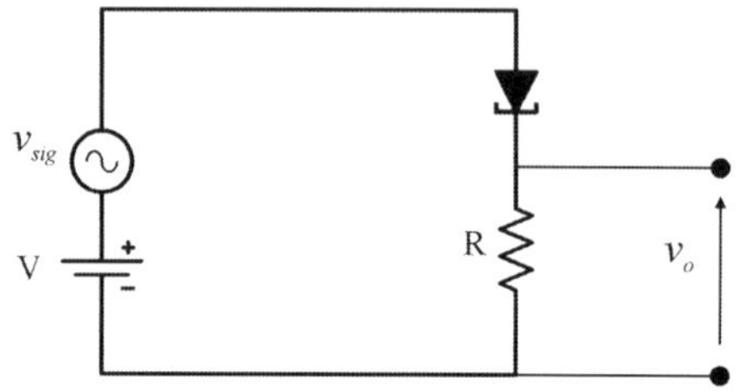

Figura 2.25 amplificatore a diodo tunnel

Lo schema di principio precedente dà una spiegazione semplice delle potenzialità di uso del diodo tunnel, polarizzato nella zona a resistenza differenziale negativa, come amplificatore di segnale. In realtà, il circuito che può realizzare questo tipo di amplificatore è più complesso e richiede, tra l'altro, l'uso di un dispositivo particolare, detto ***circolatore***.

2.8 Il fotodiodo

Un diodo non polarizzato o polarizzato negativamente, ha una regione di svuotamento, tanto più estesa quanto maggiore è la tensione inversa applicata al diodo stesso. Se una radiazione luminosa (un fotone di energia opportuna) entra nella regione di svuotamento, darà origine ad una coppia elettrone-lacuna. Poiché nella regione di svuotamento c'è un campo elettrico (anche quando nessuna tensione esterna è applicata) i due portatori, di carica opposta, vengono separati e viaggeranno in direzione opposta, dando così origine a una corrente.

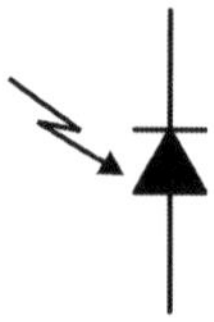

Figura 2.26: simbolo circuitale del fotodiodo

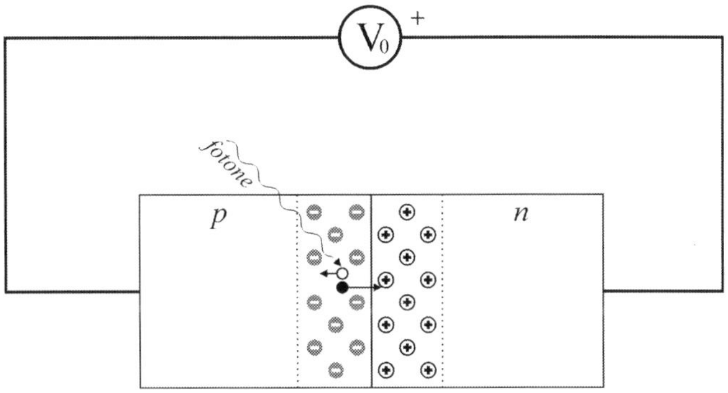

Figura 2.27: generazione coppia elettrone-lacuna per assorbimento di un fotone

Tale corrente è proporzionale alla potenza della radiazione incidente.

$$i = \mathscr{R}P \tag{2. 9}$$

Il rapporto ***i/P*** (A/W), detto *responsività* ($\mathscr{R}$), risulta proporzionale all'incirca alla lunghezza d'onda della radiazione incidente, e ciò almeno fino a un valore massimo che dipende dal tipo di semiconduttore (1.1μm per il Silicio)

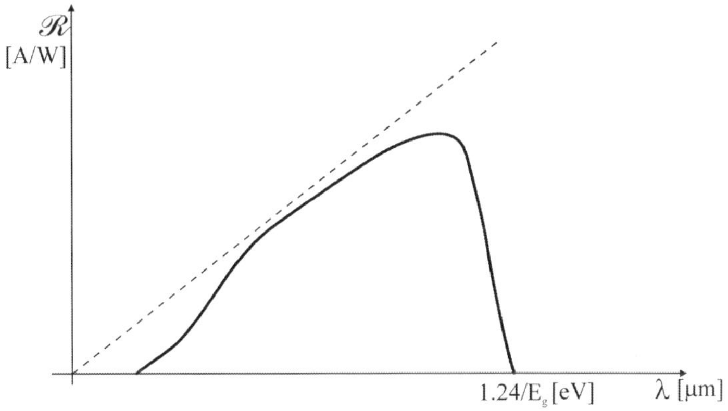

Figura 2.28: responsività del fotodiodo

Ciò premesso, consideriamo ora il comportamento di un diodo in presenza di una radiazione incidente sulla giunzione, distinguendo il caso in cui sia alimentato da una batteria, da quello in cui sia chiuso semplicemente su una resistenza di carico.
Nel primo caso infatti, riferendoci alla Figura 2. 29 ed osservando quanto avviene nel terzo quadrante della caratteristica ***i-v*** del diodo, si può notare che per la corrente di saturazione inversa si ha $I_{inv} = I_s + I_0$ essendo I_s il contributo dei portatori prodotti dai fotoni incidenti, con un forte aumento quindi della corrente

inversa complessiva nel diodo illuminato, rispetto al caso di assenza di illuminazione.

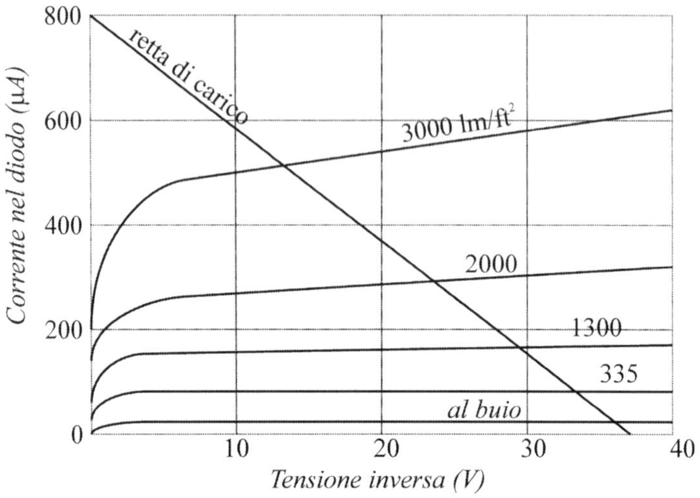

Figura 2. 29 caratteristica del fotodiodo e retta di carico

Facciamo ora riferimento al circuito in Figura 2.30 nel quale il diodo a giunzione non è polarizzato ed è chiuso sulla resistenza di carico ***R*** e tracciamo la corrispondente retta di carico (che passa per l'origine degli assi ed interessa il secondo e quarto quadrante) nel piano delle caratteristiche del diodo illuminato, di espressione

$$v = Ri \tag{2. 10}$$

Con riferimento al quarto quadrante della caratteristica del diodo (Figura 2.31), si può notare che la corrente e la tensione hanno segno opposto, con il risultato che la potenza associata al dispositivo è negativa anziché positiva: il diodo è cioè in grado di produrre potenza anziché dissiparla. In altre parole, l'illuminazione della giunzione del fotodiodo ha l'effetto di "trasformare" un dispositivo passivo in un generatore che, se opportunamente "caricato", produce potenza elettrica. In particolare, tale potenza ***P=IV*** è massima nel punto di tangenza dell'iperbole ***IV=cost*** , con la caratteristica del diodo. La pendenza della retta che passa per l'origine e per tale punto dà il valore ottimo della resistenza di carico ***R***. Si noti infine che, pur variando l'intensità dell'illuminazione, mentre cambia anche in modo significativo l'entità della corrente generata in corto circuito, la tensione a vuoto (intersezione della curva con l'asse delle ascisse) rimane praticamente costante con un valore molto vicino intorno alla tensione di soglia del diodo: circa 0.6V.

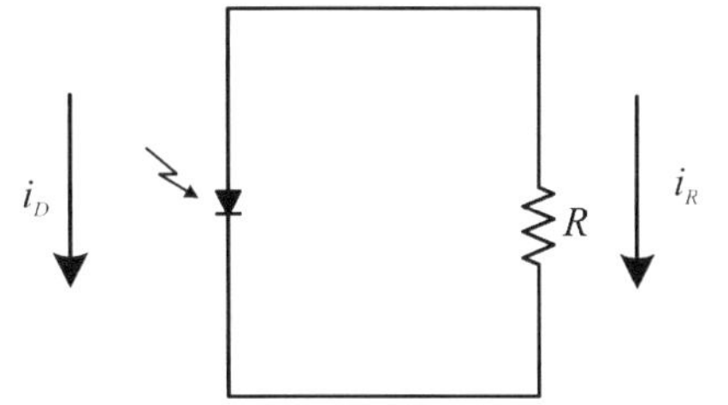

Figura 2.30: fotodiodo e resistenza di carico

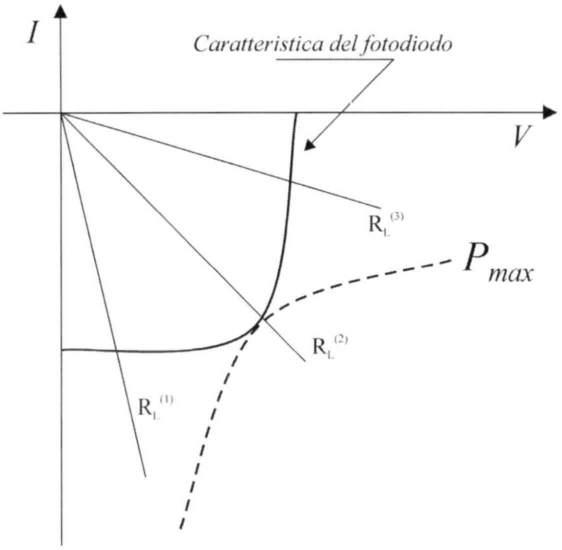

Figura 2.31: caratteristica del fotodiodo e retta di carico

Ne concludiamo che un fotodiodo, utilizzato nel quarto quadrante della sua caratteristica, si comporta come una cella fotovoltaica e funziona come una batteria elettrica di tensione (a vuoto) pari al potenziale di giunzione, a sua volta circa uguale alla tensione di soglia del diodo.

2.9 Analisi di circuiti a diodi linearizzati a tratti

In molte applicazioni circuitali, l'uso dell'espressione derivata da quella di Shockley (per una giunzione ideale) per caratterizzare il diodo in termini grafici o analitici, può essere poco agevole. In questi casi, come già visto nel paragrafo 1.13, la caratteristica del diodo può essere approssimata, con sufficiente approssimazione, mediante una spezzata con vertice in $v = V_\gamma$.

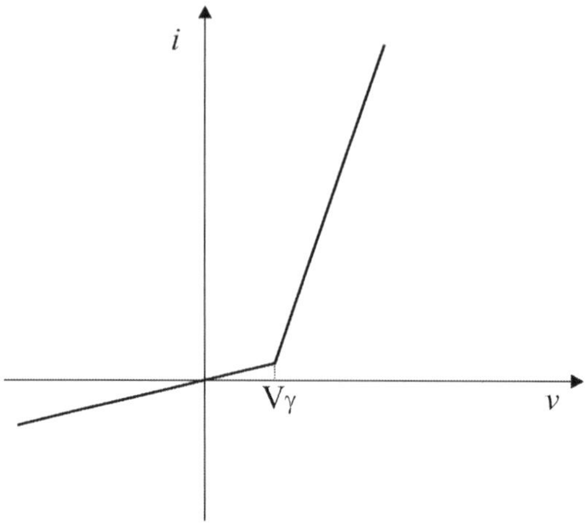

Figura 2.32: caratteristica linearizzata a tratti del diodo

Assumendo dunque valida la caratteristica di Figura 2.32, è evidente che anche la presenza di un solo diodo in un circuito elettrico, genera comportamenti diversi del circuito stesso a seconda che la distribuzione delle tensioni e correnti comporti lo stato di ON o di OFF del diodo stesso. In altre parole, poiché il diodo si comporta come una resistenza di basso valore, se la tensione ai suoi capi è maggiore di V_γ o come una resistenza di alto valore se tale tensione è minore di V_γ , il circuito sarà lineare a tratti e dovrà essere analizzato utilizzando uno dei due metodi seguenti:

1) *Metodo degli stati*
Si assume che ogni diodo presente nel circuito sia in uno stato preciso (ON o OFF) sostituendolo con il circuito equivalente relativo allo stato scelto. Il circuito, reso lineare, è esaminato con le leggi di Kirchkoff verificando che siano corrette le assunzioni iniziali (stato di ON o OFF prescelto) ripetendo l'analisi in caso di assunzione non corretta (es. corrente positiva in un diodo considerato OFF).

2) *Metodo degli scatti*
Si determinano i punti di scatto di ogni diodo nel circuito imponendo la condizione $i_d=0$ e $v_d=V_\gamma$ (nel caso ideale $i_d=0$ A e $v_d=0$ V). Nel piano della curva di trasferimento $v_0=f(v_i)$ si riportano i punti di scatto così individuati e si uniscono con tratti di retta. I lati estremi della spezzata (che presenta tanti vertici quanti sono i diodi presenti nel circuito) si determinano calcolando la pendenza delle semirette per i punti di scatto estremi calcolate per $v_i<<0$ e $v_i>>0$.

Si noti che i due metodi sono del tutto equivalenti, ma il primo metodo è più facilmente implementabile in un programma di calcolo automatico, mentre il secondo è di uso molto più semplice nell'analisi "manuale" di un circuito.

2.10 Circuiti limitatori di livello

Una comune applicazione del diodo è come limitatore di tensione. In Figura 2. 33 è mostrato un circuito in grado di limitare la tensione a un valore massimo.

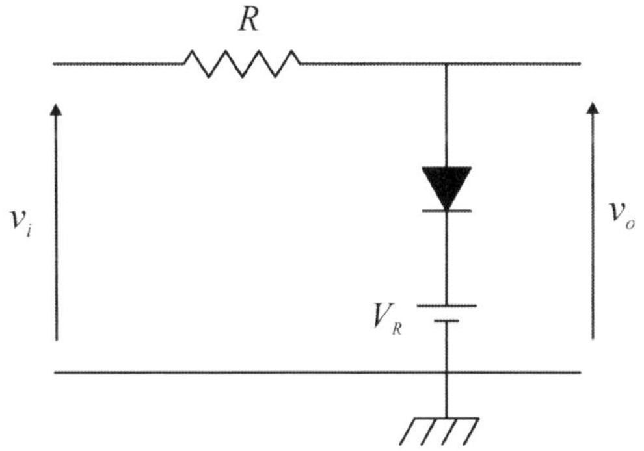

Figura 2. 33: limitatore di tensione massima (clipper)

Eseguiamo l'analisi del circuito con il metodo degli scatti, nell'ipotesi semplificativa che il diodo presenti una $\boldsymbol{R_{inv}}$ infinita ($\boldsymbol{I_o}$ di saturazione inversa nulla) ed una tensione di innesco V_γ. La condizione di scatto per il diodo si avrà quando $v_i=V_R+V_\gamma$ e $i_d=0$. Ciò comporta che la funzione di trasferimento (Figura 2.34) avrà il vertice sulla retta a 45° passante per l'origine nel punto $v_i=v_o=V_R+V_\gamma$. Inoltre, per tensioni v_i a sinistra del punto di scatto, il diodo è aperto ($v_i=v_o$), mentre per tensioni a destra di tale punto il diodo è in conduzione e presenta una resistenza r_f. Il nuovo stato del diodo fissa una diversa relazione tra ingresso ed uscita (una nuova pendenza cioè per la semiretta che esce dal vertice della spezzata pari a ora a $r_f/(r_f+R)$. In Figura 2.34 è mostrata la funzione di trasferimento così ottenuta ed il metodo grafico, che consente di tracciare la forma d'onda in uscita, nota quella di ingresso. Come si nota, il circuito "taglia" la parte superiore del segnale d'ingresso (la cresta) al di sopra di V_R+V_γ a da cui il nome di ***clipper*** (o tagliatore), con cui è conosciuto.

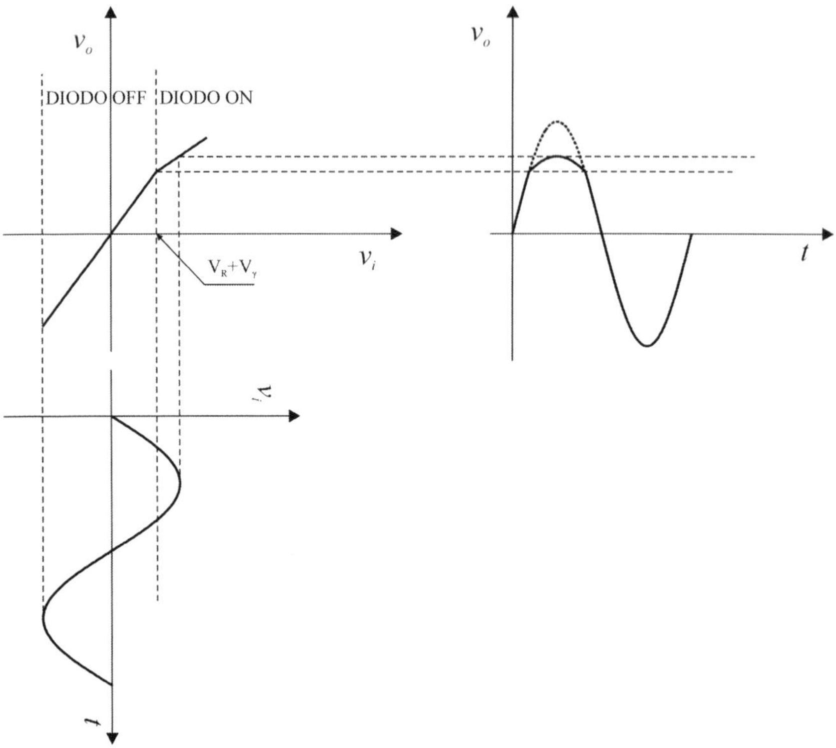

Figura 2.34: funzione di trasferimento del circuito in Figura 2. 33

In modo analogo, si può analizzare il circuito di Figura 2.35 . Si tratta, anche in questo caso, di un circuito *clipper*, in grado di tagliare il segnale d'ingresso al di sotto del valore fissato da $V_R - V_\gamma$, lasciando passare senza variazioni la parte di forma d'onda maggiore di tale livello. Come si può notare, l'inversione del diodo è l'unica variante rispetto al caso precedente. Ciò comporta una trascurabile variazione del vertice della spezzata $V_R - V_\gamma$ (anziché $V_R + V_\gamma$) mentre scambia il comportamento del circuito a sinistra e a destra del vertice, come mostrato dalla curva di trasferimento in Figura 2.36, dove è mostrato anche l'effetto del clipper sul segnale sinusoidale d'ingresso.

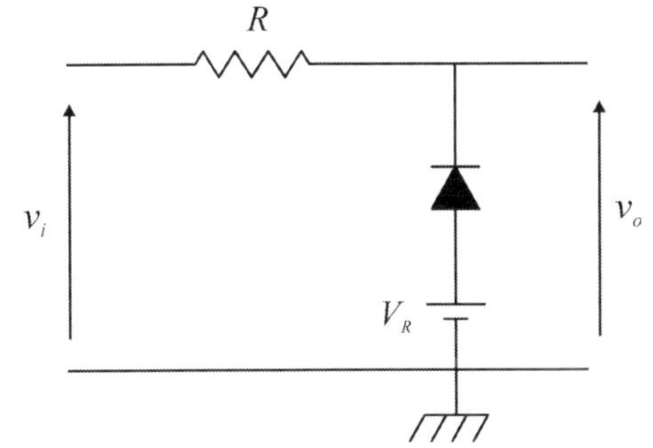

Figura 2.35: limitatore di tensione minima (clipper)

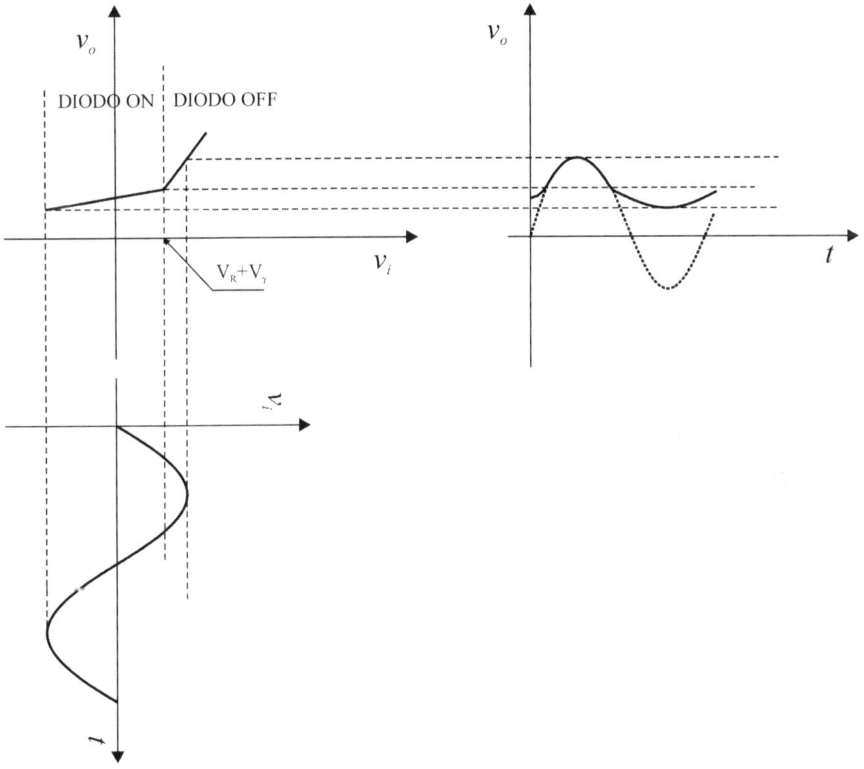

Figura 2.36: funzione di trasferimento del circuito in Figura 2.35

I due circuiti visti hanno quindi notevoli analogie. Quello che è importante sottolineare, confrontandone le topologie e le relative risposte di Figura 2.29 e di Figura 2.37, è che la connessione del diodo e la batteria V_R hanno due funzioni precise: il verso di inserimento del diodo determina il taglio (l'eliminazione cioè) della parte del segnalc d'ingresso superiore o inferiore ad un determinato livello; la tensione V_R determina a sua volta solo tale livello.

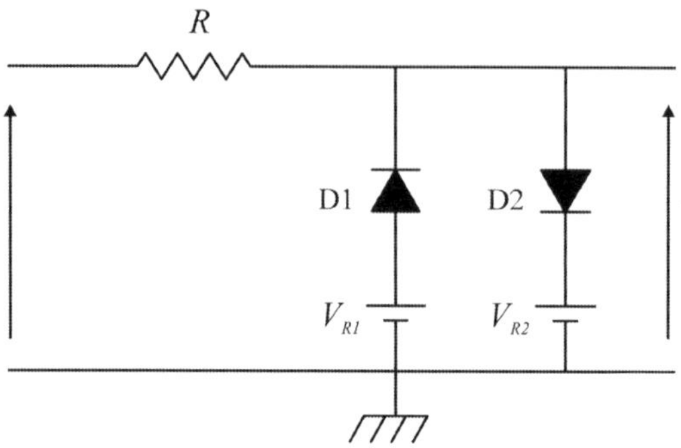

Figura 2.37: limitatore di livelli massimo e minimo

Utilizzando più di un diodo nello stesso circuito, come mostrato in Figura 2.37, si possono realizzare circuiti che limitano il segnale sopra e sotto un valore massimo e minimo rispettivamente,"affettando" di fatto il segnale d'ingresso.

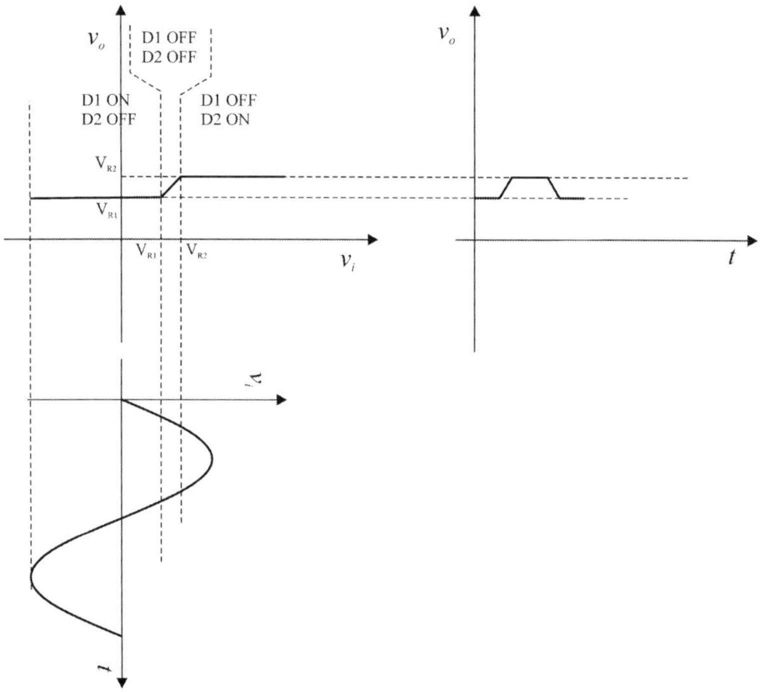

Figura 2.38: funzione di trasferimento del circuito in Figura 2.37

Il circuito in questione, è chiamato perciò ***slicer*** (o affettatore) e trova utilizzazione, ad esempio, nei ricevitori a modulazione di frequenza.
Esaminiamone ora il funzionamento, semplificando ulteriormente la trattazione, considerando cioè il diodo come ideale $(r_f=0, R_i=\infty, V_\gamma=0)$.
Con tali ipotesi, è facile vedere che per tensioni inferiori a V_{R1} il diodo D_1 è chiuso, mentre il diodo D_2 è aperto, limitando così la tensione di uscita al valore V_{R1} . Analogamente, per tensioni superiori a V_{R2}, è il diodo D_2 ad essere chiuso (mentre D_1 è aperto) fissando in questo caso la tensione di uscita a V_{R2}.
Infine, per tensioni d'ingresso comprese tra V_{R1} e V_{R2} entrambi i diodi risultano aperti e vale la relazione $v_i=v_o$ (essendo nulla la caduta sulla resistenza R), ovvero la tensione d'uscita segue fedelmente quella d'ingresso, come la costruzione grafica di Figura 2.38, dimostra.
Per completezza, nella Figura 2.39 e nella Figura 2.40 sono riportati altri possibili schemi di *clipper* e le relative tensioni di uscita, tracciate tutte nell'ipotesi, ancora una volta, di diodo ideale $(r_f=0, R_i=\infty, V_\gamma=0)$.

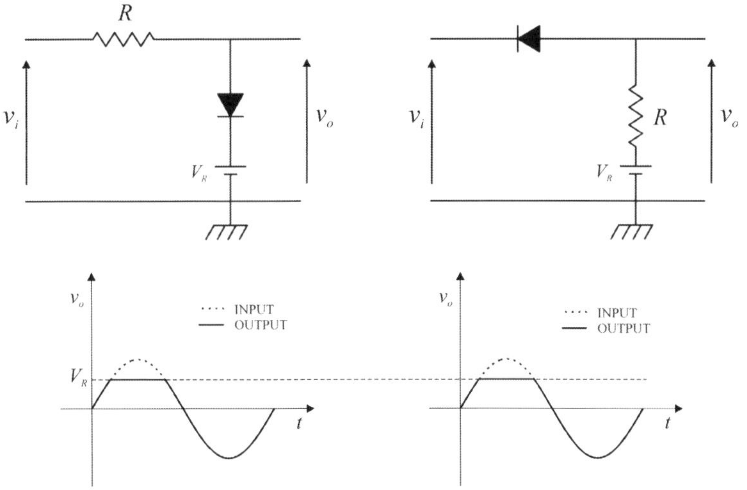

Figura 2.39: limitatori di livello

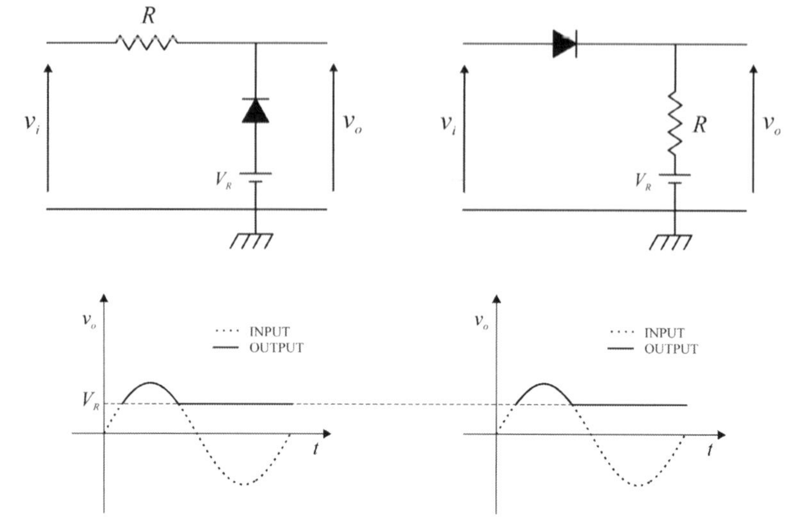

Figura 2.40: limitatori di livello

L'ultimo schema di Figura 2.40, assumendo $V_R=0$, è un circuito molto usato in elettronica quando si vuole generare una tensione continua, avendo a disposizione una tensione alternata a valor medio nullo. Il circuito in questione è noto come ***raddrizzatore a singola semionda***.
Lo studieremo considerando il diodo aperto ($R_i=\infty$) in condizioni di polarizzazione inversa e lo approssimeremo come in Figura 2. 41 quando è polarizzato positivamente.

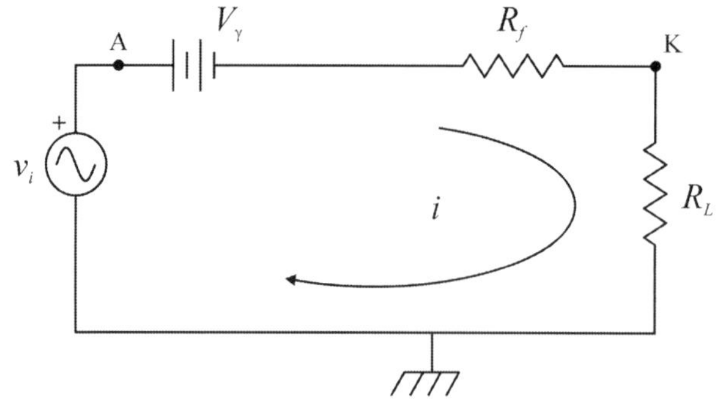

Figura 2. 41: raddrizzatore singola semionda, diodo aperto

Con riferimento allo schema precedente è facile trovare per la corrente ***i*** l'espressione

$$i = \frac{V_m \sin \omega t - V_\gamma}{R_f + R_L} \qquad \textbf{(2. 11)}$$

Cui corrisponde l'andamento di Figura 2.42.

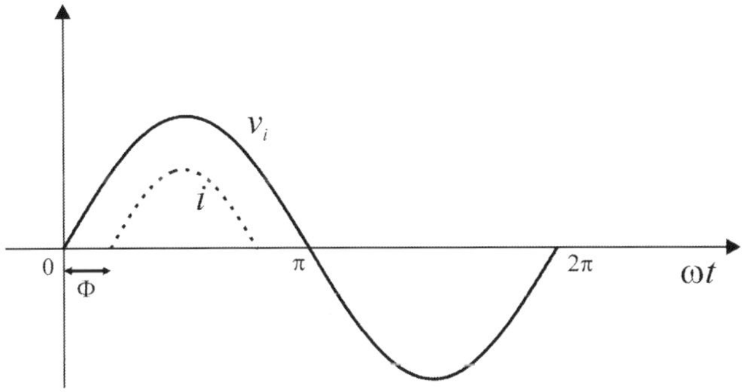

Figura 2.42 raddrizzatore a singola semionda

dove si può notare, in particolare, un ritardo nell'accensione del diodo

$$\phi = \arcsin\left(\frac{V_\gamma}{V_m}\right) \quad \textbf{(2. 12)}$$

Tale ritardo è caratteristico dei dispositivi a giunzione (causa tra l'altro della distorsione di *cross-over* negli amplificatori di potenza). La corrente così ottenuta, sviluppata in serie di Fourier, presenta una componente in continua (pari a $\boldsymbol{I_m/\pi}$) che spiega l'utilizzo del raddrizzatore negli alimentatori di tensione continua.
L'uso di un raddrizzatore realizzato con un solo diodo, in realtà non utilizza appieno la forma d'onda d'ingresso, visto che ne "spreca" mezza sinusoide, fornendo solo metà della possibile componente continua ottenibile raddrizzando una sinusoide. Da qui l'uso del ***raddrizzatore a doppia semionda*** che può essere realizzato, ad esempio, con un trasformatore a presa centrale e due diodi, secondo lo schema seguente.

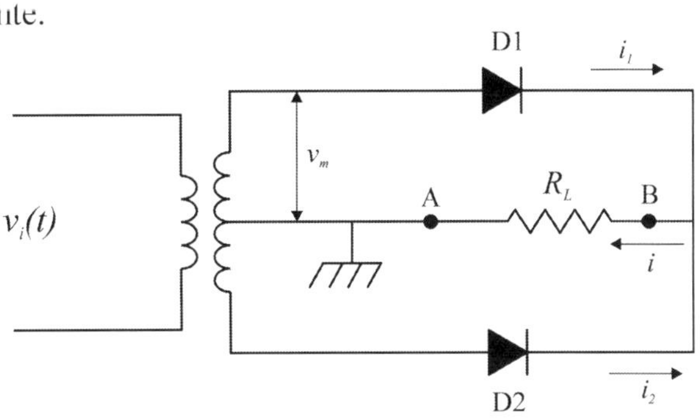

Figura 2.43: raddrizzatore a doppia semionda

In questo caso, gli andamenti delle correnti in ciascuno dei due diodi e nel carico, sono quelle indicate in Figura 2. 44.

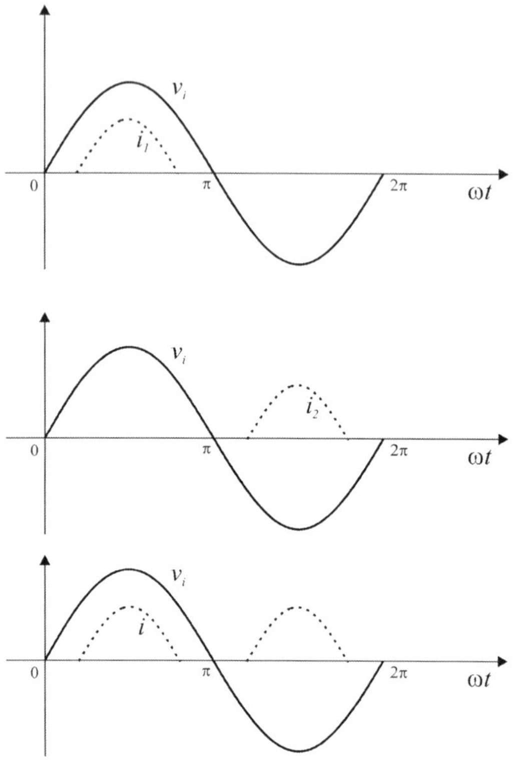

Figura 2. 44: forme d'onda del raddrizzatore a doppia semionda

La corrente continua nel carico, in particolare, ha l'espressione

$$I_{dc} = \frac{1}{2\pi}\int_0^{2\pi}\left|\frac{V_m}{R_f + R_L}\sin\alpha\right|d\alpha = \frac{2I_m}{\pi} \qquad \textbf{(2. 13)}$$

un valore doppio, come atteso, di quella ottenuta con il raddrizzatore ad una semionda.

L'uso del trasformatore a presa centrale peraltro, non è sempre agevole e consigliabile in termini di peso, ingombro e costo. Perciò, in alternativa, il raddrizzatore a doppia semionda può essere realizzato utilizzando il circuito a quattro diodi di Figura 2. 45, detto ***Ponte di Graetz***

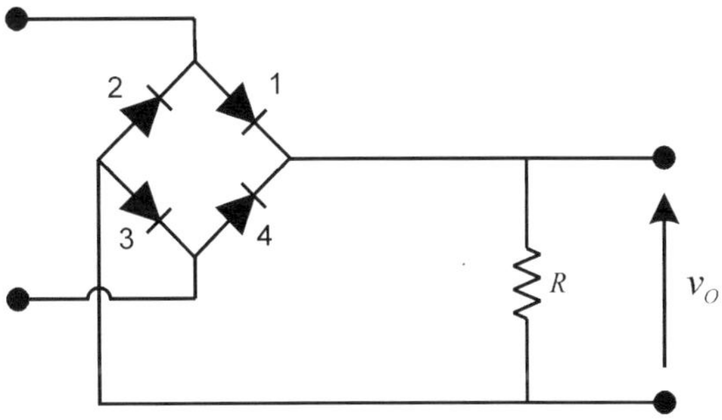

Figura 2. 45 Ponte di Graetz

Durante la semionda positiva sono in conduzione i diodi 1 e 3, mentre sono interdetti i diodi 2 e 4. Viceversa durante la semionda negativa. La tensione in uscita è quindi una successione di semionde positive. La forma d'onda risultante in uscita è la stessa del circuito precedente.

La corrente che circola nel carico di un raddrizzatore è quindi del tipo "pulsante", avendo la forma di una mezza sinusoide. Prendiamo perciò in considerazione il circuito Figura 2.46 che, rispetto al "classico" raddrizzatore a singola semionda, presenta un condensatore ***C*** in parallelo al carico.

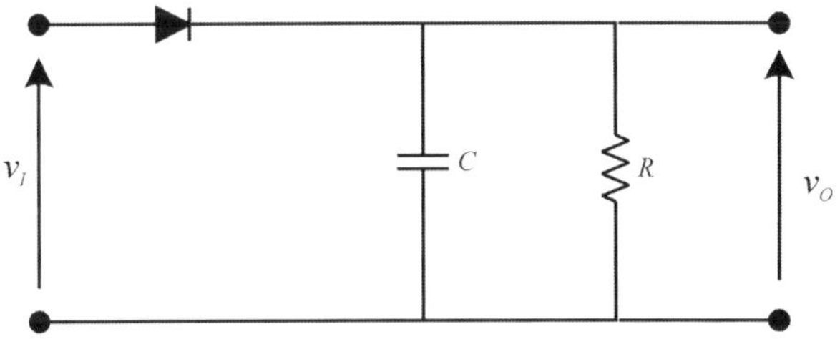

Figura 2.46: raddrizzatore a singola semionda con filtro capacitivo

Per comprenderne più facilmente il funzionamento, cominciamo non considerando la presenza del condensatore. L'andamento sarà quello, già illustrato, in Figura 2.47: quando la tensione v_i è maggiore della soglia del diodo, la tensione in uscita è pari alla tensione in ingresso diminuita della caduta di tensione sul diodo stesso; quando la tensione v_i è minore della soglia, il diodo è interdetto e, trascurando la corrente di saturazione inversa, può essere approssimato da un circuito aperto

Inseriamo ora il condensatore ***C***, e vediamone l'effetto. Supponiamo che, all'istante $t=0$, il condensatore sia scarico. Quando la tensione v_i è maggiore della soglia, il condensatore si carica seguendo la tensione in ingresso, quando però questa raggiunge il valore massimo e comincia a calare, il condensatore comincerà a scaricarsi con il suo tipico andamento esponenziale:

$$v(t) = Ve^{-\frac{(t-t_0)}{RC}} \qquad (2.14)$$

dove $\boldsymbol{V}$ è l'ampiezza massima del segnale e $\boldsymbol{t_0}$ è l'istante in cui la tensione raggiunge tale valore.
In molti casi pratici, la costante di tempo ($\tau = RC$) della scarica esponenziale del condensatore è molto più lunga del periodo ($\boldsymbol{T}$) del segnale in ingresso e pertanto è ragionevole approssimare la scarica esponenziale con un andamento lineare con pendenza negativa pari a $V/(RC)$. Inoltre, l'anticipo Δt con il quale riprende la carica rispetto al picco successivo è spesso trascurabile rispetto al periodo del segnale. Sotto queste ipotesi possiamo stimare la variazione "picco-picco" della tensione ΔV, indicata sempre nella Figura 2.47, come

$$\Delta V \approx V \frac{T}{RC} \qquad (2.15)$$

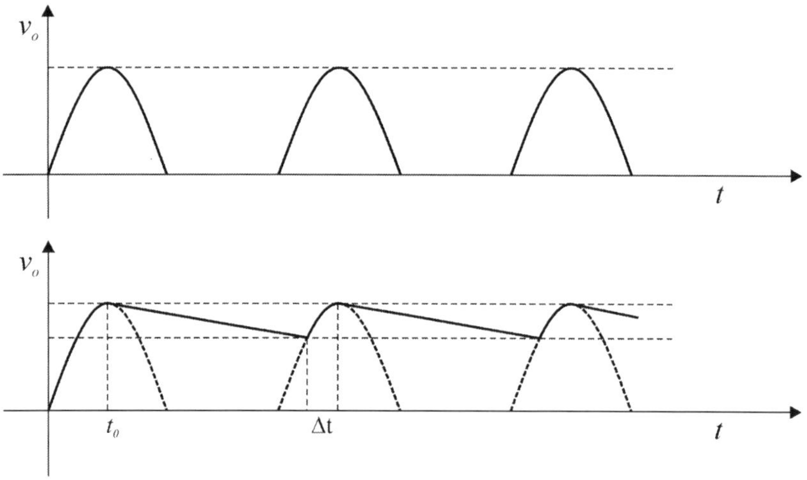

Figura 2.47: forme d'onda in uscita raddrizzatore a singola semionda senza e con filtro capacitivo

Utilizzando poi un raddrizzatore a doppia semionda (ad esempio un ponte di Graetz) anziché un raddrizzatore a singola semionda, la variazione "picco-picco" della tensione ΔV, detta ***tensione di ripple*** e spesso indicata con V_r, si riduce di un fattore 2

$$\Delta V \approx V \frac{\mathrm{T}}{2RC} \tag{2.16}$$

consentendo di ottenere una tensione d'uscita V_{DC} prossima al valore massimo della tensione d'ingresso V_m, ovvero

$$V_{DC} = V_m - \frac{\Delta V}{2} \tag{2.17}$$

da cui si discosta di $\Delta V/2$, generando così una alimentazione in continua (DC) a partire da una alimentazione alternata (AC).

Un'ulteriore importante applicazione del raddrizzatore con filtro capacitivo è il ***rivelatore di inviluppo***, componente fondamentale nei ricevitori a modulazione d'ampiezza.
Prendiamo in considerazione un segnale modulato in ampiezza (AM)

$$v_I(t) = (V_O + v_m)\cos(\omega_0 t) \tag{2.18}$$

con

$$v_m(t) = V_m \cos(\omega_m t) \tag{2.19}$$

con $\omega_m \ll \omega_0$ e dove ω_m è la pulsazione del segnale **modulante** e ω_0 la pulsazione della **portante**. Applicando tale segnale all'ingresso di un raddrizzatore a singola semionda senza filtro capacitivo si ottiene l'andamento in Figura 2. 48.

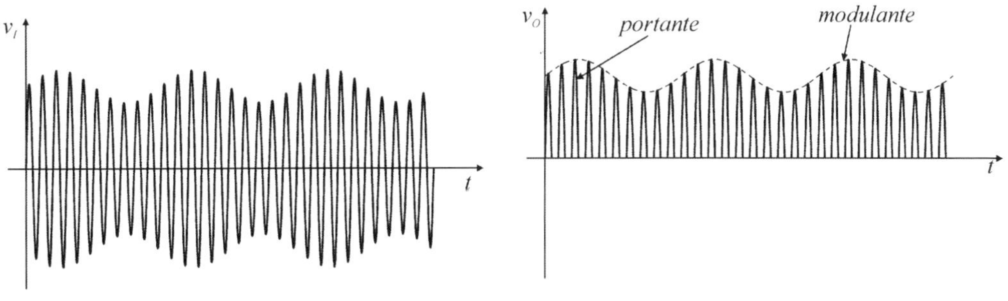

Figura 2. 48 rivelatore di picco

Se ora aggiungiamo in parallelo al carico una capacità e la relativa costante di tempo della scarica esponenziale $\tau=RC$ è molto più lunga del periodo della portante, la scarica può essere considerata lineare con pendenza

$$\frac{V_0 + v_m(t)}{RC} \tag{2.20}$$

e l'andamento diventa quello mostrato in Figura 2. 49. E' interessante notare che, a meno di una piccola "seghettatura" (che può essere successivamente eliminata facendo passare il segnale sin qui ottenuto in filtro passa basso) il segnale in uscita è l'inviluppo del segnale in ingresso e quindi segue l'andamento della modulante.

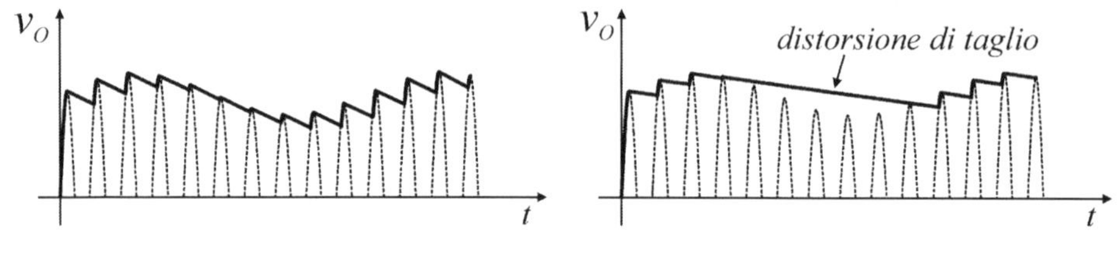

Figura 2. 49: inviluppo e distorsione di taglio

Tuttavia, come mostrato nella stessa figura si può notare che se la pendenza della scarica non è scelta adeguatamente, il segnale in uscita, anziché seguire l'inviluppo del segnale in ingresso, risulta distorto a causa della cosiddetta "distorsione di taglio". Tale effetto, precisiamo, si presenta quando la pendenza dell'inviluppo (la modulante) è minore della pendenza della scarica quando cioè

$$\frac{d}{dt}\left(V_m \cos\omega_m t\right) < \frac{V_0 + V_m \cos\omega_m t}{RC} \tag{2. 21}$$

ovvero quando

$$\omega_m V_m \sin\left(\omega_m t\right) > \frac{V_0 + V_m \cos\omega_m t}{RC} \tag{2. 22}$$

Il caso peggiore si ha quindi quando il primo membro raggiunge il valore massimo e il secondo membro il valore minimo, ovvero quando $\boldsymbol{\omega_m t=\pi/2}$.
In questa situazione, la relazione precedente si semplifica e ci permette di determinare il valore della costante di tempo $\boldsymbol{\tau=RC}$ per la quale si ha certamente la distorsione di taglio:

$$RC > \frac{V_0}{\omega_m V_m} \tag{2. 23}$$

2.11 Circuito agganciatore

Un'altra applicazione circuitale che comporta l'uso di un diodo nella topologia realizzativa è il *circuito agganciatore* (***clamper***) noto anche come *restauratore* *della componente continua* (***DC restorer***). In generale, infatti, non è conveniente trasmettere l'intero segnale (ivi inclusa l'eventuale componente media) ma conviene aggiungere la componente continua in ricezione con evidenti vantaggi, se non altro, per la banda utilizzata. Il circuito che consente tutto ciò è quello di Figura 2. 50

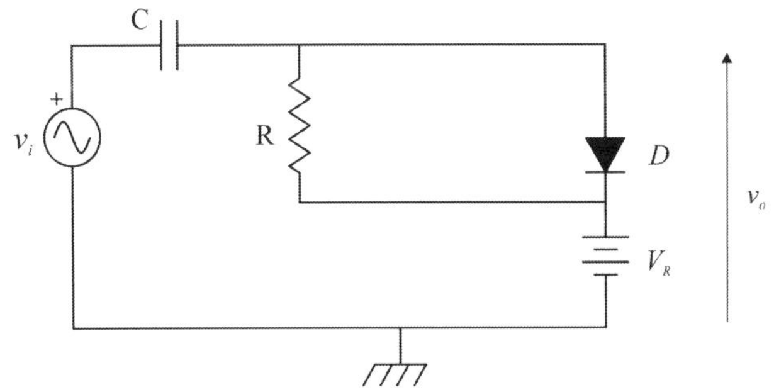

Figura 2. 50: circuito agganciatore

Nell'ipotesi semplificativa che il diodo sia ideale e che la costante di tempo ***RC>>T***, essendo T il periodo del segnale d'ingresso, ai capi del condensatore ***C*** cade una tensione $V_C = (V_m - V_R)$, dove V_m deriva dall'opera di rettificazione del diodo e V_R è il contributo della batteria.
Ne segue che la tensione d'uscita ha l'espressione

$$V_o = V_i - V_c = V_m \sin(\omega t) - (V_m - V_R) \qquad \textbf{(2.24)}$$

Ovvero, come mostrato in Figura 2.51, risulta "agganciata" proprio alla tensione continua V_C cui è carico il condensatore

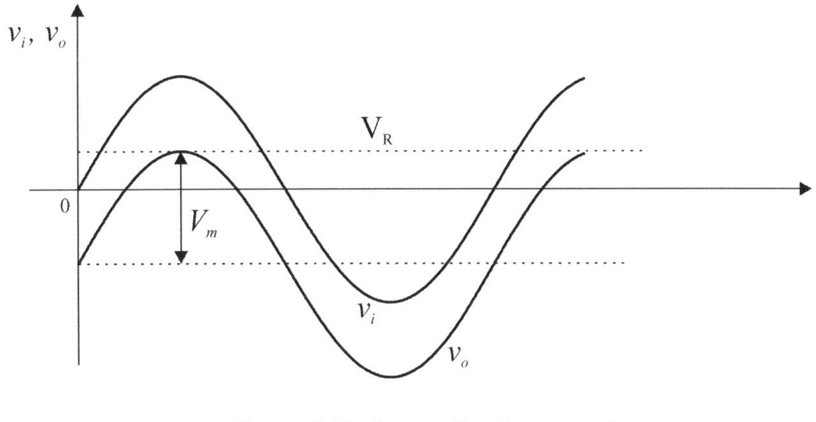

Figura 2.51: forma d'onda agganciata

2.12 Circuito campionatore

Un'altra applicazione alquanto comune del diodo, è quella relativa ai circuiti campionatori, nei quali si ha in uscita un'esatta replica del segnale d'ingresso, ma solo in un intervallo controllato mediante un'onda quadra, utilizzata per portare i diodi alternativamente nello stato ON (campionamento) e nello stato OFF (blocco). Si ha così che l'uscita sarà identica all'ingresso quando il segnale di controllo è alto (diodi ON) ed è nulla quando il segnale di controllo è basso (diodi OFF). In Figura 2.52 è mostrato un circuito in grado di eseguire questa operazione.
Esaminiamone ora il funzionamento. Lo faremo utilizzando il metodo della sovrapposizione degli effetti (metodo peraltro valido solo nei circuiti lineari e quindi applicabile solo se i diodi non cambiano stato nell'intervallo di tempo considerato), distinguendo tra l'intervallo di campionamento e quello di blocco del segnale d'ingresso.

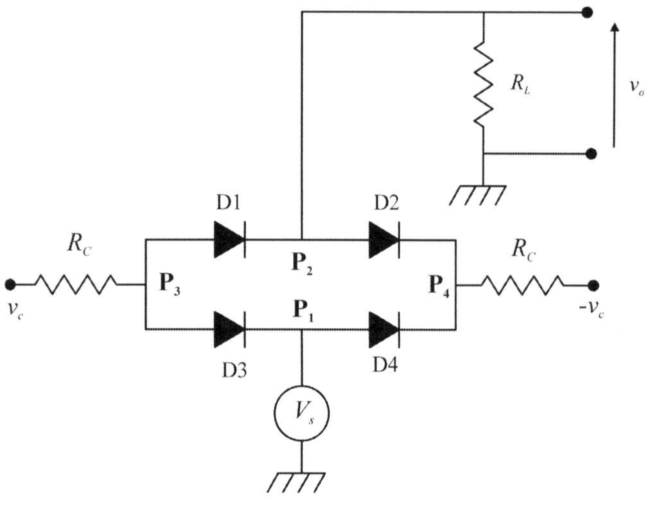

Figura 2.52: circuito campionatore

Intervallo di campionamento

In Figura 2. 53 è indicato lo stato del circuito quando agisce soltanto la tensione di controllo $\boldsymbol{V_c}$, ovvero assumendo nulla la tensione dovuta al segnale di ingresso ($\boldsymbol{V_s=0}$). Si noti in particolare il verso ed il valore $\boldsymbol{V_c/(2R_c)}$ delle correnti all'interno dei diodi, facilmente ricavabili dall'analisi del circuito. Si noti inoltre che la corrente nel carico $\boldsymbol{R_L}$ è nulla, essendo i capi di tale resistenza allo stesso potenziale.Quanto alle correnti nei diodi, hanno tutte verso positivo e sono quindi congrue con lo stato ON dei diodi previsto, nell'intervallo di campionamento che stiamo analizzando, per l'azione della tensione di controllo.

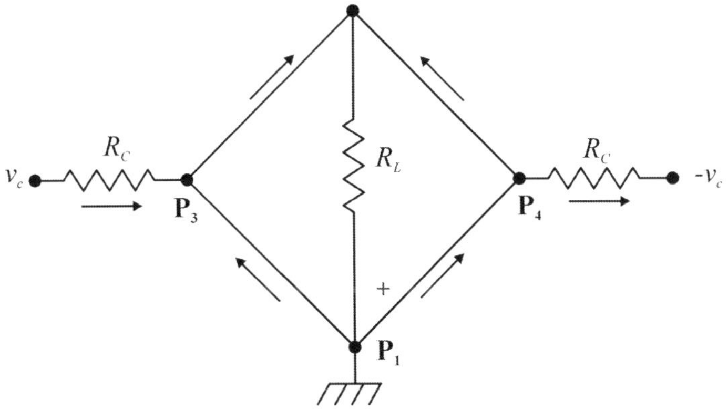

Figura 2. 53: tensione di ingresso nulla

In Figura 2. 54, è mostrato invece il regime delle correnti nei quattro diodi del campionatore nell'ipotesi che agisca soltanto il segnale di ingresso la tensione di controllo V_s, ovvero assumendo nulla la tensione di controllo ($V_c=0$). Si notino, anche in questo caso, il verso ed il valore delle correnti all'interno di ogni diodo, (facilmente calcolabili, peraltro, utilizzando le equazioni di Kirchoff ai nodi P_1 e P_2).Come si può notare, mentre le correnti nei diodi D_1 e D_4 hanno verso *positivo*, quelle nei diodi D_2 e D_3 hanno verso *negativo*, ovvero si sottraggono a quelle generate dalla tensione di controllo già calcolate.

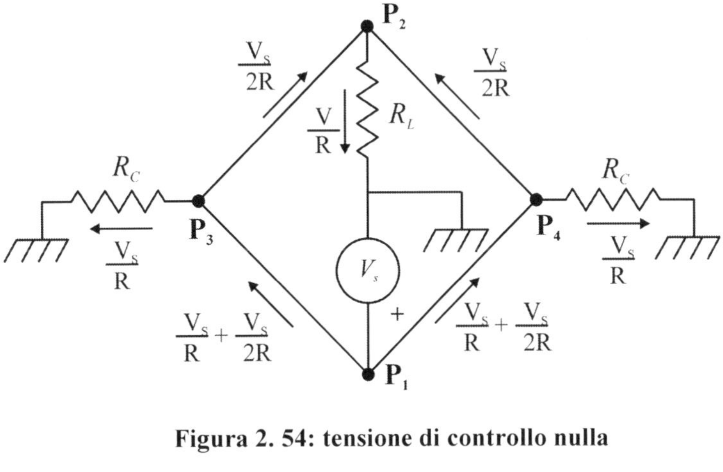

Figura 2. 54: tensione di controllo nulla

Pertanto dovendo rimanere in conduzione tutti e quattro i diodi del ponte, per il corretto funzionamento del campionatore, le correnti prodotte da V_s nei diodi D_2 e D_3 dovranno risultare <u>minori</u> di quelle prodotte negli stessi diodi, dalla tensione di controllo V_c. Ovvero basterà che si abbia

$$\frac{V_s}{R_C} + \frac{V_s}{2R_L} \leq \frac{V_C}{2R_L} \qquad (2.25)$$

perché tutti e quattro i diodi risultino, correttamente, in conduzione. Ricaviamo quindi una prima condizione per la tensione V_c

$$V_C \geq V_s\left(2 + \frac{R_C}{R_L}\right) \qquad (2.26)$$

Intervallo di blocco

In questa condizione (Figura 2. 55) tutti e quattro i diodi dovranno essere nello stato OFF. Questo si verifica, dato il segno delle tensioni di controllo applicate, facilmente per tre diodi ma non per il diodo D4, per il quale la condizione di OFF comporta che si abbia

$$V_s \leq V_n \qquad (2.27)$$

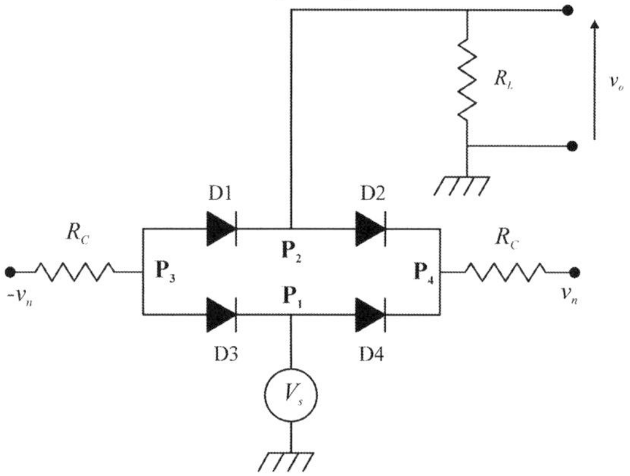

Figura 2. 55: intervallo di blocco

Questa condizione, con la precedente già trovata, consente di dimensionare correttamente il segnale di controllo, a garanzia che il funzionamento del circuito sia quello descritto in Figura 2.56

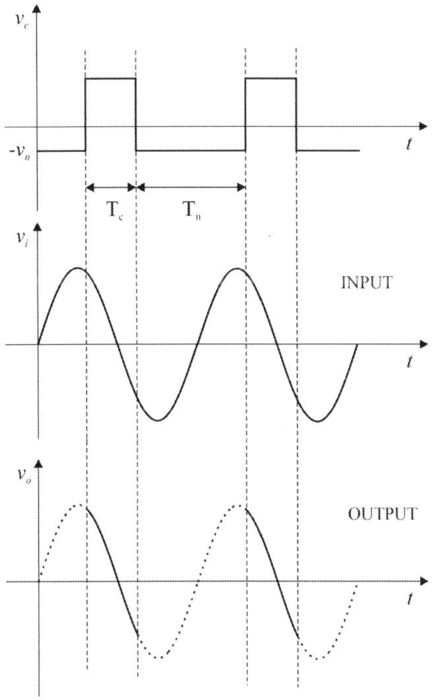

Figura 2.56: funzionamento del circuito campiona

Capitolo Terzo
Il transistor bipolare

3.1 Il transistor

Il nome transistor deriva, seguendo una delle tante interpretazioni date a posteriori, dalla fantasiosa contrazione dei termini ***TRANS***fer res***ISTOR***, letteralmente trasferitore di resistenza, nome collegato probabilmente al fatto che il dispositivo consente di "trasferire" una corrente da una maglia a bassa resistenza ad una ad alta resistenza con chiaro vantaggio per le potenze in gioco (proporzionali appunto ai valori di resistenza se la corrente non cambia). Un nome che dice poco o nulla anche a un ingegnere elettronico, ma che negli anni cinquanta suonava moderno e futuribile tanto da riscuotere subito uno straordinario successo. A ben guardare, c'erano altre terminologie che sarebbero state più appropriate, nel senso che avrebbero potuto con maggior immediatezza rendere conto dell'uso cui si pensava destinare il nuovo dispositivo. Il termine "valvola", ad esempio, probabilmente sarebbe stato più appropriato, visto che era già in uso in Inghilterra (e anche in Italia) per indicare il progenitore del transistor: il tubo a vuoto o valvola termoionica.

Il transistor bipolare (BJT: *Bipolar Junction Transistor*) è stato il primo dispositivo a stato solido, commercializzato e largamente diffuso, in grado di sostituire le valvole termoioniche, ovvero in grado di funzionare sia come amplificatore sia come interruttore elettronico. Storicamente un dispositivo basato su un principio di funzionamento assimilabile all'attuale transistor a effetto di campo (FET: *Field Effect Transistor*), è stato inventato prima del BJT: il primo brevetto del FET risale al 1934, mentre John Bardeen, Walter Brattain e William Shockley dei Bell Labs realizzarono il primo BJT nel 1947. La ragione del mancato successo iniziale del FET, che successivamente peraltro ha soppiantato il BJT in innumerevoli applicazioni, è stata la sua difficile realizzazione a basso costo e a larga scala. Solo negli anni novanta i processi produttivi dei semiconduttori sono stati in grado di realizzare FET di prestazioni paragonabili ai BJT. Come vedremo, nel capitolo dedicato ai FET, in questo tipo di transistor ha un ruolo critico l'interfaccia tra due materiali diversi (silicio e ossido), sempre molto difficile da realizzare senza impurezze e dislocazioni nei piani cristallini, tali da pregiudicare le peculiari proprietà del semiconduttore condizionando in modo inaccettabile il funzionamento del dispositivo. Ciò non avviene invece nel BJT. In quest'ultimo caso, infatti, le cariche si muovono normalmente all'interno del dispositivo e risentono quindi molto meno delle caratteristiche fisiche delle superfici.

3.2 "Transistor man"

Un BJT è un dispositivo a tre terminali detti **emettitore** (E), **base** (B) e **collettore** (C) e sarà studiato, nei circuiti di farà parte, come rete due porte, ovvero prendendo uno dei tre morsetti come riferimento comune per le tensioni d'ingresso e d'uscita. Poiché inoltre verrà utilizzato, nella maggioranza dei casi, utilizzando l'emettitore come morsetto di riferimento, cerchiamo di intuirne il comportamento fisico riferendoci a questo tipo di topologia. Così, prima di analizzarne il funzionamento dal punto di vista fisico, ponendo in rilievo il ruolo fondamentale dei portatori (e della loro distribuzione spaziale) all'*interno* del dispositivo, sul comportamento *esterno* del transistore, può essere d'aiuto descrivere tale comportamento in modo puramente "fenomenologico". Immaginiamo perciò che tra base e emettitore ci sia un diodo e che tra collettore e emettitore ci sia una resistenza variabile controllata da un tizio (*transistor man*), che ha a sua disposizione due misuratori di corrente (uno in serie con il diodo, l'altro al collettore) e che regola un potenziometro (una resistenza variabile) posto anch'esso tra collettore e emettitore in modo che la corrente che scorre sul collettore i_C sia proporzionale alla corrente che scorre in base i_B secondo la seguente equazione:

$$i_C = \beta_F i_B \tag{3. 1}$$

dove β_F, come vedremo, sarà il guadagno in corrente del BJT (uno dei principali parametri che ne definiscono le prestazioni). Tipicamente β_F è un valore compreso tra 50 e 200.

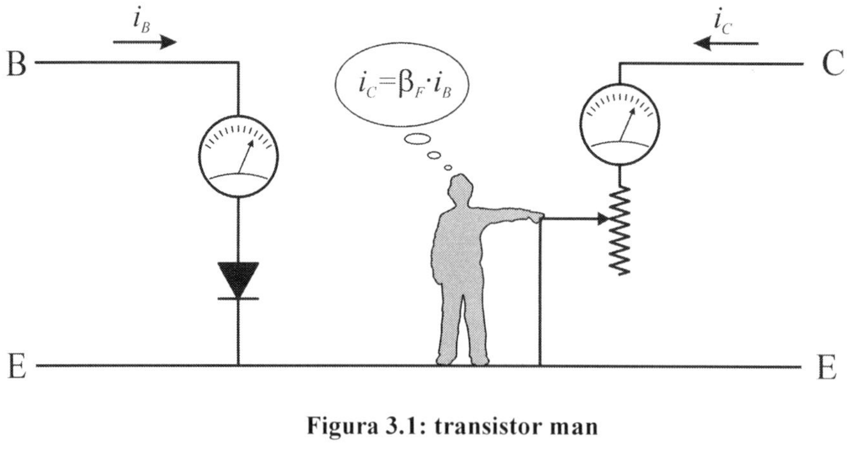

Figura 3.1: transistor man

Si tratta senz'altro di un modello fantasioso, ma spiega bene il funzionamento del BJT come interruttore e, in qualche modo, anche come amplificatore.

Infatti, se la tensione in base è minore della tensione di soglia del diodo (circa 0.6V) la corrente i_B tra base e emettitore è nulla ed il *transistor man* renderà nulla anche la corrente i_C tra collettore e emettitore, spegnendo di fatto il transistor (interruttore OFF). Quando invece la tensione tra base e emettitore raggiunge la soglia, il *transistor man* farà scorrere corrente tra collettore e emettitore accendendo il transistor (interruttore ON). Di fatto dunque, il BJT opera come un interruttore ideale (o rubinetto se pensiamo al corrispondente idraulico) inserito tra collettore ed emettitore e controllato dalla tensione tra base ed emettitore.

Per quanto riguarda l'impiego del transistor come amplificatore ne parleremo in dettaglio nel seguito. Già dalla (3.1), però, è evidente come il BJT sia in grado di fornire in uscita (sul collettore) una corrente maggiore della corrente in ingresso (in base): è quindi intuitivo che avrà, con opportune scelte circuitali, la possibilità di fornire in uscita potenze di segnale maggiori di quelle impegnate in ingresso, ovvero di *amplificare*. Infine, poiché tensioni e correnti sono legate dalla legge di Ohm, possiamo anticipare che opportune scelte circuitali, effettuate in ingresso e in uscita possano consentire di realizzare amplificatori di corrente o di tensione, oppure realizzare convertitori corrente-tensione o tensione-corrente.

3.3 Realizzazione fisica del transistor

Vediamo ora come è possibile realizzare nella pratica un transistore BJT, tenendo presente che possiamo costruirlo nella versione ***npn*** o ***pnp***, alternando, come indicato qualitativamente in Figura 3.2, le zone drogate con accettori e donatori

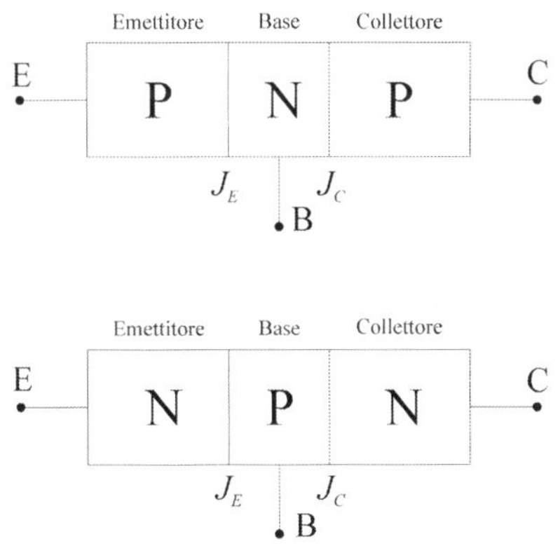

Figura 3.2: npn e pnp

In Figura 3. 3, poi, sono riportati i relativi simboli circuitali e vengono indicati i versi convenzionali per le tensioni e per le correnti che, come si nota, sono identici nei due casi anche se, come vedremo, i versi effettivi sono opposti. Infatti, nel transistore ***pnp*** la corrente scorre dall'emettitore al collettore e richiede che l'emettitore sia <u>*positivo*</u> rispetto alla base. Viceversa, nel transistore ***npn*** la corrente scorre dal collettore all'emettitore e richiede che l' emettitore sia <u>*negativo*</u> rispetto alla base. In entrambi i casi, comunque, ciò significa avere la giunzione emettitore-base polarizzata <u>*direttamente*</u>. Vedremo che, nelle condizioni di lavoro normale, l'altra giunzione base-collettore dovrà invece essere polarizzata <u>*inversamente*</u>.

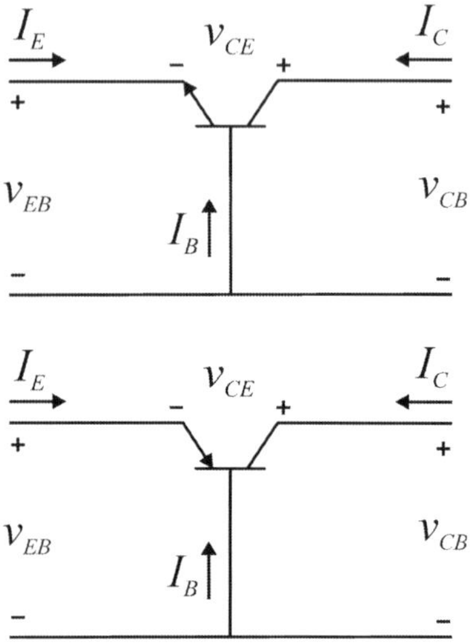

Figura 3. 3: simboli circuitali, tensioni e correnti del BJT npn (sopra) e pnp (sotto)

Ma torniamo alla realizzazione di un transistore e, per fissare le idee, prendiamo in considerazione il BJT ***npn***. La realizzazione fisica inizia con un substrato di silicio debolmente drogato con impurità ***n***. Sulla superficie del substrato viene depositato uno strato di lacca fotosensibile (photoresist), un materiale con la proprietà di diventare solubile nella soda caustica se illuminato da raggi ultravioletti (UV).
Mediante una lampada UV si proietta un pattern (una sorta di diapositiva in bianco e nero) sulla superficie, in modo da illuminarne le zone dove realizzare i BJT (se ne possono realizzare infatti migliaia o milioni sullo stesso substrato e contemporaneamente). Il passo successivo consiste nell'immergere il substrato così trattato in un bagno di soda caustica, sciogliendo il photoresist esposto agli UV. A questo punto, mediante la diffusione di vapori di impurezze di tipo ***p*** oppure per impiantazione ionica delle stesse, si droga selettivamente la zona priva di photoresist (attraverso le finestre create con il bagno in soda caustica) in modo che il substrato ***n*** diventi localmente di tipo ***p*** (Figura 3.4). Il processo viene ripetuto una seconda volta per ottenere un ulteriore strato ***n*** all'interno dello strato ***p*** precedentemente realizzato e lo si conclude realizzando una piazzola ***n+***, ovvero uno strato poco profondo e molto drogato, questa volta nella zona ***n*** del substrato. In questo modo si realizza una sorta di sandwich verticale di tre zone ***n-p-n***.

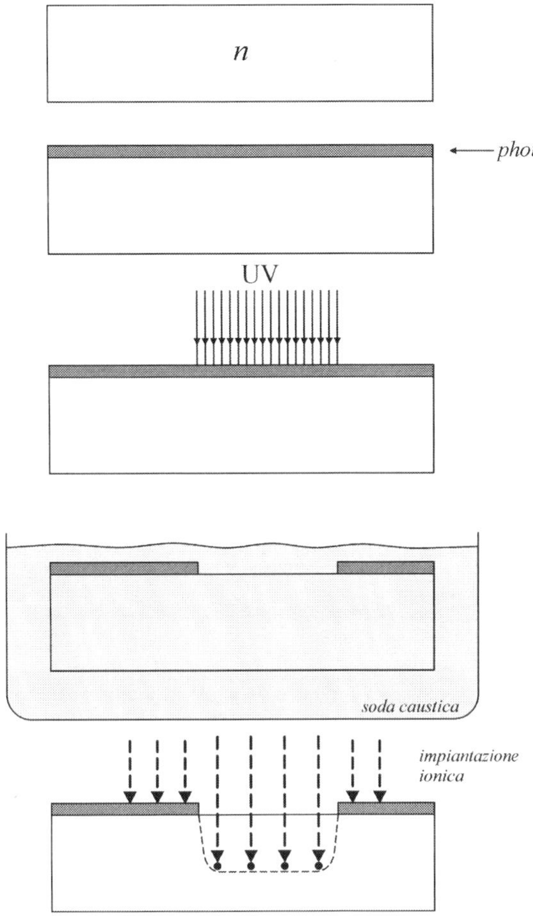

Figura 3.4: realizzazione fisica del transistor

L'ultima fase è la realizzazione dei contatti elettrici metallici. La regione ***n*** debolmente drogata è il ***collettore***, la regione ***p*** mediamente drogata è la ***base*** e la zona ***n*** fortemente drogata è l'***emettitore***. La piazzola ***n+***, invece, serve solo per realizzare un contatto ohmico a bassa resistenza con il collettore (Figura 3.5)

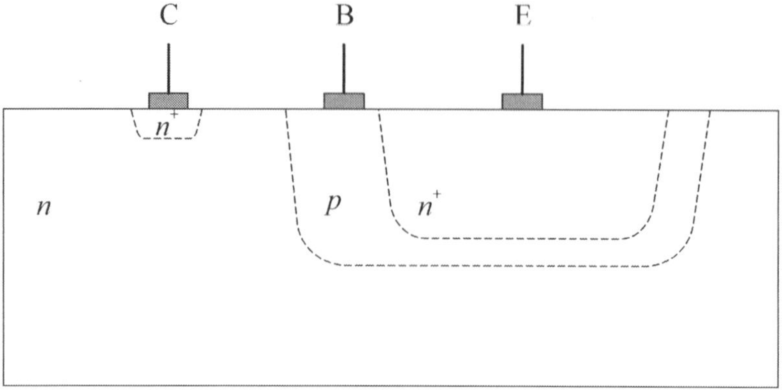

Figura 3.5: npn

La realizzazione del BJT di tipo ***pnp*** è analoga Figura 3.6. Inoltre, anche in questo caso, avremo che l'emettitore è la zona più ed il collettore quella meno drogata.

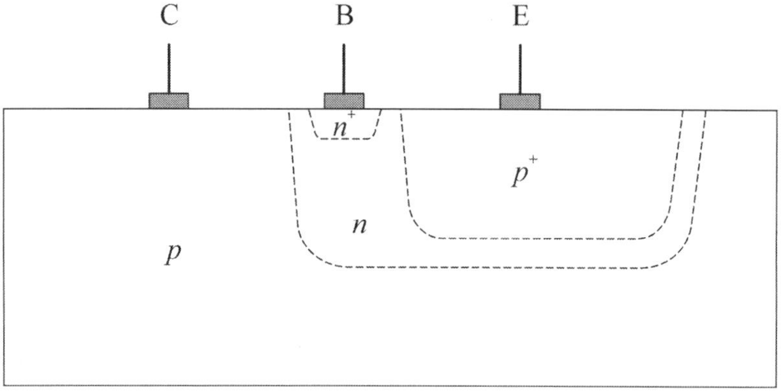

Figura 3.6: pnp

Come vedremo in dettaglio nel seguito, in un BJT di tipo ***npn*** realizzato come descritto, la corrente, in condizioni operative tipiche, scorre dal collettore verso l'emettitore attraversando in senso verticale la zona più sottile della base (Figura 3.7). Tale corrente percorre però anche un lungo tratto nella zona ***n***, poco drogata, del collettore, provocando una caduta di tensione, nel corpo del semiconduttore, non trascurabile soprattutto in considerazione del fatto che il BJT è in grado di pilotare grandi correnti. Per questo motivo, sotto il collettore, si realizza uno strato (detto "sepolto") molto drogato in modo da offrire un percorso parallelo a bassa resistenza che diminuisce la predetta caduta di tensione (Figura 3.8).
Infine, sempre dal punto di vista costruttivo, è necessario evidenziare la necessità di isolare un BJT dagli altri transistor costruiti nelle vicinanze. Ciò viene ottenuto interponendo, tra i collettori di due transistor ***npn*** adiacenti, una zona di separazione di tipo ***p***, per evitare che i collettori dei BJT siano in contatto elettrico.

Naturalmente, perché la separazione risulti efficace e venga assicurato un buon isolamento, la regione di separazione non può essere molto piccola, risultando nei fatti uno dei principali problemi nell'integrazione spinta dei BJT.

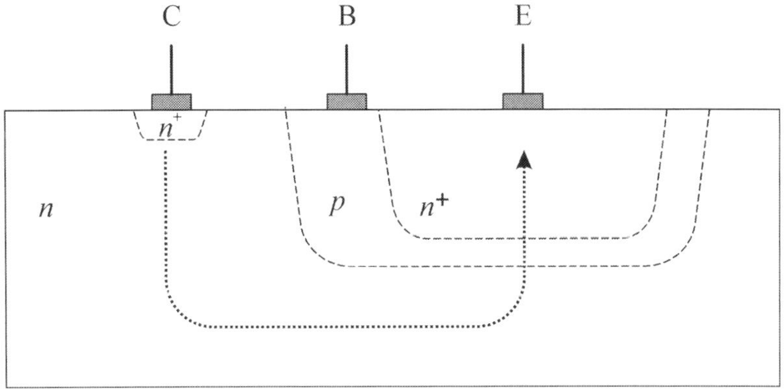

Figura 3.7: corrente principale in un BJT

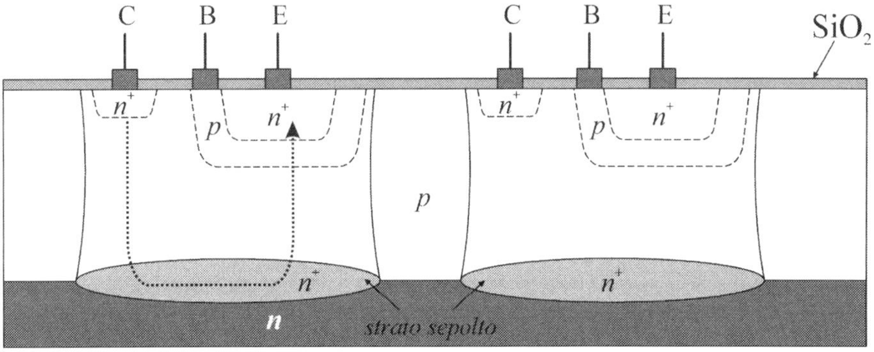

Figura 3.8: realizzazione fisica di più BJT sullo stesso substrato

3.4 Regioni di funzionamento

Un BJT ***npn*** è essenzialmente costituito da due giunzioni ***pn*** con la regione ***p*** in comune, poste a distanza opportuna perché interagiscano. Ciascuna giunzione ***pn*** inoltre, può essere nello stato ON o OFF, ovvero condurre o non condurre, a seconda che la tensione ad essa applicata sia maggiore o minore rispetto alla tensione di soglia (0.6V). I possibili stati del BJT, ovvero le sue regioni di funzionamento sono pertanto quattro:

1) ***regione attiva diretta***: giunzione E-B ***ON*** e giunzione B-C ***OFF***
2) ***regione attiva inversa***: giunzione E-B ***OFF*** e giunzione B-C ***ON***
3) ***saturazione***: giunzione E-B ***ON*** e giunzione B-C ***ON***

4) ***interdizione***: giunzione E-B ***OFF*** e giunzione B-C ***OFF***

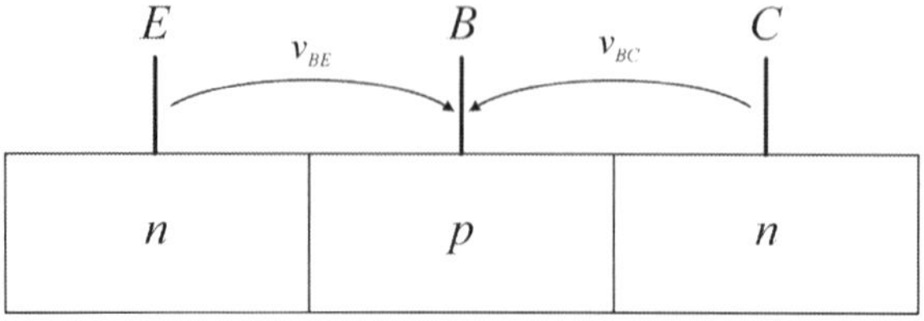

	v_{BC}<0.6V - OFF	v_{BC}>0.6V - ON
v_{BE}<0.6V - OFF	INTERDI-ZIONE	REGIONE ATTIVA INVERSA
v_{BE}>0.6V - ON	REGIONE ATTIVA DIRETTA	SATURA-ZIONE

Figura 3.9: regioni di funzionamento del BJT

In particolare, quando il BJT lavora come un interruttore passa dallo stato di ***saturazione*** (interruttore ON) allo stato di ***interdizione*** (interruttore OFF). Quando invece funziona da amplificatore per piccoli segnali (così definiti perché non fanno cambiare stato al dispositivo), il BJT opera nella ***regione attiva diretta***. La quarta regione di funzionamento, l'***attiva inversa***, invece non è usata, a causa delle differenze di drogaggio tra collettore ed emettitore che sono scelte in modo da ottimizzare il comportamento diretto. C'è peraltro un'unica importante eccezione, nella pratica: lo stadio d'ingresso della famiglia logica TTL, famiglia che, pur avendo dominato il mercato per tutti gli anni ottanta, è oggi obsoleta.

3.5 Interdizione

In ***interdizione*** entrambe le giunzioni sono polarizzate inversamente (v_{BE}<0.6V, v_{BC}<0.6V), rendendo praticamente nulla sia la corrente di base sia la corrente di collettore.
Prendiamo ora in considerazione un BJT il cui reoforo d'emettitore sia comune alla maglia di ingresso e alla maglia di uscita. Questa rete due porte, come si è detto, è la configurazione a ***emettitore comune***. Con riferimento alla Figura 3. 10, se la $\boldsymbol{v_{BE}}$ è minore della tensione di soglia della giunzione ***pn*** tra base ed emettitore e la tensione di collettore $\boldsymbol{v_{CE}}$ è maggiore di zero, entrambe le giunzioni sono polarizzate inversamente. Più precisamente ed indipendentemente dal valore di $\boldsymbol{v_{CE}}$

(ovviamente entro certi limiti che preciseremo nel seguito), tra collettore ed emettitore è come se ci fosse, anche qui in prima approssimazione, un circuito aperto. Il transistor nella configurazione ad emettitore comune, in altre parole, si comporta come un interruttore OFF tra collettore ed emettitore, consentendo, nella realtà, solo il passaggio di una piccola corrente di saturazione I_{CEO} indipendente dalla tensione v_{CE} applicata, così come abbiamo già visto per i diodi polarizzati inversamente.

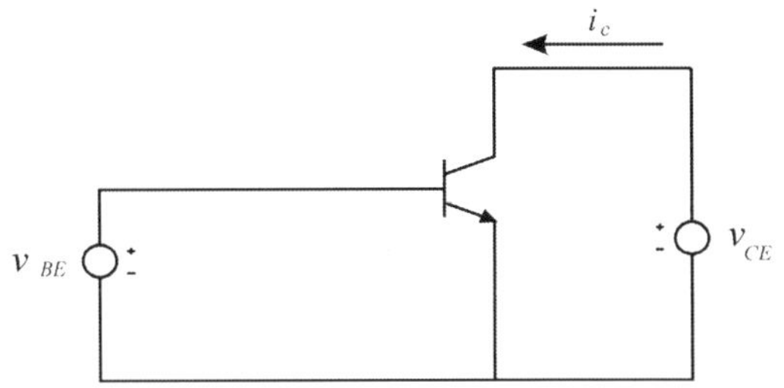

Figura 3. 10: BJT in configurazione a emettitore comune

Si noti in particolare che, nelle convenzioni internazionali, I_{CEO} sta ad indicare la corrente tra ***C***(collettore) ed ***E***(emettitore), quando ***B*** (base) è ***O*** (open). Perciò, per misurare tale corrente basta lasciare aperta la Base.

Il tema dell'interdizione merita un approfondimento ulteriore data l'importanza che ha nei circuiti integrati digitali, essendo tale stato uno dei due possibili per i transistori utilizzati. Il valore della corrente I_{INT} che scorre nello stato OFF nel collettore, infatti, "pesa" nella dissipazione complessiva delle porte logiche ed è perciò auspicabile che tale corrente sia la minore possibile. Vediamo allora quali siano le possibilità per scendere sotto il valore $I_{INT}=I_{CEO}$ trovato.
Se chiudiamo in corto-circuito la base, ad esempio, la corrente che scorre nello stato OFF nel collettore assume un valore diverso, indicato normalmente come I_{CES} dove il pedice ***S*** (shorted) indica il nuovo stato del reoforo di Base. In particolare si ha $I_{CES} < I_{CEO}$. Se poi applichiamo alla base una tensione negativa, la corrente di collettore può scendere al valore minimo che corrisponde ad avere nell'emettitore $I_E=0$ (Figura 3. 11). In altre parole, in tali condizioni la corrente di collettore raggiunge il minimo valore possibile ovvero I_{CBO}, dove ora ad essere "open" è il reoforo ***E*** , e dove la corrente di collettore altro non è che la corrente di saturazione inversa della giunzione base-collettore.
Infine, se chiudiamo la base a massa attraverso la resistenza R_I ($V_I=0$ nella Figura 3. 11), la corrente tra collettore ed emettitore avrà un valore intermedio tra I_{CEO} e I_{CES} , dipendente da R_I ed indicata da I_{CER} dove si evidenzia che la Base ***B*** ora è chiusa su una generica resistenza.

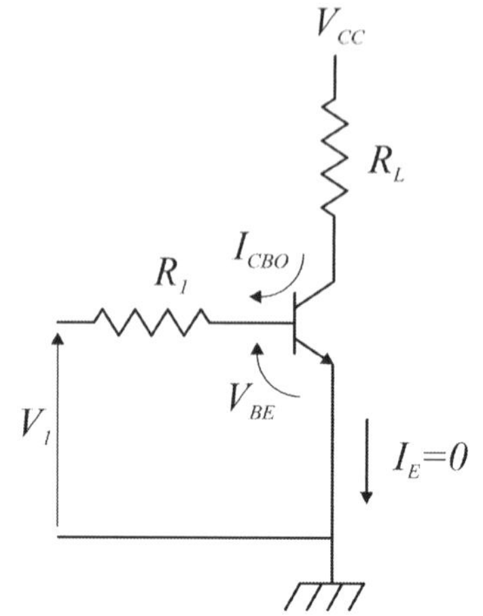

Figura 3. 11: correnti nella condizione a emettitore open

3.6 Saturazione

In ***saturazione*** entrambe le giunzioni sono polarizzate direttamente (v_{BE}>0.6V, v_{BC}>0.6V): in questa situazione, all'aumentare della corrente di base, la corrente di collettore rimane praticamente costante, ovvero la corrente di base perde la funzione di controllo su quella di collettore indicata dalla (3.1). Oltre a ciò, con riferimento alla Figura 3. 12, si può notare come per la tensione v_{CE} valga la

$$v_{CE} = v_{BE} - v_{BC} \tag{3. 2}$$

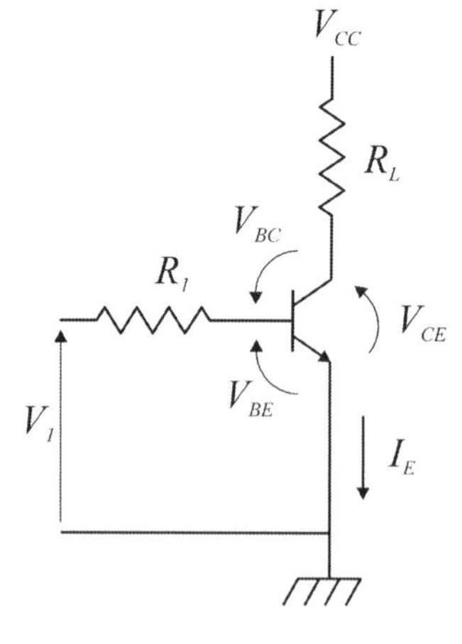

Figura 3. 12: tensioni e correnti nel BJT a emettitore comune

Di conseguenza, la tensione di uscita risulta più bassa di quella relativa al singolo diodo in conduzione: è un risultato importante quest'ultimo, sul quale possiamo fare commenti analoghi a quelli relativi alla corrente I_{int} nel caso dell'interdizione. La tensione di collettore, in condizioni di saturazione, ha ugualmente una notevole importanza pratica nei circuiti digitali integrati, essendo la saturazione per l'appunto l'altro stato (ON) in cui può trovarsi il generico transistore. Il valore della tensione v_{CE} ai capi del collettore, infatti, "pesa" nella dissipazione complessiva delle porte logiche ed è perciò, anche in questo caso, auspicabile che tale tensione sia la minore possibile.

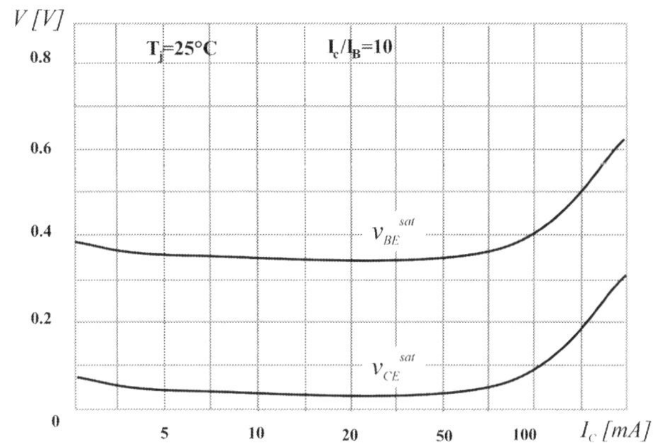

Figura 3. 13: V_{BE} e V_{CE} in saturazione

3.7 Principio di funzionamento del BJT in regione attiva diretta

In questo paragrafo vogliamo fornire un'idea intuitiva del principio di funzionamento del BJT in ***regione attiva diretta***. Come abbiamo già detto, in questa regione, che chiameremo anche ***zona di lavoro normale***, la giunzione tra base ed emettitore è polarizzata direttamente ($v_{BE}\geq 0.6$V) e la giunzione tra base e collettore è polarizzata inversamente ($v_{BC}<0.6$V). Nel cap.1 si è visto che quando una giunzione ***pn*** è polarizzata direttamente, in corrispondenza alle superfici di separazione tra regione di svuotamento e semiconduttori ***n*** o ***p*** compaiono delle concentrazioni di portatori minoritari dipendenti dalla tensione applicata (***legge della giunzione***).

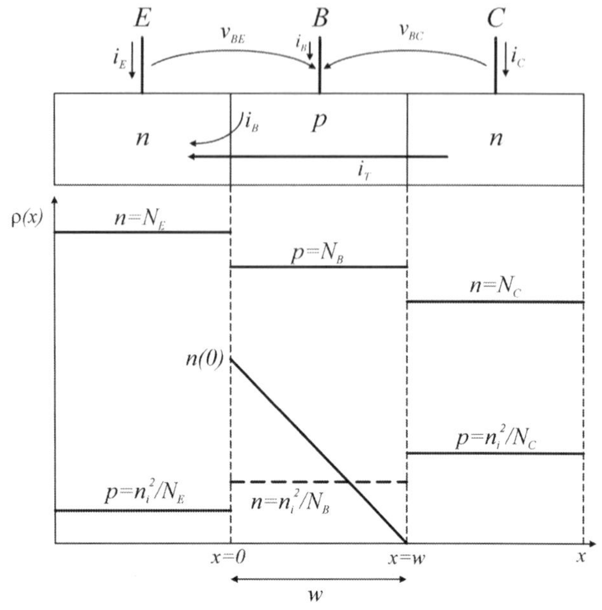

Figura 3. 14: regione attiva diretta

Facendo riferimento alla Figura 3. 14, indichiamo quindi con ***n(0)*** la concentrazione degli elettroni (portatori minoritari) nella base al confine con l'emettitore e con ***n(w)*** la concentrazione degli elettroni sempre nella base, ma al confine con il collettore. Inoltre, come semplificazione, assumiamo lineare la distribuzione degli elettroni in eccesso nella base (portatori minoritari, in quanto nella base sono in minore concentrazione rispetto alle lacune): ciò comporta di considerare praticamente nulla la ricombinazione delle cariche stesse nella base, approssimazione corretta se la larghezza ***w*** è piccola rispetto alla lunghezza di diffusione degli elettroni (***L_n***) nella base.

In tale ipotesi, osserviamo che gli elettroni iniettati dall'emettitore nella base, trovano tra base e collettore una giunzione polarizzata inversamente e quindi una "barriera" di tensione che impedisce alle lacune (portatori maggioritari) di diffondere dalla base nel collettore, ma tale da favorire il passaggio degli elettroni verso il collettore. Al contempo, essendo negativa la tensione applicata, la concentrazione degli elettroni ***n(w)***, sempre per la legge della giunzione, è all'incirca nulla.

$$n(w) = 0 \tag{3. 3}$$

In generale un gradiente di concentrazione produce, come si è visto, una ***corrente di diffusione i_C*** data da

$$i_T = -qSD_n \frac{dn}{dx} \qquad \textbf{(3. 4)}$$

dove $\boldsymbol{S}$ è la sezione del BJT, $\boldsymbol{D_n}$ il coefficiente di diffusione degli elettroni. Il segno meno è dovuto al fatto che il senso della corrente in Figura 3. 14 è definito positivo nel senso opposto all'asse $\boldsymbol{x}$. Poiché l'andamento della concentrazione degli elettroni in base è stata assunta all'incirca lineare, possiamo scrivere, sempre per $\boldsymbol{i_C}$,

$$i_T \approx qSD_n \frac{n(0)}{w} \qquad \textbf{(3. 5)}$$

dove w la larghezza della base. Riflettiamo su quanto trovato. Il gradiente di concentrazione dei portatori minoritari in base produce un flusso di cariche negative verso il collettore e quindi una corrente (in verso opposto) che fluisce direttamente dal collettore all'emettitore. Questa corrente dipende solo dalla concentrazione dei portatori minoritari al confine della zona di svuotamento tra base ed emettitore. Ciò significa che la tensione applicata alla giunzione base-emettitore (da cui $\boldsymbol{n(0)}$ dipende attraverso la legge della giunzione), controlla la corrente che fluisce attraverso la base. Si tratta di un aspetto molto importante: il transistor bipolare è un dispositivo in grado di controllare la corrente che lo attraversa (da collettore a emettitore) mediante una tensione esterna (applicata tra base ed emettitore).

Nel funzionamento del dispositivo (appena descritto) abbiamo supposto che la corrente di elettroni che attraversa la base non subisca variazioni. D'altra parte la base è un semiconduttore di tipo $\boldsymbol{p}$ e quindi, almeno una frazione di questi elettroni, per piccola che sia, si ricombinerà con le lacune e quindi non tutti gli elettroni immessi dall'emettitore attraverseranno "indenni" la base per approdare nel collettore. Ne segue, in particolare, che per ogni elettrone che si ricombina, ci sarà una lacuna in meno nella base e pertanto uno ione negativo (fisso), elettricamente non compensato dalla rispettiva lacuna. Allo stesso tempo, in prossimità del reoforo di base, si generano (per agitazione termica) coppie elettrone-lacuna: gli elettroni sono "attirati" verso il reoforo dalla tensione positiva di base, le lacune al contrario sono sospinte verso l'interno della base. L'effetto complessivo è una corrente positiva entrante dal reoforo che va a compensare la ricombinazione degli elettroni ovvero, in maniera equivalente, possiamo dire che è come se parte degli elettroni della corrente di trasporto "escano" dal reoforo di base anziché arrivare fino al collettore. Se la base è sottile questa frazione è piccola e quindi la (3.5) rimane valida.

Vediamo ora quanto "pesa", in termini numerici, la corrente di base entrante dalla base. Per valutarla basta calcolare il numero di ricombinazioni al secondo che avvengono nel volume della base e moltiplicarlo per la carica unitaria dell'elettrone.

$$i_B = q\int_V rnp\,dV \tag{3. 6}$$

D'altra parte il numero di lacune (portatori maggioritari) nella base rimane sempre molto maggiore del numero di elettroni (portatori minoritari) e quindi si può porre, indicando con $\boldsymbol{N_B}$ la concentrazione degli accettori nella base stessa,

$$p \approx N_B \tag{3. 7}$$

Pertanto

$$i_B = qrN_B S\int n(x)dx \tag{3. 8}$$

con $\boldsymbol{S}$ sezione della base. Definendo

$$\tau \approx \frac{1}{rN_B} \tag{3. 9}$$

possiamo scrivere

$$i_B = \frac{qS}{\tau}\int n(x)dx \tag{3. 10}$$

Inoltre, poiché come vedremo la corrente $\boldsymbol{i_B}$ risulterà molto inferiore alla corrente $\boldsymbol{i_C}$ prima definita, potremo continuare a supporre la concentrazione $\boldsymbol{n}$ degli elettroni nella base, lineare da $\boldsymbol{n(0)}$ a $\boldsymbol{n(w)=0}$. In questa ipotesi la corrente $\boldsymbol{i_B}$ diventa

$$i_B = \frac{qS}{\tau}\frac{n(0)}{2}w \tag{3. 11}$$

Ne segue, dividendo $\boldsymbol{i_C}$ per $\boldsymbol{i_B}$

$$\frac{i_T}{i_B} = \frac{2D_n\tau}{w^2} \tag{3. 12}$$

ovvero una relazione lineare tra le due correnti che, ricordando l'espressione per la lunghezza di diffusione

$$L_n = \sqrt{\tau D_n} \tag{3. 13}$$

porta alla nota relazione di proporzionalità tra la corrente di collettore e corrente di base in un BJT in regione attiva diretta

$$i_T = \beta_F^* i_B \qquad \textbf{(3. 14)}$$

con

$$\beta_F^* = 2\left(\frac{L_n}{w}\right)^2 \qquad \textbf{(3. 15)}$$

La (3.14) lega il guadagno in corrente di un BJT alle sue caratteristiche costruttive: il guadagno aumenta al diminuire dello spessore della base e all'aumentare della lunghezza di diffusione degli elettroni in base, ovvero al diminuire, ad esempio, della concentrazione delle impurità $\boldsymbol{p}$ in base. Allo stato dell'arte, il $\boldsymbol{\beta_F}^*$ è un valore compreso tra 50 e 200, confermando che la corrente entrante nella base è molto più piccola di quella che scorre tra collettore ed emettitore.

3.8 Correnti in un BJT in regione attiva diretta

Vediamo ora in dettaglio le varie correnti che scorrono in un BJT in regione attiva diretta. Abbiamo già visto che tra collettore ed emettitore scorre una corrente di elettroni che attraversa la base, corrente alla quale si aggiunge, proveniente dal reoforo di base ("ortogonalmente" alla prima, quindi), una seconda corrente "richiamata" dalla ricombinazione di una parte degli elettroni con le lacune presenti nella base stessa. Quest'ultima corrente è indicata in Figura 3.16 come la differenza della corrente $\boldsymbol{i_{nE}}$ dovuta ai portatori $\boldsymbol{n}$ iniettati dall'emettitore in corrispondenza all'ascissa $\boldsymbol{x=0}$ e la corrente $\boldsymbol{i_{nC}}$ dovuta ai portatori $\boldsymbol{n}$ che entrano nel collettore all'ascissa $\boldsymbol{x=w}$.
Alle due correnti già indicate, dovremo aggiungerne altre due. Inoltre, mentre è lecito trascurare lo strato svuotato relativo alla giunzione base-emettitore, polarizzata direttamente, non lo è in generale per quanto riguarda lo strato svuotato della giunzione base-collettore, polarizzata (quando il transistor è in regione attiva diretta) inversamente. Esaminiamo dunque questi nuovi aspetti. Poiché la giunzione base-collettore è polarizzata inversamente sarà attraversata dalla corrente di saturazione inversa $\boldsymbol{I_{CO}}$, che, in prima approssimazione, possiamo considerare costante e dovuta unicamente ai portatori generati termicamente. Quanto alla giunzione base-emettitore, polarizzata direttamente, la corrente complessiva che l'attraversa, oltre alla componente dovuta agli elettroni che entrano nella base, presenta anche una seconda componente dovuta alle lacune che dalla base diffondono nell'emettitore. Quest'ultima non contribuisce all'*effetto transistore*, perché le lacune vanno nella direzione "sbagliata" ma, se l'emettitore è molto più drogato della base, darà un contributo trascurabile alla corrente di emettitore

complessiva i_E. Infine, tornando alla giunzione base collettore, osserviamo che la corrente di elettroni entra nello strato svuotato all'ascissa $x=w^-$ e ne esce all'ascissa $x=w^+$. Tra w^- e w^+ sappiamo che esiste un campo elettrico non trascurabile a causa della polarizzazione inversa, campo che può influire sul flusso delle cariche provocando fenomeni di moltiplicazione (breakdown).
Ciò premesso, possiamo definire ora il parametro α_F, detto **fattore di amplificazione in corrente per grandi segnali**, come segue

$$\alpha_F = \frac{i_C - I_{C0}}{-i_E} \tag{3. 16}$$

Poiché la corrente di emettitore in regione attiva diretta è negativa e la corrente di collettore è maggiore o uguale alla corrente di saturazione della giunzione collettore-base, α_F, per come è stato definito, è un numero maggiore di zero.
Più esattamente, tenendo conto dei vari fenomeni sin qui descritti, è possibile esprimere α_F come prodotto di tre quantità, ovvero

$$\alpha_F = \gamma\beta_B\delta \tag{3. 17}$$

dove
$\gamma = i_{nE} / i_E$ è il *rendimento di emettitore*
$\beta_B = i_{nC}(w^-) / i_{nE}$ è il *rendimento di base*
$\delta = i_{nC}(w^+) / i_{nC}(w^-)$ è il *rendimento di collettore*

con γ e β_B sicuramente minori di 1 e δ che può diventare anche maggiore di 1, all'aumentare della tensione di collettore. Poiché i rendimenti di emettitore e di base si possono rendere prossimi all'unità, drogando fortemente l'emettitore (γ) e utilizzando spessori di base modesti (β_B), α_F è un numero prossimo a 1 (anche se minore), superando tale valore solo per valori alti della tensione applicata al collettore (Figura 3. 15).

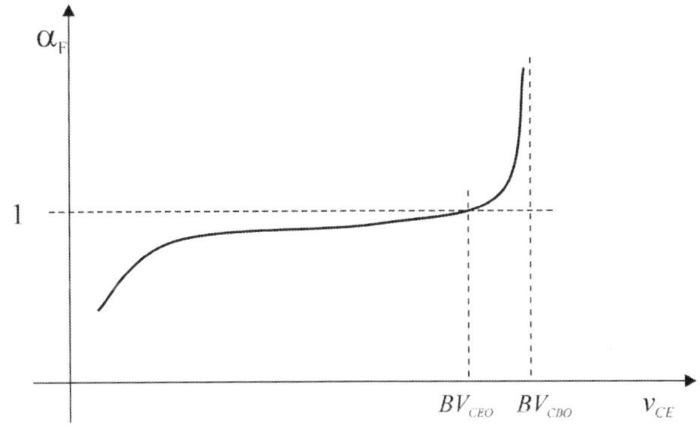

Figura 3. 15: α in funzione di V$_{CE}$

Tornando ora alla (3.16), da questa segue che

$$i_C = -\alpha_F i_E + I_{C0} \quad \textbf{(3. 18)}$$

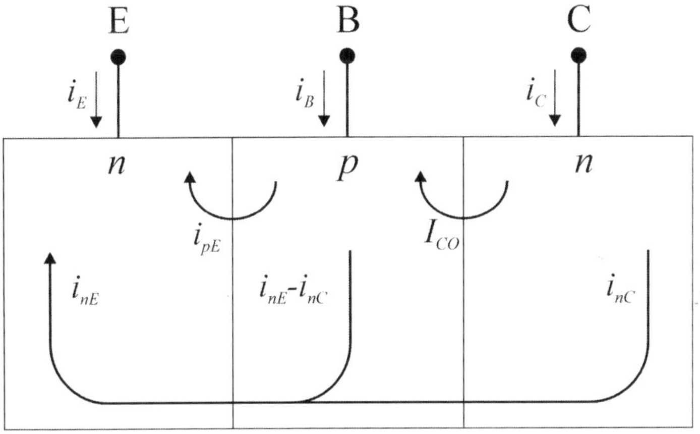

Figura 3.16: correnti nel BJT npn in regione attiva diretta

D'altra parte, dovendo essere nulla la somma algebrica delle correnti di emettitore, di base e di collettore sarà

$$i_E = -i_C - i_B \quad \textbf{(3. 19)}$$

che sostituita nella (3.18), dà

$$i_C = \frac{\alpha_F}{1-\alpha_F} i_B + \frac{I_{C0}}{1-\alpha_F} \quad \textbf{(3. 20)}$$

Definiamo ora

$$\beta_F = \frac{\alpha_F}{1 - \alpha_F} \tag{3. 21}$$

ovvero

$$\alpha_F = \frac{\beta_F}{1 - \beta_F} \tag{3. 22}$$

che permette di riscrivere la (3.20) nella forma

$$i_C = \beta_F i_B + (1 + \beta_F) I_{C0} \tag{3. 23}$$

espressione della quale esaminiamo il significato fisico.
$\boldsymbol{\beta_F}$ è il rapporto tra la corrente di collettore e la corrente di base se si considera nulla la corrente di saturazione inversa della giunzione base-collettore $\boldsymbol{I_{CO}}$. Se poi il contributo della corrente di lacune tra base e collettore ($\boldsymbol{i_{Cp}}$) è trascurabile

$$\beta_F = \beta_F^* \tag{3. 24}$$

con $\boldsymbol{\beta_F}^*$ già definito nel paragrafo precedente. L'inevitabile presenza di una piccola componente di corrente di lacune farà sì che, in generale, valga

$$\beta_F < \beta_F^* \tag{3. 25}$$

Vediamo ora il significato fisico di $\boldsymbol{(1+\beta_F)I_{CO}}$. La corrente di saturazione inversa $\boldsymbol{I_{CO}}$ iniettata nella base dal collettore risulta amplificata dal transistor di un fattore ($\boldsymbol{1+\beta_F}$) come se fosse una corrente proveniente dal reoforo di base. Definiamo quindi $\boldsymbol{I_{CEO}}$ la quantità

$$I_{CE0} = (1 + \beta_F) I_{C0} \tag{3. 26}$$

che, come abbiamo già visto, è la corrente che scorre tra collettore ed emettitore quando la base è aperta ($\boldsymbol{i_B=0}$), ovvero il BJT è in una delle possibili condizioni di interdizione precedentemente indicate. Dalla (3.23) segue che

$$\beta_F = \frac{i_C - I_{CE0}}{i_B} \tag{3. 27}$$

grandezza misurabile direttamente dai terminali del BJT (al contrario di $\boldsymbol{\beta_F}^*$ che è un parametro non direttamente misurabile).

3.9 I parametri h_{FE} e h_{fe}

Definiamo ora due parametri che saranno molto utili nel seguito quando utilizzeremo il BJT come amplificatore: $\boldsymbol{h_{FE}}$ e $\boldsymbol{h_{fe}}$. Il primo dei due ($\boldsymbol{h_{FE}}$) è il rapporto tra la corrente di collettore in continua e la corrente di base in continua (nel seguito adotteremo la convenzione di indicare con le maiuscole le grandezze costanti nel tempo) che definiamo come ***guadagno in corrente in continua*** e che vale

$$h_{FE} = \frac{I_C}{I_B} \tag{3.28}$$

Se $\boldsymbol{I_{CEO}}$ è piccola rispetto alla corrente totale di collettore (e questo di solito è lecito nella zona di lavoro normale), avremo anche che

$$h_{FE} \approx \beta_F \tag{3.29}$$

L'altro parametro ($\boldsymbol{h_{fe}}$) è il ***guadagno in corrente per piccoli segnali***, ovvero il rapporto incrementale tra corrente di collettore e corrente di base ed è definito come

$$h_{fe} = \left.\frac{\partial i_C}{\partial i_B}\right|_{\substack{i_c = I_C \\ v_{ce} = V_{CE}}} \tag{3.30}$$

Si noti, in particolare, che la derivata viene calcolata in corrispondenza ad un valore di $\boldsymbol{V_{CE}}$ prefissato e quindi, sulla base della teoria semplificata sin qui svolta, essendo nella zona di lavoro normale $\boldsymbol{i_C}$ legato linearmente a $\boldsymbol{i_B}$, risulterebbe

$$h_{fe} = h_{FE} \tag{3.31}$$

Nella realtà, il rapporto $\boldsymbol{i_C/i_B}$ non è costante, ma varia con $\boldsymbol{V_{CE}}$ (a causa, come vedremo del cosiddetto Effetto Early). Inoltre, ed è quello che ora metteremo in evidenza, per una $\boldsymbol{V_{CE}}$ prefissata, tale rapporto varia con $\boldsymbol{I_C}$.

La causa fisica di tale variazione è piuttosto complessa ed è legata sia alla ricombinazione dei portatori nella regione di svuotamento, sia alla presenza di una carica negativa non compensata all'interno della base dovuta al flusso degli elettroni verso il collettore. L'effetto complessivo è mostrato, a titolo di esempio, in Figura 3.17.

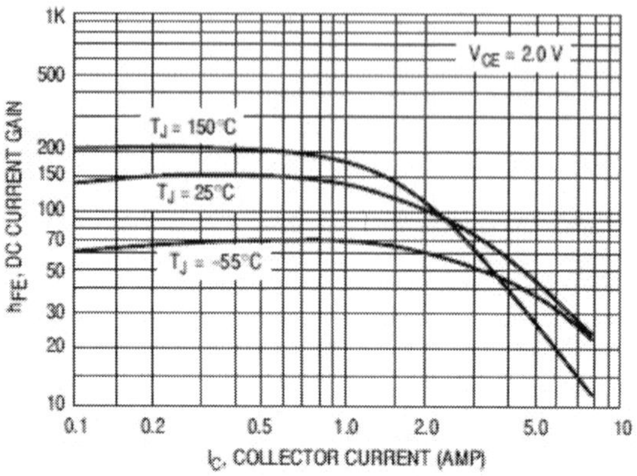

Figura 3.17: h_{FE} in funzione della corrente di collettore, per V_{CE} costante

Completiamo le nostre considerazioni, calcolando l'espressione che lega l'andamento di h_{fe} a quello di h_{FE}, per h_{FE} funzione di I_C.
Usando la (3.29) riscriviamo la (3.23) come segue

$$i_C = h_{FE} i_B + (1 + h_{FE}) I_{C0} \qquad \textbf{(3. 32)}$$

da cui

$$h_{fe} = \left.\frac{\partial i_C}{\partial i_B}\right|_{\substack{i_c = I_C \\ v_{ce} = V_{CE}}} = h_{FE} + \left(I_{CO} + I_B\right) \left.\frac{\partial h_{FE}}{\partial i_B}\right|_{\substack{i_c = I_C \\ v_{ce} = V_{CE}}} \qquad \textbf{(3. 33)}$$

dove abbiamo indicato con I_B il valore di i_B per cui $i_C = I_C$. Fissata la V_{CE} , h_{FE} dipende da i_B solo attraverso la i_C, quindi

$$h_{fe} = h_{FE} + \left(I_{CO} + I_B\right) \left.\frac{\partial h_{FE}}{\partial i_C}\right|_{\substack{i_c = I_C \\ v_{ce} = V_{CE}}} \left.\frac{\partial i_C}{\partial i_B}\right|_{\substack{i_c = I_C \\ v_{ce} = V_{CE}}} \qquad \textbf{(3. 34)}$$

da cui

$$h_{fe} = \frac{h_{FE}}{1 + \left(I_B + I_{C0}\right) \left.\frac{\partial h_{FE}}{\partial i_C}\right|_{\substack{i_c = I_C \\ v_{ce} = V_{CE}}}} \qquad \textbf{(3. 35)}$$

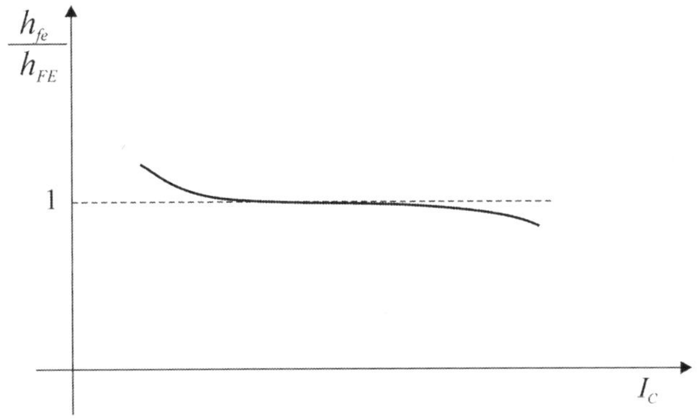

Figura 3.18: h_{fe} in funzione della corrente di collettore, per V_{CE} costante

Un tipico andamento del rapporto h_{fe}/h_{FE} in funzione della corrente di collettore I_C è mostrato nel grafico in Figura 3.18.
Ne segue, in particolare, che il guadagno in corrente per piccoli segnali tende a diminuire all'aumentare della corrente di collettore, ovvero muovendoci dalla zona di lavoro normale, verso la zona di saturazione del transistor. Ugualmente, nella zona di lavoro normale prossima alla zona di interdizione, h_{fe} tende a valori maggiori di h_{FE}.

3.10 Caratteristiche del BJT a emettitore comune

Prendiamo ora in considerazione un BJT in configurazione a emettitore comune.

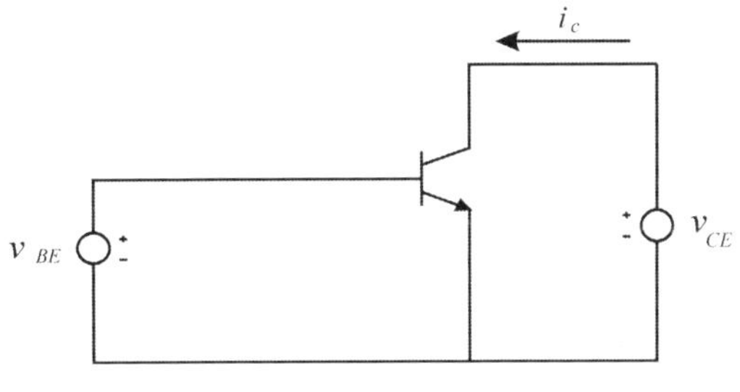

Figura 3. 19: BJT in configurazione a emettitore comune

Fissata la tensione collettore-emettitore v_{CE}, possiamo tracciare la curva che dà la corrente i_B in funzione di v_{BE} . Tale curva, riportata nel piano I_B-V_{BE} , è detta **caratteristica di ingresso a emettitore comune**. In un BJT ideale la corrente in ingresso non dipende da v_{CE} : i_B in funzione di v_{BE} è quindi un'unica curva con il tipico andamento esponenziale della giunzione ***pn***.

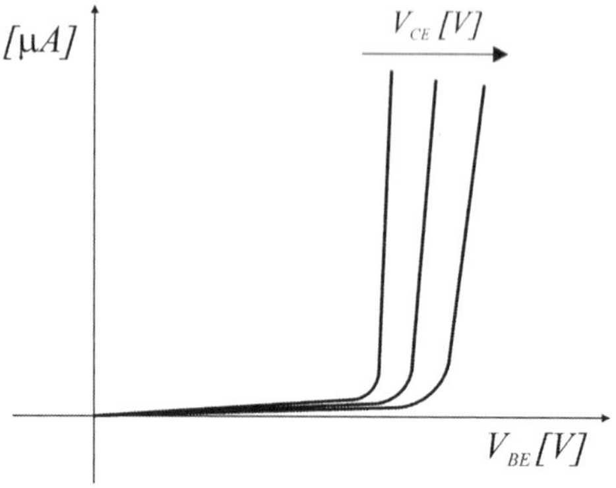

Figura 3. 20 caratteristiche di ingresso a emettitore comune

Nella realtà, al variare della tensione di collettore, cambia la larghezza dello strato svuotato e quindi la dimensione della base. Cambiano così sia $\boldsymbol{\beta_B}$, sia la pendenza della distribuzione dei portatori di minoranza alla giunzione base-emettitore (e quindi cambia γ). Infine cambia anche il campo elettrico nello strato svuotato (e quindi cambia $\boldsymbol{\delta}$). Ne segue che, al variare della $\boldsymbol{v_{CE}}$, la corrente $\boldsymbol{i_B}$ in funzione di $\boldsymbol{v_{BE}}$ cambia, dando origine alla famiglia di curve mostrate in Figura 3. 20.

In modo analogo, fissata la corrente di base $\boldsymbol{i_B}$, possiamo tracciare sul piano $\boldsymbol{I_C}$-$\boldsymbol{V_{CE}}$ l'andamento della corrente $\boldsymbol{i_C}$ in funzione di $\boldsymbol{v_{CE}}$, ottenendo la cosiddetta ***caratteristica di uscita a emettitore comune***. Per un BJT ideale la corrente di collettore $\boldsymbol{i_C}$ non dipende da $\boldsymbol{v_{CE}}$ ma, come si è visto, solo da $\boldsymbol{i_B}$. Ne segue che avremo una famiglia di curve al variare di $\boldsymbol{i_B}$ e che tali curve saranno costanti con $\boldsymbol{v_{CE}}$. Nel BJT reale, naturalmente, le cose andranno diversamente e l'andamento tipico delle caratteristiche d'uscita saranno quelle in Figura 3. 21.

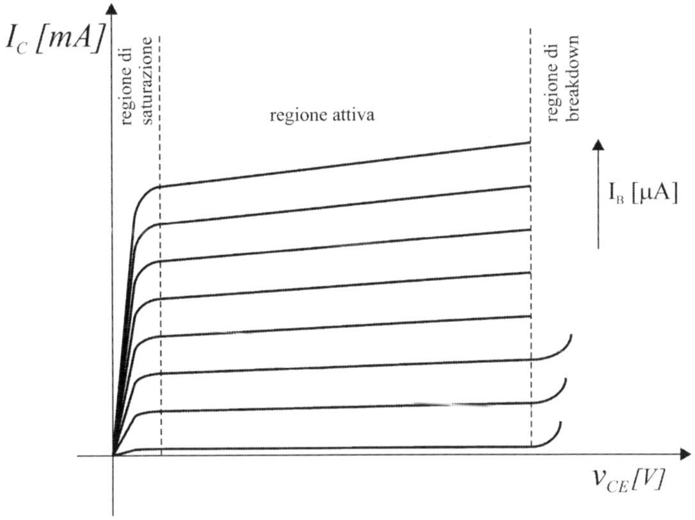

Figura 3. 21: caratteristiche di uscita ad emettitore comune

La ragione fisica alla base di tali andamenti è ancora una volta legata alla variazione dello spessore effettivo della base con la tensione v_{CE}, cui si è già accennato. All'aumentare della v_{CE} , ad esempio, poiché v_{BE} rimane all'incirca costante (come si evince dalle caratteristiche d'ingresso del transistore), la tensione sulla giunzione base-collettore v_{CB} aumenta, producendo un aumento della regione di svuotamento a scapito dello spessore w della base che si riduce, con conseguente aumento della corrente i_C . Questo fenomeno è conosciuto come ***effetto Early***.

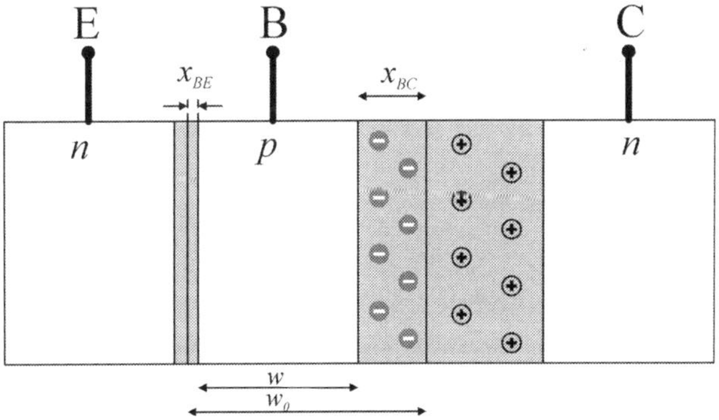

Figura 3. 22: effetto Early

Anche se la corrente i_C di collettore è una funzione non lineare di v_{CE}, fissato un valore $v_{CE}=V_{CE}$ e variando di poco le grandezze elettriche relative, possiamo considerare lineare il legame relativo. Con riferimento quindi alla Figura 3. 23, per ogni $v_{CE}=V_{CE}$ possiamo definire un valore V_A (detta ***tensione di Early)*** per cui

$$\left.\frac{\partial i_C}{\partial v_{CE}}\right|_{v_{CE}=V_{CE}} \approx \frac{I_C}{V_{CE}+V_A} \tag{3. 36}$$

La tensione di Early ha tipicamente valori compresi tra 20 e 50V.

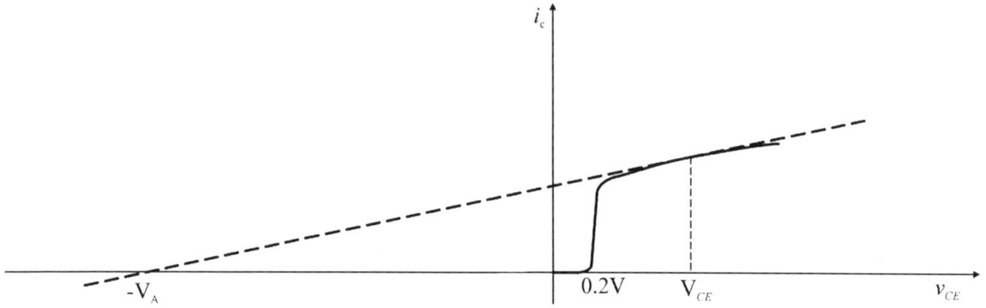

Figura 3. 23: caratteristica di uscita del BJT (effetto Early)

La Figura 3. 23 evidenzia, tra le altre, una zona delle caratteristiche che non è stata ancora esaminata e spiegata: la ***regione di breakdown***. Come abbiamo già messo in evidenza, all'aumentare della tensione di collettore V_{CE} le dimensioni della regione di svuotamento della giunzione base-collettore aumentano insieme al campo elettrico nella stessa regione. In queste condizioni, il campo elettrico è in grado di fornire alle cariche che provengono dalla base l'energia sufficiente per ionizzare gli atomi del reticolo, producendo nuove coppie elettroni-lacune ed incrementando quindi il numero delle cariche che raggiungono il collettore. Ne segue che il ***rendimento di collettore*** $\delta = i_{nC}(w^+) / i_{nC}(w^-)$ diventa **>1** . La conseguenza immediata è che ci sarà un valore di tensione BV_{CEO}, (*tensione di breakdown* fra collettore ed emettitore quando la base è aperta) per cui si avrà $\alpha_F = 1$ (Figura 3. 15) e quindi, per la (3.21), si avrà che β_F andrà all'infinito, ovvero che la corrente i_C di collettore tenderà ad aumentare indefinitamente analogamente a quanto già visto a proposito del diodo Zener. Per questa ragione le caratteristiche di uscita a emettitore comune hanno un rapido aumento della pendenza per valori elevati della V_{CE} come mostrato in Figura 3.24 . A titolo di informazione, la Figura 3. 15 mostra l'esistenza di un valore di tensione maggiore, BV_{CBO}, (*tensione di breakdown* fra collettore e base quando l'emettitore è aperto) per cui si avrà che α_F tende all'infinito. L'aumento è ovviamente causato dallo stesso fenomeno fisico, ma il risultato è relativo alla connessione del transistor a base comune e, come si vede, si verifica a tensione maggiore.

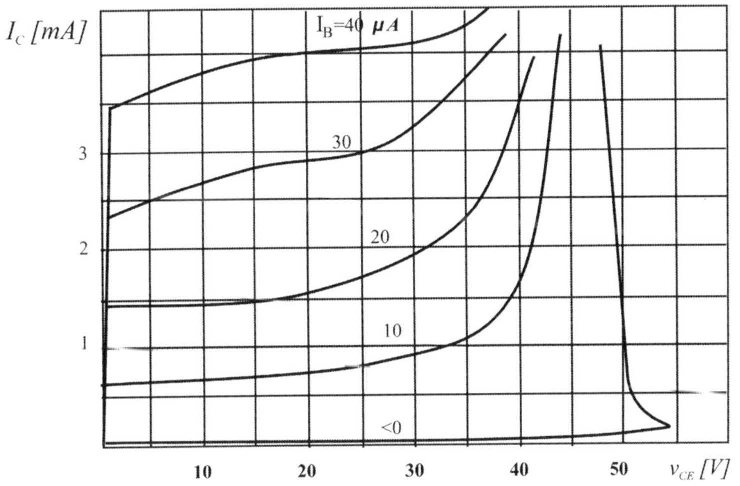

Figura 3.24 effetto valanga

Infine, l'aumento brusco della corrente di collettore i_C, indipendentemente dall'innescarsi o meno del breakdown, può essere causato da un fenomeno di natura differente. Abbiamo già messo in evidenza come, all'aumentare della tensione inversa ai capi della giunzione base-collettore, aumenti la regione di svuotamento. Poiché lo spessore della base è piccolo (per ottenere grandi guadagni in corrente), all'aumentare della tensione V_{BC} si può arrivare a "perforare" la base stessa. In altre parole, lo strato di svuotamento può raggiungere l'emettitore facendo "sparire" la base e determinando il cosiddetto *punch-through*, fenomeno che, a differenza del breakdown, avviene ad un valore di tensione che non cambia con la scelta del morsetto in comune. Per questa ragione ogni BJT è caratterizzato da un valore massimo della tensione applicabile al collettore, indipendentemente dall'innescarsi o meno dell'effetto valanga.

3.11 Regione attiva inversa

Per completare il quadro delle possibili regioni di funzionamento di un transistor, consideriamo la ***regione attiva inversa***, nella quale la giunzione tra base e collettore è polarizzata direttamente (v_{BC}>0.6V) e la giunzione tra base ed emettitore è polarizzata inversamente (v_{BE}<0.6V). Per la simmetria della struttura del BJT ***npn*** è ragionevole aspettarsi che il comportamento nella *regione attiva inversa* sia qualitativamente analogo al caso della *regione attiva diretta*, con la differenza che il flusso degli elettroni andrà dal collettore all'emettitore e che il rapporto β_R tra corrente di emettitore e corrente di base sarà diverso da β_F, a causa dei diversi drogaggi del collettore e dell'emettitore (l'emettitore è molto più drogato del collettore). In effetti mentre in regione attiva diretta β_F è compreso tra

50 e 200, nel funzionamento in regione attiva inversa $\boldsymbol{\beta_R}$ è compreso tra 0 e 20, un valore basso dovuto al fatto che la corrente che attraversa la giunzione base-collettore (polarizzata direttamente) è principalmente una corrente di lacune (essendo la base più drogata del collettore) lacune che vanno nella direzione opposta a quella “utile”. Proprio per questo ridotto guadagno di corrente $\boldsymbol{\beta_R}$ raramente un BJT è impiegato nella regione attiva inversa. Infine, come nel caso della regione attiva diretta, potremo definire il parametro$\boldsymbol{\alpha_R}$ come

$$\alpha_F = \frac{\beta_F}{1-\beta_F} \tag{3. 37}$$

3.12 Modello di Ebers-Moll

Tra emettitore e base c’è una giunzione ***np***, tra base e collettore una giunzione ***pn***: ciò suggerisce di schematizzarle con due diodi *back to back*, ovvero con gli anodi in comune, come in Figura 3.25. D’altra parte, i due diodi sono posti a distanza tale che interagiscono fortemente. Infatti, sia in regione attiva diretta sia in regione attiva inversa, le due giunzioni sono attraversate da correnti “prodotte” dall’altra. Questo aspetto può essere circuitalmente schematizzato introducendo, in parallelo a ciascun diodo, un generatore di corrente. Il risultato è il circuito di Figura 3.25, noto come ***modello di Ebers-Moll***.

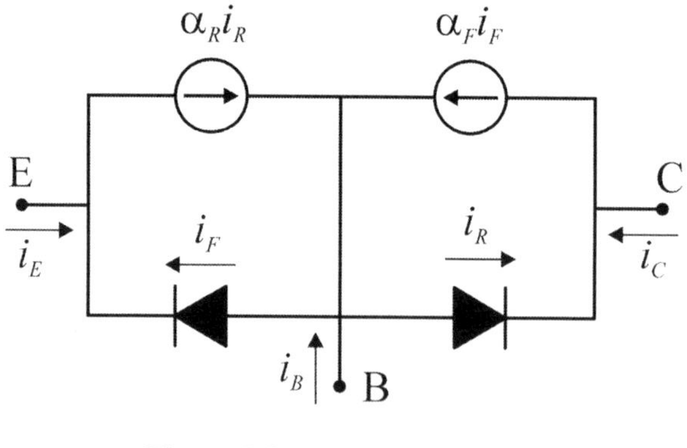

Figura 3.25: modello di Ebers-Moll

In accordo con le considerazioni precedenti, scriviamo per le caratteristiche ***i-v*** delle due giunzioni le espressioni

$$i_F = I_{ES}\left(e^{\frac{v_{BE}}{V_T}} - 1\right) \tag{3. 38}$$

$$i_R = I_{CS}\left(e^{\frac{v_{BE}}{V_T}} - 1\right) \tag{3.39}$$

e per correnti di emettitore e di collettore le espressioni

$$i_E = -i_F + \alpha_R i_R = -I_{ES}\left(e^{\frac{v_{BE}}{V_T}} - 1\right) + \alpha_R I_{CS}\left(e^{\frac{v_{BC}}{V_T}} - 1\right) \tag{3.40}$$

$$i_C = -i_R + \alpha_F i_F = -I_{CS}\left(e^{\frac{v_{BC}}{V_T}} - 1\right) + \alpha_F I_{ES}\left(e^{\frac{v_{BE}}{V_T}} - 1\right) \tag{3.41}$$

Il modo alquanto semplice per arrivare alla formulazione della (3. 41) e della (3. 42) non deve trarre in inganno: è anzi opportuno precisare che l'aspetto fisico è stato, per così dire, alquanto trascurato. Non è infatti giustificabile, da tale punto di vista, ipotizzare che una giunzione ***pn*** con una delle due zone (la zona ***p***, nel caso specifico di un BJT ***npn***) molto più sottile della lunghezza di diffusione dei portatori ivi iniettati, possa avere la stessa caratteristica ***i-v*** di una giunzione *bulk*, ovvero con le due zone ***n*** e ***p*** "infinitamente" estese. Ciò detto, un opportuno modello fisico del transistor, permette di arrivare alle eq. (3.41) e (3.42) che sono, appunto, l'espressione matematica del modello circuitale di Ebers-Moll, alle quali aggiungiamo, omettendone la dimostrazione, la relazione che lega α_F, α_R, I_{ES}, e I_{CS}. Si ha, infatti, che

$$\alpha_F I_{ES} = \alpha_R I_{CS} \tag{3.42}$$

Dalle (3.41), (3.42), utilizzando la (3.43) si ottengono le seguenti espressioni

$$i_C = -\alpha_F i_E - I_0\left(e^{\frac{v_{BC}}{V_T}} - 1\right) \tag{3.43}$$

$$i_E = -\alpha_R i_C - I_0\left(e^{\frac{v_{BE}}{V_T}} - 1\right) \tag{3.44}$$

avendo definito

$$I_0 = \left(1 - \alpha_F \alpha_R\right) I_{CS} = \left(1 - \alpha_F \alpha_R\right) I_{ES} \tag{3.45}$$

Le (3.44) e (3.45) sono le equazioni normalmente impiegate nei programmi di simulazione circuitale del BJT, anche perché il modello di Ebers-Moll è del tutto generale e vale in qualunque regione di funzionamento del BJT.
In particolare, nella *zona di lavoro normale* (regione attiva diretta), possiamo trascurare la $\boldsymbol{i_R}$ (che corrisponde alla corrente di saturazione del diodo base-collettore polarizzato inversamente) e pertanto il modello può essere semplificato come in Figura 3.26.

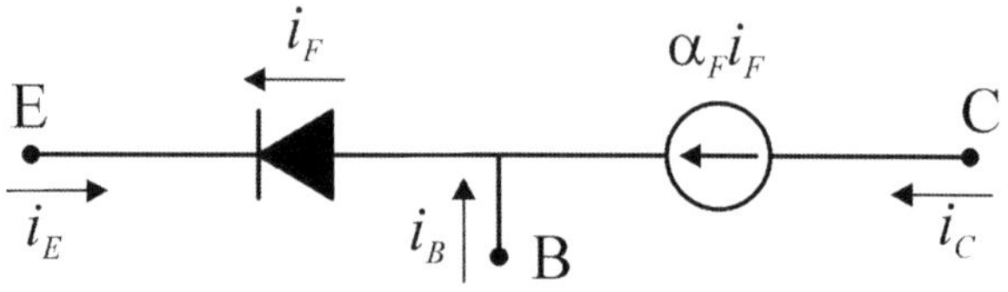

Figura 3.26: modello di Ebers-Moll in regione attiva diretta

Si noti, peraltro, che nel modello semplificato di Figura 3.26, è stata aggiunta la corrente di base i_B, non prevista dal modello circuitale di Ebers-Moll. Quest'ultimo, è infatti un modello monodimensionale, che studia cioè il movimento delle cariche solo nella direzione emettitore-collettore e non l'apporto delle cariche che entrano nella base in direzione ortogonale a tale movimento. La corrente relative a tali cariche, inoltre, entrando nella base trasversalmente, incontra una resistenza (detta *resistenza di spreading di base*) tanto maggiore quanto più la base è stretta: condizione tipica dei transistor. Data la sua importanza nell'ambito della definizione delle caratteristiche di funzionamento degli amplificatori di segnale ad alta ed altissima frequenza, se ne tratterà diffusamente in seguito.
Allo scopo di dimostrare l'utilità del modello di Ebers-Moll, utilizziamolo per studiare analiticamente il comportamento del transistor in saturazione, quando cioè entrambe le giunzioni sono polarizzate direttamente ($\boldsymbol{v_{BE}}$>0.6V, $\boldsymbol{v_{BC}}$>0.6V). Come abbiamo visto nel paragrafo 3.6 , la tensione tra collettore ed emettitore in generale è data da

$$v_{CE} = v_{BE} - v_{BC} \tag{3. 46}$$

D'altra parte, come abbiamo visto dalla Figura 3. 13, normalmente si ha

$$|v_{CE}| \le 0.2\text{V} \tag{3. 47}$$

risultato di grande utilità pratica nell'analisi dei circuiti.
Vediamo dunque cosa si ricava utilizzando il modello di Ebers-Moll, nel caso del transistor in saturazione. Nelle caratteristiche di uscita ad emettitore comune la regione di saturazione è il primo tratto (prossimo all'asse delle ordinate) della $\boldsymbol{i_C}$ in funzione di $\boldsymbol{v_{CE}}$, dove la corrente aumenta molto rapidamente fino a raggiungere un

valore circa costante quando il BJT entra in regione attiva diretta. Per studiare in dettaglio la curva in questo primo tratto è necessario utilizzare il modello di Ebers-Moll senza semplificazioni.
Dalle (3.44) e (3.45) esplicitiamo $\boldsymbol{v_{BE}}$ e $\boldsymbol{v_{CB}}$:

$$v_{BE} = V_T \ln\left(1 - \frac{i_E + \alpha_R i_C}{I_0}\right) \tag{3.48}$$

$$v_{CB} = V_T \ln\left(1 - \frac{i_C + \alpha_F i_E}{I_0}\right) \tag{3.49}$$

da cui

$$v_{CE} = v_{CB} - v_{EB} = \pm V_T \ln\left(\frac{\dfrac{1}{\alpha_R} + \dfrac{1}{\beta_R}\left(\dfrac{i_C}{i_B}\right)}{1 - \dfrac{1}{\beta_F}\left(\dfrac{i_C}{i_B}\right)}\right) \tag{3.50}$$

Ebbene, la (3.51) è proprio l'espressione analitica della caratteristica di uscita del BJT in saturazione (con gli assi scambiati), come mostrato in Figura 3. 27, dove l'andamento della funzione è tracciato in funzione del rapporto $\boldsymbol{i_C / i_B}$. Si noti, in particolare, come la $\boldsymbol{v_{CE}}$ in funzione di $\boldsymbol{i_C}$ tenda infinito quando $\boldsymbol{i_C=\beta_F i_B}$. Ciò rispecchia il fatto che all'interno della regione attiva diretta la corrente di collettore resterebbe costante al variare di $\boldsymbol{v_{CE}}$, se non intervenissero tutti gli altri fenomeni fisici già studiati. D'altra parte, il modello di Ebers-Moll non tiene conto dell'effetto Early, del *breakdown* e del *punch-through*, pertanto è corretto che la $\boldsymbol{v_{CE}}$ in funzione di $\boldsymbol{i_C}$ raggiunga un asintoto verticale e possa aumentare indefinitamente.

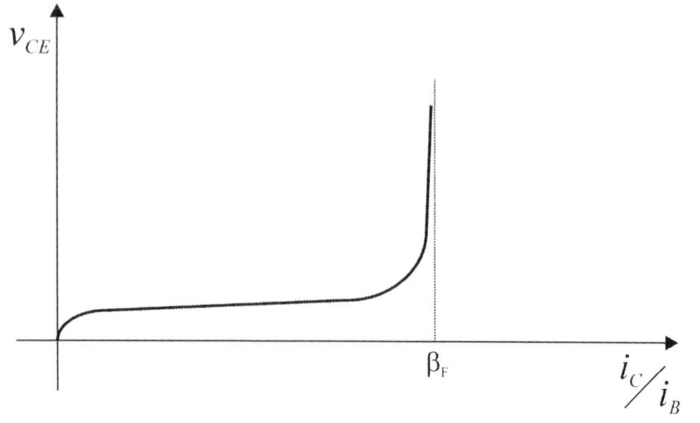

Figura 3. 27: caratteristica del BJT in saturazione

Completiamo l'analisi, osservando, sempre dalla (3.51), che se la si ridisegna come in Figura 3. 28.

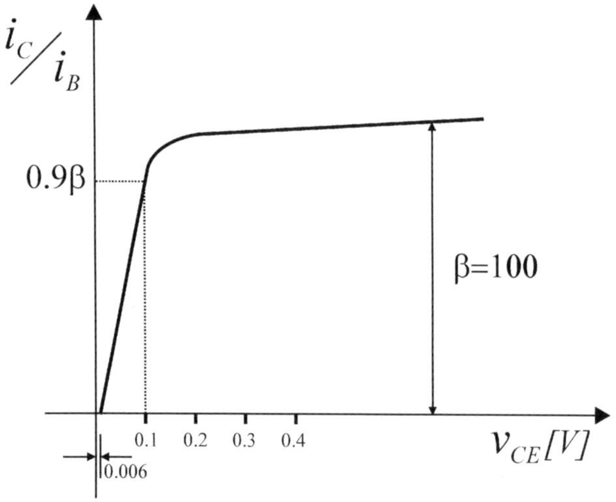

Figura 3. 28: caratteristica di uscita a emettitore comune

si pone in evidenza il fatto che la caratteristica non passa per l'origine degli assi (fatto riscontrabile sulle curve reali ingrandendo l'intorno dell'origine) quando si pone $i_C = 0$, ma presenta una tensione residua pari a

$$V_{CE}^{'} = \pm V_T \ln\left(\frac{1}{\alpha_R}\right) \tag{3. 51}$$

tensione che aumenta quella complessiva presentata dal transistor in saturazione. Pertanto se si utilizza il transistor in configurazione inversa cambiando nella formula α_R con α_F, la tensione residua diventa

$$V_{CE}'' = \pm V_T \ln\left(\frac{1}{\alpha_F}\right) \quad \textbf{(3. 52)}$$

ovvero la tensione di saturazione risulta inferiore (in valore assoluto). Questo fatto giustifica perché, come si è detto, in alcune famiglie logiche si è preferito, in alcuni stadi, usare il transistor in configurazione inversa.

3.13 Il BJT in configurazione a emettitore comune

La configurazione a emettitore comune è tra le più usate nella progettazione di circuiti a BJT ed esemplifica molto bene il funzionamento del transistor stesso. A questo proposito si consideri lo schema in Figura 3.29, del quale vogliamo calcolare la *funzione di trasferimento* (Figura 3.30).

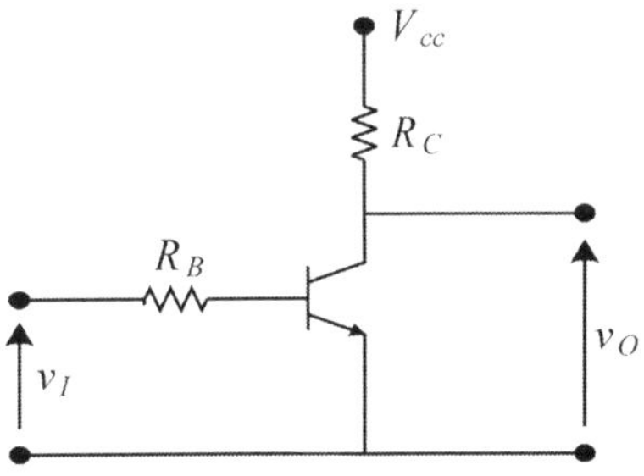

Figura 3.29: BJT in configurazione a emettitore comune

ovvero la funzione che lega la tensione di uscita v_O (presa sul collettore) alla tensione di ingresso v_I. La giunzione ***pn*** tra base ed emettitore è OFF (corrente i_B che vi scorre praticamente nulla) quando la tensione v_{BE} è inferiore alla tensione di soglia, che assumiamo pari a 0.6V.

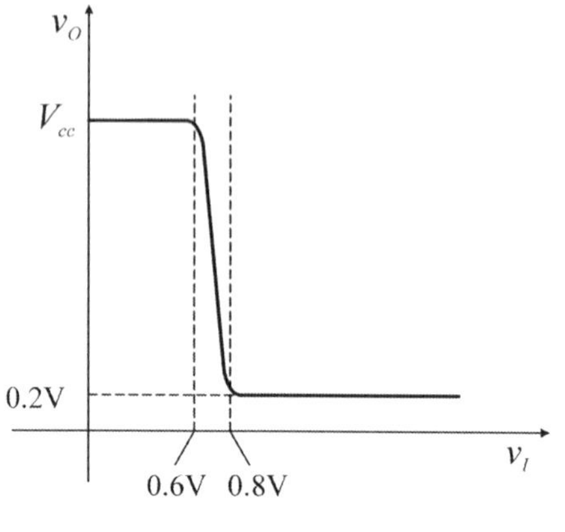

Figura 3.30: funzione di trasferimento

Quando v_I è minore di 0.6 V, nella maglia di ingresso non scorre corrente, la caduta di tensione su R_B è nulla e quindi v_{BE}=v_I < 0.6V. In queste condizioni, la giunzione base-emettitore è OFF. Per la tensione base-collettore v_{BC} avremo invece

$$v_{BC} = -v_{CB} = -\left(V_{CC} - R_C i_C - V_{BE}\right) = R_C i_C + V_{BE} - V_{CC} \quad \textbf{(3. 53)}$$

D'altra parte la caduta di tensione su R_C non potrà essere certamente maggiore della tensione di alimentazione V_{CC} quindi

$$v_{BC} = R_C i_C + V_{BE} - V_{CC} < V_{BE} < \left(0.6\text{V}\right) \quad \textbf{(3. 54)}$$

ovvero anche la giunzione base-collettore è OFF. Il BJT è pertanto in interdizione.

Appena v_I raggiunge la tensione di soglia, la giunzione base-emettitore diventa ON mentre la giunzione base-collettore resta nello stato OFF. Il BJT entra quindi nella regione attiva diretta. Per v_I > 0.6V la corrente che scorre nella maglia di ingresso è

$$i_B = \frac{v_I - \left(0.6\text{V}\right)}{R_B} \quad \textbf{(3. 55)}$$

Poiché il BJT si trova nella regione attiva diretta, avremo per la corrente di collettore i_C:

$$i_C = h_{FE}\frac{v_I - \left(0.6\text{V}\right)}{R_B} \quad \textbf{(3. 56)}$$

La caduta di tensione ($R_C\, i_C$) sulla resistenza R_C quindi, aumenterà con v_I facendo diminuire la tensione di uscita v_O. Continuiamo ora ad aumentare la tensione

d'ingresso v_I .Quando abbiamo esaminato il funzionamento del BJT in saturazione, abbiamo notato che il BJT vi entrava per un valore piuttosto basso di v_{CE}, un valore dell'ordine di 0.2V, che nella realtà dipende dalle caratteristiche costruttive del transistor. Supponiamo, per comodità di trattazione, che il valore di v_{CE} per cui il BJT entra in saturazione sia proprio 0.2V e concludiamo osservando che la tensione di uscita v_O , al variare della tensione in ingresso v_I , diminuisce fino a raggiungere il predetto valore 0.2V. Si noti poi che tale valore rimarrà praticamente costante, non potendo v_{CE} diminuire in modo significativo neanche quando il BJT si troverà in saturazione spinta.
Poiché però nel precedente ragionamento abbiamo trascurato il fatto che in realtà v_{BE} non rimane costante a 0.6V, ma aumenta leggermente fino a 0.8V quando il BJT entra in saturazione, sarà questo il valore da utilizzare per valutare la tensione d'ingresso v_I per cui il BJT raggiunge quest'ultima condizione. Si avrà dunque:

$$v_{CE} = V_{CC} - R_C i_C = V_{CC} - \frac{h_{FE} R_C}{R_B}\left(v_I - (0.8\text{V})\right) = 0.2 \qquad \textbf{(3. 57)}$$

ovvero

$$v_I = \frac{R_B}{h_{FE} R_C}\left(V_{CC} - (0.2\text{V})\right) + (0.8\text{V}) \qquad \textbf{(3. 58)}$$

che ci dà il valore della tensione d'ingresso v_I cercato. Si noti peraltro che, nella espressione (3.58), il primo termine a secondo membro può essere trascurato, essendo grande il termine h_{FE} a denominatore. Ne segue quindi che la condizione su v_I per cui il BJT entra in saturazione è

$$v_I \approx 0.8\text{V} \qquad \textbf{(3. 59)}$$

Tornando al circuito in esame, possiamo concludere che la funzione di trasferimento è "alta" quando l'ingresso è basso (<0.6V) ed è "bassa" quando l'ingresso è alto: di fatto il circuito analizzato è già una possibile porta ***NOT*** se impiegato in un circuito digitale. Nella realtà una porta ***NOT*** realizzata in questo modo presenterebbe una serie di svantaggi (dovuti all'eccessiva dissipazione e ai lunghi tempi di commutazione) che la renderebbero poco pratica. Tuttavia, una delle famiglie più largamente impiegate negli anni Ottanta e Novanta, la ***TTL*** (*Transistor-Transistor-Logic*) si è sicuramente ispirata alla semplice logica a BJT a emettitore comune.

C'è infine un altro aspetto della caratteristica di trasferimento di Figura 3.30 degna di attenzione: la ripida pendenza che tale caratteristica presenta nella regione attiva diretta (zona di lavoro normale). Questo fatto suggerisce infatti che è possibile utilizzare il BJT come amplificatore di tensione invertente per piccoli segnali. Supponendo di avere in ingresso un segnale del tipo

$$v_I = V_I + v_i \qquad \textbf{(3. 60)}$$

avendo cura (con opportune soluzioni circuitali che vedremo nel seguito) di mantenere il BJT in regione attiva diretta, la tensione di collettore v_C (che corrisponde alla tensione d'uscita v_O) sarà la somma di un valore costante V_C ed un segnale di valore v_c , quest'ultimo con fase opposta rispetto al segnale d'ingresso v_i (per il fatto che la funzione di trasferimento ha pendenza negativa, ovvero è tale che quando v_i aumenta v_c diminuisce).

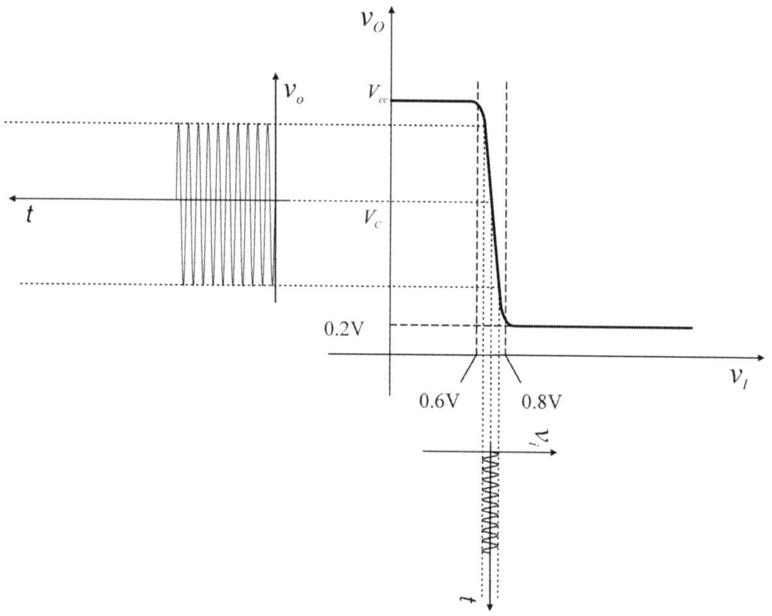

Figura 3. 31: amplificazione mediante BJT

Inoltre, poiché la pendenza della funzione di trasferimento, come si può notare dalla Figura 3. 31 è chiaramente molto maggiore di 1 (in valore assoluto) l'ampiezza della tensione di collettore v_c sarà molto maggiore del segnale in ingresso v_i.

3.14 Il BJT pnp

Il principio di funzionamento del transistor ***pnp*** è del tutto analogo a quello visto e descritto per il transistor ***npn***. In un transistor ***pnp*** nella regione attiva diretta il verso della corrente è diretta dall'emettitore al collettore che, dovendo assicurare la polarizzazione inversa alla giunzione collettore-base, sarà polarizzato negativamente. Allo stesso tempo, dovendo essere polarizzata positivamente la giunzione emettitore-base, la tensione di controllo v_{EB} dovrà essere positiva. Ciò premesso, ai fini dell'impiego circuitale delle due tipologie di transistor, è utile tenere conto delle seguenti differenze (sempre ricordando che, per convenzione, le correnti saranno sempre assunte entranti, indipendentemente se lo siano veramente o se nella realtà abbiano segno opposto):

1) la corrente reale nel tipo ***npn*** va dal collettore all'emettitore, mentre nel tipo ***pnp*** va in verso opposto (dall'emettitore al collettore)
2) la tensione di controllo nel tipo ***npn*** è la v_{BE}, mentre nel tipo ***pnp*** è la v_{EB}
3) la corrente in base è entrante nel tipo ***npn*** mentre è uscente nel tipo ***pnp***

In Figura 3. 32 sono raffigurati i transistor dei due tipi con i versi reali (positivi) delle tensioni e delle correnti.

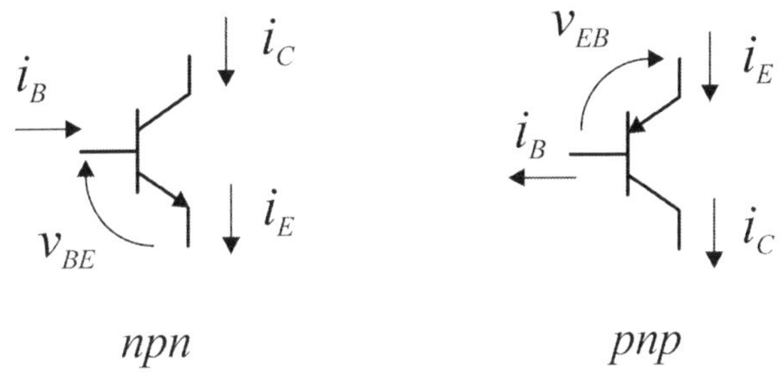

Figura 3. 32: differenze tra transistor npn e pnp

Oltre a quanto detto sopra è importante notare un'ulteriore notevole differenza tra i due tipi di transistor. Per il tipo ***npn*** vale

$$\beta^*_{nF} = 2\left(\frac{L_n}{w}\right)^2 = \frac{2}{w^2}\frac{D_n}{rN_B} \tag{3. 61}$$

Ricordando la relazione di Einstein

$$\frac{D_n}{\mu_n} = kT \tag{3. 62}$$

segue

$$\beta^*_{nF} = \frac{2}{w^2}\frac{kT}{rN_B}\mu_n \tag{3. 63}$$

Ragionando in maniera analoga per il tipo ***pnp*** si ottiene

$$\beta^*_{pF} = \frac{2}{w^2}\frac{kT}{rN_B}\mu_p \tag{3. 64}$$

Quindi, per transistori dei due tipi aventi la stessa larghezza ***w*** e lo stesso drogaggio N_B di base i due guadagni di corrente espressi dalle (3.64) e (3.65) saranno proporzionali alle mobilità delle due specie di portatori. Ciò significa che, essendo la mobilità degli elettroni μ_n all'incirca 2.7 volte maggiore della mobilità delle lacune μ_p, il guadagno in corrente di un ***npn*** è 2.7 volte il guadagno di un ***pnp***. Questa è la ragione per cui il transistor ***npn*** è più frequentemente utilizzato del transistor ***pnp*** nella progettazione di dispositivi elettronici.

3.15 Capacità parassite del BJT

Un BJT in regione attiva diretta può essere visto come due giunzioni ***pn*** rispettivamente in polarizzazione diretta (BE) e in polarizzazione inversa (BC).

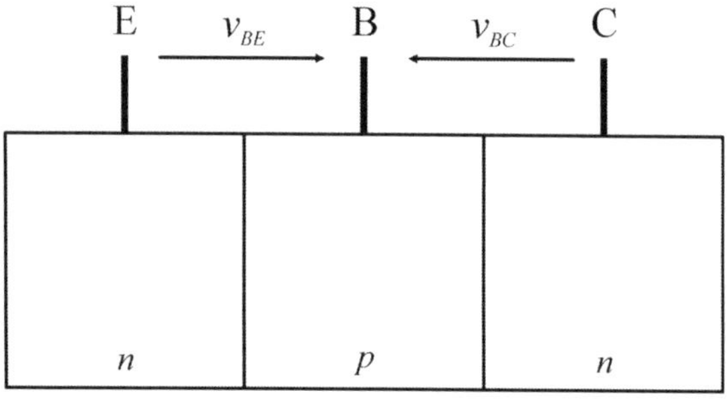

Figura 3. 33: BJT npn

In generale una giunzione ***pn*** polarizzata inversamente dà luogo a una capacità dovuta alla carica positiva e negativa ai due lati della regione di svuotamento. Nel capitolo 2 abbiamo già calcolato lo spessore della regione di svuotamento nelle due zone ***n*** e ***p***, in particolare:

$$x_n = \sqrt{\frac{2\varepsilon}{q}(\varphi + v_{CB})\frac{N_A}{N_D}\frac{1}{N_A + N_D}} \tag{3. 65}$$

dove ε è la costante dielettrica del silicio, q la carica dell'elettrone, φ il potenziale di giunzione, N_A concentrazione delle impurità ***p***, N_D concentrazione delle impurità ***n***.

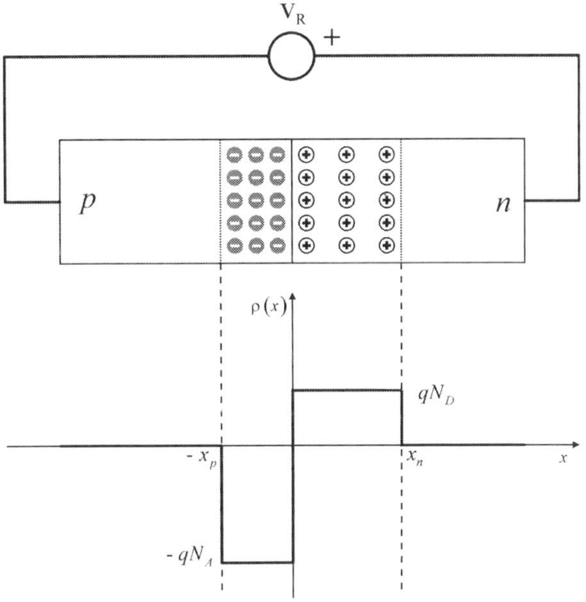

Figura 3. 34: regione di svuotamento di una giunzione pn contropolarizzata

La carica positiva accumulata nella zona ***n*** è pari a

$$Q = qSN_D x_n = qSN_D \sqrt{\frac{2\varepsilon}{q}(\varphi + v_{CB})\frac{N_A}{N_D}\frac{1}{N_A + N_D}} \qquad \textbf{(3. 66)}$$

dove ***S*** è la sezione della base.
La carica non dipende linearmente dalla tensione applicata (v_{CB}), pertanto a rigore non è schematizzabile come un capacità lineare, ma per piccole variazioni della tensione v_{CB}, ovvero per piccoli segnali, possiamo approssimare la capacità tra collettore e base come

$$C_\mu \approx \left.\frac{dQ}{dv_{CB}}\right|_{v_{CB}=V_{CB}} \qquad \textbf{(3. 67)}$$

Sostituendo la (3.67) nella (3.68) e indicando con w_o lo spessore della regione di svuotamento quando la tensione applicata è nulla:

$$w_o = \sqrt{\frac{2\varepsilon}{q}\varphi\left(\frac{1}{N_A} + \frac{1}{N_D}\right)} \qquad \textbf{(3. 68)}$$

si ottiene la notevole equazione

$$C_\mu = \frac{C_o}{\sqrt{1+\frac{V_{CB}}{\varphi}}} \qquad (3.\ 69)$$

con

$$C_o = \varepsilon \frac{S}{w_0} \qquad (3.\ 70)$$

Il risultato trovato ha un immediato significato fisico: la capacità della regione di svuotamento è equivalente alla capacità di un condensatore a facce piane e parallele la cui separazione è pari allo spessore della regione di svuotamento.

Tra base ed emettitore è presente la **capacità di diffusione** come nei diodi polarizzati direttamente e un'altra capacità parassita (detta **capacità di transizione**) dovuta all'accumulo di carica in base. Vediamo l'origine fisica di quest'ultima. I portatori minoritari (provenienti dall'emettitore) in base hanno una carica complessiva pari a

$$Q = \frac{qSn(0)W}{2} \qquad (3.\ 71)$$

con $\boldsymbol{W}$ larghezza della base e

$$n(0) = \left(\frac{n_i^2}{N_B}\right) e^{\frac{v_{BE}}{V_T}} \qquad (3.\ 72)$$

$\boldsymbol{q}$ è la carica dell'elettrone, $\boldsymbol{n_i}$ è la concentrazione degli elettroni nel silicio intrinseco, $\boldsymbol{N_B}$ è la concentrazione delle impurità in base.

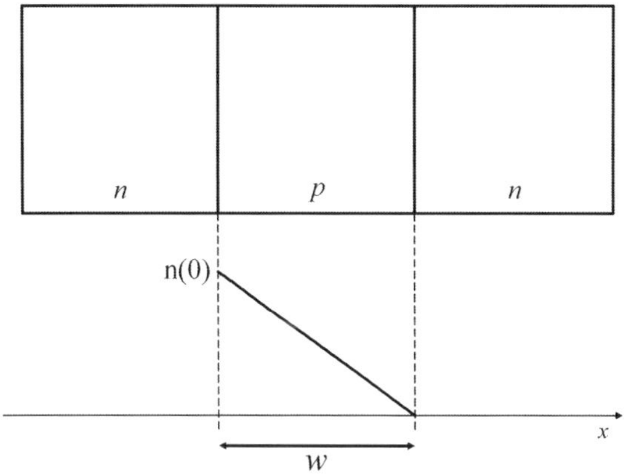

Figura 3. 35: portatori minoritari in base

Anche in questo caso la carica non dipende linearmente dalla tensione applicata (v_{BE}), pertanto a rigore non è schematizzabile come un capacitore lineare, ma per piccole variazioni della tensione v_{BE}, ovvero per piccoli segnali, possiamo approssimare la capacità tra base ed emettitore come

$$C_\pi \approx \left.\frac{dQ}{dv_{BE}}\right|_{v_{BE}=V_{BE}} \tag{3. 73}$$

Sostituendo la (3.72) nella (3.74) e ricordando che

$$I_C = \frac{qSD_n}{w}\left(\frac{n_i^2}{N_B}\right)e^{\frac{V_{BE}}{V_T}} \tag{3. 74}$$

dove D_n è il coefficiente di diffusione dei portatori n, si ottiene

$$C_\pi = \frac{1}{2}\frac{w^2}{D_n}\left(\frac{I_C}{V_T}\right) \tag{3. 75}$$

Ricordando che

$$g_m = \frac{I_C}{V_T} \tag{3. 76}$$

e definendo **tempo di transito**

$$\tau = \frac{1}{2}\frac{w^2}{D_n} \tag{3. 77}$$

Si ottiene l'espressione

$$C_\pi = \tau g_m \tag{3. 78}$$

3.16 Il fototransistor

Il fototransistor è essenzialmente un BJT con base aperta (ovvero senza reoforo di base) con una finestra attraverso la quale la base può essere illuminata con luce visibile (vedi Figura 3. 36).

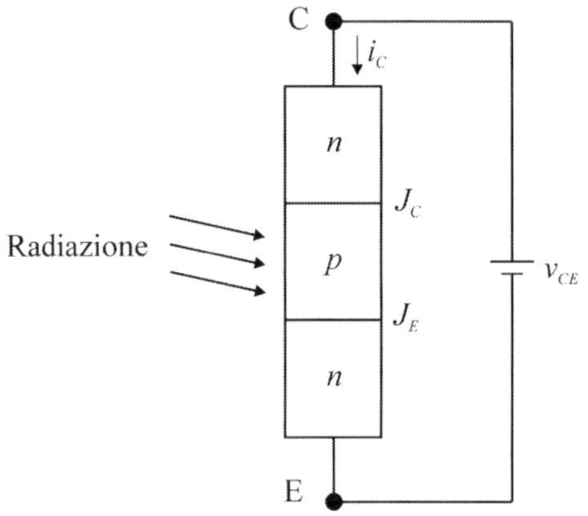

Figura 3. 36 fototransistor

I fotoni incidenti nella base generano coppie elettrone-lacuna. Le cariche mobili così prodotte, agiscono esattamente come l'iniezione di una corrente di base dando origine ad una corrente di collettore il cui valore è pari alla corrente iniettata moltiplicata il fattore di amplificazione $\boldsymbol{\beta^*_F+1}$. Ne segue che, rispetto al semplice fotodiodo, si ha il vantaggio che la corrente che vi scorre, a parità di illuminazione, è maggiore, pertanto

$$i_C = (\beta_F + 1)(I_{C0} + \mathscr{R}P) \tag{3. 79}$$

dove $\boldsymbol{I_{C0}}$ è la corrente (costante) legata alla corrente di saturazione inversa tra collettore e base, $\mathscr{R}$ è la responsività già definita per i fotodiodi, $\boldsymbol{P}$ è la potenza dei fotoni incidenti (e assorbiti) nella base.

Capitolo Quarto
Il transistor a effetto di campo

4.1 Tipologia dei transistor a effetto di campo

Il ***transistor a effetto di campo*** (***FET***: Field Effect Transistor) è il componente elettronico oggi più usato, tanto da aver praticamente soppiantato il transistor bipolare nel settore dell' elettronica digitale, grazie soprattutto alla maggior facilità di integrazione sia a media che ad alta scala di integrazione. Allo stesso tempo, vanno aumentando le sue applicazioni nell'elettronica analogica "di consumo". Inoltre, esistono di molti tipi diversi di FET, e ciò li rende particolarmente versatili nelle applicazioni.

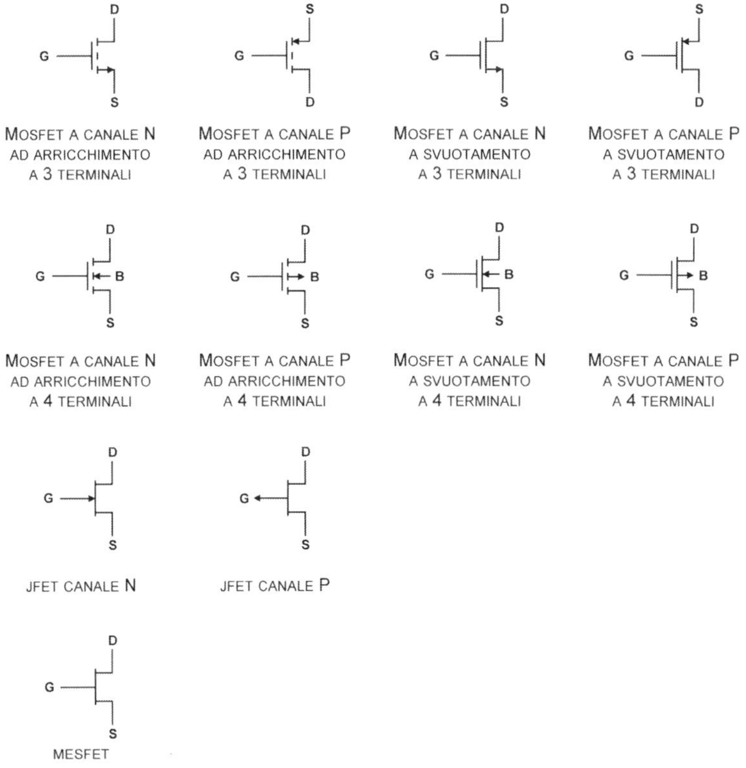

Figura 4.1: simboli circuitali dei FET

Incominciamo con l'indicare i tre tipi principali di transistori ad effetto di campo: il ***MOSFET*** (*Metal Oxide Semiconductor* FET), il ***JFET*** (*Junction* FET) ed il ***MESFET*** (*Metal Semiconductor* FET). Il primo tipo, il MOSFET, può essere a canale ***n*** o a canale ***p***, ed inoltre può essere realizzato per funzionare ad arricchimento (*enhancement*) o a svuotamento (*depletion*), in quattro diverse versioni dunque (contro le due sole possibili per un BJT, ***npn*** o ***pnp***). I MOSFET, infine, possono essere costruiti con 3 o 4 terminali. Poiché tutte le combinazioni sono possibili, i tipi diversi di MOSFET sono in definitiva otto, giustificando in pieno le caratteristiche di versatilità che li contraddistinguono. Quanto ai JFET, possono essere a canale ***n*** e canale ***p*** e quindi ne esistono due tipi. Il MESFET, poi, è di un solo tipo ed è il componente più utilizzato nei circuiti integrati analogici sia ibridi che monolitici ad alta ed altissima frequenza

4.2 Il condensatore MOS

Il principio di funzionamento del transistor ad effetto di campo è per molti aspetti più semplice ed immediato del transistor bipolare.

I MOSFET si basano essenzialmente sulle proprietà di un ***MOS*** (Metal Oxide Semiconductor), un "condensatore" ottenuto sovrapponendo tre strati: un metallo, un ossido ($\boldsymbol{SiO_2}$) e un semiconduttore, il silicio, drogato ***p*** o ***n*** , con l'ossido, che è un isolante, inserito per impedire il passaggio di cariche elettriche tra metallo e semiconduttore.
Consideriamo il caso in cui il silicio è di tipo ***p*** (Figura 4.2). Sul metallo, detto ***Gate*** (***G***), è applicato un reoforo. Un secondo reoforo è collegato al corpo del semiconduttore (***Body***, indicato con la lettera ***B***). Applicando una tensione negativa tra Gate e Body, il gate si carica negativamente ed attrae lacune mobili dal semiconduttore verso l'ossido, lacune che, non potendo attraversare lo strato di isolante, si accumuleranno in prossimità dell'ossido.

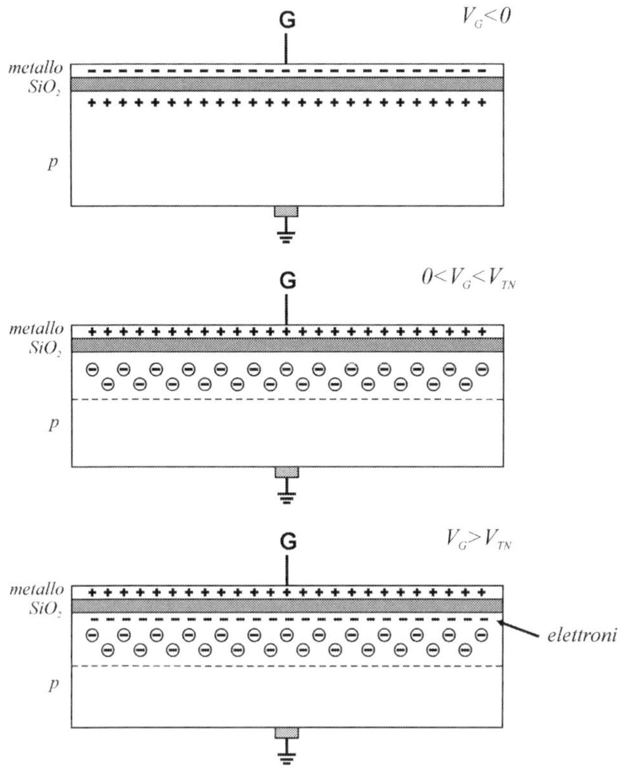

Figura 4.2: capacitore MOS

Al contrario, se il Gate è polarizzato positivamente rispetto al Body, le cariche positive sul metallo allontaneranno le lacune dalla zona in prossimità dell'ossido, alterando localmente la preesistente condizione di equilibrio tra cariche mobili dei due tipi. In generale in ogni punto del semiconduttore deve valere la legge di azione di massa

$$np = n_i^2 \tag{4. 1}$$

con $\boldsymbol{n}$ e $\boldsymbol{p}$ concentrazione rispettivamente di elettroni e lacune, $\boldsymbol{n_i}$ concentrazione degli elettroni liberi nel silicio intrinseco. All'equilibrio, lontano dall'ossido

$$p = N_A \tag{4. 2}$$

$$n = \frac{n_i^2}{N_A} \tag{4. 3}$$

con N_A concentrazione di impurità nella zona ***p***. Abbiamo detto che vicino all'ossido il campo elettrico allontana le lacune riducendone la concentrazione. La diminuzione delle lacune, causa per la legge di azione di massa, l'aumento degli elettroni (generati per agitazione termica) che spinti dal campo elettrico si addensano in prossimità dell'ossido. Ne risulta che, quando la tensione (positiva) sul gate supera una data tensione di soglia (V_{TH}) in prossimità dell'ossido le cariche negative, prima di minoranza, diventano di maggioranza: gli elettroni superano insomma la concentrazione delle lacune creando, sotto l'ossido un canale ***n*** che, come vedremo ha un ruolo fondamentale nel funzionamento del MOSFET.

Si noti, infine, che la soglia per cui il fenomeno descritto si verifica non è netta: come nel caso dell'innesco di un diodo, infatti, la concentrazione degli elettroni nel canale aumenta esponenzialmente all'aumentare della tensione, finché questa non raggiunge un valore tale da portare il livello della conduzione prossimo al livello di Fermi. Ne segue che la tensione di soglia V_{TH} , come la tensione d'innesco $V\gamma$, è un valore convenzionale tanto che, in molti moderni dispositivi che funzionano a bassa tensione per ridurre i consumi,viene sfruttata proprio la "piccola" conduzione del canale anche in condizione sottosoglia.

4.3 MOSFET a canale n ad arricchimento

Possiamo ora analizzare la struttura completa di un ***MOSFET*** a canale ***n*** ad arricchimento (*enhancement*). Come abbiamo già sottolineato, l'elemento chiave del dispositivo è un condensatore ***MOS*** realizzato su un substrato ***p***. In realtà, solo nei primi ***MOSFET*** veniva realizzato un vero condensatore MOS metallo-ossido-semiconduttore. Attualmente (ed oramai da decenni) il metallo è stato sostituito con uno strato di polisilicio fortemente drogato ***n***, ovvero con silicio amorfo (non monocristallino cioè) caratterizzato da cristalli molto piccoli orientati casualmente.

A lati opposti del condensatore ***MOS*** vengono realizzate due piazzole di tipo ***n*** molto drogate, il ***Source*** (***S***) ed il ***Drain*** (***D***) sulle quali sono fissati due reofori. La struttura così realizzata è, come si vede in Figura 4.2, perfettamente simmetrica e Source e Drain sono interscambiabili. Tuttavia, nella configurazione a tre terminali, uno dei due terminali è collegato al ***Body*** (***B***) del ***MOS*** e quest'ultimo terminale diviene univocamente il ***Source***.

Fisicamente, inoltre, un MOSFET ha una struttura molto più larga che lunga, ovvero la distanza tra le piazzole Source e Drain è inferiore alla larghezza che il dispositivo presenta nell'altra direzione (sul piano del semiconduttore). Come vedremo nel seguito poi, il ***Gate*** agisce da terminale di controllo (un po' come la manopola di una valvola idraulica) consentendo alla corrente di scorrere dal Drain verso il Source.

Vediamo ora in dettaglio come funziona il dispositivo sin qui descritto. Le piazzole ***n+***, insieme al substrato ***p***, realizzano due giunzioni ***pn*** connesse *back to back* , intorno alle quali ci sarà una regione di svuotamento che si estende principalmente nel semiconduttore ***p*** , meno drogato della piazzola ***n+***.

Applichiamo ora al Gate una tensione negativa o uguale a zero. Sebbene ci siano cariche mobili sotto il gate, applicando un'ulteriore tensione tra drain e source, non potrà scorrere alcuna corrente: essendo le due giunzioni ***pn*** connesse *back to back*, infatti, il flusso della cariche, quale che sia il loro verso, sarà impedito da una delle due giunzioni.

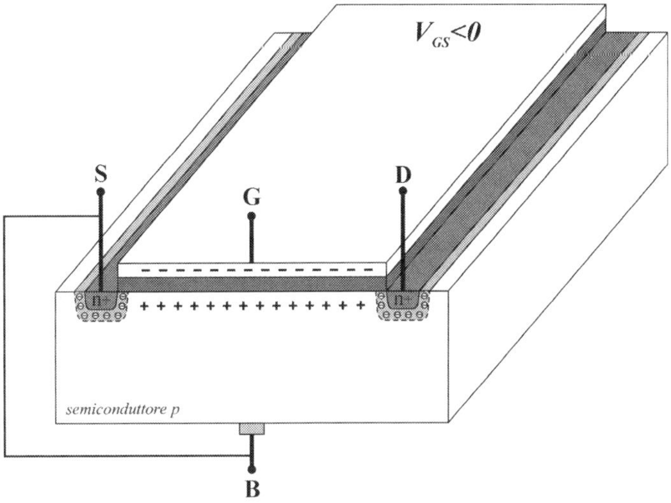

Figura 4.3: MOSFET a canale n

In modo analogo, applicando una tensione positiva ma minore della tensione di soglia V_{TH} tra Gate e Source, si creerà una regione di svuotamento sotto il Gate e quindi a maggior ragione non potrà scorrere corrente tra Drain e Source.

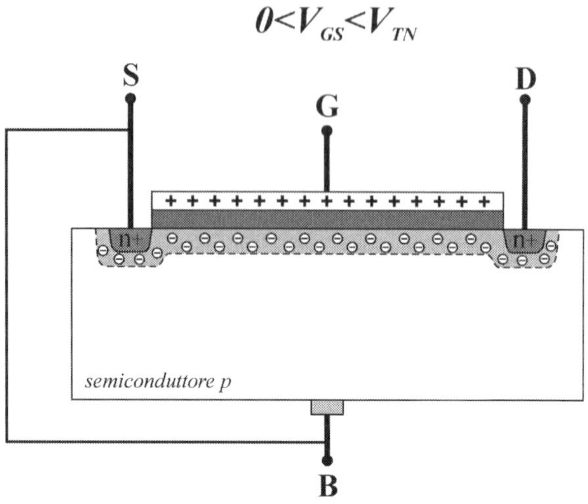

Figura 4.4: MOSFET a canale n

Le cose cambiano quando la tensione tra Gate e Source supera la tensione di soglia V_{TH} , ovvero quando si formerà un canale di elettroni liberi lungo tutto l'ossido sotto il Gate. Se, infatti, il gate viene realizzato in modo da lambire la piazzola ***n+***, verrà a crearsi un unico canale di elettroni liberi che collegherà le due piazzole: applicando perciò una tensione tra Drain e Source, potrà esserci passaggio di cariche mobili e quindi una corrente.

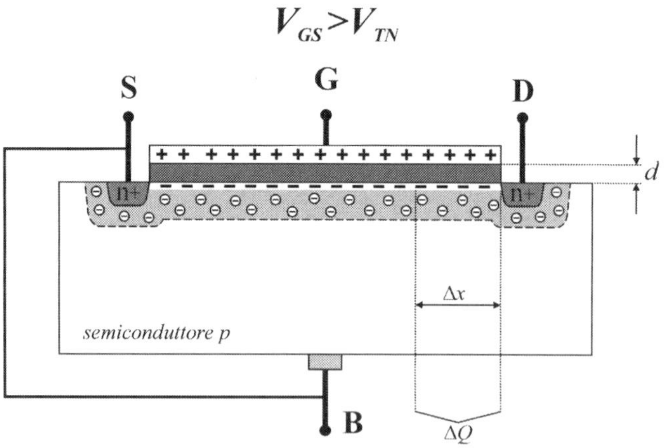

Figura 4.5: formazione del canale

Vediamo come determinare in modo quantitativo questa corrente. La carica mobile ***Q*** accumulata sotto il gate in presenza di una tensione Gate-Source v_{GS} è pari a

$$Q = -C_{ox}\left(v_{GS} - V_{TN}\right) \tag{4. 4}$$

Definiamo la capacità per unità di superficie dell'ossido come

$$C''_{ox} = \frac{\varepsilon}{d} \quad \textbf{(4. 5)}$$

Quindi se ***L*** è la lunghezza del canale e ***W*** la sua larghezza (in direzione perpendicolare al foglio) avremo che

$$C_{ox} = C''_{ox}WL \quad \textbf{(4. 6)}$$

La (4.4) può essere riscritta come

$$Q = -C''_{ox}WL(v_{GS} - V_{TN}) \quad \textbf{(4. 7)}$$

Tornando ora al flusso di carica e quindi alla corrente, la carica distribuita sotto il gate, essendo dovuta ad elettroni e quindi negativa, possiamo immaginare che scorra "rigidamente" dal Source verso il Drain. Con riferimento alla Figura 4.5 nel tempo $\boldsymbol{\Delta t}$ scorrerà verso il drain la carica $\boldsymbol{\Delta Q}$ del tratto $\boldsymbol{\Delta x}$, quindi:

$$i_{DS} = -\frac{\Delta Q}{\Delta t} = -\frac{\Delta Q}{\Delta x}\frac{\Delta x}{\Delta t} \quad \textbf{(4. 8)}$$

Il segno meno sta a indicare che il verso effettivo della corrente è quello da destra verso sinistra sull'asse delle x.
D'altra parte $\boldsymbol{\Delta Q/\Delta x}$ è la densità di carica per unità di lunghezza, ovvero

$$\frac{\Delta Q}{\Delta x} = \frac{Q}{L} = -C''_{ox}W(v_{GS} - V_{TN}) \quad \textbf{(4. 9)}$$

mentre $\boldsymbol{\Delta x/\Delta t}$ è la *velocità di deriva* ($\boldsymbol{v_{n\_drift}}$) degli elettroni nel canale, ovvero

$$\frac{\Delta x}{\Delta t} = v_{n\_drift} \quad \textbf{(4. 10)}$$

Poiché il canale è molto corto rispetto alla larghezza (***L<<W***), il campo elettrico è all'incirca costante come in un condensatore a facce piane e parallele (le facce in questo caso sono le piazzole di Drain e di Source) quindi:

$$v_{n\_drift} = -\mu_n\overline{E} = -\mu_n\left(-\frac{v_{DS}}{L}\right) \quad \textbf{(4. 11)}$$

con $\overline{E}$ campo elettrico. Sostituendo nella (4.8) si ottiene

$$i_{DS} = K_n (v_{GS} - V_{TN}) v_{DS} \tag{4. 12}$$

avendo definito

$$K_n = \frac{C''_{ox} \mu_n W}{L} \tag{4. 13}$$

La (4.12) è, di fatto, l'espressione di una corrente che scorre in una resistenza (variabile) il cui valore dipende dalla tensione Gate-Source $\boldsymbol{v_{GS}}$, ovvero

$$R_{ON} = \frac{1}{K_n (v_{GS} - V_{TN})} \tag{4. 14}$$

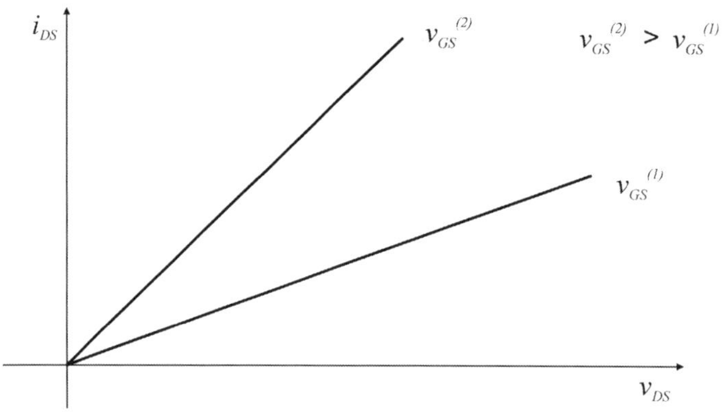

Figura 4.6: corrente in funzione di $\boldsymbol{v_{DS}}$

Ne segue che quando $\boldsymbol{v_{GS}}$ aumenta, la resistenza diminuisce e quindi la corrente di canale aumenta.
Vale a questo punto notare che la corrente scorre solo nel canale che, come si è visto, è confinato sotto il Gate. Si tratta di una caratteristica importante perché permette di realizzare i dispositivi MOSFET molto vicini l'uno all'altro, senza la necessità di zone di isolamento, come è invece necessario nella realizzazione di più BJT sullo stesso substrato.

4.4 MOSFET a canale *n* ad arricchimento a tensioni elevate

Lo studio del MOSFET fin qui svolto ha tralasciato, per semplicità di trattazione un aspetto importante: la caduta di tensione che, per effetto Ohm, si verifica lungo il canale.

Ne segue che l'espressione (4.12) per la corrente i_{DS} la si può considerare come una ragionevole approssimazione del caso reale, valida però solo per bassi valori della tensione Drain-Source v_{DS}.

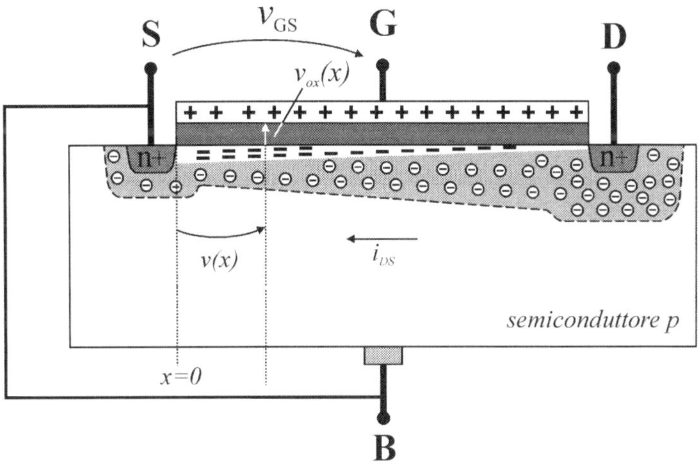

Figura 4.7: canale per grandi correnti

Il punto essenziale è che lo scorrere della corrente all'interno del canale dal Drain al Source produce, a causa della resistività del canale stesso, una tensione (funzione di punto), con valori diversi a seconda della distanza dal Source (che essendo cortocircuitato con il Body è preso come riferimento di tensione). Indichiamo questa tensione con $v(x)$ essendo x la posizione lungo il canale, ($v(x)=0$ per $x=0$, ovvero sul Source, $v(L)=v_{DS}$ per $x=L$, ovvero sul Drain). Pertanto, la tensione ai capi dell'ossido, quando scorre una corrente, non rimane costante lungo il Gate, ma sarà a sua volta funzione dell'ascissa x e data dalla seguente espressione. Pertanto, la tensione ai capi dell'ossido, quando scorre una corrente, non rimane costante lungo il Gate, ma sarà a sua volta funzione dell'ascissa x e data dalla seguente espressione.

$$v_{ox}(x) = v_{GS} - v(x) \qquad \textbf{(4. 15)}$$

A sua volta, la densità di carica per unità di lunghezza del canale (Q') sarà proporzionale alla capacità per unità di lunghezza del canale ($C_{ox}''W$) e alla tensione sull'ossido diminuita della tensione di soglia.

$$Q' = -C_{ox}''W\left(v_{GS} - v(x) - V_{TN}\right) \qquad \textbf{(4. 16)}$$

Ragionando come nel paragrafo precedente, ovvero immaginando che la carica lungo il canale si muova traslando dal Source al Drain, la corrente i_{DS} in un generico punto del canale sarà data da

$$i_{DS} = -\frac{\Delta Q}{\Delta t} = -\frac{\Delta Q}{\Delta x}\frac{\Delta x}{\Delta t} = -Q' v_{n-drift} \quad \mathbf{(4.17)}$$

e quindi, esplicitando il legame tra campo elettrico e velocità di drift,

$$i_{DS} = -C''_{ox} W \left(v_{GS} - v(x) - V_{TN}\right)\mu_n \overline{E} \quad \mathbf{(4.18)}$$

dove $\overline{E}$ è il campo elettrico, a sua volta legato al gradiente del potenziale. Poiché peraltro l'unico termine relativo al potenziale nel canale dipendente da x è $v(x)$, dovrà valere

$$\overline{E} = -\frac{dv(x)}{dx} \quad \mathbf{(4.19)}$$

Pertanto

$$i_{DS} = C''_{ox}\mu_n W \left(v_{GS} - v(x) - V_{TN}\right)\frac{dv(x)}{dx} \quad \mathbf{(4.20)}$$

L'espressione (4.20), appena ricavata, esprime la corrente $i_{DS}(x)$ in un generico punto x lungo il canale. Sia la densità di carica, sia il gradiente del potenziale variano da punto a punto, tuttavia non è ipotizzabile che la corrente non sia costante nelle varie sezioni del canale stesso. Ciò significa che densità di carica e la velocità (proporzionale al gradiente del campo elettrico) potranno variare in corrispondenza ad ascisse x differenti, ma sempre in modo tale da mantenere costante il loro prodotto: quando la carica diminuisce, cioè, la velocità aumenta e viceversa. Potremo quindi scrivere, mediando lungo x,

$$i_{DS} = \frac{1}{L}\int_{x=0}^{x=L} C''_{ox}\mu_n W \left(v_{GS} - v(x) - V_{TN}\right)\frac{dv(x)}{dx}dx \quad \mathbf{(4.21)}$$

$$i_{DS} = \frac{1}{L}\int_{v=0}^{v=v_{DS}} C''_{ox}\mu_n W \left(v_{GS} - v - V_{TN}\right)dv \quad \mathbf{(4.22)}$$

Infine

$$i_{DS} = K_n\left(\left(v_{GS} - V_{TN}\right)v_{DS} - \frac{1}{2}v_{DS}^2\right) \quad \mathbf{(4.23)}$$

con

$$K_n = \frac{C''_{ox}\mu_n W}{L} \qquad \textbf{(4. 24)}$$

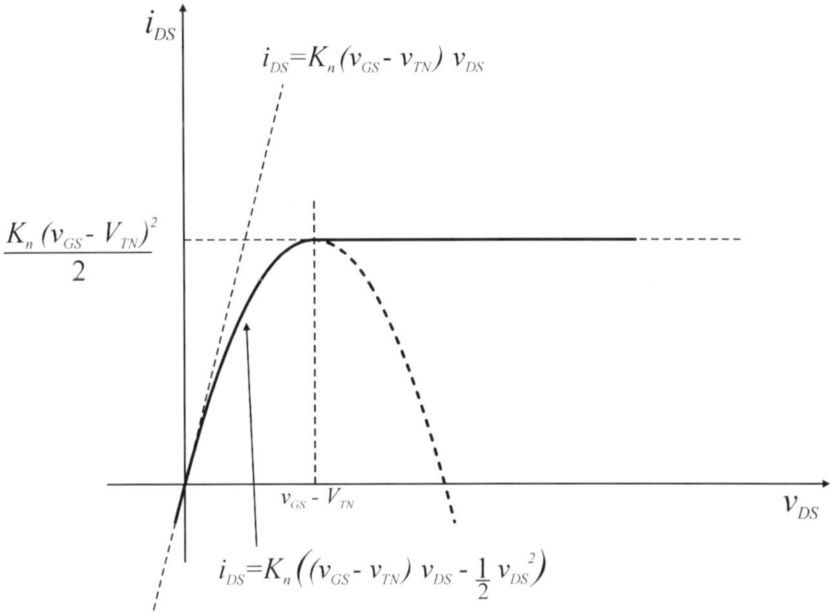

Figura 4.8: caratteristica di uscita del MOSFET

Si noti che l'espressione della corrente nella (4.23) per

$$v_{DS} << 2(v_{GS} - V_{TN}) \qquad \textbf{(4. 25)}$$

coincide con la (4.12) del paragrafo precedente. La (4.23) è una parabola passante per l'origine (***i_{DS}=0*** per ***v_{DS}=0***) e avente vertice nel punto

$$v_{DS} = (v_{GS} - V_{TN}) \qquad \textbf{(4. 26)}$$

cui corrisponde il valore massimo della corrente ***i_{DS}***

$$i_{DS} = \frac{1}{2}K_n(v_{GS} - V_{TN})^2 \qquad \textbf{(4. 27)}$$

Osservando la (4.23), è evidente che la corrente ***i_{DS}***, che come si è detto è espressa da una parabola, superato il valore massimo dovrebbe diminuire, fatto non impossibile (vedi il diodo tunnel) ma decisamente poco comune. Vediamo perciò in dettaglio cosa avviene per ***v_{DS}>v_{GS}-V_{TN}***.

La densità di carica nel canale, come si è visto, non è costante ma variabile e massima per $\boldsymbol{x=0}$ $\boldsymbol{(v(0)=0)}$ e minima per $\boldsymbol{x=L}$ $\boldsymbol{(v(L)=v_{DS})}$. Segue inoltre l'andamento dato da questa espressione:

$$Q'(x) = -C''_{ox}W\left(v_{GS} - v(x) - V_{TN}\right) \quad \textbf{(4. 28)}$$

Perciò, quando si ha

$$v_{DS} = v_{GS} - V_{TN} \quad \textbf{(4. 29)}$$

La (4.29) diviene

$$Q' = -C''_{ox}W\left(v_{DS} - v(x)\right) \quad \textbf{(4. 30)}$$

Poiché $\boldsymbol{v(x)}$ aumenta all'aumentare di $\boldsymbol{x}$ e assume il valore massimo $\boldsymbol{v=v_{DS}}$ per $\boldsymbol{x=L}$, dalla (4.30) segue che per $\boldsymbol{x=L}$, ovvero in prossimità del drain, la densità di carica è nulla, ovvero il canale sparisce.

Se ora aumentiamo di $\boldsymbol{\Delta v_{DS}}$ la $\boldsymbol{v_{DS}}$ (quindi ora $\boldsymbol{v_{DS}>v_{GS} - V_{TH}}$) il punto in cui la densità di carica diventa nulla ($\boldsymbol{v(x)=v_{GS} - V_{TH}}$) si sposta verso il Source allontanandosi dal Drain. Al di là di questo punto, la tensione ai capi dell'ossido scende sotto la soglia, quindi la densità di carica è nulla e il canale è "apparentemente" interrotto. "Apparentemente", abbiamo detto, perché lo ***strozzamento*** del canale (così viene chiamato il fenomeno) comporterebbe l'interruzione del passaggio della corrente (non essendoci più un canale in grado di supportarla), fatto fisicamente non possibile. Osserviamo, infatti, che una diminuzione della corrente comporterebbe una diminuzione anche della caduta di tensione lungo il canale e quindi un aumento della tensione sotto l'ossido, che a sua volta farebbe aumentare la concentrazione delle cariche, "allargando" così il canale, opponendosi quindi al fenomeno di *strozzamento* predetto. In altre parole, si raggiungerà una condizione di equilibrio in cui il canale raggiungerà una dimensione minima, ma non si interromperà, consentendo agli elettroni di raggiungere il Drain, ovvero alla corrente di continuare a scorrere.

Esaminiamo dunque il fenomeno dello *strozzamento* del canale in maggior dettaglio. Abbiamo già posto in evidenza come lungo il canale la densità di carica e la velocità degli elettroni non siano costanti, ma anche che dal Source al Drain la densità diminuisce e la velocità aumenta mantenendo peraltro costante la corrente che vi scorre. La ragione di ciò è che la tensione $\boldsymbol{v(x)}$ dal Source al generico punto $\boldsymbol{x}$ lungo il canale, non è costante, ma è crescente con l'ascissa $\boldsymbol{x}$. Per calcolare l'andamento di $\boldsymbol{v(x)}$ torniamo all'equazione (4.20) che per comodità riscriviamo

$$i_{DS} = C''_{ox}\mu_n W\left(v_{GS} - v(x) - V_{TN}\right)\frac{dv(x)}{dx} \qquad \textbf{(4. 31)}$$

Integrando la variabile x in entrambi i membri dell'uguaglianza e tenendo presente che i_{DS} è una costante, si ottiene

$$x = \left(\frac{K_n L}{i_{DS}}\right)\left(-\frac{1}{2}v^2 + \left(v_{GS} - V_{TN}\right)v\right) \qquad \textbf{(4. 32)}$$

che è una parabola passante per l'origine e avente vertice nel punto

$$v_{\max} = v_{GS} - V_{TN} \qquad \textbf{(4. 33)}$$

$$x_{\max} = \frac{\left(v_{GS} - V_{TN}\right)^2}{2\left(\left(v_{GS} - V_{TN}\right)v_{DS} - \frac{1}{2}v_{DS}^2\right)}L \qquad \textbf{(4. 34)}$$

La parabola che descrive graficamente la (4.32) è tracciata in Figura 4. 9. Si noti, in particolare, che per $x_{max}>L$, ovvero per valori della tensione $v>v_{max}$, il ramo discendente resta una pura soluzione matematica, non interessante dal punto di vista fisico.

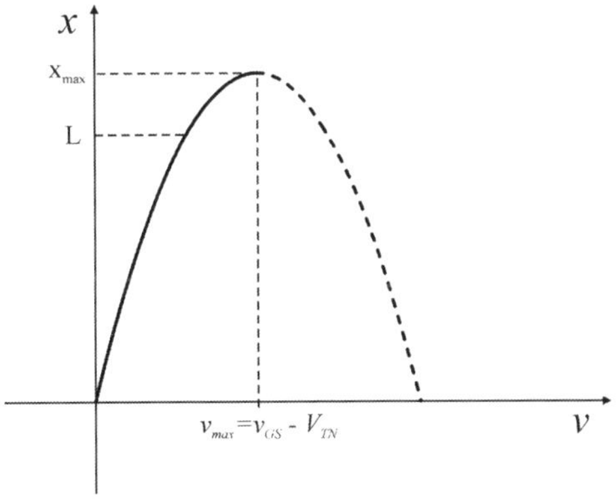

Figura 4. 9: x in funzione di v lungo il canale

Ritornando agli aspetti fisici legati al funzionamento del dispositivo, notiamo che la densità di carica (in valore assoluto) $\rho(x)$ lungo il canale può essere espressa dalla relazione

$$\rho(x) = C''_{ox}W\left(v_{GS} - V_{TN} - v(x)\right) \qquad \textbf{(4. 35)}$$

mentre la velocità di deriva v_{n_drift} degli elettroni, come già messo in evidenza, è pari a

$$v_{n\_drift}(x) = -\mu_n E = \mu_n \frac{dv(x)}{dx} \tag{4. 36}$$

In Figura 4. 10 sono mostrati i grafici della caduta di tensione $v(x)$, la densità di carica $\rho(x)$ e la velocità di deriva v_{n_drift} degli elettroni lungo il canale. $\rho(x)$ ha un profilo parabolico e diminuisce lungo il canale. Al contrario la velocità di deriva aumenta seguendo un andamento iperbolico che va a infinito per $x=x_{max}$.

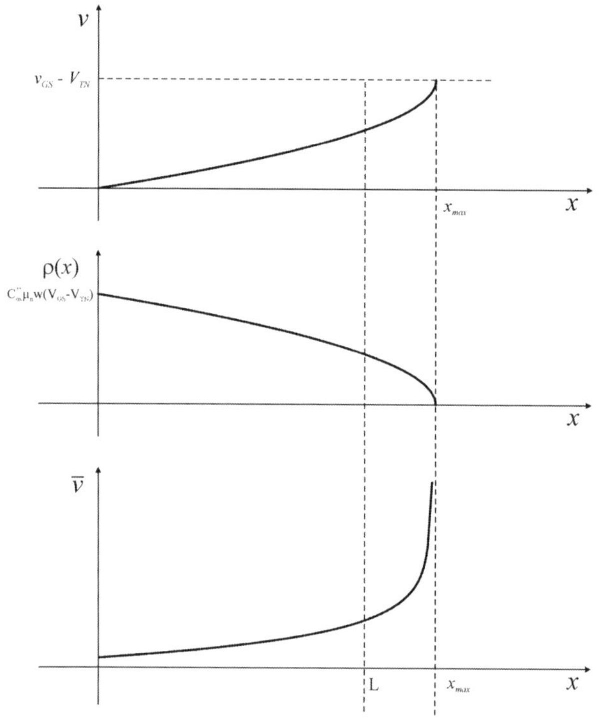

Figura 4. 10: caduta di tensione, densità di carica e velocità di deriva lungo il canale

Studiamo ora gli andamenti, considerando quanto avviene al variare della tensione tra Drain e Source v_{DS}. Nella regione lineare intanto, si ha che $x_{max}>L$. All'aumentare di v_{DS}, x_{max} diminuisce e diventa pari a L quando $v_{DS}=v_{GS}-V_{TH}$. Tuttavia, quando $x_{max}=L$ accade qualcosa di nuovo: la velocità di deriva v_{n_drift} in prossimità del Drain (ovvero per $x=L$) sembra aumentare indefinitamente, contraddicendo ogni legge fisica. Nella realtà, però, la velocità di deriva degli elettroni v_{n_drift} resta proporzionale al campo elettrico solo per valori moderati del campo. Per campi elettrici elevati, infatti, la mobilità degli elettroni va diminuendo,

o meglio la velocità di deriva raggiunge un valore massimo, che resta costante, noto come ***velocità limitata da scattering*** (come mostrato in Figura 4. 11). Pertanto la velocità di deriva lungo il canale non va a infinito (come si otterrebbe matematicamente) quando $v_{DS} \geq v_{GS}-V_{TH}$, ma tende a raggiungere un valore massimo per rimanere poi costante.
Di conseguenza, poiché la corrente lungo il canale deve rimanere costante, anche la densità delle cariche elettriche non può tendere a zero, ma raggiungerà un valore minimo e poi, come mostrato in Figura 4. 12, non diminuirà ulteriormente. Possiamo allora considerare il campo elettrico costante nel tratto in cui il canale è strozzato e assumere che la caduta di tensione aumenti linearmente fino al drain.

Pertanto, la velocità di deriva lungo il canale non crescerà indefinitamente quando $v_{DS} \geq v_{GS}-V_{TH}$, ma tenderà ad un valore massimo per poi rimanere costante. Ne segue, poiché anche la corrente lungo il canale deve rimanere costante, che la densità delle cariche elettriche non tende a zero, ma raggiungerà un valore minimo e poi, come mostrato in Figura 4. 12, non diminuirà ulteriormente. Infine, nel tratto dove il canale è strozzato, il campo elettrico sarà a sua volta costante e la caduta di tensione relativa aumenterà linearmente fino al Drain.

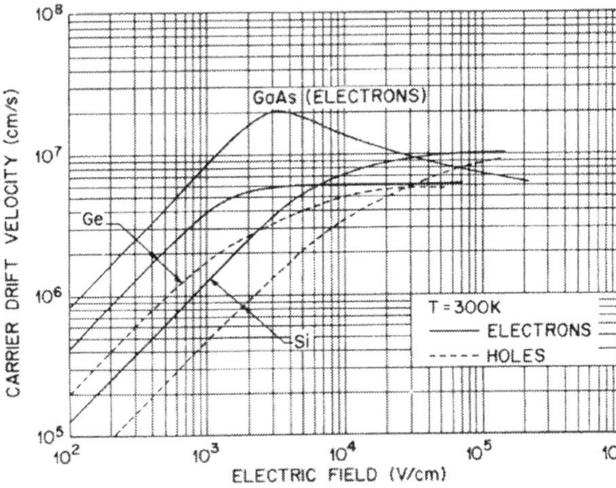

Figura 4. 11: velocità di deriva in funzione del campo elettrico

Nelle condizioni di canale strozzato (per $v_{DS} \geq v_{GS}-V_{TH}$) dunque, la corrente i_{DS} non aumenterà ulteriormente mentre, continuando ad aumentare v_{DS}, il punto in cui inizia lo strozzamento si allontanerà dal Drain, avvicinandosi al Source. Nella Figura 4. 12, con L_0 si indica la distanza tra Source e Drain e con L la lunghezza del canale, che quindi è minore di L_0 quando il canale è strozzato. E' importante precisare, inoltre, che il valore di campo elettrico per cui la velocità di deriva v_{n_drift} non aumenterà ulteriormente è in genere molto elevato. Ne segue che l'ascissa x lungo il canale in cui inizia lo strozzamento, risulta a ridosso del punto in cui il campo divergerebbe, se non portassimo in conto il fatto che la velocità di deriva v_{n_drift} tende a saturare.

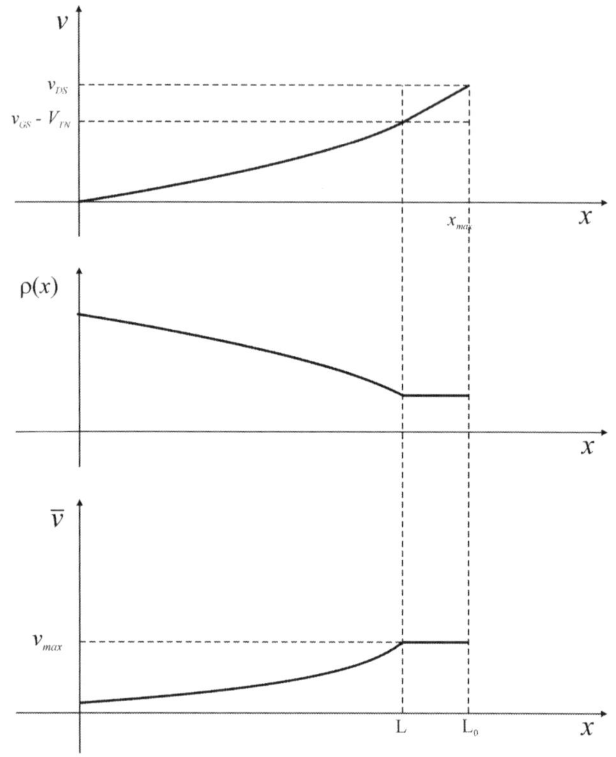

Figura 4. 12: caduta di tensione, densità di carica e velocità di deriva lungo il canale strozzato

In Figura 4. 13 sono mostrate alcune caratteristiche di uscita per valori diversi di v_{GS}. Si noti come il confine tra regione lineare e di saturazione, ovvero il luogo dei punti in cui le caratteristiche si appiattiscono, risulti essere una parabola di espressione

$$i_{DS} = \frac{K_n}{2} v_{DS}^2 \tag{4.37}$$

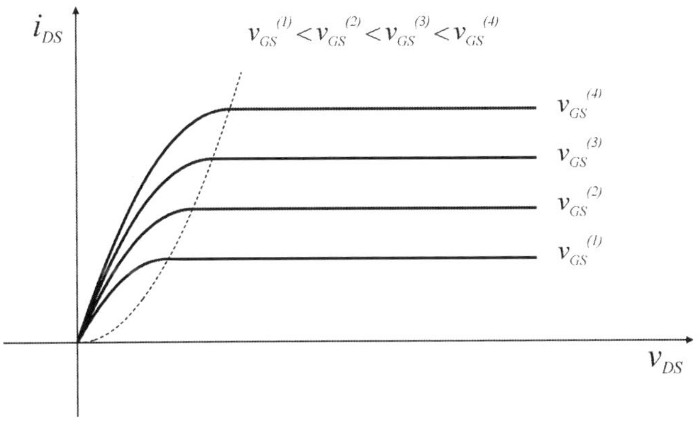

Figura 4. 13: caratteristiche di uscita del MOSFET

Da quanto sin qui visto, in un ***MOSFET*** a canale ***n*** ad arricchimento la corrente $\boldsymbol{i_{DS}}$ è quindi nulla per $\boldsymbol{v_{GS}<V_{TH}}$ (interdizione). Quando poi la tensione Gate-Source $\boldsymbol{v_{GS}}$ supera il valore di soglia $\boldsymbol{V_{TH}}$ ed è verificata la condizione di saturazione

$$v_{DS} > v_{GS} - V_{TN} \qquad \textbf{(4. 38)}$$

la corrente $\boldsymbol{i_{DS}}$ risulta funzione solo di $\boldsymbol{v_{GS}}$ e presenta un andamento parabolico dato da

$$i_{DS} = \frac{1}{2} K_n \left(v_{GS} - V_{TN} \right)^2 \qquad \textbf{(4. 39)}$$

come mostrato in Figura 4.14.

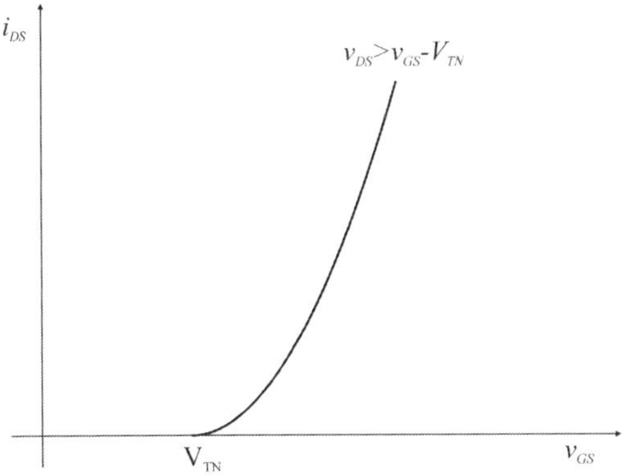

Figura 4.14: caratteristica di trasferimento del MOSFET in saturazione

4.5 Modulazione del canale

Una delle proprietà più interessanti del ***MOSFET***, per quanto riguarda le applicazioni, è il fatto che la corrente i_{DS} si può considerare, in prima approssimazione, praticamente indipendente dalla tensione v_{DS} tra Drain e Source, anche se, in realtà e come è ragionevole aspettarsi, cresce leggermente con v_{DS} . Infatti, la corrente è proporzionale a

$$K_n = \frac{C''_{ox}\mu_n W}{L} \tag{4. 40}$$

ovvero inversamente proporzionale alla lunghezza L del canale.

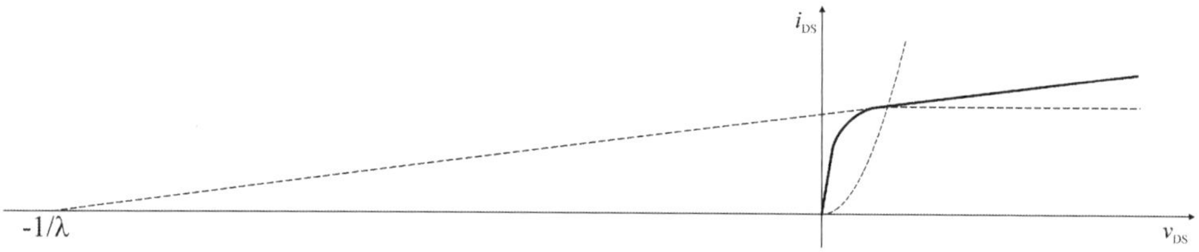

Figura 4. 15: modulazione del canale

D'altra parte, in saturazione, la lunghezza effettiva del canale L è minore della distanza tra Drain e Source L_0 a causa dello strozzamento e, come abbiamo visto, diminuisce all'aumentare della tensione v_{DS}. Di conseguenza, in base alla (4.40) la corrente i_{DS} , che è proporzionale a K_n , aumenta con la tensione v_{DS}. Infine, la (4.42) ci dà la relazione, all'incirca lineare, tra K_n e v_{DS}

$$K_n = \frac{C''_{ox}\mu_n W}{L}\left(1+\lambda v_{DS}\right) \tag{4. 41}$$

con λ opportuno coefficiente. L'inverso di λ è una tensione, che ha valore tipicamente di diverse decine di Volt.

4.6 Legge di Moore e miniaturizzazione dei MOSFET

Gordon Moore, cofondatore della Intel, già nei primi anni sessanta osservò che il numero di transistor realizzabili su un singolo chip cresceva esponenziale nel tempo. Inizialmente Moore ipotizzò un tempo di raddoppio pari ad un anno e successivamente a due: attualmente, sulla base dei dati storici dagli anni sessanta ad oggi, il tempo di raddoppio risulta intorno a 18 mesi. Si tratta di un fatto sorprendente, oltre che di enorme impatto economico e sociale: nei cinquanta anni di sviluppo dei semiconduttori le tecnologie sono cambiate più volte, ma la tendenza alla miniaturizzazione del singolo transistor è rimasta invariata. In effetti, lo straordinario successo del MOSFET è dovuto in gran parte al fatto che il suo processo produttivo consente un'elevata miniaturizzazione e quindi integrazione. La dimensione più significativa di un MOSFET, ad esempio, è la lunghezza del gate: nel 2003 lo stato dell'arte era 90nm, nel 2005 era 65nm, nel 2007 era 45nm, nel 2009 era 32nm e nel 2011 appena 22nm. Come si vede la legge di Moore è ben rispettata ancora oggi.

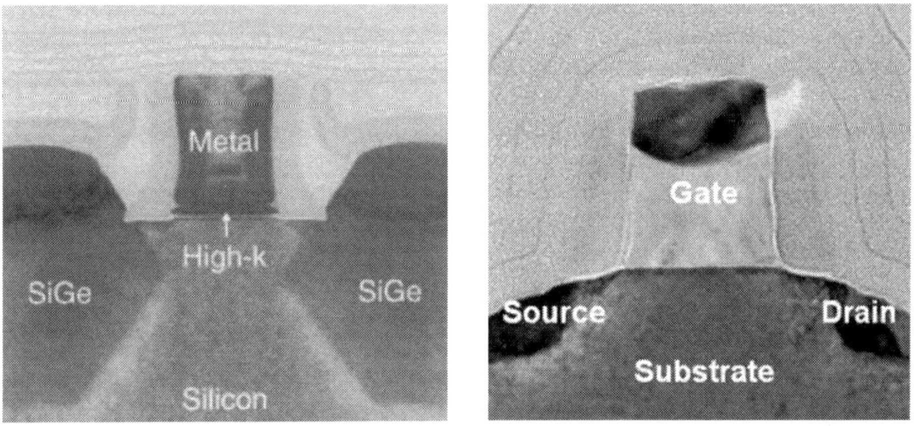

Figura 4. 16: immagine al microscopio elettronico di un MOSFET prodotto dalla *Intel* con gate di 45 nm (a sinistra) e con gate di 32 nm (a destra)

Una questione di importanza fondamentale, è facile intuirlo, diventa perciò prevedere fino a che punto potrà spingersi la miniaturizzazione del singolo transistor. Lo spessore dell'ossido, ad esempio, è oggi 1 nm, ovvero appena due distanze atomiche: gli effetti quantistici (in particolare l'effetto tunnel attraverso lo spessore dell'ossido) sono già predominanti rispetto alla teoria fin qui vista. Analogamente, l'attuale lunghezza dei gate è oggi 22 nm: altri 3 o 4 dimezzamenti, (ovvero 5 o 6 anni per la legge di Moore) e l'intero MOSFET diverrà un oggetto del tutto quantistico, con proprietà e leggi molto diverse da quelle a cui siamo abituati. La questione fondamentale è se i "transistor quantistici" potranno continuare ad essere affidabili ed economici come o più degli attuali, oppure se la corsa alla miniaturizzazione dovrà subire un arresto. Qualunque sia la risposta, i tempi sono maturi per scoprirla.

4.7 MOSFET a source comune con carico resistivo

Si consideri lo schema in Figura 4. 17 e valutiamone la funzione di trasferimento, ovvero la relazione tra la tensione di uscita v_o (presa sul Drain) e la tensione di ingresso v_I sul Gate.

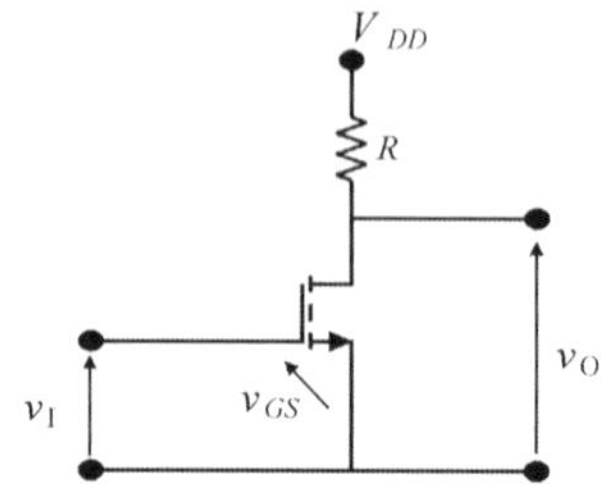

Figura 4. 17: MOSFET con carico resistivo

Con riferimento alla Figura 4. 18, osserviamo che il valore di $v_I = v_{GS}$ fissa la caratteristica scelta, mentre la tensione $v_{DS} = v_o$ è data da

$$v_{DS} = V_{DD} - i_{DS}R \qquad \textbf{(4. 42)}$$

che è la retta di carico nel piano delle caratteristiche di uscita del MOSFET, come mostrato sempre in Figura 4. 18: il valore della corrente i_{DS} è dato dall'intersezione tra la caratteristica e la retta di carico. Facciamo variare ora v_{GS} e ricaviamo la funzione di trasferimento.

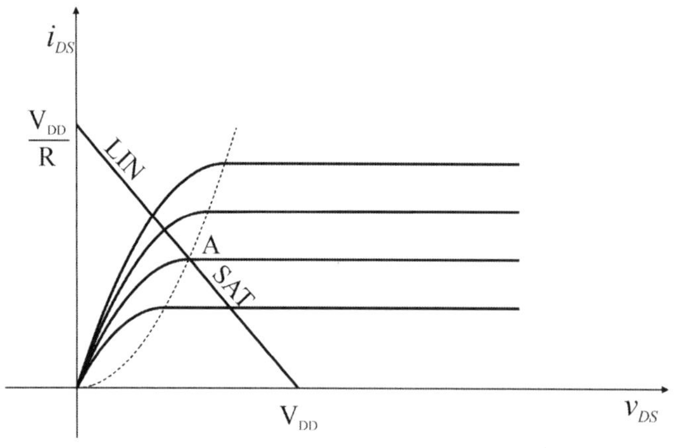

Figura 4. 18: caratteristiche di uscita e retta di carico

Quando v_{GS} è minore della soglia V_{TH}, il MOSFET è in interdizione. Poiché $i_{DS}=0$, segue che $v_{DS}=V_{DD}$. Appena v_I raggiunge la tensione di soglia V_{TH}, il MOSFET passa in conduzione, e la corrente i_{DS} inizia a scorrere nella resistenza R provocando la diminuzione della tensione di uscita v_o. Il punto di lavoro si sposta lungo la retta di carica restando in saturazione fino al punto A in Figura 4. 18, per entrare successivamente nella regione lineare (o regione ***ohmica***). In generale il MOSFET è in saturazione se

$$v_{DS} > v_{GS} - V_{TN} \qquad \textbf{(4. 43)}$$

ovvero

$$v_O > v_I - V_{TN} \qquad \textbf{(4. 44)}$$

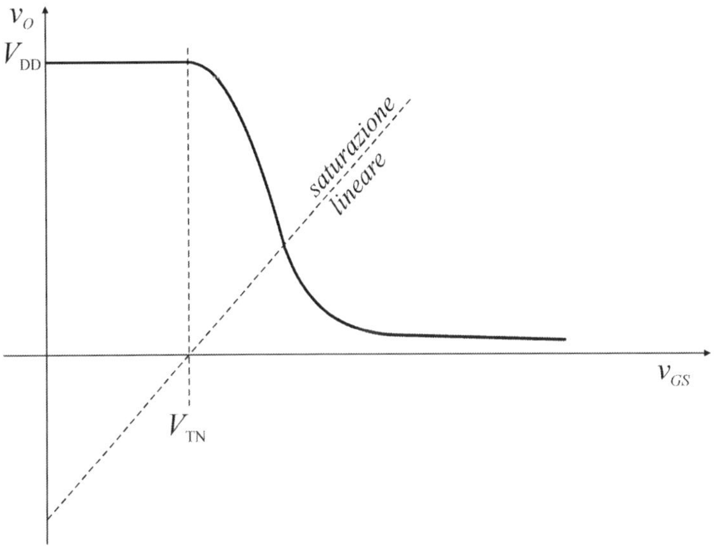

Figura 4.19: funzione di trasferimento

Tracciamo ora il grafico di $\boldsymbol{v_{DS}}$ in funzione di $\boldsymbol{v_{GS}}$. Per $\boldsymbol{v_{GS}<V_{TH}}$, $\boldsymbol{v_{DS}=V_{DD}}$, per poi diminuire verso un valore minimo prossimo allo zero. Se in questo grafico tracciamo la retta

$$v_O = v_I - V_{TN} \qquad \textbf{(4. 45)}$$

divideremo il piano in due zone: nella la zona superiore il MOSFET è in saturazione, nella zona inferiore si trova in regione lineare.
In saturazione, l'andamento della tensione $\boldsymbol{v_O}$ è facilmente calcolabile come

$$v_O = V_{DD} - R\frac{K_n}{2}\left(v_I - V_{TN}\right)^2 \qquad \textbf{(4. 46)}$$

ed è quindi il ramo discendente di una parabola rovesciata, mentre l'andamento in regione lineare non è altrettanto facilmente deducibile, perché richiede di risolvere la seguente equazione di secondo grado

$$v_O = V_{DD} - RK_n\left((v_{GS} - V_{TN})v_O - \frac{1}{2}v_O^2\right) \quad \textbf{(4. 47)}$$

In ogni caso, come si vede dalle (4.46) e (4.47) l'andamento della curva è funzione anche dal valore della resistenza ***R*** di carico del transistor: maggiore è infatti tale valore, più ripida è la discesa della curva (Figura 4.20).

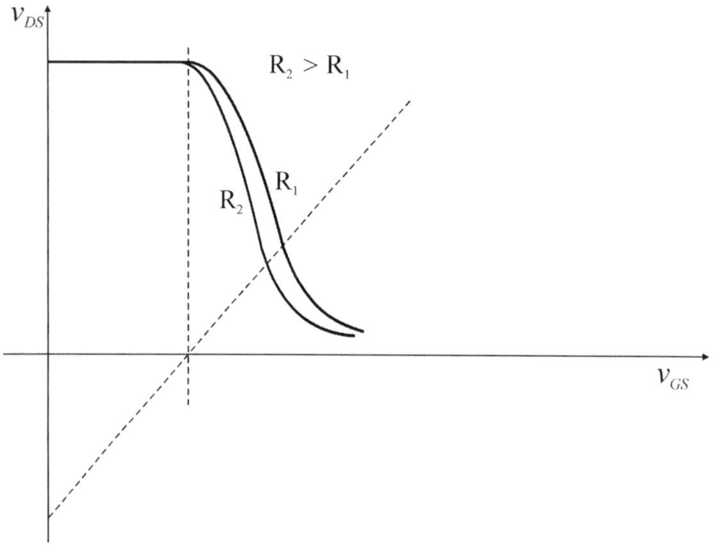

Figura 4.20: funzione di trasferimento al variare di R

4.8 MOSFET a source comune con carico attivo in saturazione

Nel paragrafo precedente abbiamo visto un MOSFET in configurazione a source comune con carico resistivo. Nei circuiti integrati, peraltro, dove lo spazio occupato dagli elementi circuitali ne limita il livello d'integrazione, alle resistenze, che normalmente occupano larghe porzioni di area, si preferiscono soluzioni differenti, caricando i transistor con altri dispositivi dello stesso tipo. Così, in alternativa alla resistenza si può usare, un secondo MOSFET in saturazione come ***carico attivo*** del MOSFET di controllo, come mostrato in Figura 4. 21.

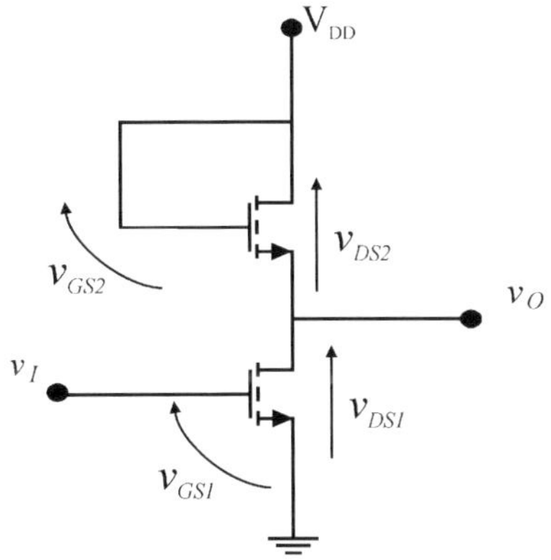

Figura 4. 21: MOSFET con carico attivo

Si noti in particolare che il Drain e il Gate del MOSFET impiegato come *carico attivo* sono cortocircuitati, ovvero $v_{GS2} = v_{DS2}$ ed ancora

$$v_{GS} = v_{DS2} = V_{DD} - v_{DS1} \qquad \textbf{(4. 48)}$$

Individuiamo ora e tracciamo, sul piano delle caratteristiche del transistor di controllo la curva di carico relativa al *carico attivo*. La curva di carico è un ramo di parabola con vertice nel punto $v_{DS1}=V_{DD}-V_{TH}$. Al variare dei $v_I=v_{GS1}$ il punto di lavoro si sposta, prima sulla curva di carico da destra verso sinistra ed il MOSFET di controllo passa dalla regione di interdizione alla regione lineare attraversando la regione di saturazione.

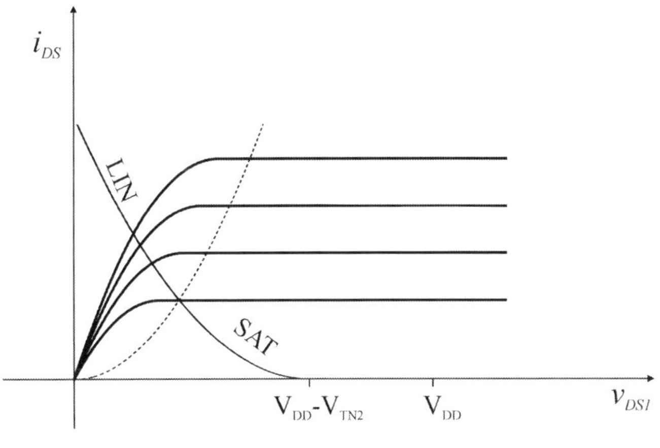

Figura 4. 22: curva di carico

Vediamo ora l'andamento della funzione di trasferimento. Quando $v_I<V_{TH}$, il MOSFET di controllo è interdetto, non scorre corrente e $v_O=v_{DS1}=V_{DD}$. Quando v_I

supera la tensione di soglia V_{TH} il MOSFET di controllo entra nella zona di saturazione. Scriviamo quindi

$$i_{DS1} = \frac{K_{n1}}{2}\left(v_I - V_{TN}\right)^2 \qquad \textbf{(4. 49)}$$

$$i_{DS2} = \frac{K_{n2}}{2}\left(V_{DD} - v_O - V_{TN}\right)^2 \qquad \textbf{(4. 50)}$$

dove K_{n1} e K_{n2} sono le costanti relative ai due MOSFET. Poiché le due correnti devono essere uguali dalle (4.49) e (4.50) segue che

$$v_O = V_{DD} - V_{TN} - \sqrt{\frac{K_{n1}}{K_{n2}}}\left(v_I - V_{TN}\right) \qquad \textbf{(4. 51)}$$

ovvero nel tratto in cui entrambi i MOSFET sono in saturazione, la funzione di trasferimento risulta lineare: aver caricato con un carico non lineare un dispositivo con una risposta a sua volta non lineare (di tipo opportuno, ovviamente), ne ha consentito la compensazione e quindi, in ultima analisi, la linearizzazione. L'andamento complessivo è dunque quello di Figura 4.23.

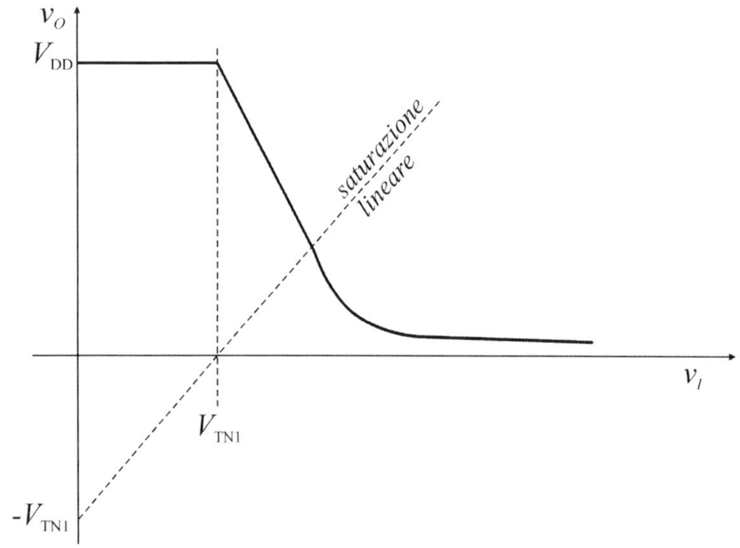

Figura 4.23: funzione di trasferimento

Tornando ora sull'aspetto già messo in luce, ovvero sull'esistenza di un esteso tratto lineare nella funzione di trasferimento, è da sottolineare che si tratta di una caratteristica particolarmente rilevante di questa configurazione circuitale. In generale, infatti, ad un amplificatore di tensione ideale si chiede di avere una funzione di trasferimento perfettamente lineare in corrispondenza a qualunque ampiezza del segnale d'ingresso. Nella maggior parte degli amplificatori reali però, ciò è vero solo in presenza di piccoli segnali e per polarizzazioni opportune. Ecco perché la presenza, in questo caso, di un comportamento lineare in un ampio range del segnale, è un fatto rimarchevole.

4.9 MOSFET a canale *n* a svuotamento

I MOSFET finora analizzati sono del tipo ad *arricchimento* e sono caratterizzati dal fatto che per tensione nulla tra Gate e Source il transistor è un interruttore spento (OFF). Una configurazione alternativa del MOSFET prevede in fase costruttiva la realizzazione, immediatamente sotto l'ossido, di un canale fisico (detto *canale sepolto*) ottenuto drogando un sottile strato del substrato ***p*** con donatori, in modo da renderlo di tipo ***n*** (o viceversa per i MOSFET a canale ***p***).

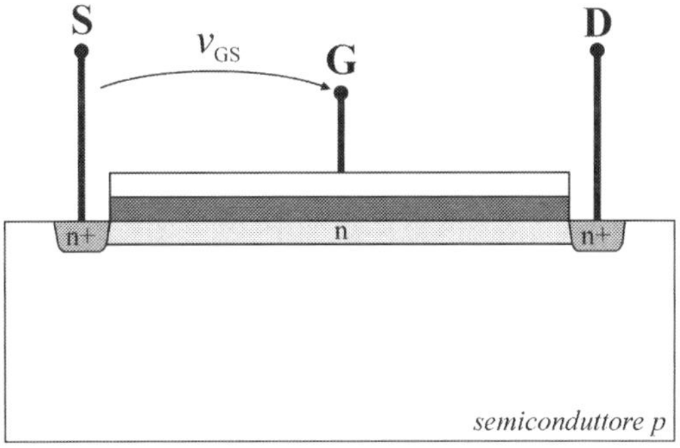

Figura 4. 24: MOSFET con canale sepolto

La presenza del canale sepolto fa sì che, anche per tensione di controllo v_{GS} nulla, il transistor sia in conduzione. Per portarlo in interdizione è necessario, infatti, applicare una tensione negativa che svuoti il canale impedendo il passaggio della corrente.

Consideriamo ancora una volta il caso del MOSFET a canale ***n***: per corrente nulla o di bassa intensità, la carica (mobile) accumulata sotto l'ossido è data da

$$Q = -C''_{ox}WL(v_{GS} - V_{TN}) - WLaN_D \qquad \textbf{(4. 52)}$$

con ***a*** spessore del canale sepolto e N_D concentrazione delle impurità di tipo ***n*** in tale canale sepolto. La (4.52) può essere riscritta come

$$Q = -C''_{ox}WL\left(v_{GS} - \left(V_{TN} - \frac{aN_D}{C''_{ox}}\right)\right) \qquad \textbf{(4. 53)}$$

che mostra come l'effetto del canale sepolto sia, nella pratica, quello di spostare la soglia verso valori più bassi o, addirittura negativi (Figura 4. 25).
La nuova tensione di soglia sarà infatti

$$V_{TN}^{(d)} = V_{TN} - \frac{aN_D}{C''_{ox}} \qquad \textbf{(4. 54)}$$

che, ricordando l'espressione per la capacità dell'ossido per unità di superficie, può essere scritta come

$$V_{TN}^{(d)} = V_{TN} - \frac{N_D ad}{\varepsilon} \qquad \textbf{(4. 55)}$$

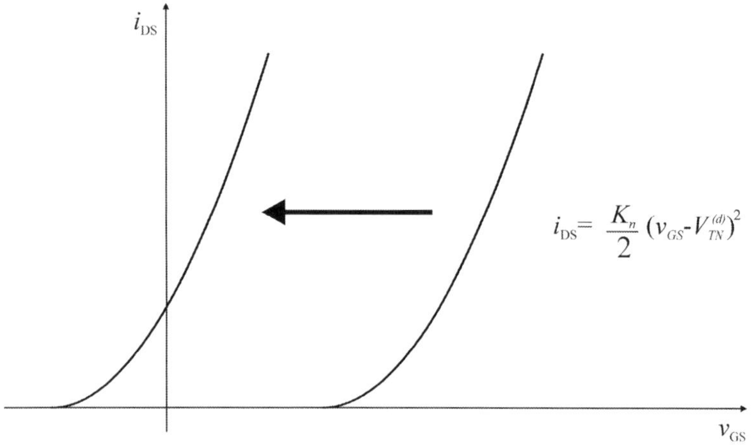

Figura 4. 25: funzione di trasferimento per MOSFET a svuotamento in saturazione

In conclusione, la presenza del canale sepolto, amplia le possibilità del MOSFET, che in questo caso è detto a *svuotamento* (o del tipo ***depletion***), perché può accettare in ingresso sia segnali positivi che negativi, estendendone così il campo di applicazione circuitale.

4.10 MOSFET a svuotamento come carico attivo

Nel paragrafo 4.8 abbiamo visto un MOSFET in configurazione a source comune che utilizza un ulteriore MOSFET in saturazione come carico attivo. Un'altra possibilità è impiegare come carico attivo un MOSFET del tipo a *svuotamento* come mostrato in Figura 4. 26.

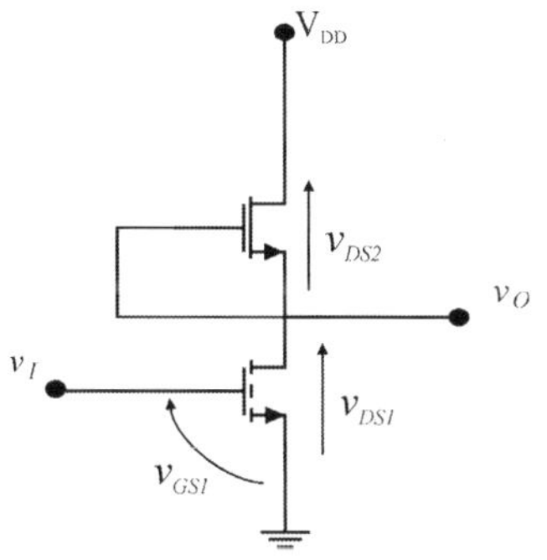

Figura 4. 26: MOSFET a svuotamento come carico attivo

Il MOSFET che funge da carico attivo, avendo Gate e Source cortocircuitati, è sempre in conduzione ed è quindi rappresentato dalla sua curva caratteristica corrispondente a $v_{GS}=0$, che tracciamo nel piano delle caratteristiche di uscita del MOSFET di controllo.
Quando la tensione d'ingresso v_I ($v_I=v_{GS1}$) supera la soglia V_{TH1} del MOSFET di controllo, il punto di lavoro percorre la curva di carico da destra verso sinistra. Come si può notare, nel primo tratto (fino al punto A) il MOSFET di controllo è in zona di saturazione e quello che funge da carico attivo è in regione lineare. Nel tratto tra il punto A e B sono entrambi in zona di saturazione mentre. Nel tratto successivo il MOSFET di controllo è in regione lineare e quello di carico è in saturazione (Figura 4. 27).

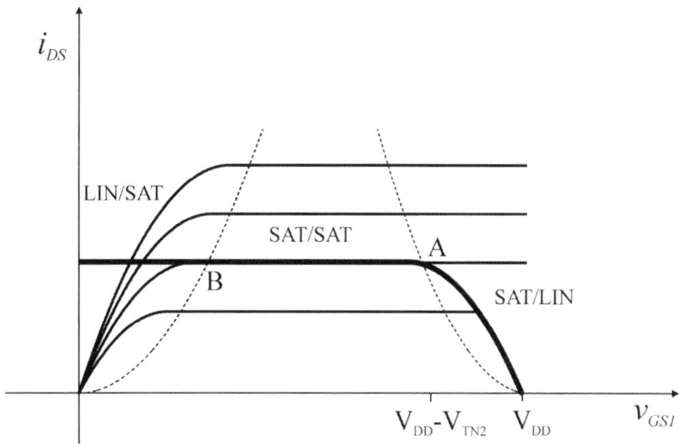

Figura 4. 27: curva di carico

Il corrispondente andamento della funzione di trasferimento è mostrato in Figura 4. 28. Si noti, in particolare l'esistenza di un tratto praticamente verticale tra il punto A ed il punto B (corrispondenti agli analoghi punti A e B nella curva di carico). Poiché la pendenza di tale tratto ci dà, come abbiamo già sottolineato, l'amplificazione in tensione del dispositivo, ne segue che tale amplificazione risulterà particolarmente elevata.

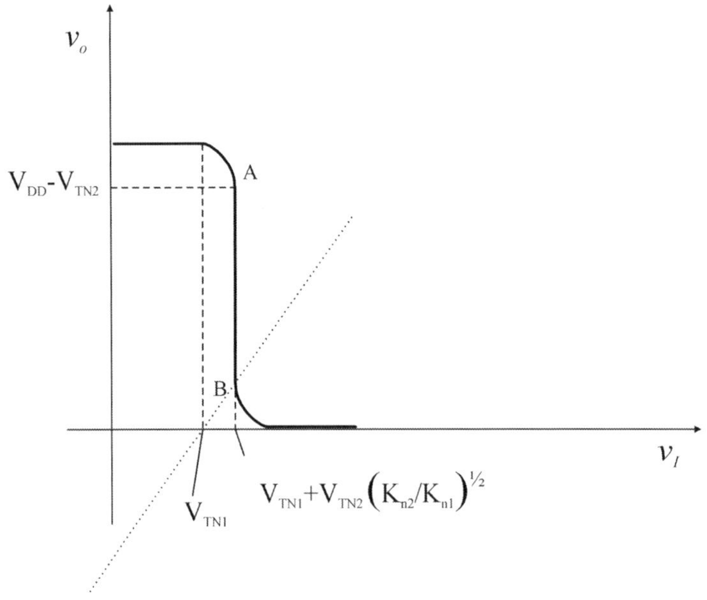

Figura 4. 28: funzione di trasferimento

4.11 MOSFET a canale *p* ad arricchimento

In alternativa al MOSFET a canale ***n*** si può realizzare un MOSFET a canale ***p*** su un substrato di semiconduttore ***n*** con piazzole di Drain e di Source drogate ***p+*** (Figura 4. 29), utilizzando le lacune, anziché gli elettroni, come portatori di carica dopo la formazione del canale sotto lo strato di ossido.

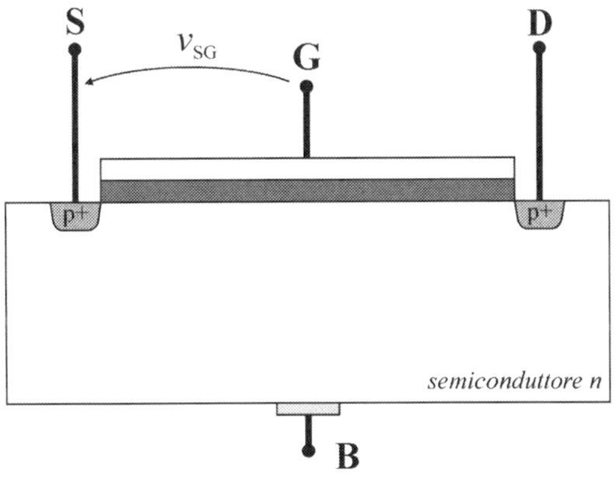

Figura 4. 29: MOSFET a canale p

La tensione di controllo sul Gate è negativa, rispetto al Source, dovendo allontanare dall'interfaccia ossido-semiconduttore gli elettroni, e non le lacune come avveniva nel MOSFET a canale ***n***. Anche la corrente avrà ora il verso opposto a quello visto nell'altro tipo di dispositivo: la corrente, di lacune, scorrerà infatti dal Source al Drain che, pertanto, dovrà essere a tensione negativa rispetto al Source. Per tutto il resto vale quanto già detto per il MOSFET a canale ***n***. La corrente in regione lineare è data da

$$i_{SD} = K_p\left(\left(v_{SG} - V_{TP}\right)v_{SD} - \frac{1}{2}v_{SD}^2\right) \qquad \textbf{(4. 56)}$$

con

$$K_p = \frac{C''_{ox}\mu_p W}{L} \qquad \textbf{(4. 57)}$$

Analogamente, la corrente in saturazione ha l'espressione

$$i_{SD} = \frac{K_p}{2}\left(v_{SG} - V_{TP}\right)^2 \qquad \textbf{(4. 58)}$$

Infine, la condizione per cui il MOSFET passa dalla regione lineare alla regione di saturazione è

$$v_{SD} > v_{SG} - V_{TP} \qquad \textbf{(4. 59)}$$

dove si è indicata con $\boldsymbol{V_{TP}}$ la corrispondente tensione di soglia, in genere diversa dalla $\boldsymbol{V_{TN}}$ del dispositivo a canale ***n***. Inoltre, nelle formule si è utilizzata la notazione $V_{xy}=-V_{yx}$ (scambiando cioè l'ordine dei pedici per indicare un cambio di segno nella tensione), per lasciare alle formule stesse la struttura già vista in precedenza.

4.12 MOSFET a quattro terminali

Finora abbiamo sempre supposto che uno dei due terminali attraverso i quali scorre la corrente, il Source, fosse collegato al Body. Nel MOSFET a canale ***n***, il flusso degli elettroni va verso il Drain, che viene pertanto tenuto a tensione maggiore o uguale a quella del Source, in modo da "attirare" le cariche negative in movimento. In tal modo, inoltre, si è sicuri che entrambe le giunzioni pn (tra Source e Body e tra Drain e Body) siano polarizzate inversamente. Se infatti invertiamo il Drain con il Source, come in Figura 4. 30, tra Body e Drain è presente una giunzione polarizzata direttamente e la corrente scorre attraverso tale giunzione, senza passare attraverso il canale. Il MOSFET si comporta semplicemente come un diodo, perdendo tutte le caratteristiche fin qui messe in evidenza.

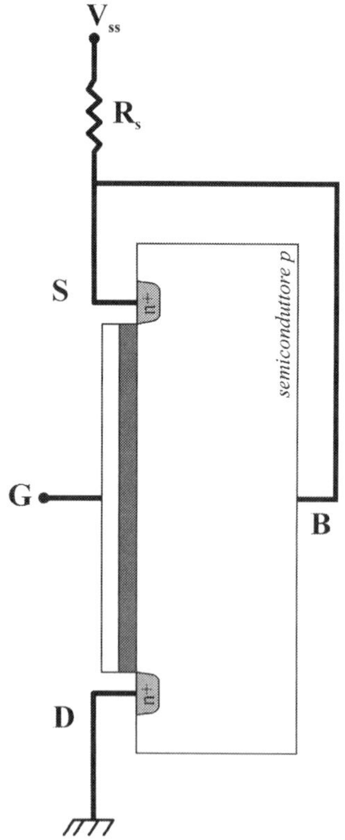

Figura 4. 30: MOSFET montato al contrario

Ci sono tuttavia delle applicazioni nelle quali è necessario assicurare che la corrente possa scorrere in entrambi i versi. E' questo,ad esempio, il caso di alcune realizzazioni in elettronica digitale, nelle quali è necessario realizzare una connessione che possa essere attivata (o meno) indipendentemente dal verso dell'eventuale corrente che vi deve scorrere.
In questi casi, è necessario usare un MOSFET che non abbia collegamenti tra Source e Body (che si presenti cioè all'esterno con tutti e quattro i terminali accessibili) e che sia quindi, sia costruttivamente sia elettricamente, perfettamente simmetrico.
Poiché peraltro nell'impiego del MOSFET a 4 terminali non è scontato che entrambe le giunzioni ***np*** Source-Body e Drain-Body risultino polarizzate inversamente, è necessario porre sempre attenzione al fatto che la tensione ai capi di entrambe sia tale da non portarle mai in conduzione.

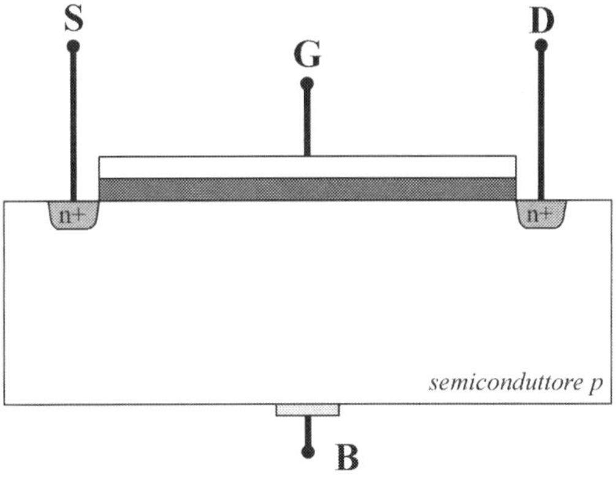

Figura 4. 31: MOSFET a quattro terminali

Per completare il quadro, è necessario esaminare, anche se brevemente, l'analogo caso del MOSFET a canale ***p***. Se nel caso di un MOSFET a canale ***n*** il Body deve essere mantenuto sempre ad una tensione più bassa di qualunque tensione applicata al Drain o al Source, nel caso del MOSFET a canale ***p*** il Body deve essere a tensione sempre maggiore della tensione sul Drain e sul Source.
La freccia nel simbolo del MOSFET a 4 terminali (Figura 4. 32) ricorda appunto il senso di questa giunzione ***pn*** suggerendo, di conseguenza, il segno della tensione cui debba essere collegato, per garantire il corretto funzionamento del dispositivo.

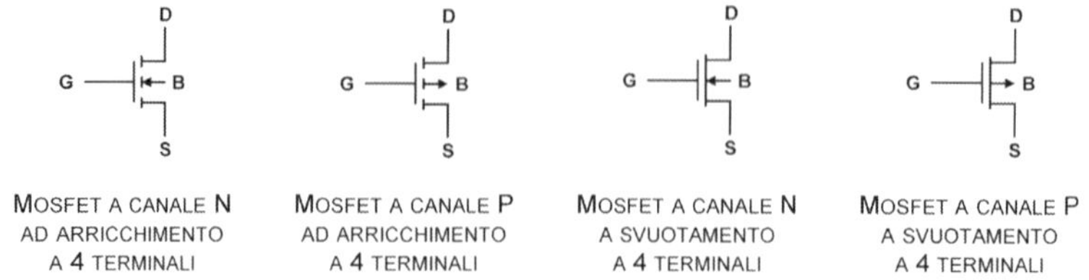

Figura 4. 32: simboli dei MOSFET a quattro terminali

4.13 JFET e MESFET

Il principio di funzionamento del JFET (Junction FET) è sostanzialmente diverso da quello del MOSFET, anche se i due tipi di transistor hanno molte caratteristiche comuni. Prendiamo in considerazione un JFET a canale ***n***. Su un substrato ***n*** vengono impiantate due zone p^+ contrapposte (collegate tra loro) che realizzano il Gate, mentre ai due estremi della zona ***n***, come si vede in Figura 4. 33, si collegano i due reofori del Drain e del Source.

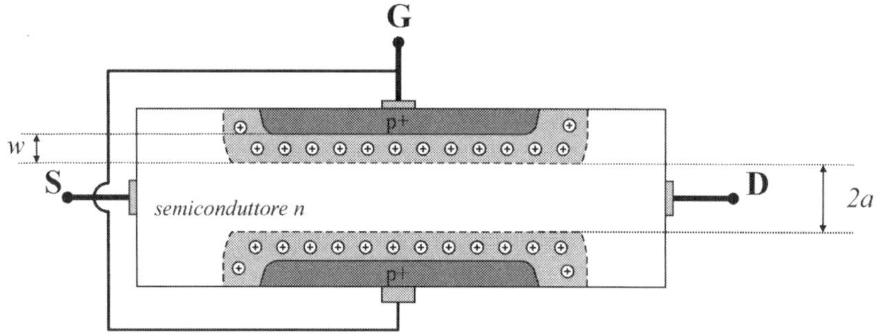

Figura 4. 33: JFET

In realtà il JFET è perfettamente simmetrico e la distinzione tra Drain e Source è puramente convenzionale fino a quando non viene polarizzato: a questo punto uno dei due terminali è portato a tensione positiva (stiamo trattando il caso del JFET a canale ***n***) ed impone il verso alla corrente che scorre nel canale, assumendo la funzione di Drain. Il flusso delle cariche negative, infatti, esce dal Source per entrare nel Drain, in direzione opposta quindi al verso, positivo, della corrente.
Il principio di funzionamento è del tutto analogo a quello di una valvola idraulica. Applicando una tensione tra drain e source scorre una corrente nel semiconduttore ***n*** portata dagli elettroni. Quando le giunzioni p^+n vengono polarizzate inversamente, la regione di svuotamento, che si estende principalmente nel corpo del semiconduttore di tipo ***n*** che è meno drogato, si allarga finché non occupa l'intera sezione del JFET impedendo la conduzione tra Drain e Source (Figura 4. 34). Il valore di tensione per cui il JFET è interdetto (la valvola è chiusa) è detta ***tensione di pinch-off*** (V_p).

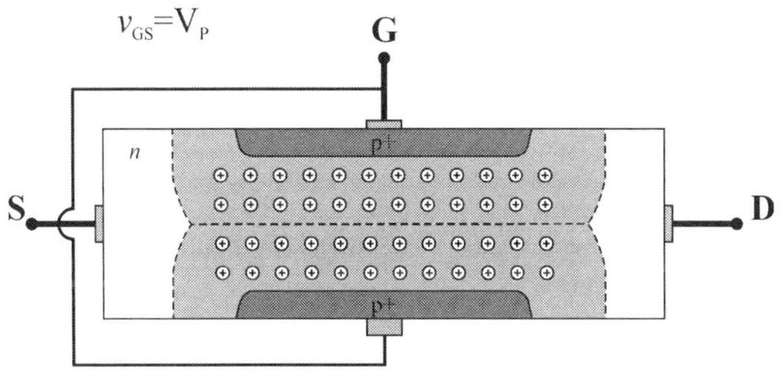

Figura 4. 34: JFET in interdizione

Si noti che la tensione tra Gate e Source deve essere sempre negativa affinché la giunzione p^+n tra Gate e substrato rimanga contropolarizzata, quindi per un ***JFET*** a canale ***n*** sarà sempre

$$-V_p < v_{GS} < 0 \tag{4. 60}$$

Per bassi valori di corrente, ovvero per piccole cadute di tensione tra Drain e Source, il JFET può essere visto semplicemente come un conduttore (una resistenza, cioè) con sezione (e quindi valore) controllabile dalla tensione sul Gate. Per la legge di Ohm

$$i_{DS} = q\mu_n \frac{2ab}{L} \tag{4. 61}$$

dove ***2a*** è lo spessore del canale, ***b*** la larghezza del JFET e ***L*** la sua lunghezza.

Per correnti non piccole, si verifica un fenomeno analogo allo strozzamento descritto nel caso del MOSFET. In modo analogo a quanto già visto, la caduta di tensione lungo il canale, dal Drain al Source, causa una tensione diversa da punto a punto ai capi della regione svuotamento, che risulterà quindi più stretta in prossimità del Source e più larga in prossimità del Drain (Figura 4. 35).

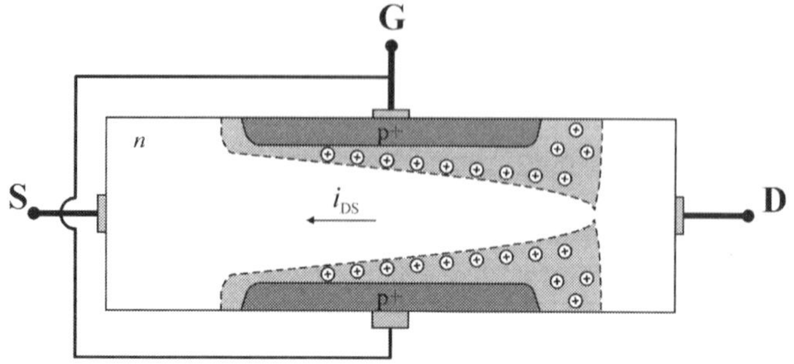

Figura 4. 35: JFET per grandi correnti

All'aumentare della tensione (e quindi della corrente) tra Drain e Source, in prossimità del Drain la regione di svuotamento può arrivare a "chiudere" il canale. A questo punto la situazione è del tutto analoga al caso del MOSFET, nel senso che il flusso degli elettroni non può essere interrotto del tutto: se ciò avvenisse (se cioè la corrente fosse interrotta), non ci sarebbe più caduta di tensione lungo il canale e la zona di svuotamento diminuirebbe, consentendo di nuovo il passaggio delle cariche. Quello che avviene in realtà è che, come abbiamo visto, il canale raggiunge una dimensione trasversale minima che consente agli elettroni di continuare a passare senza interrompere la corrente, mentre all'aumentare della tensione v_{DS} si accorcia la lunghezza effettiva del canale, poiché si allunga la lunghezza della zona a sezione minima (Figura 4. 36). Quanto alla corrente i_{DS}, all'aumentare della tensione v_{DS}, rimane costante perdendo la dipendenza dalla v_{DS} stessa in quanto gli elettroni attraversano la zona a sezione minima ad una velocità costante (che abbiamo già definito *velocità limitata da scattering*), causata dall'alto campo presente.

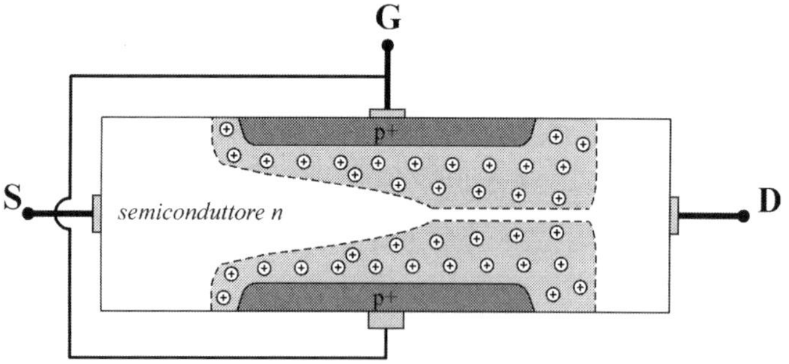

Figura 4. 36: JFET in saturazione

Anche nel JFET si distingue una zona lineare e una zona di saturazione, per le quali è possibile dare una espressione analitica delle caratteristiche di uscita. Il calcolo è complesso e l'andamento teorico così ottenuto descrive quello reale solo in modo approssimativo. Nei casi pratici, infatti, il gradiente di concentrazione delle impurità nel substrato non è mai uniforme e ciò complica notevolmente l'approccio teorico al problema, senza garantire risultati sufficientemente affidabili. Per questo, si è soliti usare per la corrente di saturazione la seguente formula approssimata (Figura 4. 37)

$$i_{DS} = I_{DSS}\left(1 + \frac{v_{GS}}{V_p}\right)^2 \qquad \textbf{(4. 62)}$$

dove $\boldsymbol{I_{DSS}}$ è la massima corrente erogabile dal JFET che si ottiene per $\boldsymbol{v_{GS}=0}$.

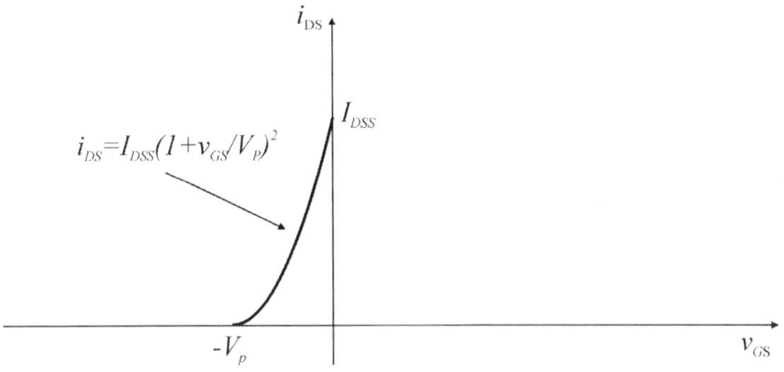

Figura 4. 37: funzione di trasferimento del JFET a canale n in saturazione

Dalla (4.63) poi, è evidente che per $\boldsymbol{v_{GS}=-V_p}$ la corrente $\boldsymbol{i_{DS}}$ si annulla ed il JFET è in interdizione. Infine, per il comportamento del JFET in zona lineare (meglio definita, come si è detto, come *zona ohmica* in quanto il transistor si comporta come una resistenza controllata dalla tensione $\boldsymbol{v_{GS}}$) spesso si assume valido l'andamento parabolico in analogia con il MOSFET (vedi Figura 4. 38), assumendo che la condizione per cui il JFET passa dalla regione lineare alla saturazione sia quindi

$$v_{DS} > v_{GS} + V_p \qquad \textbf{(4. 63)}$$

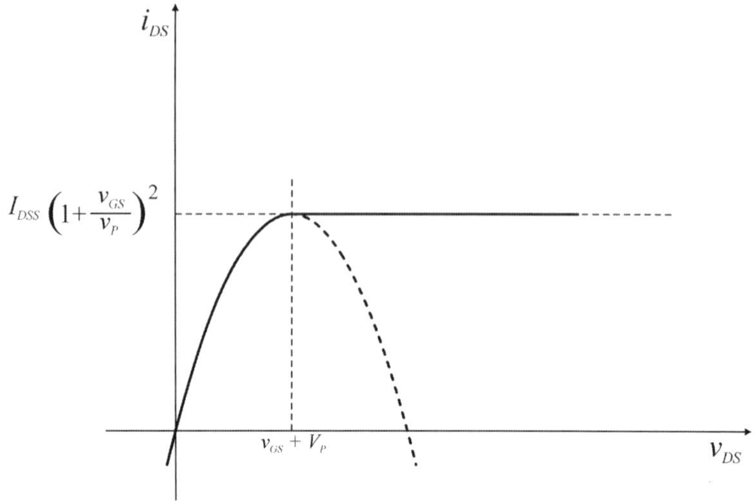

Figura 4. 38: caratteristica di uscita del JFET

Concludiamo questa breve presentazione del transistor a effetto di campo a giunzione, descrivendo un JFET a canale ***p*** . Le analogie con il JFET a canale ***n*** sono ovviamente moltissime e le differenze molto poche. Nel JFET a canale ***p,*** infatti, la corrente è portata dalle lacune che, per raggiungere il Drain, devono trovarlo ad una tensione negativa. Inoltre, per mantenere la giunzione n^+p Gate-Source contropolarizzata, è necessario che la relativa tensione sia sempre positiva. Quindi, per un JFET a canale ***p*** , devono valere le due espressioni

$$0 < v_{GS} < V_p \tag{4. 64}$$

$$i_{DS} = I_{DSS}\left(1 - \frac{v_{GS}}{V_p}\right)^2 \tag{4. 65}$$

Infine (Figura 4. 39), anche per il JFET a canale ***p*** la corrente massima I_{DSS} è erogata quando la tensione tra Gate e Source è nulla.

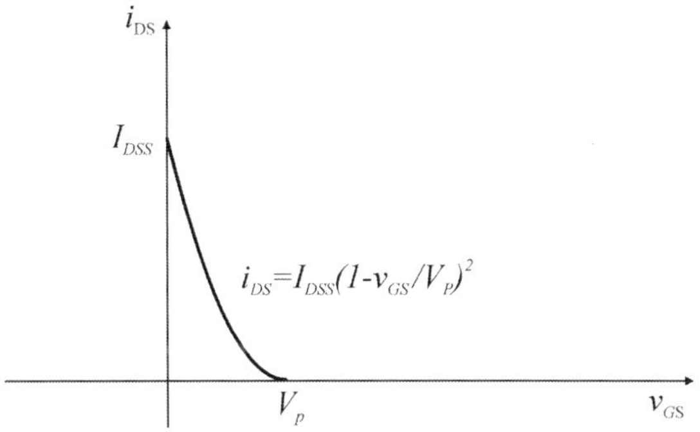

Figura 4. 39: funzione di trasferimento del JFET a canale p in saturazione

A puro titolo di informazione, poiché esula dalla trattazione che stiamo facendo dei transistori ad effetto di campo, ricordiamo che una versione particolarmente importante dei transistor ad effetto di campo, è il MESFET ovvero un JFET che fa uso di una giunzione Schottky metallo-semiconduttore invece di una giunzione p^+n. Si tratta infatti di un dispositivo che ha un funzionamento del tutto analogo al JFET a canale ***n***, diffusamente utilizzato nei circuiti integrati analogici ad alta ed altissima frequenza, che ha consentito alla moderna tecnologia di sviluppare circuiti a frequenze di utilizzazione superiori ai 300 GHz, traguardi impensabili fino a qualche anno fa.

4.14 BJT e FET

Concludiamo ora il capitolo ponendo brevemente a confronto il BJT ed il FET. I due tipi di transistor hanno infatti molte analogie ma anche significative differenze. Per fissare le idee, prendiamo in considerazione un BJT ***npn*** e un MOSFET a canale ***n*** ad arricchimento.

Nel transistor a giunzione (BJT) la corrente tra Collettore ed Emettitore è controllata dalla corrente i_B di Base, nel transistor ad effetto di campo (FET) la corrente tra Drain e Source è controllata dalla tensione v_{GS} tra Gate e Source.

Inoltre, mentre nel BJT il transistor comincia a condurre quando la tensione base – emettitore raggiunge una soglia di circa 0.6V (sempre), per un MOSFET il valore della tensione di soglia V_{TN} può variare da tipo a tipo e dipende dalle tecnologie realizzative: in alcuni tipi può essere superiore a qualche volt.

Il parametro fisico che rende conto del guadagno nel BJT è la quantità β_F, nel MOSFET è il termine K_n. Dimensionalmente, oltre che fisicamente sono parametri diversi: β_F è il rapporto tra la corrente di Collettore e la corrente di Base ed è quindi un numero puro; K_n è una costante che, moltiplicata per il quadrato di una tensione (differenza tra la tensione di controllo v_{GS} e la tensione di soglia V_{TH}), dà la corrente di Drain.

Da quanto detto, emerge che mentre il BJT controlla la corrente di Collettore essenzialmente mediante un'altra corrente (e quindi anche attraverso una tensione che la "genera"), il MOSFET controlla la corrente di Drain direttamente mediante una tensione. Ciò comporta che nel MOSFET non sia necessario che il segnale da amplificare fornisca una corrente, vantaggio questo decisivo in molte applicazioni.
Di contro, il BJT è in grado sia di pilotare una corrente (di Collettore) molto maggiore di quella iniettata nella Base, sia di fornire un guadagno tensione-corrente considerevole: ciò, perché piccole variazioni di tensione in ingresso (alla giunzione base-emettitore) producono grandi variazioni nella corrente di Collettore, peraltro senza che la v_{BE} si discosti di molto dalla soglia di 0.6V.
Questo non è vero per il MOSFET, la cui tensione di controllo può discostarsi significativamente dalla tensione di soglia V_{TN}.
Il fatto poi che in un BJT la tensione base-emettitore sia sempre all'incirca 0.6V, da un lato rappresenta un problema perché costringe (come vedremo) a usare reti di polarizzazione *autostabilizzanti*, dall'altro è una significativa facilitazione in fase di progetto e di analisi perché consente di assumere praticamente costante la tensione di controllo. Nei MOSFET questa assunzione non è in generale possibile, potendola effettuare solo in particolari circostanze.
Un'altra significativa differenza tra BJT e MOSFET è relativo al comportamento con la temperatura. Poiché la corrente di collettore del BJT è essenzialmente una corrente di diffusione, essa tende ad aumentare all'aumentare della temperatura. Viceversa, la corrente di Drain è una corrente di deriva e quindi tende a diminuire con la temperatura. Pertanto nel caso del BJT il riscaldamento indotto dalla corrente stessa produce un ulteriore aumento della corrente che, se non controllato mediante una rete di reazione o con una resistenza di limitazione della corrente, può arrivare fino alla cosiddetta *fuga termica*. Al contrario nel caso del MOSFET la corrente è per così dire "autolimitante".

Capitolo Quinto
Amplificatori a BJT per piccoli segnali

5.1 Gli amplificatori

Un amplificatore, il cui simbolo è mostrato in Figura 5. 1 è un dispositivo elettronico attivo in grado di fornire in uscita una replica "fedele" del segnale d'ingresso ("analogo" ad esso potremmo dire: da cui il termine analogico) aumentandone peraltro ed in modo significativo, il livello di potenza. La parola chiave è "dispositivo elettronico attivo" perché anche un resistore o un trasformatore forniscono in uscita un segnale proporzionale al segnale in ingresso ma, essendo passivi, non possono essere usati per aumentarne la potenza.

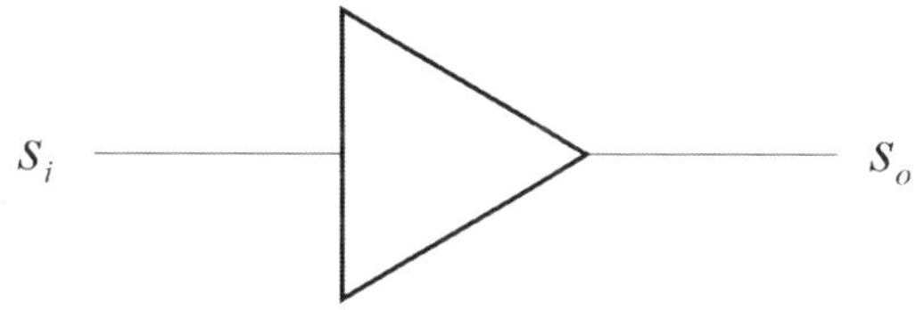

Figura 5. 1: simbolo dell'amplificatore

La caratteristica essenziale dell'amplificatore è, infatti, la sua capacità di "aumentare" un segnale debole portandolo ad un livello tale da poter essere utilizzato, visto che nelle comunicazioni sia mediante cavi, sia mediante onde radio, il segnale risulta sempre molto attenuato dal canale trasmissivo (tipicamente di molti ordini di grandezza) e non potrebbe essere trattato se non opportunamente amplificato. Analogamente, qualsivoglia sensore (l'array di una fotocamera, un microfono, il lettore di un CD, un rivelatore di particelle, un termometro, un accelerometro..) produce in uscita un segnale generalmente molto piccolo che, prima di essere utilizzato, deve essere amplificato. Ancora, il segnale in banda audio di un lettore di CD o MP3 deve essere amplificato affinché possa essere udito. In altre parole, praticamente tutti i dispositivi di input/output dei sistemi elettronici sono di fatto degli amplificatori, così come lo sono molti stadi interni.

Per quanto sinora detto, è ovvio che ad un ***amplificatore*** si chiede di essere ***lineare***, ovvero di presentare una funzione di trasferimento tra segnale in ingresso e segnale di uscita che consenta all'uscita stessa di essere proporzionale all'ingresso. In pratica, nessun amplificatore è veramente lineare, a causa delle non linearità insite nella "fisica" del funzionamento del dispositivo attivo utilizzato per realizzarlo.

Malgrado ciò un amplificatore reale, e quindi non lineare, può essere considerato lineare se l'ampiezza del segnale è sufficientemente piccola da poter approssimare la funzione di trasferimento con il suo sviluppo di Taylor arrestato al primo ordine (vedi Figura 5. 2).

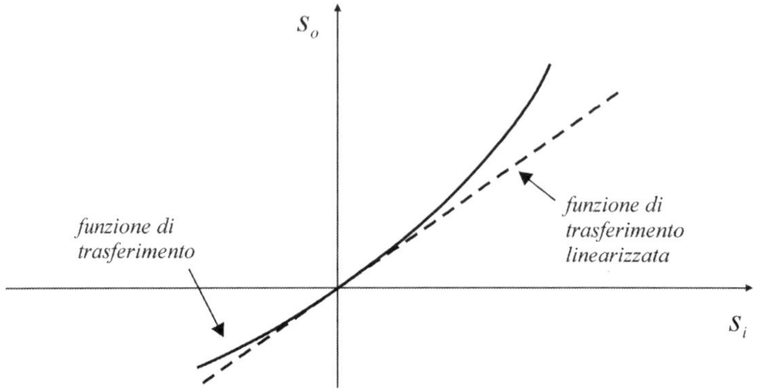

Figura 5. 2: linearizzazione della funzione di trasferimento

Nel seguito di questo capitolo faremo sempre questa ipotesi e quindi ***amplificatore lineare*** sarà sinonimo di *amplificatore per piccoli segnali* (sufficientemente piccoli cioè, da poter considerare solo il primo ordine dello sviluppo di Taylor della funzione di trasferimento lasciando, in particolare, il dispositivo attivo sempre nella *zona di lavoro normale*).

5.2 Amplificatori lineari

In generale un amplificatore è una rete due porte, con quattro terminali quindi, due per l'ingresso e due per l'uscita.

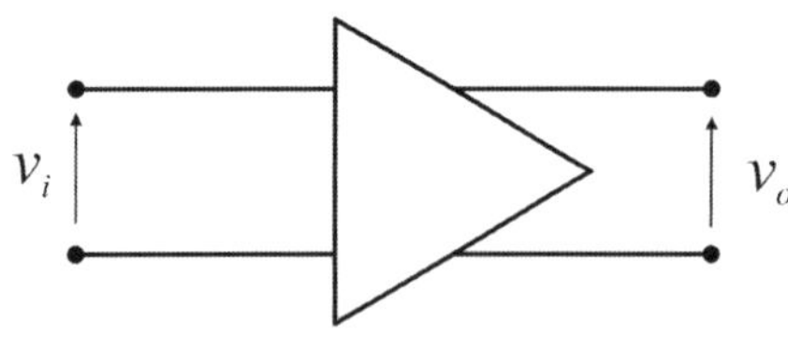

Figura 5. 3: amplificatore

Perché l'amplificatore possa considerarsi lineare, è necessario che i circuiti d'ingresso e d'uscita siano a loro volta lineari: in tal caso, senza perdita di generalità, tali circuiti possono essere sempre sostituiti con il loro equivalente di Thévenin, ovvero un generatore di tensione con una resistenza in serie, oppure con il loro equivalente di Norton, ovvero un generatore di corrente con una resistenza in parallelo (Figura 5. 4). Le due rappresentazioni circuitali sono ovviamente equivalenti: la scelta dell'una o dell'altra, infatti, dipende unicamente dalla topologia complessiva dell'amplificatore ed in particolare dai circuiti esterni connessi all'ingresso e all'uscita della rete due porte: più precisamente, dipende dalla maggiore facilità di inserimento (e quindi di utilizzazione in termini di analisi del circuito) del circuito equivalente prescelto.

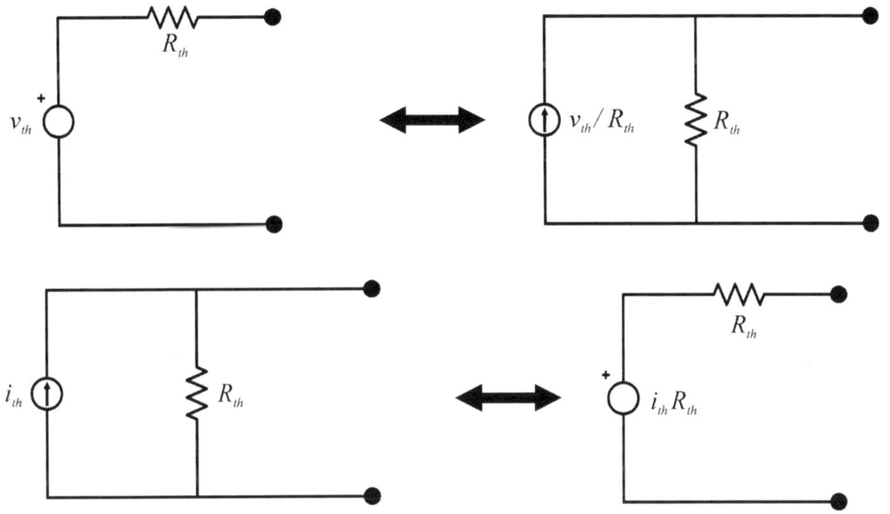

Figura 5. 4: generatori di tensione e di corrente

Per fissare le idee facciamo riferimento al primo tipo di rappresentazione: un generatore di tensione (sia nella rete d'ingresso che in quella d'uscita) in serie alla corrispondente resistenza equivalente di Thévenin che, nel circuito d'ingresso e d'uscita, chiameremo rispettivamente ***resistenza di ingresso*** e ***resistenza di uscita*** (Figura 5. 5). Analogamente, la tensione ai capi dei due terminali in ingresso sarà la ***tensione di ingresso*** e la corrente entrante la indicheremo come ***corrente di ingresso***. Così faremo anche per il circuito equivalente d'uscita individuando, nello stesso modo, le relative ***tensione di uscita*** e ***corrente di uscita***.

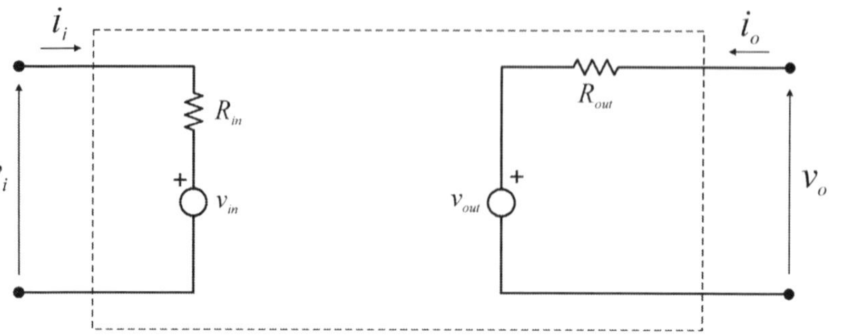

Figura 5. 5: amplificatore come doppio dipolo

Nella nostra rete due porte, come sempre, avremo che in generale il generatore di tensione (equivalente) d'uscita sarà controllato dalla tensione (o dalla corrente) d'ingresso. Analogamente il generatore di tensione (equivalente) d'ingresso sarà controllato dalla tensione (o dalla corrente) in uscita. Nella pratica però, poiché gli amplificatori sono progettati in modo che il segnale proceda "soltanto" in un verso (dall'ingresso verso l'uscita) e non nell'altro, il generatore di tensione in ingresso, controllato da una delle grandezze elettriche d'uscita, potrà quasi sempre essere trascurato.

Supponiamo ora che non solo l'amplificatore sia lineare, ma che lo siano anche i circuiti esterni a monte e a valle dell'amplificatore stesso. Sotto tali ipotesi, il circuito a monte dell'amplificatore può essere a sua volta "ridotto" al suo equivalente di Thévenin (un generatore di tensione e una resistenza $\boldsymbol{R_S}$). Analogamente potremo fare in uscita. In tal caso però, essendo di solito l'uscita riconducibile ad un circuito equivalente di Thévenin puramente passivo, lo schematizzeremo con un'unica resistenza $\boldsymbol{R_L}$. Infine, come abbiamo già precisato, anche l'ingresso di un amplificatore è di fatto "soltanto" un carico passivo, rappresentato dalla sua resistenza di ingresso $\boldsymbol{R_{IN}}$, essendo di fatto trascurabile la presenza del corrispondente generatore controllato.

In conclusione, un amplificatore lineare può essere schematizzato come in Figura 5. 6.

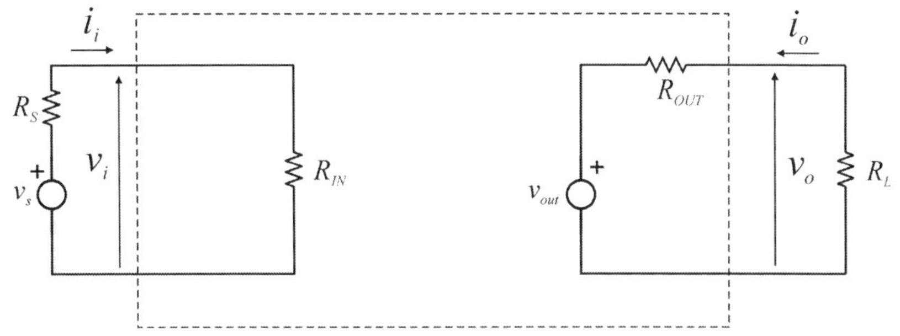

Figura 5. 6: amplificatore come doppio dipolo

Consideriamo il caso $\boldsymbol{R_S << R_{IN}}$. Se si assume cioè che $\boldsymbol{R_S}$ sia piccola, la caduta di tensione su tale resistenza è trascurabile e si avrà che $\boldsymbol{v_s = v_i}$. In altre parole tutta la tensione del generatore di segnale è applicata direttamente all'ingresso dell'amplificatore. In tal caso si parla di **trasferimento di tensione** (Figura 5. 7).
Consideriamo ora il caso $\boldsymbol{R_S >> R_{IN}}$ ed utilizziamo, in ingresso, l'equivalente di Norton con il generatore di corrente $\boldsymbol{v_s/R_S}$ ed $\boldsymbol{R_S}$ in parallelo con $\boldsymbol{R_{IN}}$. Nell'ipotesi fatta (essendo $\boldsymbol{R_S}$ grande rispetto a $\boldsymbol{R_{IN}}$) può essere approssimata con un circuito aperto, così che tutta la corrente disponibile al generatore di segnale entri nell'amplificatore. In tal caso si parla di **trasferimento di corrente** (Figura 5. 8).

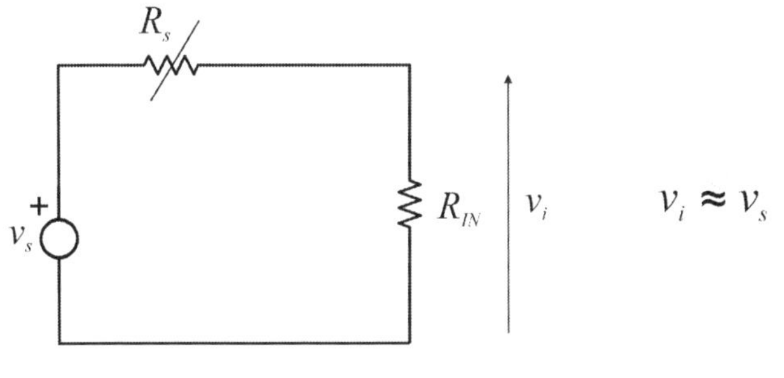

Figura 5. 7: trasferimento di tensione

Analoghe considerazioni possono essere fatte per il circuito di uscita: per $\boldsymbol{R_{OUT} << R_L}$ si ha un **trasferimento di tensione** e per $\boldsymbol{R_{OUT} >> R_L}$ un **trasferimento di corrente**.

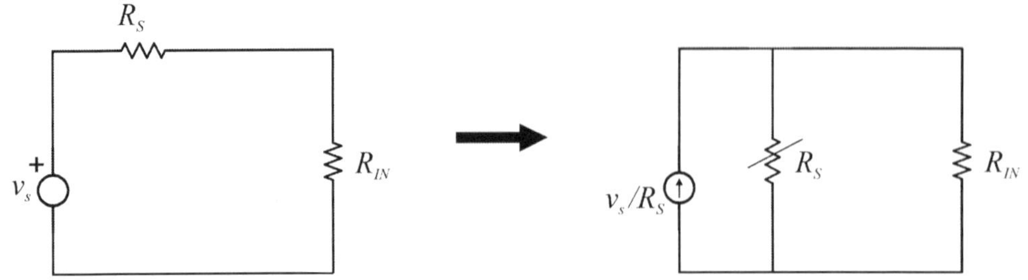

Figura 5. 8: trasferimento di corrente

Ne segue che, in generale avremo quattro tipi di amplificatori, a seconda proprio del valore delle resistenze d'ingresso e di uscita che presentano.
Così:

se $\boldsymbol{R_S \ll R_{IN}}$ e $\boldsymbol{R_{OUT} \ll R_L}$ si parlerà di ***amplificatore di tensione***
se $\boldsymbol{R_S \gg R_{IN}}$ e $\boldsymbol{R_{OUT} \gg R_L}$ si parlerà di ***amplificatore di corrente***
se $\boldsymbol{R_S \ll R_{IN}}$ e $\boldsymbol{R_{OUT} \gg R_L}$ si parlerà di ***amplificatore di transconduttanza***
se $\boldsymbol{R_S \gg R_{IN}}$ e $\boldsymbol{R_{OUT} \ll R_L}$ si parlerà di ***amplificatore di transimpedenza***

Un discorso a parte deve essere fatto poi a proposito della potenza trasferita al carico dall'amplificatore, potenza che, in alcune applicazioni, può essere anche molto piccola. Se infatti la soluzione di trasferire da uno stadio all'altro soltanto un segnale non è soddisfacente (vedi il caso degli amplificatori per altissima frequenza), le condizioni da soddisfare per trasferire la maggior potenza possibile sono differenti. Nel caso del regime di piccoli segnali infatti, la massimizzazione della potenza trasferita attraverso un circuito si ottiene quando la resistenza del generatore di segnale è uguale alla resistenza di ingresso dello stadio successivo $\boldsymbol{R_S=R_{IN}}$ (compensando, come vedremo, le componenti reattive) ed analogamente quando in uscita la resistenza d'uscita è uguale al carico $\boldsymbol{R_{OUT}=R_L}$. Sono queste dunque le condizioni da soddisfare per trasferire potenze non trascurabili da uno stadio al successivo, condizioni quindi alquanto diverse da quelle che ci hanno permesso di individuare i quattro tipi di amplificatori.
In ogni caso, si tenga presente che non ci sono regole assolute. Di solito, si cerca di progettare gli stadi di ingresso e di uscita allo scopo di massimizzare il trasferimento della tensione, della corrente o della potenza, anche se ovviamente si tratta solo di un criterio di buona progettazione, fortemente dipendente dal tipo di applicazione prevista per l'amplificatore.

5.3 Analisi DC e AC dei circuiti elettronici

L'analisi completa di un circuito elettronico comporta in generale lo studio di un regime elettrico che prevede la contemporanea presenza di tensioni e di correnti in continua e di segnali in alternata. Nell'ipotesi però di lavorare in regime di piccoli segnali, salvaguardando quindi le caratteristiche di linearità dell'amplificatore, si

può assumere valido il principio di sovrapposizione degli effetti e separare l'analisi completa in due sotto-analisi, una in continua (DC) e una in alternata (AC).
La prima analisi consiste nella determinazione del ***punto di lavoro*** (detto anche di riposo o di polarizzazione) del componente (o dei componenti) elettronico (elettronici) ovvero del regime di correnti e di tensioni in continua.
La seconda analisi prevede la determinazione delle *variazioni delle precedenti grandezze elettriche nell'intorno del punto di lavoro* (ipotesi lineare o di piccoli segnali, ovvero, come si è detto, approssimazione del segnale in uno sviluppo di Taylor nell'intorno di tale punto) e quindi del regime di correnti e di tensioni in alternata.

E' molto importante, allo scopo di trasferire l'informazione nel modo più univoco possibile, definire ora ed in modo chiaro, la simbologia impiegata da qui in poi. Una grandezza elettrica indicata con la lettera maiuscola, seguita in genere da uno o due pedici anch'essi indicati con una lettera maiuscola, indica una tensione o una corrente costante (in continua cioè), fissate dal punto di polarizzazione del transistor, ad esempio. Viceversa, una grandezza elettrica indicata con una lettera minuscola, seguita normalmente da uno o due pedici anch'essi indicati da una lettera minuscola, indica una tensione o una corrente variabile. Infine, quando si vuole indicare che la grandezza in esame è quella "complessiva" ovvero che ha sia una componente in continua che una componente in alternata, la si indica con una lettera minuscola seguita da uno o due pedici in maiuscolo.
Naturalmente quest'ultimo è il caso più comune. Una qualunque tensione o corrente sarà infatti sempre la somma di due termini: un termine costante, dipendente in genere solo dal punto di polarizzazione ed un termine piccolo e variabile dipendente solo dal segnale.

Con riferimento dunque alle precisazioni fatte sulla simbologia da adottare ed alle grandezze elettriche, indicate in Figura 5. 9 nel caso di un transistor connesso come rete due porte con l'emettitore in comune alla porta d'ingresso e a quella d'uscita, possiamo pertanto scrivere

$$i_C = I_C + i_c \quad \textbf{(5. 1)}$$

$$i_B = I_B + i_b \quad \textbf{(5. 2)}$$

$$v_{CE} = V_{CE} + v_{ce} \quad \textbf{(5. 3)}$$

$$v_{BE} = V_{BE} + v_{be} \quad \textbf{(5. 4)}$$

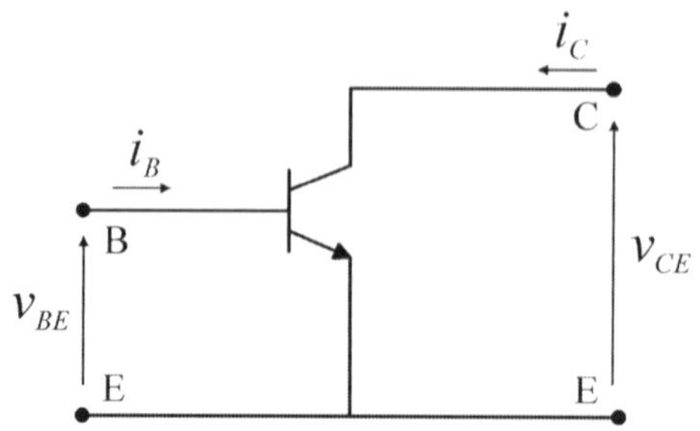

Figura 5. 9: BJT

Le grandezze, come sappiamo, sono quattro in totale. Fissate però la tensione (o la corrente) in ingresso e la tensione (o la corrente) in uscita (variabili indipendenti) le altre due (variabili dipendenti) sono determinate in base alle relazioni tra tensioni e correnti per un BJT in regione attiva diretta (zona di lavoro normale) trovate nel capitolo 4 e già descritte in forma grafica, relazioni che quindi possiamo scrivere, in forma implicita, come:

$$i_C = i_C(v_{BE}, v_{CE}) \quad \textbf{(5. 5)}$$

$$i_B = i_B(v_{BE}, v_{CE}) \quad \textbf{(5. 6)}$$

5.4 Polarizzazione fissa

Un circuito molto semplice per la ottenere la polarizzazione di un BJT nella connessione ad emettitore comune, ovvero per fissarne il ***punto di lavoro***, è mostrato in Figura 5. 10. In particolare, l'inserimento tra base ed alimentazione della resistenza R_B, consente di polarizzare direttamente la giunzione base-emettitore mentre la tensione V_{CC} assicura la polarizzazione inversa della giunzione base-collettore. Il transistor funzionerà dunque nella zona di lavoro normale. Quanto ai due condensatori C_1 e C_2 , sono stati inseriti nel circuito per "isolare" in continua il transistor dai circuiti a monte ed a valle, in modo che questi ultimi non ne influenzino il punto di lavoro che andremo a determinare. Inoltre, il valore dei due condensatori sarà scelto in modo tale che, nel regime in alternata, il segnale li veda, alla frequenza di funzionamento, come dei cortocircuiti.
Per questo motivo, i condensatori C_1 e C_2 vengono chiamati indifferentemente ***condensatori di blocco*** (in continua) ovvero ***condensatori di accoppiamento*** (in alternata)

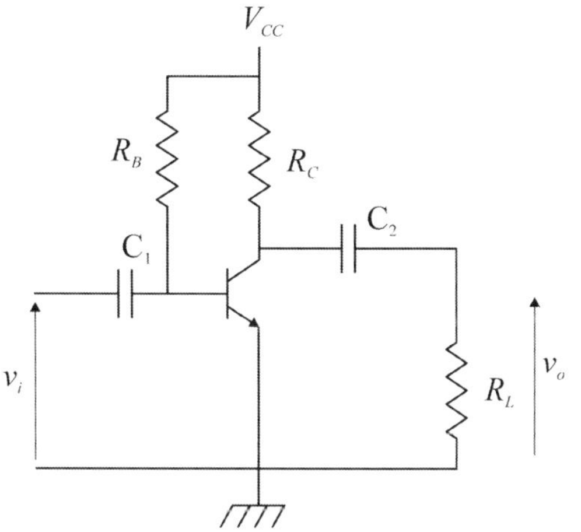

Figura 5. 10: polarizzazione fissa

Calcoliamo dunque il punto di lavoro. Per quanto detto, la corrente continua I_B entrante in base, corrente che fissa la curva caratteristica nel piano i_C-v_{CE} di uscita, è data da

$$I_B = \frac{V_{CC} - V_{BE}}{R_B} \approx \frac{V_{CC} - (0.6\text{V})}{R_B} \tag{5. 7}$$

L'intersezione della curva caratteristica i_B=I_B con la retta di carico statica (Figura 5. 11) fissa il punto di lavoro Q.

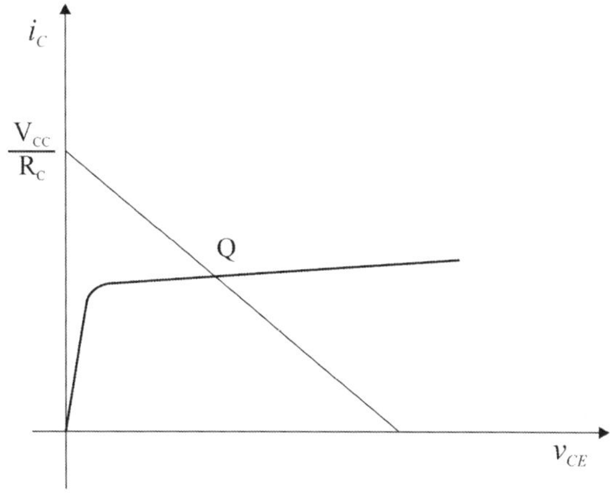

Figura 5. 11: punto di lavoro

Come possiamo osservare dalla figura, la scelta del punto di lavoro ***Q***, all'incirca al centro del segmento di retta di carico tracciato nel primo quadrante, è stata fatta in modo da consentire, *almeno all'apparenza*, la dinamica più ampia al segnale d'ingresso. Dovendo infatti lasciare il transistor durante tutto il funzionamento nella zona di lavoro normale, se il punto ***Q*** non fosse al centro del tratto di retta di carico compreso tra le zone di interdizione e di saturazione, la massima escursione di segnale ammissibile sarebbe determinata dal minore dei due segmenti in cui ***Q*** divide tale tratto. Tutto ciò, abbiamo precisato, vale almeno all'apparenza. Quando infatti è presente il segnale d'ingresso, alla corrente di base in continua I_B (componente statica) si sommerà una componente in alternata i_b (componente dinamica) che, come abbiamo preannunciato, è a frequenza tale da "vedere" i due condensatori come dei cortocircuiti.

$$i_B = I_B + i_b \qquad \textbf{(5. 8)}$$

Ne segue che, in alternata, il BJT vede a sua volta una retta di carico dinamica, diversa da quella statica che abbiamo tracciato in Figura 5. 11. Tale nuova retta di carico passa infatti per il punto di lavoro ***Q*** precedentemente trovato, ma ha una pendenza diversa da quella determinata in base al carico statico $\boldsymbol{R_C}$ essendo il carico dinamico visto dal transistor dato ora dal parallelo di $\boldsymbol{R_C}$ e $\boldsymbol{R_L}$. Si avrà infatti

$$i_C = V'_{CC} - \frac{v_{CE}}{R_C \| R_L} \qquad \textbf{(5. 9)}$$

con V'_{CC} costante da determinare imponendo il passaggio della retta di equazione (5.9) per il punto Q. Facciamo riferimento dunque alla Figura 5. 12, dove sono state tracciate (sempre limitatamente al primo quadrante), entrambe le rette di carico (statica e dinamica) passanti per il punto di lavoro in $\boldsymbol{Q_1}$: notiamo subito che la scelta di $\boldsymbol{Q_1}$ in modo che sia a metà della retta di carico statica non è la migliore soluzione. La retta di carico dinamica (che ha una pendenza minore, nel senso di più negativa, essendo relativa al parallelo di $\boldsymbol{R_C}$ con $\boldsymbol{R_L}$) non è "tagliata a metà" da $\boldsymbol{Q_1}$, vanificando la possibilità di massimizzare la dinamica del segnale d'ingresso e quindi di uscita.
Diversa è la situazione se la scelta del punto di lavoro fosse $\boldsymbol{Q_2}$. In tal caso infatti, mentre per la retta di carico statica il punto $\boldsymbol{Q_2}$ non è a metà, lo è per la retta di carico dinamica consentendo di ottimizzare, come voluto, la dinamica del segnale.

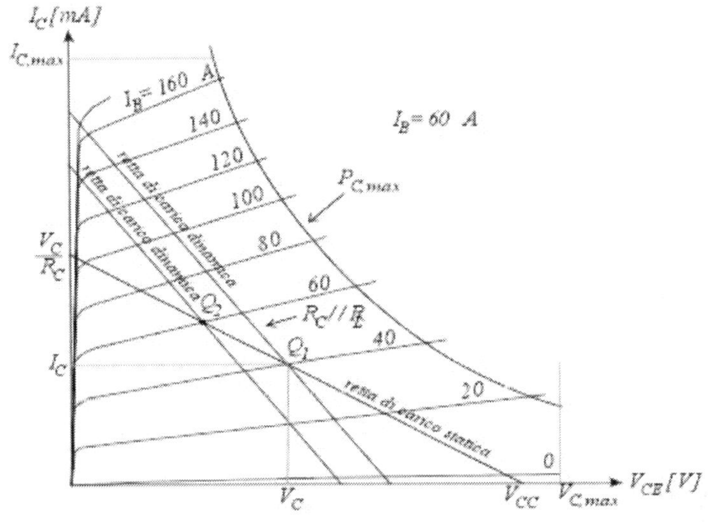

Figura 5. 12: retta di carico statica e dinamica

Vediamo dunque come scegliere Q_2 sulla retta di carico statica, in modo che il punto di lavoro sia a metà della retta di carico dinamica. Per farlo, con riferimento alla Figura 5. 13, osserviamo che, nell'ipotesi fatta e indipendentemente dal valore della tensione V'_{CC} (costante, come si è detto, da determinare), dovranno valere per le coordinate V_{Q2}, I_{Q2} del punto Q_2 le espressioni:

$$V_{Q2} = \frac{V'_{CC}}{2} \tag{5. 10}$$

$$I_{Q2} = \frac{V'_{CC}}{2\left(R_C \| R_L\right)} \tag{5. 11}$$

Tali coordinate, come è facile vedere, si trovano anche sulla retta passante per l'origine di equazione

$$i_C = \frac{v_{CE}}{R_C \| R_L} \tag{5. 12}$$

retta di pendenza opposta alla retta di carico dinamica (che vogliamo dividere a metà) facilmente tracciabile. Se ne deduce che il punto di lavoro "ottimo" per l'emettitore comune in condizioni di polarizzazione fissa, lo si ottiene intersecando la retta di carico statica con la retta di pendenza ***arctan(1/R$_C$//R$_L$)*** passante per l'origine.

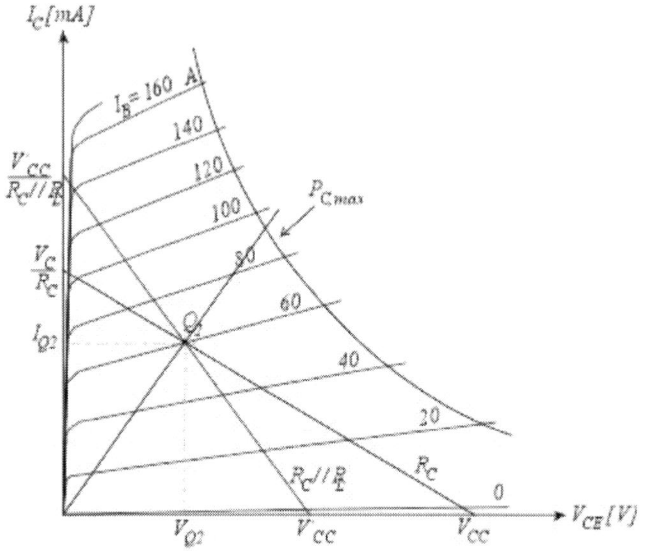

Figura 5. 13: scelta del punto di lavoro "ottimo"

Il circuito di polarizzazione visto in questo paragrafo ha indubbiamente il pregio della semplicità. Presenta però il serio inconveniente che il punto di lavoro precedentemente calcolato può, nella realtà, spostarsi sia a causa delle variazioni termiche che intervengono durante il funzionamento facendo variare le caratteristiche del transistor, sia (ed in misura maggiore) a causa della dispersione delle caratteristiche stesse. Il β di un BJT, infatti, non è un valore di cui il costruttore possa garantire il valore: varia tipicamente in un range piuttosto ampio di cui normalmente si danno i limiti massimo e minimo

5.5 Polarizzazione automatica

La soluzione circuitale vista nel paragrafo precedente è in grado di polarizzare un BJT in regione attiva diretta, ma, come abbiamo messo in evidenza, lascia aperto il problema di un punto di lavoro che rimane alquanto "incerto" a causa della dispersione delle caratteristiche e degli effetti delle variazioni termiche (sulla V_{BE} e sulla I_{CO} del transistor). Il problema della stabilità del punto di lavoro, dunque, richiede il ricorso a soluzioni un po' più elaborate, tra le quali possiamo annoverare quella nota come ***rete di polarizzazione a quattro resistori***, o ***polarizzazione automatica***, mostrata in Figura 5. 14.

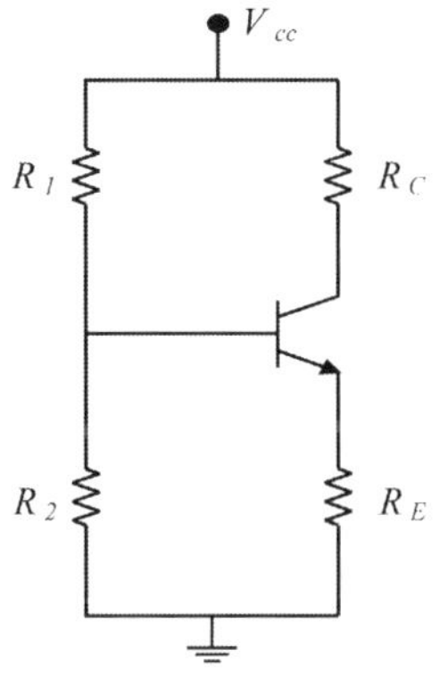

Figura 5. 14: rete di polarizzazione a quattro resistori

Per studiare più agevolmente il circuito, possiamo operare sulla sua topologia, evidenziandone il circuito di ingresso (Figura 5. 15), che andremo a sostituire con l'equivalente di Thévenin.

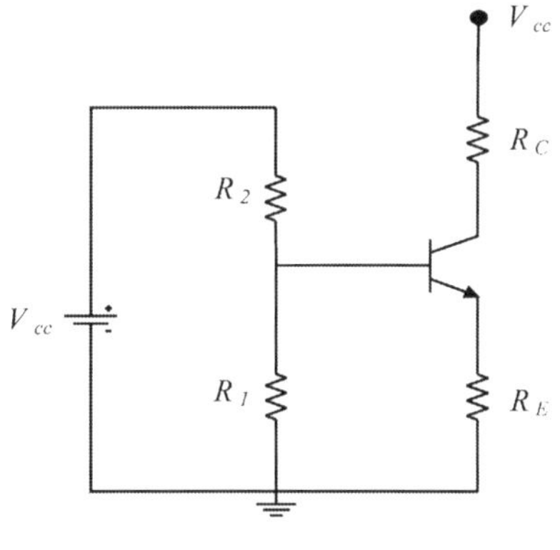

Figura 5. 15: polarizzazione del BJT

Avremo pertanto, per il generatore e la resistenza equivalente, rispettivamente:

$$V_{TH} = \frac{R_1}{R_1 + R_2} V_{CC} \tag{5. 13}$$

$$R_{TH} = \frac{R_1 R_2}{R_1 + R_2} \tag{5. 14}$$

e quindi il circuito equivalente per lo studio della polarizzazione del BJT di Figura 5. 16.

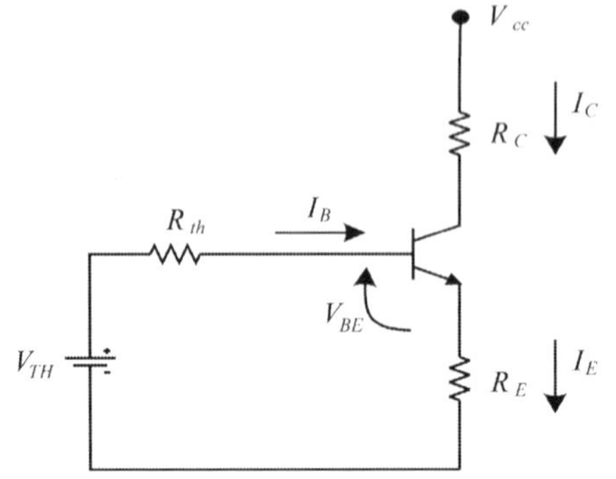

Figura 5. 16: polarizzazione del BJT

Determiniamo quindi la corrente di collettore (ed in particolare l'effetto che su di essa ha la presenza sull'emettitore della resistenza $\boldsymbol{R_E}$), considerando la maglia di ingresso. Possiamo scrivere

$$V_{TH} - V_{BE} = R_{TH} I_B + R_E I_E \tag{5. 15}$$

Poiché

$$I_E = I_B + I_C = (1 + \beta_F) I_B \approx \beta_F I_B = I_C \tag{5. 16}$$

La (5.15) può essere scritta come

$$V_{TH} - V_{BE} = R_{TH} I_B + R_E I_C \tag{5. 17}$$

Inoltre, con una opportuna scelta dei valori delle resistenze in gioco, si può ottenere che la caduta sulla resistenza di Thévenin sia trascurabile rispetto a quella sulla resistenza di emettitore $\boldsymbol{R_E}$ ovvero

$$R_{TH} I_B << R_E I_C \tag{5. 18}$$

condizione, questa, che è d'altra parte equivalente ad avere

$$\frac{I_C}{I_B} >> \frac{R_{TH}}{R_E} \tag{5. 19}$$

ovvero

$$\beta_F >> \frac{R_{TH}}{R_E} \tag{5. 20}$$

facile da soddisfare, quindi, in presenza di transistor con $\boldsymbol{\beta_F}$ abbastanza grandi. In conclusione, dalla (5.17) si ottiene per la corrente di polarizzazione $\boldsymbol{I_C}$ del transistor l'espressione ridotta seguente

$$I_C = \frac{V_{TH} - V_{BE}}{R_E} \tag{5. 21}$$

che dimostra, tra l'altro, la possibilità di rendere trascurabile anche l'influenza di $\boldsymbol{V_{BE}}$ e delle sue variazioni con la temperatura, con un opportuno dimensionamento del circuito di polarizzazione. Infatti, $\boldsymbol{V_{BE}}$ in regione attiva diretta varia poco ed è circa 0.7V, quindi

$$I_C = \frac{V_{TH} - (0.7\text{V})}{R_E} \tag{5. 22}$$

Pertanto se $\boldsymbol{V_{TH}}$ è sufficientemente grande, $\boldsymbol{I_C}$ dipenderà solo da $\boldsymbol{V_{TH}}$ e $\boldsymbol{R_E}$, ovvero da componenti esterni al transistor. Inoltre se queste due quantità sono scelte in modo che

$$V_{CE} > 0.2\text{V} \tag{5. 23}$$

ovvero

$$V_{CC} - I_C(R_C + R_E) > 0.2\text{V} \tag{5. 24}$$

eviteremo che il BJT risulti polarizzato in saturazione e garantiremo un punto di lavoro sicuramente all'interno della regione attiva diretta.

Consideriamo dunque i risultati sin qui ottenuti ed esaminiamo le proprietà della ***rete di polarizzazione automatica*** alla luce di tali risultati. La caratteristica essenziale della rete a quattro resistenze è la presenza, sull'emettitore del transistor, della resistenza $\boldsymbol{R_E}$, che compare a denominatore nella (5.22): ne segue che le possibili variazioni di $\boldsymbol{V_{TH}}$ e della $\boldsymbol{V_{BE}}$, dovute a qualunque causa, da un dimensionamento poco accurato dei componenti ad una variazione termica che fa variare, come si è detto, la $\boldsymbol{V_{BE}}$, sono di fatto "attenuate" di un fattore pari al valore della $\boldsymbol{R_E}$ stessa. In generale, quindi, maggiore è $\boldsymbol{R_E}$ più stabile risulta la polarizzazione del transistor, ovvero il suo punto di lavoro. D'altra parte, il fatto appena messo in evidenza, non deve sorprendere perché la rete di polarizzazione a quattro resistori non è che una delle molteplici applicazioni (nel settore

dell'elettronica analogica) della controreazione, un meccanismo che stabilizza l'uscita di un qualche sistema, utilizzandone una grandezza elettrica per controllare l'ingresso del sistema stesso. Nello specifico la grandezza da stabilizzare è la corrente di collettore $\boldsymbol{I_C}$ in modo da mantenere il BJT all'incirca al centro della regione attiva diretta. Se infatti la corrente di collettore $\boldsymbol{I_C}$ tende a zero, lo stesso avviene per la tensione ai capi di $\boldsymbol{R_C}$ e il BJT andrebbe in interdizione. Analogamente se la corrente $\boldsymbol{I_C}$ aumenta, aumenta anche la tensione su $\boldsymbol{R_C}$ portando il BJT in saturazione. La resistenza $\boldsymbol{R_E}$ si oppone ai fenomeni descritti innescando un meccanismo di retroazione.
La corrente che scorre su $\boldsymbol{R_E}$ è la corrente di emettitore $\boldsymbol{I_E}$ che è, come sappiamo, all'incirca uguale alla corrente di collettore $\boldsymbol{I_C}$. Ne segue che un aumento di quest'ultima corrente produce un aumento della tensione ai capi di $\boldsymbol{R_E}$, ovvero un aumento della tensione tra emettitore e massa. La tensione di base è d'altra parte mantenuta praticamente costante dal partitore costituito da $\boldsymbol{R_1}$ e $\boldsymbol{R_2}$ (purché si possa trascurare la corrente $\boldsymbol{I_B}$ che entra in base rispetto alla corrente che scorre su $\boldsymbol{R_1}$ e $\boldsymbol{R_2}$). $\boldsymbol{V_{BE}}$ quindi diminuisce all'aumentare della corrente di collettore $\boldsymbol{I_C}$. Ma poiché $\boldsymbol{I_C}$ dipende esponenzialmente dalla $\boldsymbol{V_{BE}}$, non potrà che diminuire considerevolmente al diminuire di $\boldsymbol{V_{BE}}$. Viceversa avverrà in presenza di una diminuzione della corrente di collettore $\boldsymbol{I_C}$. Possiamo pertanto concludere che la presenza di $\boldsymbol{R_E}$ (presente sia nella maglia d'ingresso che in quella d'uscita) stabilizza sia la corrente di collettore $\boldsymbol{I_C}$ sia la tensione $\boldsymbol{V_{BE}}$ tra base ed emettitore.

Torniamo ora alla (5.22), che permette di fissare facilmente il valore della corrente di collettore $\boldsymbol{I_C}$ ed è quindi molto utile in fase di progetto. Osserviamo che tale espressione è il risultato di tutta una serie di semplificazioni che consentono quindi, come si è detto, di ottenere solo una descrizione approssimata dei fenomeni. Ciò significa che, nella realtà, il punto di lavoro si sposterà per l'influenza sia della dispersione delle caratteristiche ($\boldsymbol{\beta_F}$) sia della temperatura ($\boldsymbol{V_{BE}}$ e $\boldsymbol{I_{C0}}$) e che tale spostamento sarà fortemente "attenuato", proprio per la presenza della resistenza di retroazione $\boldsymbol{R_E}$. E' quindi opportuno poter valutare anche l'entità di tali spostamenti, ovvero la *sensibilità* della corrente di collettore $\boldsymbol{I_C}$ alle predette variazioni di $\boldsymbol{\beta_F}$, $\boldsymbol{V_{BE}}$ e $\boldsymbol{I_{C0}}$, definendo i tre parametri seguenti

$$S_\beta = \left.\frac{\partial I_C}{\partial \beta_F}\right|_{\substack{V_{BE}=\text{cost}\\ I_{C0}=\text{cost}}} \tag{5. 25}$$

$$S_{V_{BE}} = \left.\frac{\partial I_C}{\partial \beta}\right|_{\substack{\beta_F=\text{cost}\\ I_{C0}=\text{cost}}} \tag{5. 26}$$

$$S_{I_{C0}} = \left.\frac{\partial I_C}{\partial \beta_F}\right|_{\substack{V_{BE}=\text{cost} \\ \beta_F=\text{cost}}} \qquad \textbf{(5. 27)}$$

essendo:

S_β il ***fattore di sensibilità*** di I_C alle variazioni di β
S_{VBE} il ***fattore di sensibilità*** di I_C alle variazioni di V_{BE}
S_{ICO} il ***fattore di sensibilità*** di I_C alle variazioni di I_{C0}

Per calcolare le derivate ed arrivare ad una formulazione analitica dei tre fattori di sensibilità, torniamo al circuito di Figura 5. 16 e scriviamo l'equazione di Kirchoff alla maglia d'ingresso e la relazione che lega la corrente di collettore alla corrente di base nella connessione ad emettitore comune. Avremo

$$V_{TH} = R_{TH} I_B + V_{BE} + R_E \left(I_E + I_B \right) \qquad \textbf{(5. 28)}$$

$$I_C = \beta_F I_B + (1+\beta) I_{C0} \qquad \textbf{(5. 29)}$$

Sostituendo quindi la (5.29) nella (5.25), con qualche semplice passaggio si ottiene per S_β

$$S_\beta = \left.\frac{\partial I_C}{\partial \beta_F}\right|_{\substack{V_{BE}=\text{cost} \\ I_{C0}=\text{cost}}} = \frac{R_E + R_{TH}}{\beta_F^2} \frac{I_C + I_{C0}}{R_E + \dfrac{1}{\beta_F}\left(R_E + R_{TH}\right)} \qquad \textbf{(5. 30)}$$

che può essere approssimata come segue

$$S_\beta \approx \frac{R_E + R_{TH}}{\beta_F^2} \frac{I_C}{R_E} \qquad \textbf{(5. 31)}$$

evidenziando come il fattore (S_β) di sensibilità a β_F diminuisca all'aumentare di β_F, e come abbia in genere valori molto bassi, se il transistor in esame ha un β_F grande. In maniera analoga, si possono calcolare gli altri due fattori di sensibilità S_{VBE} e S_{ICO}. Le (5.32) e (5.33) danno le rispettive espressioni (sia complete sia approssimate)

$$S_{V_{BE}} = \left.\frac{\partial I_C}{\partial V_{BE}}\right|_{\substack{\beta=\text{cost} \\ I_{C0}=\text{cost}}} = -\frac{1}{R_E + \dfrac{1}{\beta_F}\left(R_E + R_{TH}\right)} \approx -\frac{1}{R_E} \qquad \textbf{(5. 32)}$$

$$S_{I_{C0}} = \left.\frac{\partial I_C}{\partial I_{C0}}\right|_{\substack{\beta = \text{cost} \\ V_{BE} = \text{cost}}} = \frac{\frac{1+\beta_F}{\beta_F}\left(R_E + R_{TH}\right)}{R_E + \frac{1}{\beta_F}\left(R_E + R_{TH}\right)} \approx 1 + \frac{R_{TH}}{R_E} \qquad (5.\ 33)$$

L'analisi delle due espressioni, in particolare, pone in luce l'efficacia, già osservata nella precedente trattazione semplificata, della resistenza d'emettitore $\boldsymbol{R_E}$ nel processo di stabilizzazione, efficacia che risulta tanto maggiore quanto più alto è il valore di tale resistenza. Al contrario, il confronto con l'espressione trovata per $\boldsymbol{S_\beta}$, ne dimostra invece lo scarso effetto sul processo di desensibilizzazione del BJT rispetto alla dispersione delle caratteristiche.

5.6 Compensazione termica

L'operazione di desensibilizzazione del BJT rispetto agli effetti della temperatura sullo spostamento del punto di lavoro (ottenuta attraverso la rete a quattro resistori) attenua, come abbiamo visto, gli effetti della "deriva termica" senza peraltro annullarla. Questa limitazione nel risultato ottenibile con la ***stabilizzazione termica***, è d'altra parte insita nel metodo utilizzato. La controreazione infatti, campiona il segnale in uscita e lo confronta con quello in ingresso, pilotando il BJT con la differenza dei due segnali, in modo da ridurre l'entità delle variazioni presenti in uscita (se al contrario non c'è differenza, insomma, non c'è correzione).

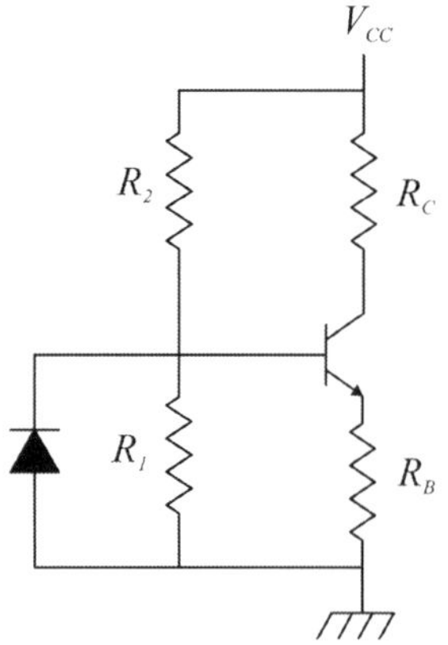

Figura 5. 17: diodo per la compensazione termico

Un metodo differente, che può essere utilizzato in alternativa o in aggiunta al precedente, è quello della ***compensazione termica***. Si tratta, in questo caso, di introdurre nel circuito in esame un componente che sia in grado di provocare un effetto uguale ed opposto a quello che si vuole contrastare. Un tale artificio infatti,

può, in linea di principio, annullare il fenomeno complessivo se i due effetti sono tali da compensarsi esattamente.
Applichiamo quanto detto al circuito di Figura 5. 14 che modifichiamo con l'aggiunta di un diodo polarizzato inversamente tra base e massa come mostrato in Figura 5. 17. Per comprenderne l'utilità, incominciamo con l'osservare che l'aumento di temperatura ha due effetti: per un incremento di dieci gradi Kelvin, infatti V_{BE} diminuisce di circa 25 mV e I_{C0} raddoppia.
In base alle (5.32) e (5.33) entrambi gli effetti tendono a far aumentare la corrente di collettore I_C e quindi a spostare il punto di lavoro del transistor. La rete a quattro resistori, come sappiamo, si oppone allo spostamento, riducendolo ma non annullandolo, mentre l'aggiunta del diodo può migliorare ulteriormente la stabilità termica del BJT.
Tracciamo dunque il circuito facendo nuovamente uso dell'equivalente di Thévenin in ingresso, limitandoci a considerarne il comportamento in funzione della temperatura solo da un punto di vista qualitativo.

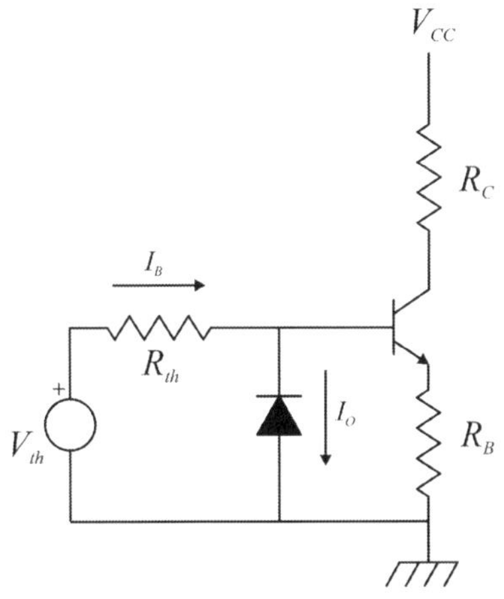

Figura 5. 18: compensazione termica

Come si può facilmente osservare (Figura 5. 18), rispetto al caso della rete di polarizzazione e stabilizzazione termica (senza diodo, cioè), la maggior differenza dal punto di vista elettrico sta nel fatto che nel nuovo circuito la corrente che entra in base risulta diminuita di una quantità pari alla corrente di saturazione inversa del diodo I_0. Questa corrente, come si sa, aumenta all'aumentare della temperatura, diminuendo ulteriormente la corrente entrante in base (con un effetto che si somma a quello della controreazione provocata da R_E) compensando quindi (in genere solo parzialmente) l'aumento della corrente di collettore, aumento che risulterà comunque ancor più contenuto.

5.7 Polarizzazione mediante specchio di corrente

Nel paragrafo **1.6** abbiamo visto come si possa polarizzare e mantenere correttamente un BJT in regione attiva diretta, con l'inserimento nel circuito della resistenza di emettitore $\boldsymbol{R_E}$ di valore in genere abbastanza elevato. Questa soluzione è semplice ed efficace, ma non è implementabile in dispositivi microelettronici perché la resistenza $\boldsymbol{R_E}$, come vedremo, abbassa anche il guadagno dell'amplificatore. Così, per far operare il BJT come amplificatore ad alto guadagno, è necessario inserire un *condensatore di by-pass* in parallelo alla resistenza di emettitore (nel seguito, quando tratteremo la risposta in frequenza degli amplificatori, torneremo su questo punto). Questo condensatore è quasi sempre di valore elevato (centinaia o migliaia di nF) e quindi non realizzabile nei circuiti integrati monolitici. Una soluzione alternativa alla resistenza $\boldsymbol{R_E}$ di emettitore, soluzione che permette di risolvere il problema nel caso dei circuiti integrati, consiste nel polarizzare il transistor utilizzando uno ***specchio di corrente***, il cui circuito è mostrato Figura 5. 19.

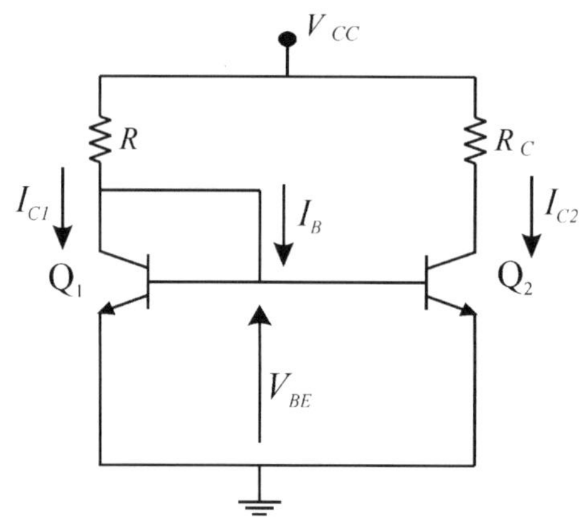

Figura 5. 19: polarizzazione a specchio di corrente

Poiché, come si è detto, il circuito viene utilizzato negli integrati monolitici, i due BJT possono essere considerati identici, perché realizzati contemporaneamente sullo stesso substrato. Poiché le due basi ed i due emettitori sono in comune, i due $\boldsymbol{V_{BE}}$ sono uguali e di conseguenza i due transistor avranno uguali anche le correnti di collettore $\boldsymbol{I_{C1}}$ e $\boldsymbol{I_{C2}}$. D'altra parte poiché la corrente $\boldsymbol{I_B}$, che alimenta entrambe le basi ($\boldsymbol{I_{B1}=I_{B2}=I_B/2}$) è piccola rispetto alla corrente di collettore del transistor $\boldsymbol{Q1}$, la corrente di collettore $\boldsymbol{I_{C1}}$ del primo BJT può essere ottenuta, trascurando $\boldsymbol{I_B}$, semplicemente dalla

$$I_{C1} = \frac{V_{CC} - (0.7\text{V})}{R} \tag{5. 34}$$

E quindi, per quanto sin qui detto, otterremo per la corrente I_{C2} il valore

$$I_{C2} = I_{C1} = \frac{V_{CC} - (0.7\text{V})}{R_C} \tag{5. 35}$$

In altre parole, "forzando" il primo BJT a mantenere una data corrente di collettore I_{C1} (scegliendo ad esempio un particolare valore di R) questo a sua volta forza il BJT gemello a mantenere il valore scelto, indipendentemente dal carico R_C sul suo collettore, consentendo così di fissare autonomamente V_{CE2}.
L'aggiunta delle due resistenze R_2 e R_3 all'ingresso delle basi dei due transistor Q_1 e Q_2 migliora il comportamento del circuito: in questo caso sono le correnti di base I_{B1} e I_{B2} , anziché V_{BE1} e V_{BE2} , a determinare il comportamento in continua dei transistor Q_1 e Q_2, rendendo meno sensibile lo schema elettrico in Figura 5. 20 alle piccole diversità che inevitabilmente si riscontrano nel processo di fabbricazione. Nello schema di Figura 5. 19, infatti, i due BJT hanno uguale corrente di collettore perché hanno stessa V_{BE} "esterna". Ne segue che, se le due tensioni "interne" sono anche poco diverse tra di loro per ragioni costruttive, l'effetto sulle correnti di collettore può essere sensibile (le correnti dipendono dalla tensione V_{BE} "sulla giunzione" in modo esponenziale). Al contrario, nello schema elettrico in Figura 5. 20 , i due BJT hanno ugual corrente di collettore perché hanno uguale corrente di base. In questo caso, essendo lineare la dipendenza tra le due correnti, eventuali piccole differenze costruttive, avranno peso decisamente inferiore sul funzionamento dello specchio di corrente.

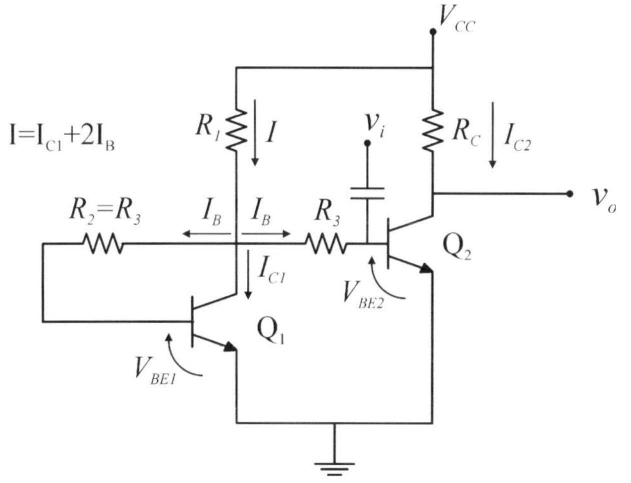

Figura 5. 20: polarizzazione a specchio di corrente

Con riferimento allo schema di Figura 5. 20 , per la corrente di base di entrambi i BJT , potremo in particolare porre

$$I_{B2} = I_{B1} = \frac{V_{CC} - (0.7\text{V})}{R + R_B} \tag{5. 36}$$

Ne segue, per la corrente di collettore I_{C2}, che sarà

$$I_{C2} = I_{C1} \tag{5. 37}$$

con I_{C1} che vale

$$I_{C1} = \frac{V_{CC} - V_{BE}}{R_1} - \left(2 + \frac{R_2}{R_1}\right) I_B \tag{5. 38}$$

e quindi, con opportune scelte di I_{B1} e di V_{CC}, avremo

$$I_{C2} = I_{C1} = \frac{V_{CC}}{R_1} = \text{cost} \tag{5. 39}$$

Anche in questo caso dunque, la corrente di collettore I_{C2} non dipende dal carico R_C del transistor Q_2. Ne segue che, scegliendo ad esempio

$$R_C = \frac{R_1}{2} \tag{5. 40}$$

avremo, per la tensione V_{CE2}, il valore

$$V_{CE2} = V_{CC} - I_{C2} R_C \approx \frac{V_{CC}}{2} \tag{5. 41}$$

In altre parole, l'aver scelto pari ad 0.5 il rapporto tra le due resistenze R_C e R_1 , fa sì che il punto di lavoro del transistor Q_2 risulti fissato a metà della zona di lavoro normale indipendentemente dalla tensione di alimentazione V_{CC} e dalla temperatura. Si tratta, come è facile intuire, di un risultato, di fondamentale importanza nelle realizzazioni circuitali integrate, visto che, nei processi di fabbricazione, si riesce a controllare il rapporto tra elementi resistivi con una precisione molto maggiore dei loro valori assoluti, garantendo così la corretta polarizzazione degli stadi.

5.8 Modello a parametri ibridi del BJT a emettitore comune

Consideriamo il BJT nella configurazione a emettitore comune (Figura 5. 21).

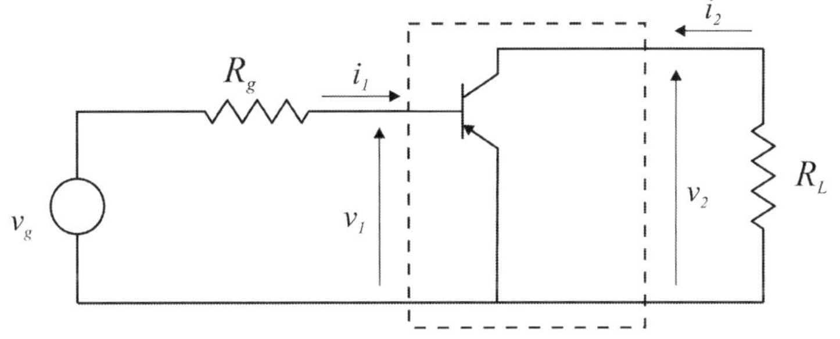

Figura 5. 21: BJT in configurazione CE come doppio dipolo

che possiamo rappresentare come rete due porte, della quale vogliamo dare una rappresentazione lineare attraverso la definizione di una ***matrice a parametri ibridi***

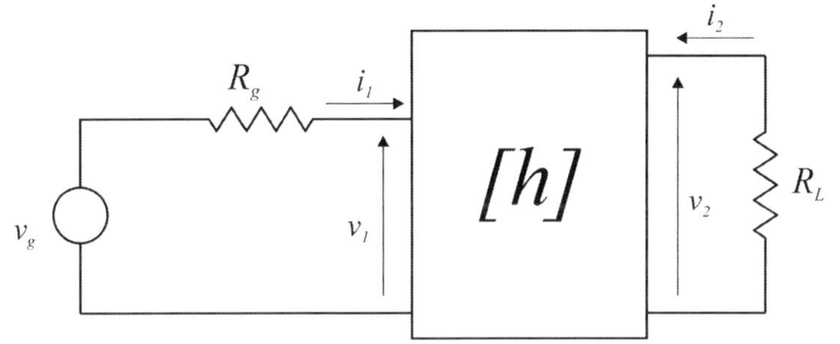

Figura 5. 22: parametri ibridi

Per farlo, partiamo dalle relazioni implicite che legano le correnti e le tensioni alle due porte della rete, ovvero:

$$I_2 = I_2(I_1, V_2) \quad \textbf{(5. 42)}$$

$$V_1 = V_1(I_1, V_2) \quad \textbf{(5. 43)}$$

Sviluppiamo quindi le due relazioni in serie di Taylor, nell'intorno dei valori delle variabili che corrispondono al punto di lavoro scelto. Si avrà:

$$\Delta I_2 = \frac{\partial I_2}{\partial I_1}\Delta I_1 + \frac{\partial I_2}{\partial V_2}\Delta V_2 + \frac{1}{2}\frac{\partial^2 I_2}{\partial I_1^2}\Delta I_1^2 + \frac{1}{2}\frac{\partial^2 I_2}{\partial V_2^2}\Delta V_2^2 + \frac{1}{2}\frac{\partial I_2}{\partial V_2}\frac{\partial I_2}{\partial V_2}\Delta I_1 \Delta V_2 + \dots \quad \textbf{(5. 44)}$$

$$\Delta V_1 = \frac{\partial V_1}{\partial I_1}\Delta I_1 + \frac{\partial V_1}{\partial V_2}\Delta V_2 + \frac{1}{2}\frac{\partial^2 V_1}{\partial I_1^2}\Delta I_1^2 + \frac{1}{2}\frac{\partial^2 V_1}{\partial V_2^2}\Delta V_2^2 + \frac{1}{2}\frac{\partial V_1}{\partial V_2}\frac{\partial V_1}{\partial V_2}\Delta I_1 \Delta V_2 + \dots \quad \textbf{(5. 45)}$$

Nell'ipotesi di piccoli segnali, ovvero di piccole variazioni delle grandezze elettriche nell'intorno del punto di lavoro, potremo approssimare gli sviluppi fermandoci ai primi termini, ovvero potremo linea rizzare le due relazioni. Ponendo poi

$$\Delta I_1 \rightarrow dI_1 = i_1 \tag{5. 46}$$

$$\Delta I_2 \rightarrow dI_2 = i_2 \tag{5. 47}$$

$$\Delta V_1 \rightarrow dV_1 = v_1 \tag{5. 48}$$

$$\Delta V_2 \rightarrow dV_2 = v_2 \tag{5. 49}$$

e

$$h_{11} = \left.\frac{\partial V_1}{\partial I_1}\right|_{V_2 = \text{cost}} \tag{5. 50}$$

$$h_{12} = \left.\frac{\partial V_1}{\partial V_1}\right|_{I_1 = \text{cost}} \tag{5. 51}$$

$$h_{21} = \left.\frac{\partial I_1}{\partial I_1}\right|_{V_2 = \text{cost}} \tag{5. 52}$$

$$h_{22} = \left.\frac{\partial I_2}{\partial V_2}\right|_{V_1 = \text{cost}} \tag{5. 53}$$

possiamo scrivere

$$v_1 = h_{11} i_1 + h_{12} v_2 \tag{5. 54}$$

$$i_2 = h_{21} i_1 + h_{22} v_2 \tag{5. 55}$$

che è appunto la rappresentazione (lineare) del transistor a emettitore comune fatta attraverso la matrice a parametri ibridi. Nelle applicazioni peraltro, è più comodo rappresentare il transistor con un circuito equivalente, piuttosto che con un set di equazioni. A tal fine, è opportuno tradurre in forma circuitale le (5. 54) e (5. 55) definendo il circuito equivalente a parametri ibridi di Figura 5. 23, circuito che utilizzeremo ampiamente nel seguito

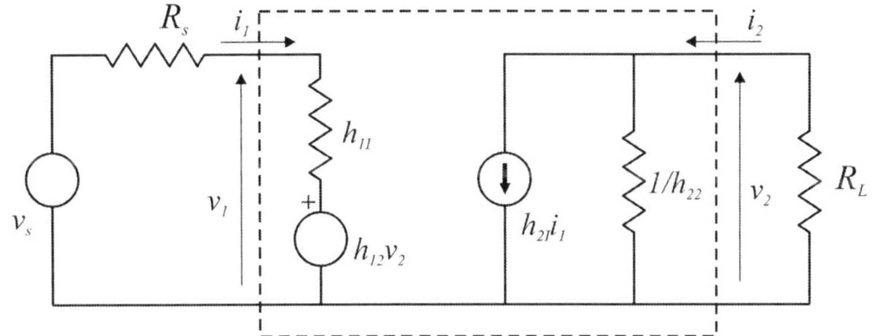

Figura 5. 23: circuito equivalente a parametri ibridi

Anche se sono state ricavate a partire dal circuito a emettitore comune, le (5.54) e (5.55) valgono in realtà per un qualunque circuito lineare. Per questo, nel caso specifico del BJT in configurazione CE, si è soliti indicare i parametri come in Figura 5. 24, legandoli alle specifiche caratteristiche d'ingresso e d'uscita del componente attivo. Incominciamo con il riscrivere le relazioni (5.54) e (5.55) come segue,

$$v_b = h_{ie}i_b + h_{re}v_c \tag{5. 56}$$

$$i_c = h_{fe}i_b + h_{oe}v_c \tag{5. 57}$$

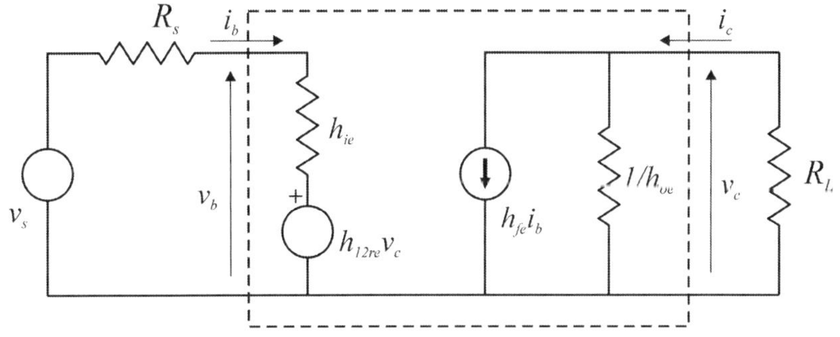

Figura 5. 24: parametri h per il BJT in configurazione CE

Con riferimento alla Figura 5. 24 possiamo ora definire i quattro parametri presenti nel circuito equivalente come segue

$$h_{ie} = \left.\frac{v_b}{i_b}\right|_{v_c=0} \tag{5. 58}$$

$\boldsymbol{h_{ie}}$ è dimensionalmente una resistenza e rappresenta la ***resistenza di ingresso*** con l'uscita in corto circuito

$$h_{re} = \left.\frac{v_b}{v_c}\right|_{i_b=0} \tag{5. 59}$$

$\boldsymbol{h_{re}}$ è dimensionalmente un numero puro e rappresenta il ***guadagno inverso di tensione*** con l'ingresso aperto

$$h_{fe} = \left.\frac{i_c}{i_b}\right|_{v_c=0} \tag{5. 60}$$

$\boldsymbol{h_{fe}}$ è dimensionalmente è un numero puro e rappresenta il ***guadagno di corrente*** con l'uscita in corto

$$h_{oe} = \left.\frac{i_c}{v_c}\right|_{v_c=0} \tag{5. 61}$$

$\boldsymbol{h_{oe}}$ è dimensionalmente una conduttanza (Ω^{-1}) e rappresenta la ***conduttanza di uscita*** con l'ingresso aperto.

Vediamo ora in che modo i quattro parametri ibridi sono legati alle caratteristiche di ingresso e di uscita del BJT a emettitore comune, calcolandoli dopo aver fissato il punto di lavoro ed in particolare $\boldsymbol{I_B}$ e $\boldsymbol{V_{CE}}$.

Cortocircuitiamo ora *dinamicamente* l'uscita, rendendo nulle le variazioni della tensione corrispondente, ovvero ponendo $\boldsymbol{v_c=0}$. Colleghiamo perciò il collettore a massa tramite un condensatore di valore elevato in modo da risultare un cortocircuito alle frequenze del segnale, ma anche un circuito aperto per corrente e tensioni in continua, lasciando così "fermo" il punto di lavoro prescelto. Una piccola variazione $\boldsymbol{v_b}$ nella tensione tra base ed emettitore, dà origine a una altrettanto piccola variazione $\boldsymbol{i_b}$ di corrente di base. Il rapporto tra queste due variazioni è il parametro $\boldsymbol{h_{ie}}$ (Figura 5. 25).

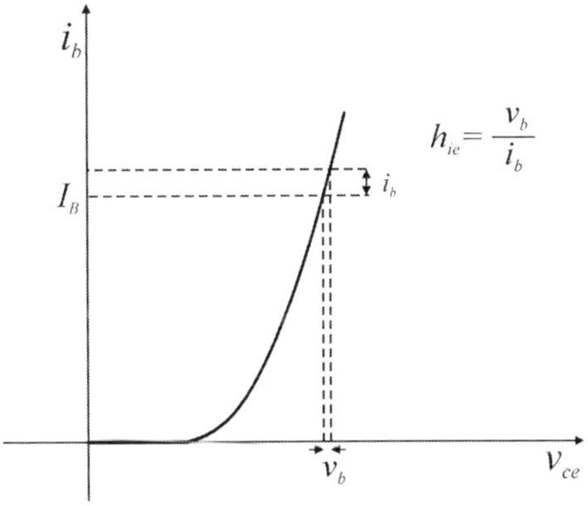

Figura 5. 25: h$_{ie}$

Lasciamo ora *dinamicamente* aperto l'ingresso (impedendo la variazione della corrente relativa ovvero assumiamo $\boldsymbol{i_b=0}$). Una piccola variazione $\boldsymbol{v_c}$ nella tensione tra collettore ed emettitore, dà origine a una piccola variazione $\boldsymbol{v_b}$ della tensione $\boldsymbol{V_{BE}}$. Il rapporto tra $\boldsymbol{v_b}$ e $\boldsymbol{v_c}$ è il parametro $\boldsymbol{h_{re}}$ (Figura 5. 26).

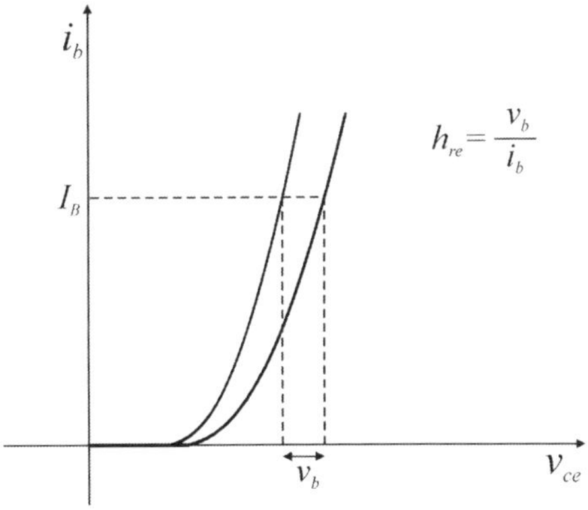

Figura 5. 26: h$_{re}$

Mettiamo nuovamente in corto l'uscita nel modo predetto, assumendo ancora $\boldsymbol{v_c=0}$. Una piccola variazione $\boldsymbol{i_b}$ nella corrente di base, dà origine a una piccola variazione $\boldsymbol{i_c}$ della corrente di collettore. Il rapporto tra $\boldsymbol{i_c}$ e $\boldsymbol{i_b}$ dà il parametro $\boldsymbol{h_{fe}}$ (Figura 5. 27).

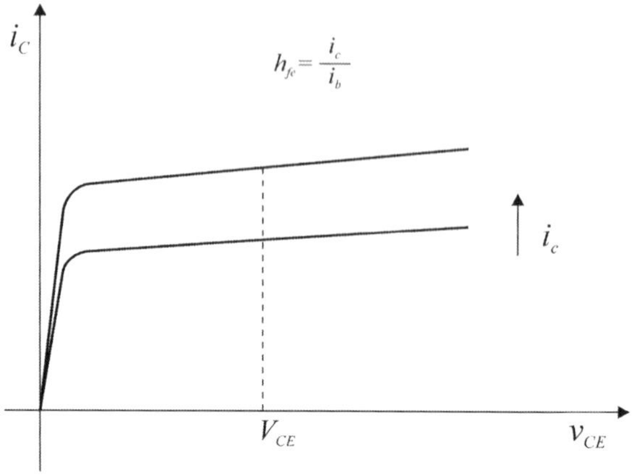

Figura 5. 27: h_{fe}

Lasciamo infine nuovamente aperta la base, assumendo ancora $i_b=0$. Una piccola variazione v_c nella tensione V_{CE}, dà origine a una piccola variazione i_c della corrente di collettore. Il rapporto tra i_c e v_c è il parametro h_{oe} (Figura 5. 28)

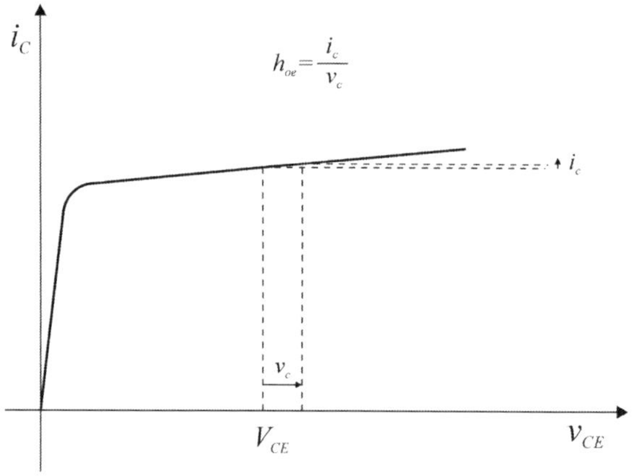

Figura 5. 28: h_{oe}

Come si è visto, i quattro parametri ibridi sono legati due alla pendenza delle curve caratteristiche d'ingresso (h_{ie}) e d'uscita (h_{oe}) e due alla "distanza" delle stesse valutate in orizzontale (h_{re}) in ingresso ed in verticale (h_{fe}) in uscita, tutti calcolati nell'intorno del punto di lavoro, dal quale quindi dipendono in modo più o meno marcato. In Figura 5. 29 è mostrato, ad esempio, il loro andamento qualitativo al variare della corrente I_C di polarizzazione. Si noti,in particolare, che il parametro meno dipendente dal punto di lavoro, come già visto nei paragrafi precedenti, è h_{fe} che tende ad aumentare solo leggermente con I_C , per poi diminuire.

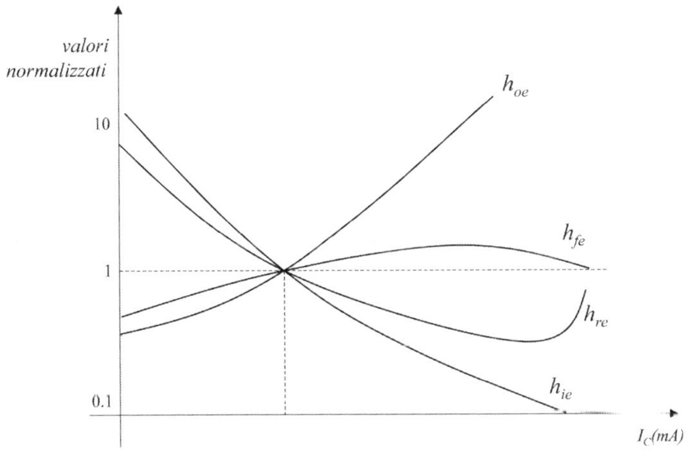

Figura 5. 29: parametri [h_{ie}] al variare di I_C

5.9 Stima dei parametri h_{ij}

Nel paragrafo precedente abbiamo definito i parametri h_{ij} ed osservato come siano legati alle caratteristiche di ingresso e di uscita del BJT (ad emettitore comune, nel caso preso in esame): vogliamo ora dare una stima di tali parametri in relazione alla fisica del BJT.

Partiamo dalle relazioni generali (non lineari) che legano le quattro grandezze elettriche "significative" del BJT ad emettitore comune ovvero dalle espressioni

$$v_{BE} = v_{BE}(i_B, v_{CE}) \quad \textbf{(5. 62)}$$

$$i_C = i_C(i_B, v_{CE}) \quad \textbf{(5. 63)}$$

e ricordiamo che i parametri h_{ij} , in base alla definizione che ne abbiamo data, vanno calcolati nel modo seguente

$$h_{ie} = \left. \frac{\partial v_{BE}}{\partial i_B} \right|_{v_{CE} = V_{CE}} \quad \textbf{(5. 64)}$$

$$h_{re} = \left. \frac{\partial v_{BE}}{\partial v_{CE}} \right|_{i_b = I_B} \quad \textbf{(5. 65)}$$

$$h_{fe} = \left.\frac{\partial i_C}{\partial i_B}\right|_{v_{CE}=V_{CE}} \quad (5.66)$$

$$h_{oe} = \left.\frac{\partial i_C}{\partial v_{CE}}\right|_{v_{CE}=V_{CE}} \quad (5.67)$$

Cominciamo ricordando che $\boldsymbol{h_{fe}}$ è già stato calcolato nel capitolo 3 risultando pari a

$$h_{fe} = \frac{h_{FE}}{1+\left(I_B + I_{C0}\right)\left.\frac{\partial h_{FE}}{\partial i_C}\right|_{\substack{i_C = I_C \\ v_{CE}=V_{CE}}}} \quad (5.68)$$

espressione esatta per calcolare $\boldsymbol{h_{fe}}$, noto l'andamento di $\boldsymbol{h_{FE}}$ in funzione di $\boldsymbol{i_C}$. Tuttavia, in molti casi pratici $\boldsymbol{h_{FE}}$ può essere considerato costante (vedi anche Figura 5. 29) e, per di più, all'incirca uguale a $\boldsymbol{\beta_F}$. Quindi in molti casi pratici possiamo utilizzare la seguente espressione approssimata

$$h_{fe} \approx \beta_F \quad (5.69)$$

Passiamo ora al parametro $\boldsymbol{h_{oe}}$

$$h_{oe} = \left.\frac{\partial i_C}{\partial v_{CE}}\right|_{v_{CE}=V_{CE}} \quad (5.70)$$

Nel capitolo 3 abbiamo visto che in regione attiva diretta $\boldsymbol{i_C}$ dipende essenzialmente da $\boldsymbol{v_{BE}}$ piuttosto che da $\boldsymbol{v_{CE}}$. Tuttavia, fissata $\boldsymbol{v_{BE}}$, non è del tutto da trascurare una debole dipendenza (all'incirca lineare) di $\boldsymbol{i_C}$ con $\boldsymbol{v_{CE}}$, dipendenza che abbiamo messo in evidenza nella Figura 3. 23 (che riportiamo per comodità in Figura 5. 30). In questa figura abbiamo in particolare sottolineato come, come per ogni $\boldsymbol{v_{CE}=V_{CE}}$ possiamo definire un valore $\boldsymbol{V_A}$ (detta ***tensione di Early)*** chiamando *effetto Early* il fenomeno che genera la dipendenza di $\boldsymbol{i_C}$ da $\boldsymbol{v_{CE}}$, fenomeno che si traduce nell'esistenza di una evidente pendenza delle curve caratteristiche.

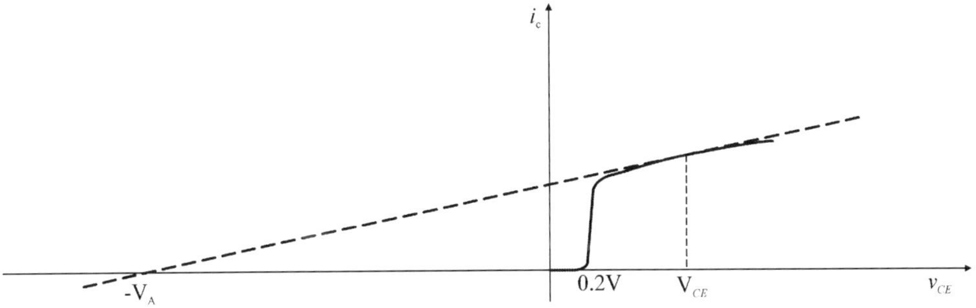

Figura 5. 30: effetto Early

Con riferimento alla Figura 5. 30 dunque, la pendenza (ovvero la derivata) di tale andamento è

$$\left.\frac{\partial i_C}{\partial v_{CE}}\right|_{v_{CE}=V_{CE}} = \frac{I_C}{V_{CE}+V_A} \tag{5. 71}$$

che, peraltro, essendo di solito $V_A \gg V_{CE}$ possiamo spesso approssimare come:

$$\left.\frac{\partial i_C}{\partial v_{CE}}\right|_{v_{CE}=V_{CE}} \approx \frac{I_C}{V_A} \tag{5. 72}$$

In ogni caso, poiché la (5.72) ha le dimensioni di una conduttanza, possiamo definire ***resistenza di collettore*** la quantità

$$r_o = \frac{V_A + V_{CE}}{I_C} \tag{5. 73}$$

quantità che, nei casi pratici , è dell'ordine delle decine di kΩ.
Infine possiamo scrivere per il parametro $\boldsymbol{h_{oe}}$ la seguente importante relazione

$$h_{oe} = \frac{1}{r_o} \tag{5. 74}$$

Vediamo ora come calcolare il parametro $\boldsymbol{h_{ie}}$.

$$h_{ie} = \left.\frac{\partial v_{BE}}{\partial i_B}\right|_{v_{CE}=V_{CE}} = \frac{1}{\left.\dfrac{\partial i_B}{\partial v_{BE}}\right|_{v_{CE}=V_{CE}}} \tag{5. 75}$$

dove possiamo porre

$$\left.\frac{\partial i_B}{\partial v_{BE}}\right|_{v_{CE}=V_{CE}} = \frac{\partial\left(\frac{i_C}{h_{FE}}\right)}{\partial v_{BE}} = \frac{1}{h_{FE}}\left.\frac{\partial i_C}{\partial v_{BE}}\right|_{v_{CE}=V_{CE}} - I_C\frac{1}{h_{FE}^2}\left.\frac{\partial h_{FE}}{\partial v_{BE}}\right|_{v_{CE}=V_{CE}} \tag{5. 76}$$

legando la dipendenza di $\boldsymbol{i_B}$ da $\boldsymbol{v_{BE}}$ a quelle di $\boldsymbol{i_C}$ e di $\boldsymbol{h_{FE}}$ dalla stessa tensione base-emettitore. Nel capitolo 3 abbiamo visto ad esempio che la dipendenza di $\boldsymbol{i_C}$ da $\boldsymbol{v_{BE}}$ è di tipo esponenziale.

$$i_C = I_T e^{\frac{v_{BE}}{V_T}} \tag{5. 77}$$

Incominciamo dunque a valutare l'entità della variazione di $\boldsymbol{i_C}$ in funzione delle variazioni di $\boldsymbol{v_{BE}}$ ricordando che ciò significa valutare la pendenza della tangente alla curva di transconduttanza $\boldsymbol{i_C = f(v_{BE})}$ di Figura 5. 31, nel punto di lavoro prescelto. Si avrà

$$\left.\frac{\partial i_C}{\partial v_{BE}}\right|_{v_{CE}=V_{CE}} = \left.\frac{\partial}{\partial v_{BE}} I_T e^{\frac{v_{BE}}{V_T}}\right|_{v_{CE}=V_{CE}} = \frac{I_T e^{\frac{V_{BE}}{V_T}}}{V_T} = \frac{I_C}{V_T} \tag{5. 78}$$

espressione che ha le dimensioni di una conduttanza e che, per quanto detto, possiamo definire come la ***transconduttanza del BJT***. Possiamo cioè porre:

$$g_m = \frac{I_C}{V_T} \tag{5. 79}$$

essendo, come precedentemente sottolineato, valida quindi la posizione

$$\left.\frac{\partial i_C}{\partial v_{BE}}\right|_{v_{CE}=V_{CE}} = g_m \tag{5. 80}$$

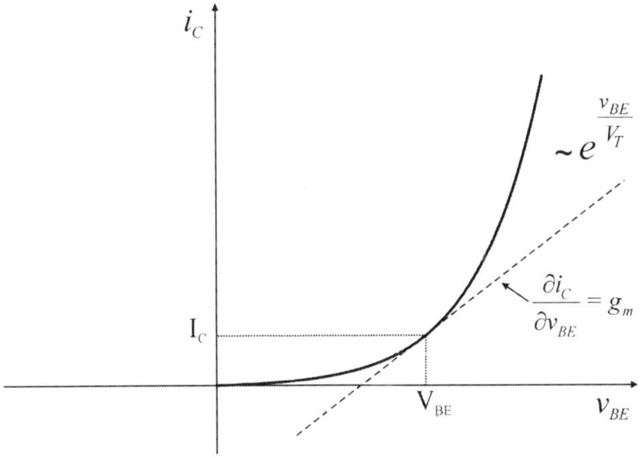

Figura 5. 31: transconduttanza

Anche se è stata definita nel corso della determinazione di uno dei parametri ibridi ($\boldsymbol{h_{ie}}$), per completare la quale sono necessari alcuni ulteriori passaggi, è opportuno soffermarci sul parametro $\boldsymbol{g_m}$ appena trovato. La transconduttanza $\boldsymbol{g_m}$ è, infatti, uno dei parametri più importanti del funzionamento dei BJT: come vedremo, $\boldsymbol{g_m}$ risulterà fondamentale nello studio dei circuiti di alta frequenza, grazie soprattutto al fatto che, come si evince dalla (5.79), dipende in pratica solo dalla corrente di polarizzazione (punto di lavoro).
Torniamo ora al calcolo di $\boldsymbol{h_{ie}}$. L'inverso della transconduttanza $\boldsymbol{g_m}$ è ovviamente una resistenza talvolta indicata come $\boldsymbol{r_e}$. Poiché la corrente di collettore è tipicamente di qualche mA e V_T vale 26 mV, ne segue che $\boldsymbol{r_e}$ è una resistenza (piccola) dell'ordine della decina di Ω o anche meno.

Sostituendo poi $\boldsymbol{g_m}$ nella (5.76), avremo

$$\left.\frac{\partial i_B}{\partial v_{BE}}\right|_{v_{CE}=V_{CE}} = \frac{g_m}{h_{FE}} - I_C \frac{1}{h_{FE}^2} \left.\frac{\partial h_{FE}}{\partial v_{BE}}\right|_{v_{CE}=V_{CE}} \qquad \textbf{(5. 81)}$$

$$\left.\frac{\partial i_B}{\partial v_{BE}}\right|_{v_{CE}=V_{CE}} = \frac{g_m}{h_{FE}}\left(1 - I_C \frac{1}{h_{FE}} \left.\frac{\partial h_{FE}}{\partial i_C}\right|_{v_{CE}=V_{CE}}\right) \qquad \textbf{(5. 82)}$$

La (5.82), a sua volta, può essere semplificata se consideriamo trascurabile (come abbiamo già messo in luce) la variazione di $\boldsymbol{h_{FE}}$ con $\boldsymbol{i_C}$ ed inoltre approssimiamo $\boldsymbol{h_{FE}}$ con $\boldsymbol{\beta_F}$. Con queste approssimazioni possiamo infatti scrivere

$$\left.\frac{\partial i_B}{\partial v_{BE}}\right|_{v_{CE}=V_{CE}} \approx \frac{g_m}{\beta_F} \qquad \textbf{(5. 83)}$$

espressione che ci permette di definire come ***resistenza di base*** la quantità

$$r_\pi = \frac{\beta_F}{g_m} \qquad \textbf{(5. 84)}$$

Si noti che la resistenza di base $\boldsymbol{r_\pi}$, per quanto già messo in evidenza, può essere calcolata anche dalla

$$r_\pi = \beta_F r_e \qquad \textbf{(5. 85)}$$

La (5.85) ci consente di dare una valutazione quantitativa di $\boldsymbol{r_\pi}$.
$\boldsymbol{\beta_F}$ è il guadagno di corrente del BJT in connessione ad emettitore comune ed ha un valore che può superare anche qualche centinaia; $\boldsymbol{r_e}$ è una resistenza dell'ordine della decina di ohm o anche meno. Ne segue che $\boldsymbol{r_\pi}$ è una resistenza dell'ordine delle migliaia di ohm, con una marcata dipendenza dal particolare BJT e dalla scelta del corrispondente punto di lavoro. Di solito si fa in modo che sia grande abbastanza per limitare l'entità della corrente di base.

Concludendo, possiamo scrivere per $\boldsymbol{h_{ie}}$ la seguente relazione

$$h_{ie} \approx r_\pi \qquad \textbf{(5. 86)}$$

Calcoliamo,infine, il parametro $\boldsymbol{h_{re}}$. Possiamo porre

$$h_{re} = \left.\frac{\partial v_{BE}}{\partial v_{CE}}\right|_{i_b=I_B} = \left.\frac{\partial v_{BE}}{\partial i_C}\right|_{i_b=I_B} \left.\frac{\partial i_C}{\partial v_{CE}}\right|_{i_b=I_B} \qquad \textbf{(5. 87)}$$

ed osserviamo che la prima delle due derivate è pari a

$$\left.\frac{\partial v_{BE}}{\partial i_C}\right|_{i_b=I_B} = \frac{1}{\left.\frac{\partial i_C}{\partial v_{BE}}\right|_{i_b=I_B}} = \frac{1}{g_m} \qquad \textbf{(5. 88)}$$

A sua volta, la seconda derivata è pari, come abbiamo già visto a secondo membro della (5.71), a

$$\left.\frac{\partial i_C}{\partial v_{CE}}\right|_{i_b=I_B} = \frac{I_C}{V_A + V_{CE}} \qquad \textbf{(5. 89)}$$

Quindi, sostituendo nella (5.87)

$$h_{re} = \frac{V_T}{V_A + V_{CE}} \qquad \textbf{(5. 90)}$$

Anche in questo caso diamo una valutazione quantitativa (di massima) di $\boldsymbol{h_{re}}$.$\boldsymbol{V_T}$ è la tensione termica (26mV), $\boldsymbol{V_A}$ è la tensione di Early ed è dell'ordine di 50-100V ($\boldsymbol{V_{CE}}$ lo trascuriamo, ancora una volta, rispetto a $\boldsymbol{V_A}$). Pertanto $\boldsymbol{h_{re}}$, ovvero ***il guadagno inverso di tensione***, è un numero puro dell'ordine di 5×10^{-4}, un valore quindi, quasi sempre trascurabile nella pratica tanto che, in genere, si può ragionevolmente assumere

$$h_{re} \approx 0 \qquad \textbf{(5. 91)}$$

Riassumendo quanto fin qui trovato, un BJT a emettitore comune (Figura 5. 32) per piccoli segnali può essere sostituito con il suo circuito equivalente a parametri ibridi (Figura 5. 33), parametri dei quali abbiamo valutato l'origine fisica ed il "peso" relativo nelle prestazioni del transistor.

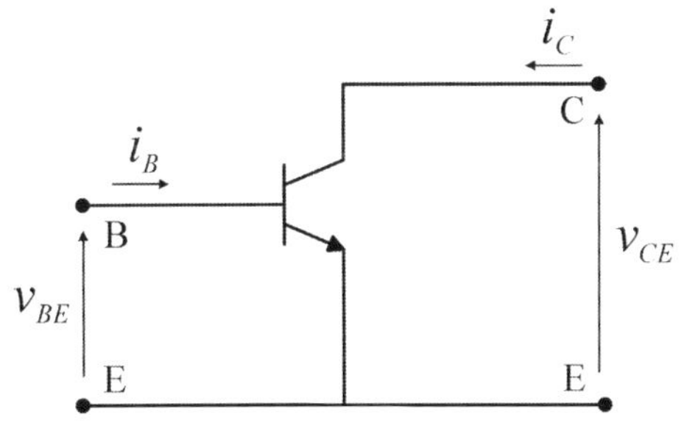

Figura 5. 32: BJT

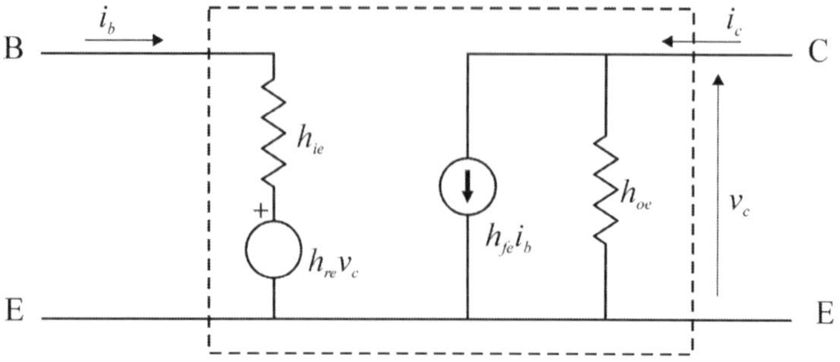

Figura 5. 33: modello a parametri ibridi

Inoltre, sulla base delle valutazioni di massima dei vari parametri ibridi, il modello di Figura 5. 33 può essere ragionevolmente approssimato con il circuito mostrato in Figura 5. 34.

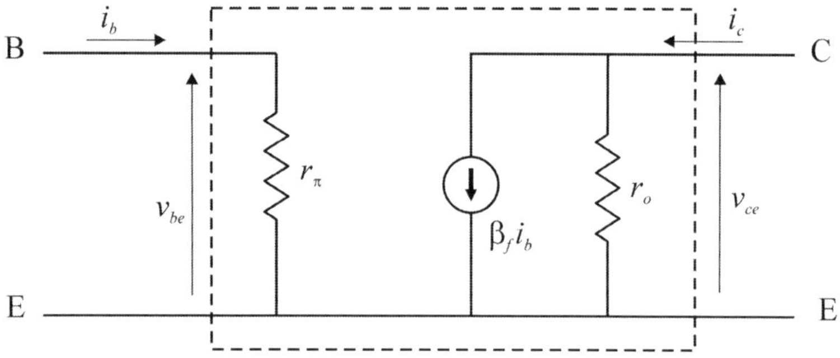

Figura 5. 34: modello fisico

dove, sfruttando le espressioni e le equivalenze sopra dimostrate, si è posto in particolare

$$r_\pi = \frac{\beta_F}{g_m} \quad \textbf{(5. 92)}$$

e

$$r_0 = \frac{V_A + V_{CE}}{I_C} \quad \textbf{(5. 93)}$$

quest'ultima, infine, è una resistenza in parallelo al generatore di corrente (controllato) in uscita ed è dell'ordine di alcune decine di kΩ. Ne segue che in molti casi può essere approssimata con un circuito aperto. In altre parole, si potrà considerare l'effetto della resistenza di carico predominante rispetto a $\boldsymbol{r_0}$ e quindi, in molti casi, si potrà utilizzare nell'analisi dei circuiti il modello ulteriormente semplificato di Figura 5. 35.

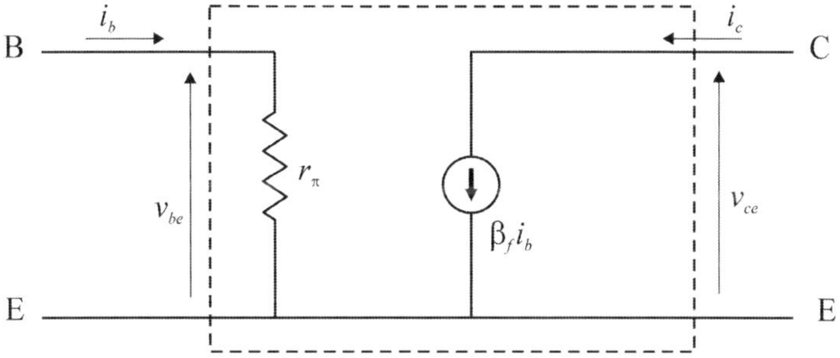

Figura 5. 35: modello semplificato

Continuando ad elaborare il modello a parametri ibridi sin qui visto, allo scopo di vederne le diverse varianti utilizzate nell'analisi dei circuiti ad emettitore comune, osserviamo poi che nel modello di Figura 5. 34, nella maglia di uscita, è presente un generatore di corrente controllato dalla corrente di base. D'altra parte, la corrente di base è legata linearmente alla tensione in ingresso e quindi si può porre

$$\beta_F i_b = g_m \frac{\beta_F}{g_m} i_b = g_m r_\pi i_b = g_m v_{be} \tag{5. 94}$$

Il modello in Figura 5. 34, può quindi essere visto anche come in Figura 5. 36, dove compare la transconduttanza $\boldsymbol{g_m}$ invece che il guadagno in corrente $\boldsymbol{\beta_F}$.

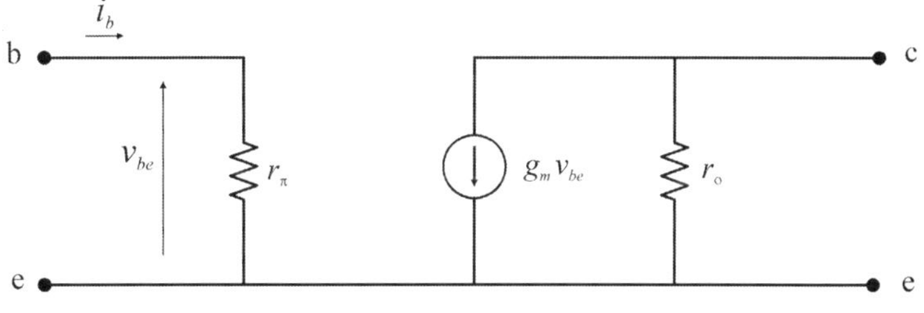

Figura 5. 36: modello del BJT per piccoli segnali

Quanto fatto, è bene precisarlo subito, è solo apparentemente il risultato di elaborazioni matematiche volte a mettere in luce l'importanza di questa o quella grandezza elettrica o di un particolare fenomeno fisico. Nella realtà, alcuni di questi circuiti equivalenti risultano più utili, ad esempio, nell'analisi di circuiti ad alta o, viceversa, per quelli in a bassa frequenza, permettendo di spiegare più semplicemente di altri l'origine fisica delle limitazioni riscontrate nelle prestazioni degli amplificatori.

Chiudiamo questo paragrafo sui modelli del BJT per piccoli segnali, definendo in maniera quantitativa proprio il concetto di piccolo segnale sin qui più volte "evocato". Qualitativamente, infatti, un segnale si considera "piccolo", se lascia il transistor in zona di lavoro normale senza portarlo mai in saturazione o in interdizione. Esaminando il problema da un punto di vista quantitativo invece, ne daremo una definizione ancor più restrittiva, ovvero legheremo il concetto di "piccolo" a quello di "lineare". Per farlo, si deve ritornare allo sviluppo in serie di Taylor della funzione di trasferimento del BJT. Nei paragrafi precedenti, nel ricavare i vari modelli, abbiamo di fatto assunto di poter arrestare (all'interno della regione attiva diretta) la serie Taylor ai termini del primo ordine: esplicitiamo ora condizione per cui questa assunzione è corretta.

La corrente di collettore $\boldsymbol{i_C}$ ha un andamento esponenziale al variare di $\boldsymbol{v_{BE}}$ il cui sviluppo è

$$i_C = I_T e^{\frac{v_{BE}}{V_T}} = I_T e^{\frac{V_{BE}+v_{be}}{V_T}} = I_T e^{\frac{V_{BE}}{V_T}} \left(1 + \frac{v_{be}}{V_T} + \frac{1}{2}\left(\frac{v_{be}}{V_T}\right)^2 + .. \right) \qquad \textbf{(5. 95)}$$

La condizione di "piccolo segnale", per quanto detto, è quindi legata al fatto che che il termine di secondo ordine (e quindi anche i successivi) sia molto minore del termine di primo ordine (termine lineare) ovvero:

$$\frac{1}{2}\left(\frac{v_{be}}{V_T}\right)^2 << \frac{v_{be}}{V_T} \qquad \textbf{(5. 96)}$$

Da cui, ricordando il valore numerico di $\boldsymbol{V_T}$ a temperatura ambiente (300 K), avremo per $\boldsymbol{v_{be}}$ il valore

$$v_{be} << 2V_T \approx 50\text{mV} \qquad \textbf{(5. 97)}$$

Si noti che questa condizione è molto stringente per la tensione base-emettitore $\boldsymbol{v_{be}}$. Significa che i <u>segnali di tensione</u>, affinché possano essere considerati piccoli, cioè lascino in regime lineare il transistor, <u>devono avere l'ampiezza di pochi mV</u>. Ebbene, sono di questo ordine i segnali provenienti da un'antenna o da un sensore, ma non i segnali interni ad un circuito elettronico, di norma decisamente maggiori. Vedremo nel seguito come far operare i transistor in regime di piccoli segnali anche in presenza di segnali decisamente più grandi.

5.10 Amplificatori a singolo transistor

Prendiamo in considerazione un BJT polarizzato in regione attiva diretta, ad esempio con la rete di polarizzazione a quattro resistori mostrata in Figura 5. 37.

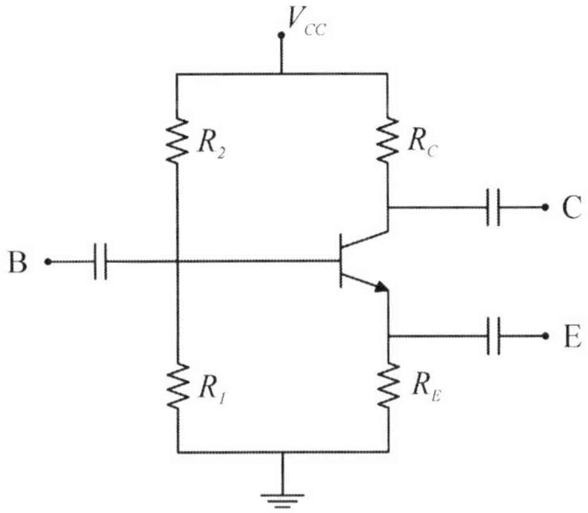

Figura 5. 37: polarizzato in regione attiva diretta

Un BJT ha tre terminali: base, emettitore e collettore. Si può immettere o estrarre un segnale variabile (con frequenza minima sufficientemente alta) da ciascun terminale mediante un condensatore. In generale, per immettere un segnale dovremo collegare un generatore di segnale tra due terminali, analogamente per estrarre un segnale dovremo collegare una resistenza di carico tra due terminali. Ovviamente non ha senso immettere ed estrarre il segnale dallo stesso terminale, quindi le possibili configurazioni sono sei.

	B	E	C
1	IN	C	OUT
2	OUT	C	IN
3	C	IN	OUT
4	C	OUT	IN
5	IN	OUT	C
6	OUT	IN	C

Tabella 5.1

Tuttavia non tutte le configurazioni hanno utilità pratica e pertanto non verranno considerate. In particolare evidenziamo che, in linea di massima,

1) dalla base non si estrae segnale;
2) nel collettore non si immette segnale.

Pertanto, le possibili configurazioni che verranno prese in considerazione nel seguito sono tre, ovvero ***CE*** (emettitore comune), ***CC*** (collettore comune), ***CB*** (base comune), dove la denominazione usata identifica il morsetto in "comune" per le tensioni in ingresso ed in uscita della rete due porte che rappresenta la connessione scelta (Tabella 5.2).

	B	E	C
CE	IN	C	OUT
CB	C	IN	OUT
CC	IN	OUT	C

Tabella 5.2

Anche se soluzioni equivalenti possono essere ottenute con reti di polarizzazione differenti (specifiche per la configurazione in esame e magari con miglioramento di alcune prestazioni e con risparmio nel numero dei componenti), allo scopo di focalizzare l'attenzione sulle caratteristiche salienti delle varie configurazioni, consideriamo per tutte e tre la "stessa" topologia di partenza realizzata utilizzando la rete di polarizzazione a quattro resistori. Avremo pertanto, per le tre configurazioni, gli schemi elettrici di Figura 5. 38, Figura 5. 39 e Figura 5. 40.

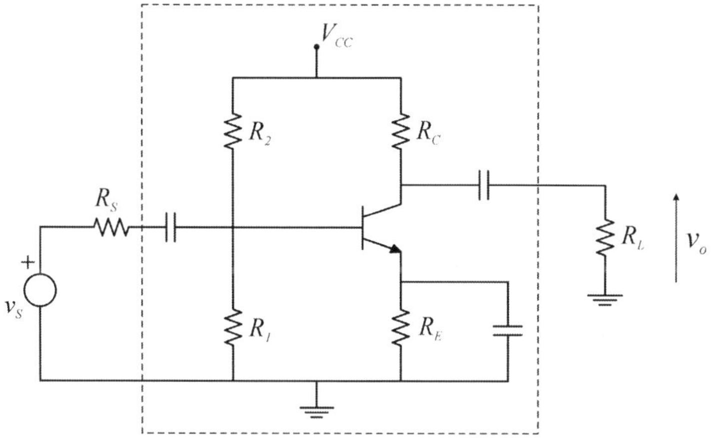

Figura 5. 38: amplificatore a singolo BJT in configurazione CE

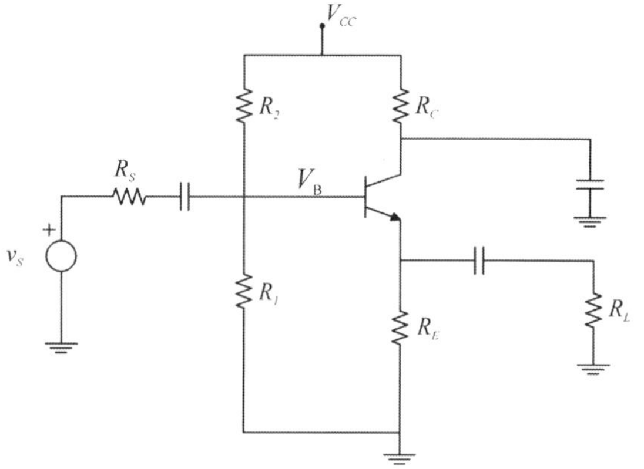

Figura 5. 39: amplificatore a singolo BJT in configurazione CC

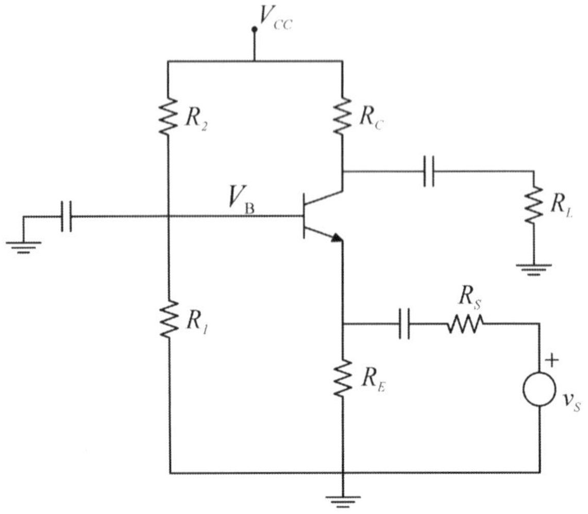

Figura 5. 40: amplificatore a singolo BJT in configurazione CB

5.11 Metodi circuitali di analisi

Nei paragrafi precedenti abbiamo visto che le configurazioni circuitali d'interesse del BJT sono tre: CE, CC, CB ed abbiamo ricavato il circuito equivalente a parametri ibridi da utilizzare per la configurazione CE. Estendiamo ora la trattazione agli altri due casi. A tal proposito possiamo procedere seguendo due metodi diversi.

1) Stessa topologia circuitale

Con questo tipo di approccio, i parametri [$\boldsymbol{h_{ij}}$] omologhi ovvero quelli che presentano stesso pedice ***i*** e pedice ***j*** che diventa una ***e*** (emettitore comune), una ***b*** (base comune) una ***c*** (collettore comune) hanno valori differenti, ma la topologia circuitale non cambia. Ciò significa che le espressioni matematiche che definiscono le grandezze elettriche esterne al dispositivo nelle diverse configurazioni rimangono del tutto immutate, come è facile dedurre dalle Figura 5. 41, Figura 5. 42, Figura 5. 43.

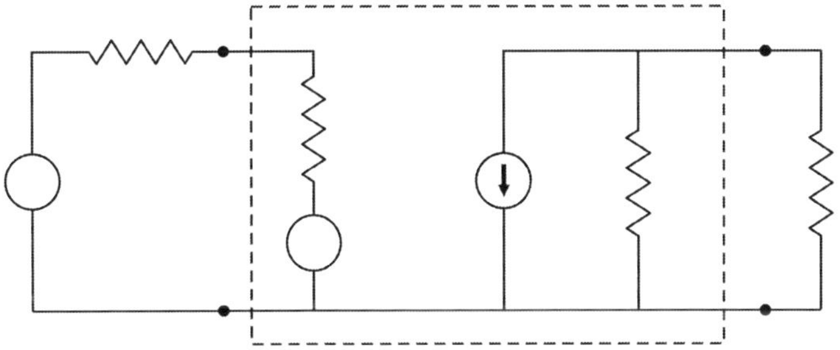

Figura 5. 41: configurazione CE, h_{je}

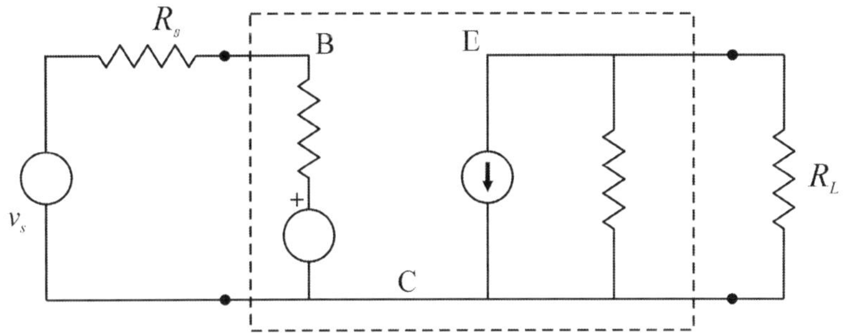

Figura 5. 42: configurazione CC, h_{jc}

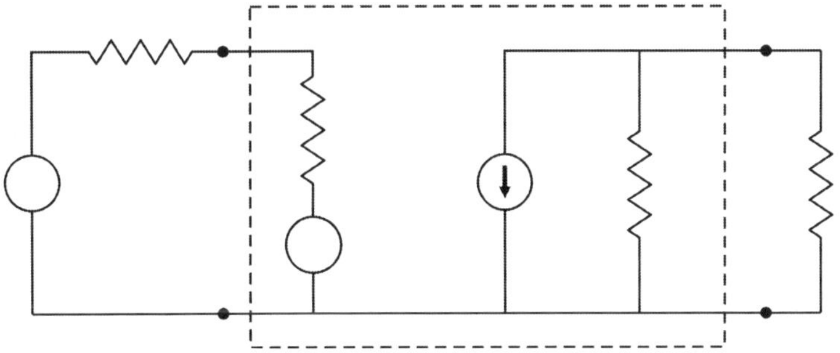

Figura 5. 43: configurazione CB, h_{jb}

Inoltre, poiché in ogni caso si tratta di circuiti lineari relativi allo stesso BJT, è agevole ottenere le relazioni che legano i parametri ibridi di ciascuna configurazione a quelli di ogni altra. Prendendo così come riferimento i parametri $[\boldsymbol{h}_{ie}]$ relativi alla configurazione CE (che abbiamo già studiato in dettaglio e determinato analiticamente), si può dimostrare che valgono, per $[\boldsymbol{h}_{ic}]$ e $[\boldsymbol{h}_{ib}]$, le seguenti relazioni.

Configurazione circuitale CC

$$h_{ic} = h_{ie} \tag{5. 98}$$

$$h_{rc} = 1 \tag{5. 99}$$

$$h_{fc} = -\left(1 + h_{fe}\right) \tag{5. 100}$$

$$h_{oc} = h_{oe} \tag{5. 101}$$

Configurazione circuitale CB

$$h_{ib} = \frac{h_{ie}}{1 + h_{fe}} \tag{5. 102}$$

$$h_{rb} = \frac{h_{ie}h_{oe}}{1 + h_{fe}} - h_{re} \tag{5. 103}$$

$$h_{fb} = -\frac{h_{fe}}{1 + h_{fe}} \tag{5. 104}$$

$$h_{ob} = \frac{h_{oe}}{1 + h_{fe}} \tag{5. 105}$$

2) Diversa topologia circuitale per ogni connessione

In alternativa al metodo precedente, si può utilizzare un unico circuito equivalente a parametri ibridi (ad esempio quello relativo alla configurazione CE già determinato) cambiando le topologie circuitali, a seconda del tipo di connessione scelta. In questo caso, le formule relative alle grandezze elettriche esterne al dispositivo, che caratterizzano le prestazioni dell'amplificatore, saranno diverse. Le Figura 5. 44, Figura 5. 45 e Figura 5. 46, aiutano a chiarire il concetto.

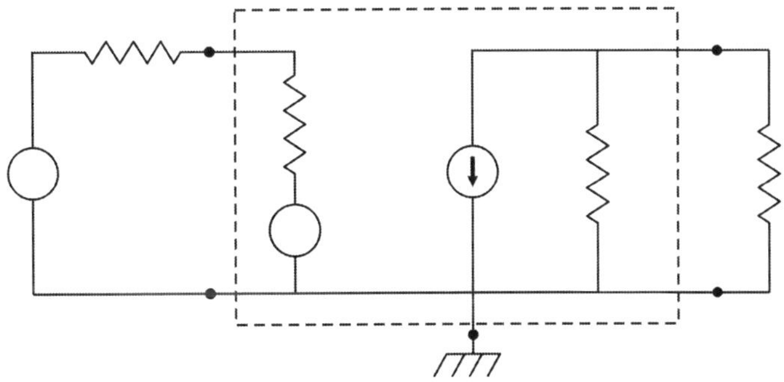

Figura 5. 44: configurazione CE

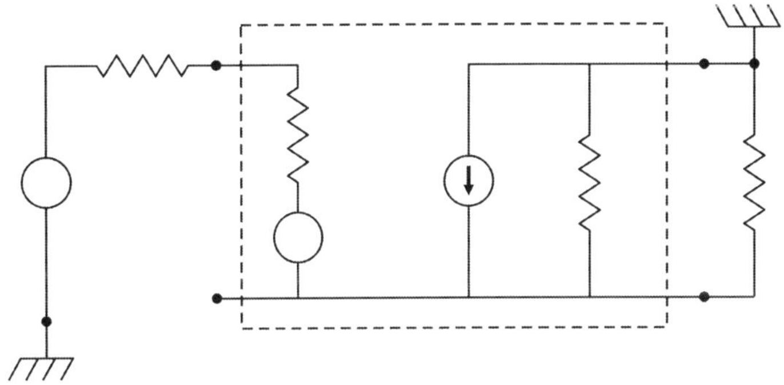

Figura 5. 45: configurazione CC

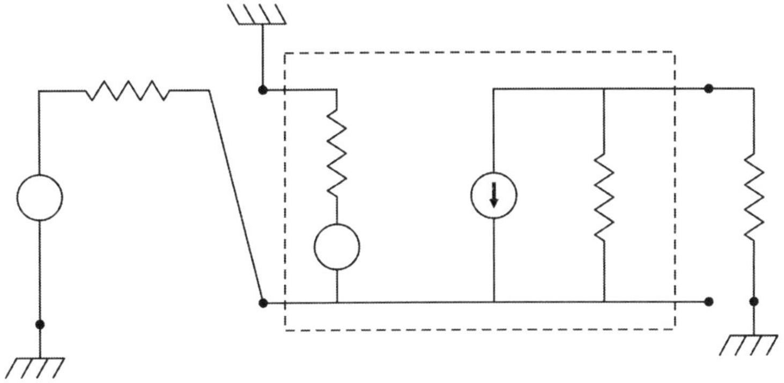

Figura 5. 46: configurazione CB

I due metodi sono ovviamente equivalenti, ma nel seguito, dovendo fare una scelta, useremo quasi sempre il secondo metodo, che tra l'altro ci permette di usare direttamente le notazioni del circuito equivalente in Figura 5. 34 (nonché di quelli semplificati che da esso derivano, ivi compreso il modello in Figura 5. 36 in cui compare la transconduttanza). Solo in alcuni casi, limitatamente alla configurazione a base comune, infatti, utilizzeremo il circuito equivalente di Figura 5. 46, esplicitando i termini della relativa matrice [$\boldsymbol{h}_{ib}$].

5.12 Amplificatore a singolo BJT in configurazione CE

Consideriamo un BJT polarizzato in regione attiva diretta mediante una rete a quattro resistori come indicato in Figura 5. 47.

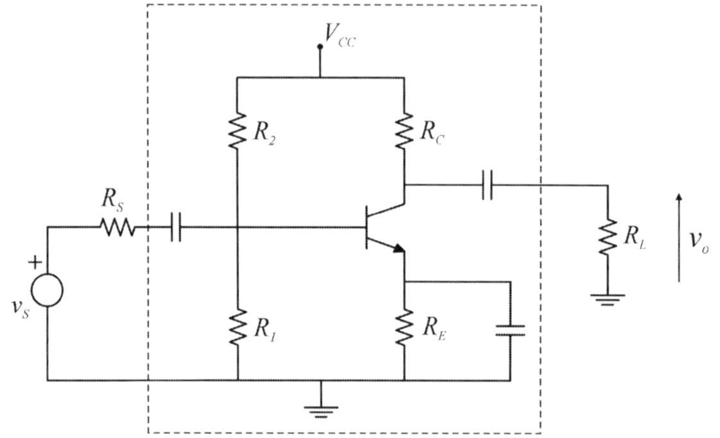

Figura 5. 47: amplificatore a singolo BJT in configurazione CE

Come abbiamo già detto, lo studio del circuito inizia con l' ***analisi in DC,*** ovvero con la determinazione del punto di lavoro (ottenuto con la polarizzazione del transistor), considerando nulli tutti i segnali e quindi tensioni e correnti variabili nel tempo (metodo della sovrapposizione degli effetti).
In particolare, in questo tipo di analisi, i condensatori si comportano come circuiti aperti, cosicché il circuito da analizzare in continua diventa quello in Figura 5. 48.

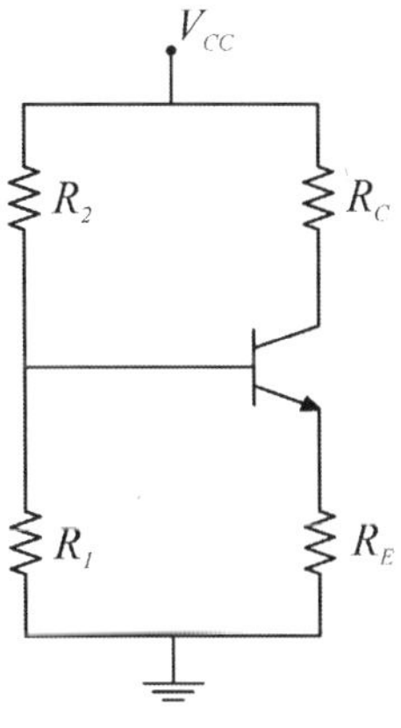

Figura 5. 48: Analisi DC dell'amplificatore a singolo BJT in configurazione CE

L'analisi circuitale, già precedentemente eseguita, permette di determinare agevolmente la tensione in ogni nodo e la corrente in ogni ramo. Il passo successivo è l'analisi del circuito in presenza del solo segnale d'ingresso (***analisi in AC***), considerando dei cortocircuiti i generatori di tensione costante e dei circuiti aperti gli eventuali generatori di corrente costante (in quanto, entrambi, non variabili nel tempo). Faremo inoltre l'ipotesi di aver scelto il valore dei condensatori presenti nel circuito in modo tale da poterli considerare, alle frequenze del segnale in esame, dei cortocircuiti (semplificazione importante di cui si vedranno i limiti esaminando, nel seguito, la risposta in frequenza degli amplificatori). Il circuito "in alternata" può quindi essere ridisegnato come in Figura 5. 49.

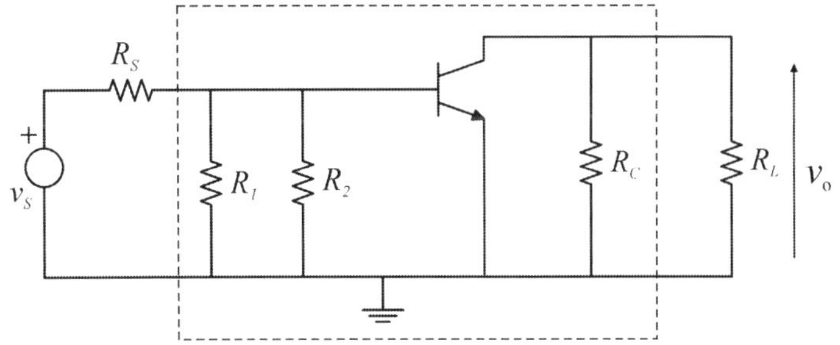

Figura 5. 49: analisi AC dell'amplificatore a singolo BJT in configurazione CE

Sostituiamo ora al BJT il suo modello per piccoli segnali utilizzando il circuito equivalente di Figura 5. 36.

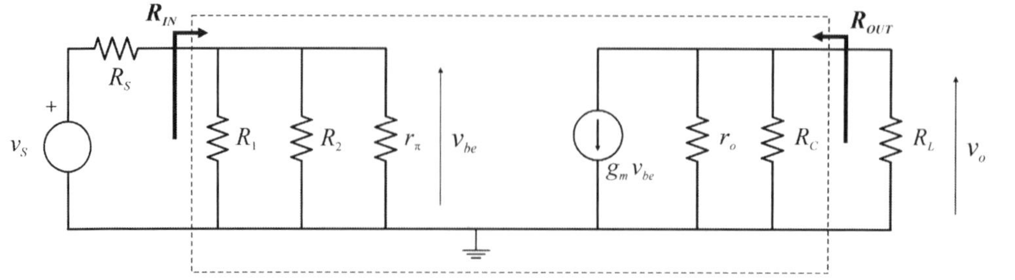

Figura 5. 50: analisi AC di un amplificatore a singolo BJT in configurazione CE

La *resistenza di ingresso* $\boldsymbol{R_{IN}}$ di questo amplificatore è la resistenza vista tra il terminale di base e quello a massa, quindi

$$R_{IN} = R_1 \| R_2 \| r_\pi \tag{5. 106}$$

Analogamente, è facile vedere che la *resistenza di uscita* è la resistenza $\boldsymbol{R_{OUT}}$ vista tra i morsetti di collettore e quello a massa

$$R_{OUT} = R_C \| r_o \tag{5. 107}$$

Essendo poi, come sappiamo, r_o una resistenza piuttosto grande, si può di solito approssimare $\boldsymbol{R_{OUT}}$ come

$$R_{OUT} \approx R_C \tag{5. 108}$$

Il circuito in esame può operare (come tutti gli amplificatori) in uno dei quattro modi già descritti nel paragrafo 5.2: come amplificatore di tensione, di corrente, di transimpedenza, di transconduttanza, proprio a seconda dei valori delle resistenze $\boldsymbol{R_{IN}}$ e $\boldsymbol{R_{OUT}}$ rispetto ai valori di $\boldsymbol{R_S}$ ed $\boldsymbol{R_L}$ rispettivamente. Questo, naturalmente in linea di principio. Nella realtà, ogni tipo di amplificatore ha una propria $\boldsymbol{R_{IN}}$ ed $\boldsymbol{R_{OUT}}$ e quindi, poiché un "buon" amplificatore di uno dei quattro tipi indicati deve verificare opportune condizioni sui valori di tali resistenze, cercheremo di utilizzare lo specifico amplificatore nei casi in cui i valori predetti si avvicinino al caso ideale, ottimizzandone, appunto, l'impiego. Naturalmente, esistono tecniche circuitali (l'uso della controreazione ad esempio) che, come vedremo, consentono di modificare nella direzione voluta i valori di $\boldsymbol{R_{IN}}$ ed $\boldsymbol{R_{OUT}}$ in modo da approssimare le condizioni ideali del tipo di amplificatore desiderato.

1) tensione-tensione

Le condizioni perché si possa parlare di amplificatore di questo tipo sono, come si è posto in evidenza

$$R_{IN} >> R_S \qquad (5.109)$$

$$R_{OUT} << R_L \qquad (5.110)$$

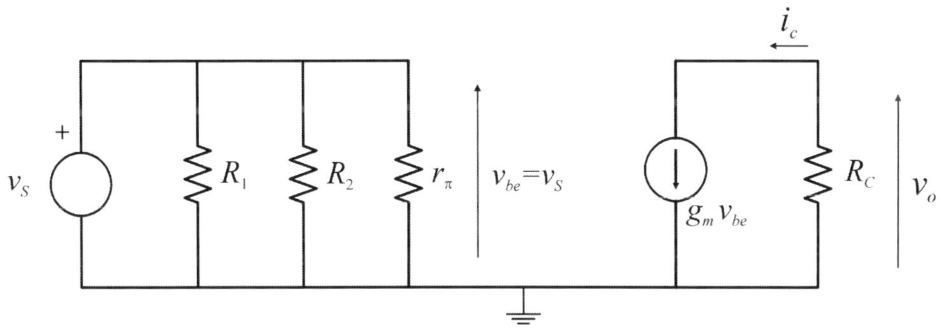

Figura 5. 51: tensione-tensione

Se la resistenza del generatore di segnale $\boldsymbol{R_S}$ si può assumere piccola rispetto alla resistenza di ingresso $\boldsymbol{R_{IN}}$, avremo

$$v_{be} = v_s \qquad (5.111)$$

Nella maglia di uscita poi, scegliendo $\boldsymbol{R_C}$ piccola rispetto al parallelo di $\boldsymbol{r_o}$ e $\boldsymbol{R_L}$, possiamo trascurare queste ultime considerandole dei circuiti aperti. Segue che tutta la corrente del generatore controllato dalla $\boldsymbol{v_{be}}$ scorre proprio in $\boldsymbol{R_C}$.

La tensione $\boldsymbol{v_o}$ è pertanto data da

$$v_o = -g_m v_s R_C \qquad (5.112)$$

Si noti, in particolare, il segno meno che rende conto del fatto che quando la tensione $\boldsymbol{v_s}$ aumenta, $\boldsymbol{v_o}$ diminuisce, essendo quindi l'ingresso e l'uscita in controfase (il circuito in questione è infatti un *invertitore*).

Possiamo ora definire il ***guadagno in tensione*** dello stadio (guadagno tensione-tensione) $\boldsymbol{A_{vv}}$ il rapporto

$$A_{vv} = \frac{v_o}{v_s} \qquad (5.113)$$

Quindi

$$A_{vv} = -g_m R_C \qquad (5.114)$$

La (5.114) si può scrivere anche come segue

$$A_{vv} = -\frac{I_C R_C}{V_T} \qquad \textbf{(5. 115)}$$

che sottolinea il significato fisico del guadagno tensione-tensione: $\boldsymbol{A_{vv}}$ è il rapporto tra la caduta di tensione <u>in continua</u> su $\boldsymbol{R_C}$ e la tensione termica $\boldsymbol{V_T}$. Poiché tale caduta dovrà essere sicuramente minore dell'alimentazione, fissata $\boldsymbol{V_{CC}}$, possiamo stimare il guadagno $\boldsymbol{A_{vv}}$ dell'ordine di

$$|A_{vv}| < \frac{V_{CC}}{V_T} = 40(V_{CC}) \qquad \textbf{(5. 116)}$$

con $\boldsymbol{V_{CC}}$ in Volt. Si noti peraltro che l'amplificatore così realizzato, <u>non</u> è un buon amplificatore di tensione, visto che l'amplificazione stessa dipende dal valore della sola resistenza $\boldsymbol{R_C}$, solo se scegliamo $\boldsymbol{R_L}$ abbastanza grande.

2) Amplificatore di transconduttanza (tensione-corrente)

Le condizioni affinché si ricada in questo caso sono

$$R_{IN} >> R_S \qquad \textbf{(5. 117)}$$

$$R_{OUT} >> R_L \qquad \textbf{(5. 118)}$$

Se la resistenza $\boldsymbol{R_S}$ del generatore di segnale si può assumere piccola rispetto alla resistenza di ingresso, avremo anche in questo caso

$$v_{be} = v_s \qquad \textbf{(5. 119)}$$

Nella maglia di uscita, se $\boldsymbol{r_o}$ e $\boldsymbol{R_C}$ vengono scelte in modo che il loro parallelo continui ad essere grande rispetto alla resistenza di carico $\boldsymbol{R_L}$, potranno essere considerate circuiti aperti: tutta la corrente del generatore controllato dalla $\boldsymbol{v_{be}}$ scorrerà allora sul carico $\boldsymbol{R_L}$ ed avrà un valore indipendente dal carico stesso.

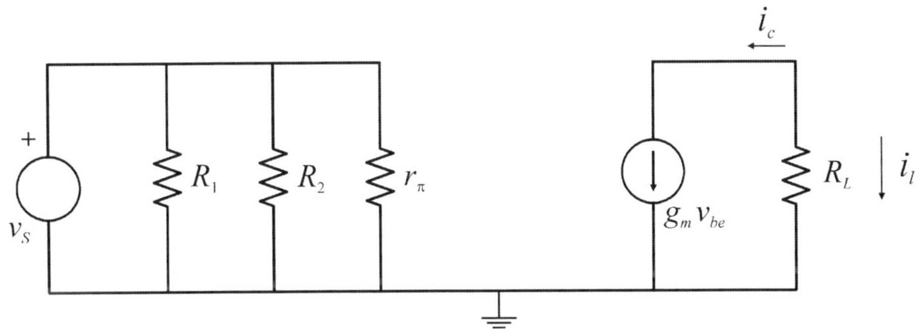

Figura 5. 52: tensione-corrente

La corrente sul carico, ricordando poi la (5.119), sarà data infatti da

$$i_l = -g_m v_s \qquad \textbf{(5. 120)}$$

e potremo definire ***guadagno di transconduttanza*** dello stadio (guadagno tensione-corrente) il rapporto $\boldsymbol{A_{vi}}$

$$A_{vi} = \frac{i_l}{v_s} \qquad \textbf{(5. 121)}$$

da cui

$$A_{vi} = -g_m \qquad \textbf{(5. 122)}$$

A differenza del caso precedente e con le posizioni fatte, l'amplificatore descritto è quindi un <u>buon</u> amplificatore di transconduttanza (corrente di uscita dipendente <u>solo</u> dalla tensione d'ingresso), anche perché abbiamo visto che verifica con facilità le condizioni (5.117) e (5.118).

Quanto agli altri due casi con ingresso in corrente, l'amplificatore di corrente (corrente-corrente) e l'amplificatore di transresistenza (corrente-tensione) diciamo subito che risultano di minor interesse pratico se realizzati con questa configurazione . Infatti, ciò che impedisce di ottimizzare le prestazioni di questi altri due tipi di amplificatore, sono i due aspetti seguenti:

1) Il guadagno dipende da $\boldsymbol{\beta_F}$ che è un valore che può variare di molto anche per BJT nominalmente identici e quindi, di fatto, l'amplificatore risulta avere guadagno grande ma non ben determinato a priori.

2) La resistenza di ingresso $\boldsymbol{r_\pi}$, data dalla (5.92) non è mai molto piccola, come sarebbe auspicabile per amplificatori con ingresso in corrente, infatti

$$r_\pi = \frac{\beta_F}{g_m} = \frac{\beta_F V_T}{I_C} \tag{5. 123}$$

Essendo $\boldsymbol{\beta_F}$ grande, per ottenere una $\boldsymbol{r_\pi}$ di valore basso, è necessaria una grande corrente di collettore (e quindi una grande dissipazione di potenza). Ovvero, possiamo riscrivere la relazione precedente come

$$r_\pi = \frac{\beta_F V_T}{I_C} = \frac{V_T}{I_B} \tag{5. 124}$$

da cui risulta che per ottenere una piccola resistenza di ingresso $\boldsymbol{r_\pi}$ è necessaria anche una corrente di base considerevole. Ciò significa che l'assunzione fatta nel calcolo del punto di lavoro, che cioè la corrente di base fosse trascurabile rispetto a quella nel partitore di polarizzazione, non sarà più verificata. Ne segue che il punto di lavoro stesso non sarà più indipendente dalle caratteristiche del BJT ma ne dipenderà considerevolmente (in particolare, come si è visto, attraverso la $\boldsymbol{\beta_F}$).

C'è peraltro da aggiungere, ad ulteriore commento di quanto affermato, che utilizzando opportuni artifici circuitali (l'inserimento di una resistenza di valore opportuno in serie alla base, per esempio, ovvero determinati tipi di controreazione), si possono attenuare alcuni degli aspetti negativi messi in luce, giungendo a modificare l'amplificatore in modo che raggiunga prestazioni accettabili anche nelle altre utilizzazioni.

5.13 Amplificatore a singolo BJT in configurazione CE reazionato

Il BJT in configurazione CE come amplificatore con ingresso in tensione permette di ottenere un guadagno elevato (maggiore di ogni altra configurazione) ma ha tre importanti limiti.

1) Affinché possa operare in regime di piccoli segnali, il segnale di ingresso deve essere molto minore di 50mV, che è un valore decisamente basso.
2) La resistenza d'ingresso, per alcune applicazioni, può risultare piccola (tipicamente è dell'ordine di qualche kΩ)
3) Il guadagno dell'amplificatore è proporzionale a $\boldsymbol{I_C / V_T}$ con $\boldsymbol{V_T}$ tensione termica. Poiché la tensione termica dipende, per l'appunto, dalla temperatura, il guadagno non è costante. Per di più $\boldsymbol{g_m = I_C / V_T}$ vale solo in prima approssimazione, più in generale è necessario considerare un fattore di non idealità a denominatore della funzione. Tale fattore dipende dalla corrente di collettore e dal particolare BJT, rendendo in definitiva il guadagno grande, ma poco controllabile.

L'introduzione di una reazione negativa è una soluzione circuitale molto usata nel BJT in configurazione CE, per risolvere i problemi suddetti a scapito, però, di una sensibile riduzione del guadagno (non critica peraltro in quanto la configurazione CE consente, come abbiamo sottolineato, i guadagni più elevati).

La Figura 5. 53 mostra la soluzione circuitale predetta. Si noti in particolare la presenza della resistenza $\boldsymbol{R_E}$ che funge da reazione negativa. L'idea di base, analoga a quella vista nell'analisi del processo di stabilizzazione termica (funzione che anche $\boldsymbol{R_E}$ svolge insieme alla resistenza $\boldsymbol{R_3}$) è che un aumento di corrente di collettore (e quindi di corrente di emettitore che è circa uguale) produca una caduta di tensione su $\boldsymbol{R_E}$ che riduca la tensione $\boldsymbol{v_{BE}}$ (in quanto la tensione $\boldsymbol{V_B}$ è tenuta fissa dalla rete di polarizzazione). La riduzione di $\boldsymbol{v_{BE}}$ a sua volta riduce la corrente di collettore. Questo meccanismo di reazione (per cui l'uscita controlla l'ingresso) stabilizza il guadagno e, come vedremo, aumenta la resistenza di ingresso.

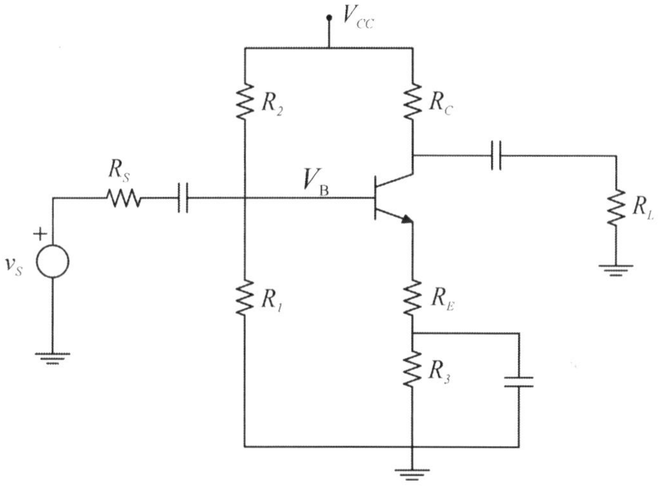

Figura 5. 53: amplificatore a BJT in configurazione CE reazionato

Cortocircuitiamo dunque i condensatori di accoppiamento e l'alimentazione e sostituiamo il BJT con il suo circuito equivalente per piccoli segnali. Inoltre, poiché $\boldsymbol{r_o}$ è di valore elevato, la sostituiamo con un circuito aperto (Figura 5. 54).

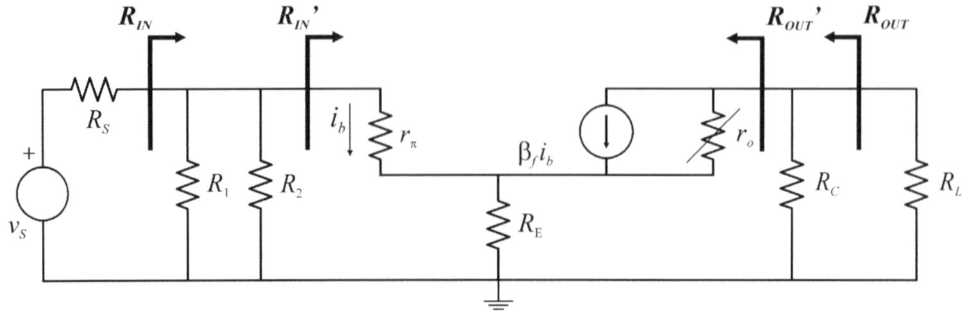

Figura 5. 54: resistenza di ingresso e resistenza di uscita

Calcoliamo ora la resistenza di ingresso del circuito di Figura 5. 54 si avrà

$$R_{IN} = R_1 \| R_2 \| R'_{IN} \tag{5. 125}$$

dove R'_{IN} è la resistenza che si vede in base dopo aver scollegato ciò che è a sinistra della base stessa. Per calcolare R'_{IN} procediamo applicando un generatore di "prova" e stimando la corrente erogata (Figura 5. 55).

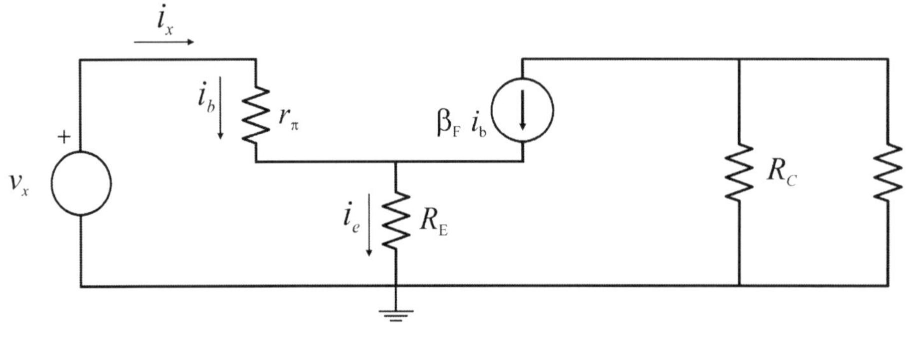

Figura 5. 55: calcolo della resistenza di ingresso

Dalla equazione di Kirchoff alla maglia d'ingresso, otteniamo

$$v_x = r_\pi i_b + R_E i_e = r_\pi i_b + R_E(i_b + \beta_F i_b) = i_b(r_\pi + R_E(1+\beta_F)) \tag{5. 126}$$

da cui

$$v_x \approx i_b(r_\pi + \beta_F R_E) \tag{5. 127}$$

D'altra parte

$$i_x = i_b \tag{5. 128}$$

Quindi

$$R'_{IN} = \frac{v_x}{i_x} = r_\pi + \beta_F R_E \approx \beta_F R_E \quad \textbf{(5. 129)}$$

Come anticipato la resistenza vista in base, rispetto alla connessione CE senza retroazione, è ora aumentata in modo considerevole per l'apporto della resistenza $\boldsymbol{R_E}$ moltiplicata per il guadagno in corrente del BJT $\boldsymbol{\beta_F}$. Nella (5.125) la $\boldsymbol{R'_{IN}}$ può essere considerata un circuito aperto e quindi, con buona approssimazione, $\boldsymbol{R_{IN}}$ diventa

$$R_{IN} = R_1 \| R_2 \quad \textbf{(5. 130)}$$

La resistenza di ingresso è dunque di valore elevato ed ha poco senso perciò usare questa configurazione con ingresso in corrente. Pertanto, i possibili casi applicativi sono solo due: tensione-tensione, tensione-corrente, casi che andremo ad esaminare. Completiamo intanto l'analisi del circuito di Figura 5. 54, valutandone la resistenza di uscita $\boldsymbol{R_{OUT}}$ che è data da

$$R_{OUT} = R_C \| R'_{OUT} \quad \textbf{(5. 131)}$$

Per il calcolo di $\boldsymbol{R'_{OUT}}$ prendiamo in considerazione il circuito in Figura 5. 56, nel quale si è tenuto conto del fatto che l'ingresso è in tensione e quindi le resistenze del partitore in ingresso sono cortocircuitate dal generatore di segnale, che supponiamo abbia resistenza interna $\boldsymbol{R_S}$ trascurabile.

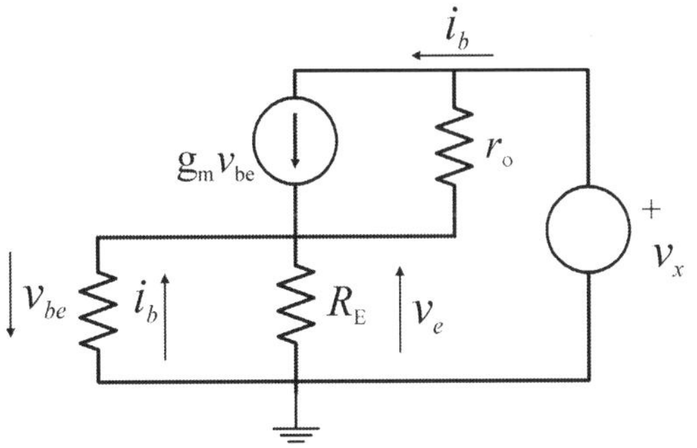

Figura 5. 56: calcolo della resistenza di uscita

Possiamo scrivere

$$i_x = g_m v_{be} + \frac{v_x + v_{be}}{r_o} \quad \textbf{(5. 132)}$$

D'altra parte, se consideriamo $\boldsymbol{i_b}$ piccola rispetto a $\boldsymbol{g_m v_{be}}$ possiamo scrivere

$$-v_{be} = v_e \approx i_x R_E \tag{5. 133}$$

Sostituendo la (5.137) nella (5.136), si ottiene

$$R'_{OUT} = \frac{v_x}{i_x} = r_o + R_E + r_o R_E g_m \tag{5. 134}$$

che è un valore sicuramente maggiore di $\boldsymbol{r_o}$, a sua volta di valore elevato (nell'ordine delle decine di kΩ). Quindi, sempre con buona approssimazione, avremo che varrà la relazione

$$R_{OUT} = R_C \tag{5. 135}$$

1) Amplificatore di tensione (tensione-tensione)

Le condizioni affinché si ricada in questo caso sono, lo ripetiamo,

$$R_{IN} >> R_S \tag{5. 136}$$

$$R_{OUT} << R_L \tag{5. 137}$$

Poiché la resistenza del generatore di segnale $\boldsymbol{R_S}$ è piccola rispetto alla resistenza di ingresso $\boldsymbol{R_{IN}}$, la possiamo considerare nulla (approssimandola cioè con un corto circuito). Se, quindi, il generatore di tensione (ideale) può essere applicato direttamente alla base, il parallelo delle due resistenze $\boldsymbol{R_1}$ e $\boldsymbol{R_2}$ non ha più alcun effetto e possiamo trascurarlo (approssimandolo cioè con un circuito aperto). Quanto alla resistenza di carico $\boldsymbol{R_L}$, la possiamo scegliere di valore tale da trascurarla nel parallelo con $\boldsymbol{R_C}$ (sostituendola cioè anch'essa con un circuito aperto).

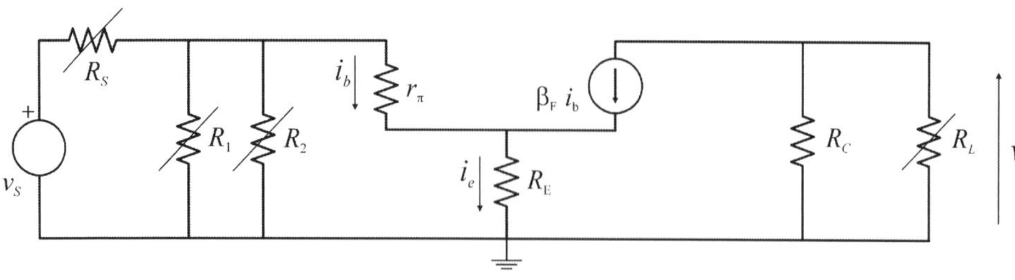

Figura 5. 57: tensione-tensione

Il circuito così risultante è riportato in Figura 5. 58 ed è quello di cui completiamo l'analisi

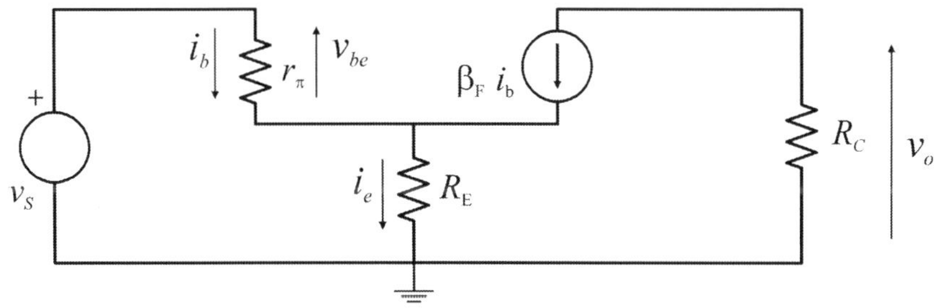

Figura 5. 58: tensione-tensione

Dalla equazione di Kirchoff alla maglia d'ingresso, otteniamo nuovamente

$$v_s = r_\pi i_b + R_E i_e = r_\pi i_b + R_E\left(i_b + \beta_F i_b\right) = i_b\left(r_\pi + R_E\left(1+\beta_F\right)\right) \qquad \textbf{(5. 138)}$$

$$v_s \approx i_b\left(r_\pi + \beta_F R_E\right) \qquad \textbf{(5. 139)}$$

D'altra parte

$$v_o = -\beta_F i_b R_C \qquad \textbf{(5. 140)}$$

e quindi, per l'amplificazione di tensione $\boldsymbol{A_{vv}}$ (tensione-tensione) avremo

$$A_{vv} = \frac{v_o}{v_s} = -\frac{i_b \beta_F R_C}{i_b\left(r_\pi + \beta_F R_E\right)} = -\frac{\beta_F R_C}{r_\pi + \beta_F R_E} \qquad \textbf{(5. 141)}$$

Quanto ad $\boldsymbol{r_\pi}$ possiamo trascurarla se

$$r_\pi << \beta_F R_E \qquad \textbf{(5. 142)}$$

ovvero, ricordando che $\boldsymbol{r_\pi=\beta_F/g_m=\beta_F V_T/I_C}$, la trascureremo se

$$I_C R_E >> V_T = 26\text{mV} \qquad \textbf{(5. 143)}$$

Se questa condizione è rispettata allora la (5.141) diviene

$$A_{vv} = -\frac{R_C}{R_E} \qquad \textbf{(5. 144)}$$

Si noti, in particolare, che ora il guadagno non dipende più da g_m , ma solo dal valore di due resistenze nel circuito: ciò significa che le prestazioni di questo amplificatore non dipendono in alcun modo dal particolare BJT impiegato, purché abbia guadagno sufficiente (condizione, questa, normalmente ben verificata). Non è un risultato da poco, quello appena ottenuto, come vale la pena di sottolineare. Le prestazioni di BJT anche nominalmente identici, infatti, possono variare di molto, a causa di piccole variazioni nel processo di fabbricazione: il fatto che questo tipo di amplificatore prescinda dal BJT impiegato, ne rende quindi più semplice ed agevole la progettazione.

2) Amplificatore di transconduttanza (tensione-corrente)

Le condizioni affinché si ricada in questo caso sono

$$R_{IN} >> R_S \qquad \textbf{(5. 145)}$$

$$R_{OUT} >> R_L \qquad \textbf{(5. 146)}$$

Per quanto riguarda le condizioni da verificare in ingresso dell'amplificatore, sono ovviamente le stesse esaminate nel caso precedente, che qui ripetiamo per semplificarne l'analisi. Poiché la resistenza del generatore di segnale $\boldsymbol{R_S}$ è piccola rispetto alla resistenza di ingresso $\boldsymbol{R_{IN}}$, la possiamo considerare nulla. Se, quindi, il generatore di tensione (ideale) può essere applicato direttamente alla base, il parallelo delle due resistenze $\boldsymbol{R_1}$ e $\boldsymbol{R_2}$ non ha più alcun effetto e possiamo trascurarlo.
Diverso è il discorso in uscita. Nel caso precedente, infatti, si sceglieva $\boldsymbol{R_L}$ grande, in modo tale da trascurarla nel parallelo con $\boldsymbol{R_C}$ (sostituendola cioè con un circuito aperto). Nel caso attuale, le parti si invertono: è $\boldsymbol{R_C}$ ad essere scelta di valore molto maggiore rispetto a $\boldsymbol{R_L}$, in modo da sostituirla con un circuito aperto (Figura 5. 59).

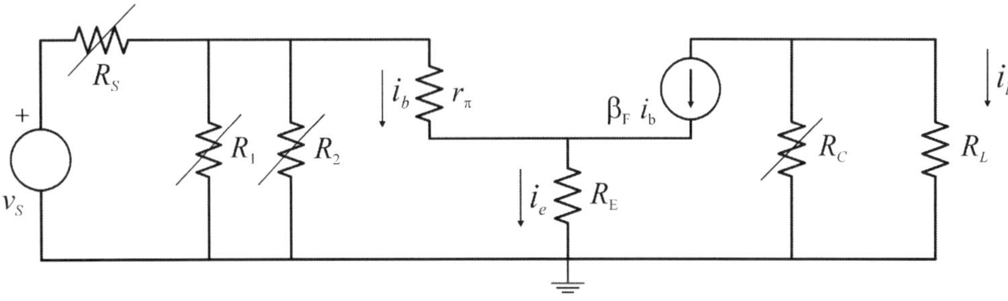

Figura 5. 59: tensione-corrente

Dalla equazione di Kirchoff alla maglia d'ingresso, otteniamo ancora una volta

$$v_s = r_\pi i_b + R_E i_e = r_\pi i_b + R_E\left(i_b + \beta_F i_b\right) = i_b\left(r_\pi + R_E\left(1+\beta_F\right)\right) \quad \textbf{(5. 147)}$$

$$v_s \approx i_b\left(r_\pi + \beta_F R_E\right) \quad \textbf{(5. 148)}$$

D'altra parte

$$i_l = -\beta_F i_b \quad \textbf{(5. 149)}$$

Per il guadagno di transconduttanza $\boldsymbol{A_{vi}}$ (tensione-corrente) avremo perciò

$$A_{vi} = \frac{i_l}{v_s} = -\frac{i_b\beta_F}{i_b\left(r_\pi + \beta_F R_E\right)} = -\frac{\beta_F}{r_\pi + \beta_F R_E} \quad \textbf{(5. 150)}$$

Come già messo in evidenza inoltre, $\boldsymbol{r_\pi}$ può essere trascurato se

$$r_\pi << \beta_F R_E \quad \textbf{(5. 151)}$$

ovvero se

$$I_C R_E >> V_T = 26\text{mV} \quad \textbf{(5. 152)}$$

Se questa condizione è rispettata allora la (5.150) diviene

$$A_{vi} = -\frac{1}{R_E} \quad \textbf{(5. 153)}$$

Vogliamo ora stimare l'ampiezza del segnale d'ingresso v_s affinché il BJT possa considerarsi lavorare in regime di piccoli segnali. Tornando alla Figura 5. 59, dalla equazione di Kirchoff alla maglia d'ingresso si ottiene:

$$v_s = v_{be} + i_e R_E = v_{be} + (i_b + \beta_F i_b) R_E = v_{be} + i_b (1 + \beta_F) R_E \qquad \textbf{(5. 154)}$$

$$v_s \approx v_{be} + i_b \beta_F R_E \qquad \textbf{(5. 155)}$$

$$v_s \approx v_{be} + (i_b r_\pi)\left(\frac{\beta_F}{r_\pi}\right) R_E \qquad \textbf{(5. 156)}$$

$$v_s \approx v_{be} + v_{be} g_m R_E = v_{be}(1 + g_m R_E) \approx v_{be} g_m R_E \qquad \textbf{(5. 157)}$$

La condizione per piccoli segnali è

$$v_{be} << 2V_T \qquad \textbf{(5. 158)}$$

ovvero, per un BJT in configurazione CE reazionato

$$v_s << 2 g_m R_E V_T = 2 I_C R_E \qquad \textbf{(5. 159)}$$

$$v_s << 2 I_E R_E \qquad \textbf{(5. 160)}$$

La condizione perché il transistor funzioni in regime di piccoli segnali è diventata quindi che l'ampiezza del segnale v_s sia molto minore della caduta di tensione sulla resistenza di retroazione R_E : condizione non troppo stringente, per di più controllabile in fase di progetto della rete di polarizzazione e stabilizzazione termica.

5.14 Amplificatore a singolo BJT in configurazione CC

Riprendiamo il BJT polarizzato in regione attiva diretta mediante la rete a quattro resistori, e configuriamo il circuito come riportato in Figura 5. 60, notando in particolare che abbiamo spostato l'uscita sulla resistenza d'emettitore R_E che non è più cortocircuitata, per il segnale, da un condensatore in parallelo. Inoltre, l'uscita sul collettore è ora cortocircuitata a massa (sempre in alternata) tramite un condensatore. Si noti perciò che il resistore R_C non ha più alcuno scopo né ai fini del segnale (che non può attraversarlo perché il collettore alle frequenze del segnale è, come abbiamo detto, cortocircuitato a massa), né per la polarizzazione del BJT. Il solo effetto di R_C , se quindi non si utilizza il collettore come una seconda uscita (cosa che peraltro faremo in particolari applicazioni), è allora quello di ridurre la dinamica dell'amplificatore, fatto quest'ultimo che si cerca in genere di evitare.

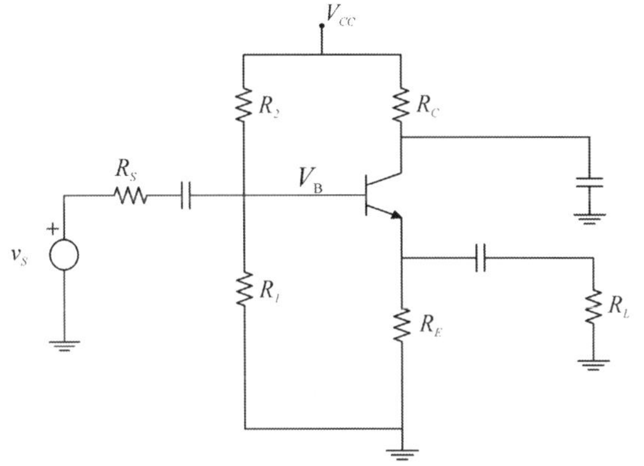

Figura 5. 60: amplificatore a singolo BJT in configurazione CC

Per questo ridisegniamo il circuito da analizzare come in Figura 5. 61 sostituendo $\boldsymbol{R_C}$ con un corto circuito in continua.

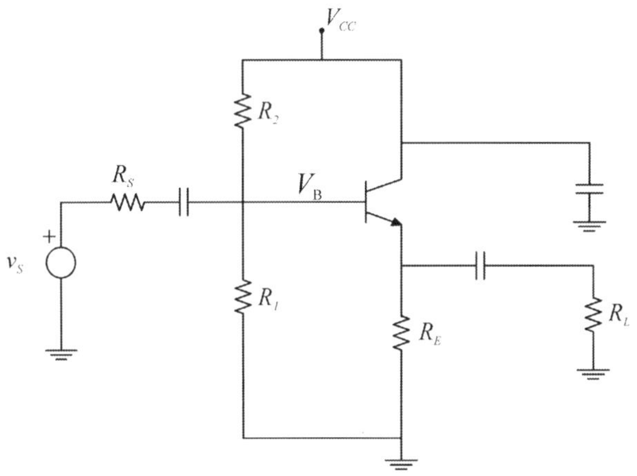

Figura 5. 61: amplificatore a singolo BJT in configurazione CC

Anche se ad un primo esame può apparire che il condensatore sul collettore sia superfluo, in quanto già il collegamento diretto all'alimentazione è equivalente a un collegamento a massa nel modello in alternata (***AC***), nella pratica la presenza di tale condensatore è tutt'altro che inutile. Normalmente infatti, la resistenza interna del generatore di tensione $\boldsymbol{V_{CC}}$ non è nulla. Inoltre, poiché spesso la tensione continua è ottenuta raddrizzando l'alternata fornita dalla rete, è buona norma porre dei condensatori in parallelo all'alimentazione per filtrare eventuali disturbi

provenienti dalla rete e, in alta frequenza, soprattutto, impedire che finisca in rete parte di quanto "viaggia " nell'amplificatore.
Cortocircuitiamo dunque sia i condensatori di accoppiamento che l'alimentazione e sostituiamo il BJT con il suo circuito equivalente per piccoli segnali. Poiché r_o è come sempre di valore elevato, la consideriamo un circuito aperto eliminandola dallo schema (Figura 5. 62).

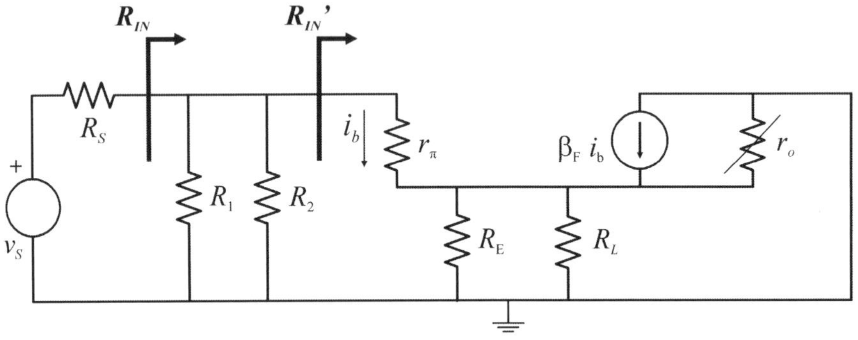

Figura 5. 62: resistenza di ingresso

Calcoliamo la resistenza di ingresso R_{IN}

$$R_{IN} = R_1 \| R_2 \| R'_{IN} \tag{5. 161}$$

dove R'_{IN} è la resistenza che si vede in base dopo aver scollegato ciò che è a sinistra della base stessa. Per calcolare R'_{IN} si procede esattamente come nel caso della connessione CE controreazionata: l'unica differenza è che la resistenza di reazione non è R_E, ma il parallelo di R_E con R_L (vedi Figura 5. 63).

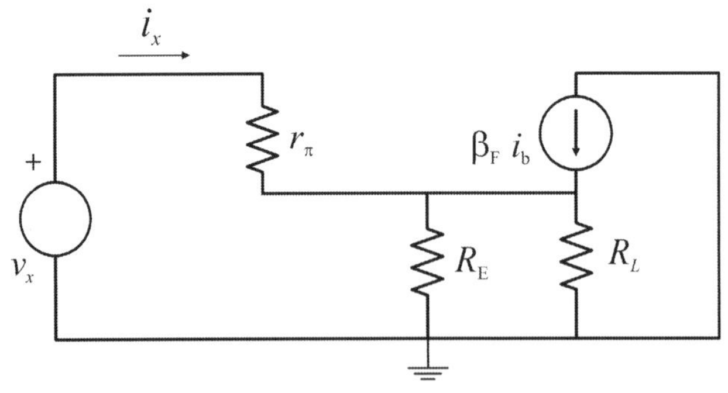

Figura 5. 63: calcolo della resistenza di ingresso

Il risultato è

$$R'_{IN} = \frac{v_x}{i_x} = r_\pi + \beta_F\left(R_E \| R_L\right) \approx \beta_F\left(R_E \| R_L\right) \qquad \textbf{(5. 162)}$$

R'*$_{IN}$*, così calcolata,ha valori elevati ed è approssimabile come un circuito aperto nella (5.165). Pertanto avremo:

$$R_{IN} = R_1 \| R_2 \qquad \textbf{(5. 163)}$$

In definitiva la resistenza d'ingresso in configurazione CC è elevata e rende la configurazione particolarmente adatta a funzionare con l'ingresso in tensione.

Calcoliamo ora la resistenza di uscita $\boldsymbol{R_{OUT}}$. A tal scopo cortocircuitiamo il generatore di segnale e, con riferimento alla Figura 5. 64, osserviamo che:

$$R_{OUT} = R_E \| R'_{OUT} \qquad \textbf{(5. 164)}$$

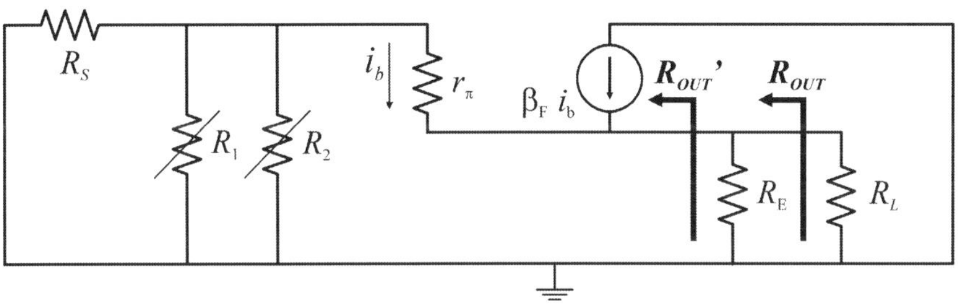

Figura 5. 64: resistenza di uscita

Calcoliamo ora $\boldsymbol{R'_{OUT}}$ applicando un generatore di prova. Poiché questo tipo di amplificatore è impiegato sempre con ingresso in tensione, la resistenza interna del generatore $\boldsymbol{R_s}$ è piccola e quindi la base è come se fosse cortocircuitata a massa.

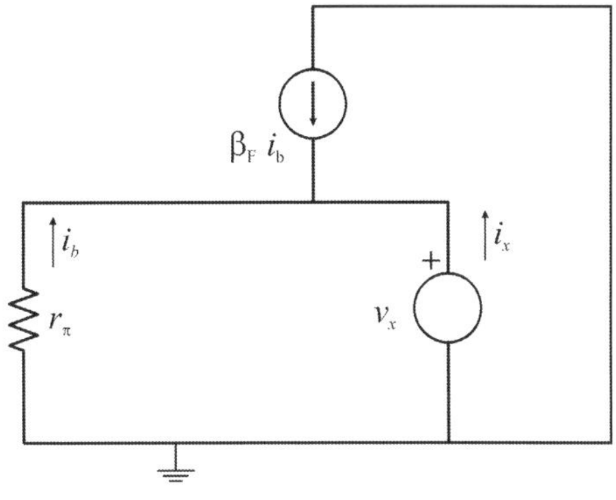

Figura 5. 65: calcolo della resistenza di uscita

Con questa ulteriore semplificazione, il circuito da esaminare diventa quello di Figura 5. 65, in base al quale avremo

$$v_x = -i_b r_\pi \tag{5. 165}$$

$$i_x = -i_b - \beta_F i_b \tag{5. 166}$$

R'$_{OUT}$ sarà quindi

$$R'_{OUT} = \frac{v_x}{i_x} = \frac{r_\pi}{(1+\beta_F)} \approx \frac{r_\pi}{\beta_F} = \frac{1}{g_m} = r_e \tag{5. 167}$$

dove, come abbiamo già detto, $\boldsymbol{r_e}$ (ovvero $\boldsymbol{1/g_m}$) è una resistenza piccola. In definitiva quindi per la resistenza d'uscita $\boldsymbol{R_{OUT}}$ si avrà

$$R_{OUT} = R_E \| r_e \approx r_e \tag{5. 168}$$

Il risultato complessivo sin qui trovato, mette quindi in luce come un BJT in configurazione CC abbia una resistenza di ingresso molto alta ed una resistenza di uscita molto bassa: sono le caratteristiche di un amplificatore di tensione (tensione-tensione) praticamente ideale.
Resta ora da calcolare il guadagno. Le condizioni da rispettare sono, come già più volte evidenziato,

$$R_{IN} >> R_S \tag{5. 169}$$

$$R_{OUT} << R_L \tag{5. 170}$$

La resistenza del generatore di segnale è piccola rispetto alla resistenza di ingresso, e pertanto la trascureremo. Il generatore di tensione (ideale) è allora applicato direttamente alla base ed il parallelo delle resistenze $\boldsymbol{R_1}$ e $\boldsymbol{R_2}$ non ha alcun effetto e non entrerà nella determinazione del guadagno. Definiamo, infine

$$R'_E = R_E \| R_L \tag{5. 171}$$

Il circuito così risultante è riportato in Figura 5. 66.

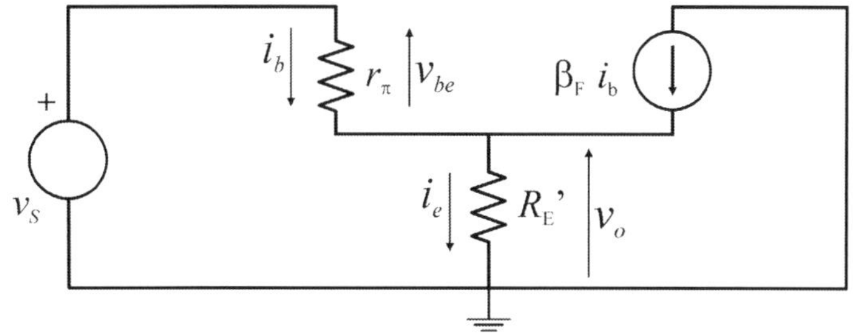

Figura 5. 66: tensione-tensione

Dalla equazione di Kirchoff alla maglia d'ingresso, otteniamo

$$v_s = r_\pi i_b + R_E^{'} i_e = r_\pi i_b + R_E^{'}\left(i_b + \beta_F i_b\right) = i_b\left(r_\pi + R_E^{'}\left(1+\beta_F\right)\right) \quad \textbf{(5. 172)}$$

$$v_s \approx i_b\left(r_\pi + \beta_F R_E^{'}\right) \quad \textbf{(5. 173)}$$

D'altra parte

$$v_o = R_E^{'} i_e = R_E^{'}\left(i_b + \beta_F i_b\right) \approx i_b R_E^{'} \beta_F \quad \textbf{(5. 174)}$$

Ne segue che il guadagno di tensione dello stadio $\boldsymbol{A_{vv}}$ vale

$$A_{vv} = \frac{v_o}{v_s} = \frac{i_b \beta_F R_E^{'}}{i_b\left(r_\pi + \beta_F R_E^{'}\right)} \approx 1 \quad \textbf{(5. 175)}$$

Il guadagno in tensione $\boldsymbol{A_{vv}}$ è quindi all'incirca unitario: un amplificatore che, *apparentemente* non amplifica! Apparentemente, per l'appunto. Ricordiamo infatti che caratteristica di un amplificatore è quella di fornire in uscita una potenza maggiore di quella che si ha in ingresso. Ebbene, nella configurazione CC, la tensione d'uscita è all'incirca uguale a quella d'ingresso, ma la corrente d'uscita è $\boldsymbol{\beta_F}$ volte quella d'ingresso, come pure la potenza: quindi è un amplificatore a tutti gli effetti.

Quanto poi alla sua utilità, c'è da aggiungere che la configurazione CC è tra le più usate. Infatti, sebbene non amplifichi il segnale di tensione, un BJT in configurazione CC funge da stadio "cuscinetto" (buffer) tra due stadi con valori di resistenza di uscita e di ingresso non idonei a un trasferimento diretto di tensione.

Il fatto che la tensione sull'emettitore sia uguale alla tensione in ingresso in base (a meno di circa 0.6V della giunzione BE), ha reso popolare il termine *emitter follower* per questo configurazione. In italiano è stato tradotto *inseguitore di emettitore*.

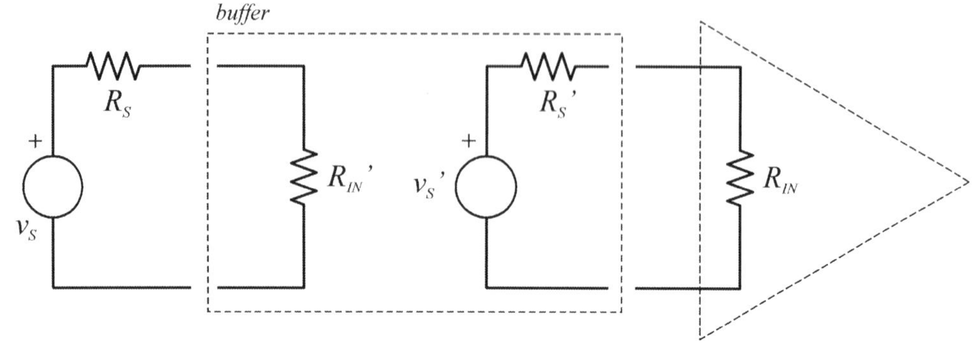

Figura 5. 67: buffer di tensione

Tornando ora alla (5.175), la condizione per cui è applicabile, con il risultato di avere il guadagno in tensione A_{vv} all'incirca unitario, è

$$r_\pi << \beta_F R_E^{'} \qquad \textbf{(5. 176)}$$

da cui

$$R_E^{'} I_C >> V_T \qquad \textbf{(5. 177)}$$

che è una condizione facilmente verificabile.

Determiniamo ora la condizione analitica per il segnale d'ingresso perché l'amplificatore operi in regime di piccoli segnali. Dalla maglia di ingresso si ottiene per v_s l'espressione

$$v_s = v_{be} + R_E^{'} i_e = v_{be} + R_E^{'}(i_b + \beta_F i_b) = v_{be} + i_b \beta_F R_E^{'} \qquad \textbf{(5. 178)}$$

$$v_s = v_{be} + (i_b r_\pi)\left(\frac{\beta_F}{r_\pi}\right) R_E^{'} = v_{be} + v_{be} g_m R_E^{'} = v_{be}\left(1 + g_m R_E^{'}\right) \qquad \textbf{(5. 179)}$$

$$v_s \approx v_{be} g_m R_E^{'} \qquad \textbf{(5. 180)}$$

La condizione di piccoli segnali è, come ricordiamo,

$$v_{be} << 2V_T \qquad \textbf{(5. 181)}$$

ovvero, per un BJT in configurazione CC dovrà essere verificata la condizione

$$v_s << 2g_m R_E^{'} V_T = 2I_C R_E^{'} \quad \textbf{(5. 182)}$$

$$v_s << 2I_E R_E^{'} \quad \textbf{(5. 183)}$$

La (5. 183) come si può facilmente notare, dà la stessa condizione già trovata per la configurazione CE controreazionata (con $\boldsymbol{R'_E}$ al posto di $\boldsymbol{R_E}$). Il risultato non deve stupire: entrambe le configurazioni hanno, in alternata, le maglie d'ingresso topologicamente identiche. Infine, anche in questo caso, la (5.183) fornisce una condizione non troppo stringente e per di più controllabile in fase di progetto della rete di polarizzazione.

5.15 Amplificatore a singolo BJT in configurazione CB

Riprendiamo, ancora una volta, il BJT polarizzato in regione attiva diretta mediante la rete a quattro resistori, e configuriamo il circuito come riportato in Figura 5. 68. Come abbiamo sottolineato nel paragrafo 5.11, osservando che la base è dinamicamente a massa tramite uno dei tre condensatori, potremmo utilizzare il circuito equivalente a parametri ibridi relativi alla configurazione in esame che è evidentemente del tipo a base comune (CB).

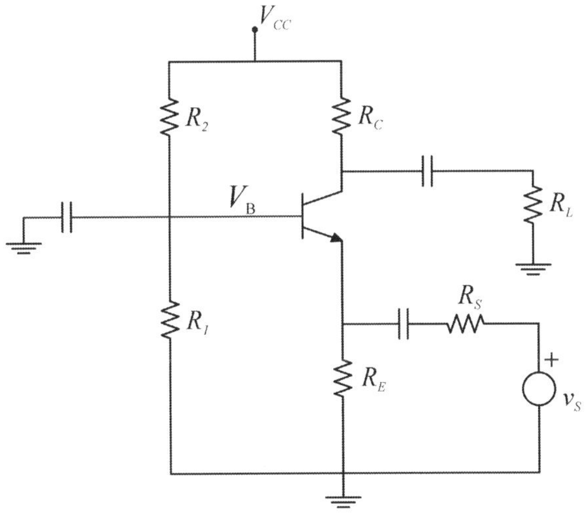

Figura 5. 68: amplificatore a singolo BJT in configurazione CB

Per uniformità con le trattazioni sin qui fatte, sceglieremo invece l'altro possibile approccio, continuando cioè ad utilizzare il circuito equivalente relativo alla connessione CE, modificando ovviamente la topologia del circuito complessivo.
Per l'analisi in alternata, cortocircuitiamo quindi, come al solito, i tre condensatori di accoppiamento e l'alimentazione (Figura 5. 69).

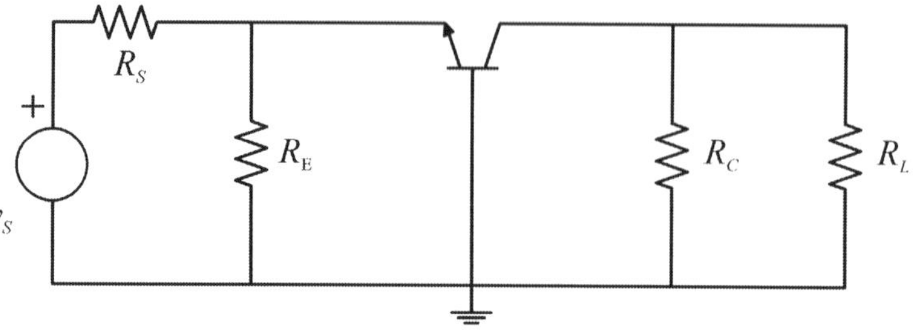

Figura 5. 69: analisi AC di un amplificatore a singolo BJT in configurazione CB

Incominciamo quindi calcolando la resistenza d'ingresso dell'amplificatore (Figura 5. 69) e lo facciamo sostituendo il BJT con il suo circuito equivalente per piccoli segnali relativo alla connessione a emettitore comune (CE). Otteniamo così lo schema di Figura 5. 70 dove, assumendo come sempre $\boldsymbol{r_o}$ grande rispetto al parallelo di $\boldsymbol{R_C}$ e $\boldsymbol{R_L}$, la sostituiamo con un circuito aperto.

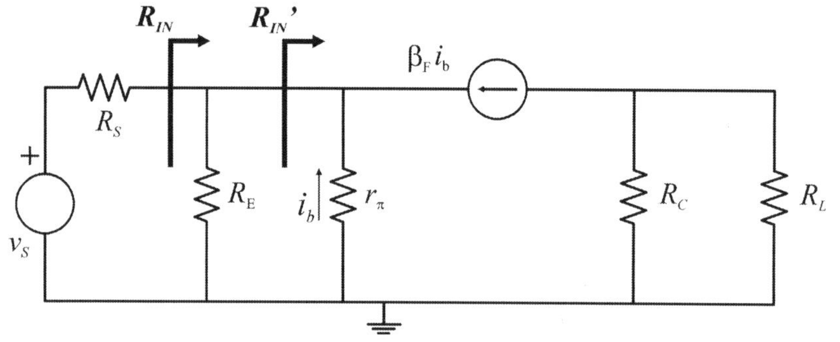

Figura 5. 70: resistenza di ingresso

Per la resistenza di ingresso $\boldsymbol{R_{IN}}$, dunque, dopo aver osservato che si ha

$$R_{IN} = R_E \| R_{IN}^{'} \tag{5. 184}$$

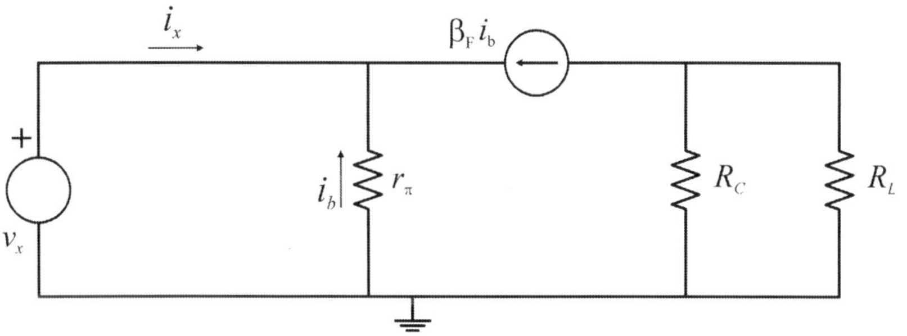

Figura 5. 71: calcolo della resistenza di ingresso

valutiamo R'_{IN} applicando come al solito un generatore di prova v_x e calcolandone la corrente i_x erogata . Sarà

$$i_x + \beta_F i_b = -i_b \quad \textbf{(5. 185)}$$

$$i_x = -(1 + \beta_F)i_b \quad \textbf{(5. 186)}$$

D'altra parte

$$v_x = -i_b r_\pi \quad \textbf{(5. 187)}$$

Ne segue, per R'_{IN} , l'espressione

$$R'_{IN} = \frac{v_x}{i_x} = \frac{r_\pi}{1+\beta_F} \approx \frac{r_\pi}{\beta_F} = \frac{1}{g_m} \quad \textbf{(5. 188)}$$

Poi, essendo $1/g_m$ una resistenza piccola, potremo porre per R_{IN}

$$R_{IN} = R_E \| \frac{1}{g_m} \approx \frac{1}{g_m} \quad \textbf{(5. 189)}$$

Quanto alla resistenza in uscita R_{OUT}, nelle ipotesi fatte, il valore relativo lo si ottiene per semplice ispezione del circuito di Figura 5. 71, da cui si ottiene l'espressione

$$R_{OUT} = R_C \quad \textbf{(5. 190)}$$

In definitiva, un BJT in configurazione CB presenta una resistenza di ingresso molto bassa e non ha senso quindi utilizzarlo con un ingresso in tensione. Di conseguenza utilizzeremo la connessione CB nelle applicazioni con l'ingresso in corrente (corrente-corrente e corrente-tensione) che andremo ad illustrare.

1) Amplificatore di corrente (corrente-corrente)

Le condizioni da rispettare per un ***amplificatore di corrente*** (corrente-corrente) sono

$$R_{IN} << R_S \quad \textbf{(5. 191)}$$

$$R_{OUT} >> R_L \quad \textbf{(5. 192)}$$

Poiché l'ingresso è in corrente, il modo più semplice per studiare l'amplificatore è supporre che sia pilotato da un generatore equivalente di Norton, ovvero da un generatore di corrente con la sua resistenza interna $\boldsymbol{R_S}$ in parallelo. Inoltre, un buon generatore di corrente, presenta in genere una $\boldsymbol{R_S}$ di valore elevato, che potremo perciò omettere nell'analisi considerandola un circuito aperto.

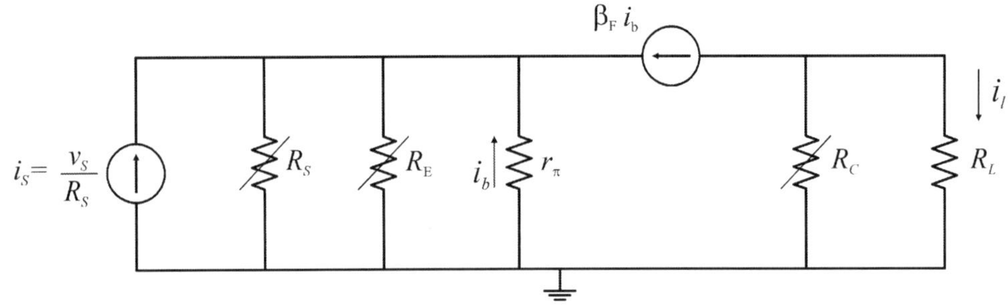

Figura 5. 72: corrente-corrente

Sempre con riferimento al circuito di Figura 5. 72, osserviamo che anche $\boldsymbol{R_E}$ sarà scelta in genere di valore elevato. $\boldsymbol{R_E}$, infatti, è inserita nel circuito per stabilizzarlo termicamente e per permetterne la polarizzazione in continua, ma "non partecipa" al processo di amplificazione. Di conseguenza, più alto è il suo valore, migliori saranno le prestazioni dell'amplificatore. Analogamente, sceglieremo $\boldsymbol{R_C}$ grande rispetto a R_L , che assumiamo essere il "vero carico" del transistor in alternata.
Ne segue che sia $\boldsymbol{R_E}$ che $\boldsymbol{R_C}$ saranno approssimate con un circuito aperto, riducendo l'analisi in alternata dell'amplificatore a quella del circuito di Figura 5. 73.

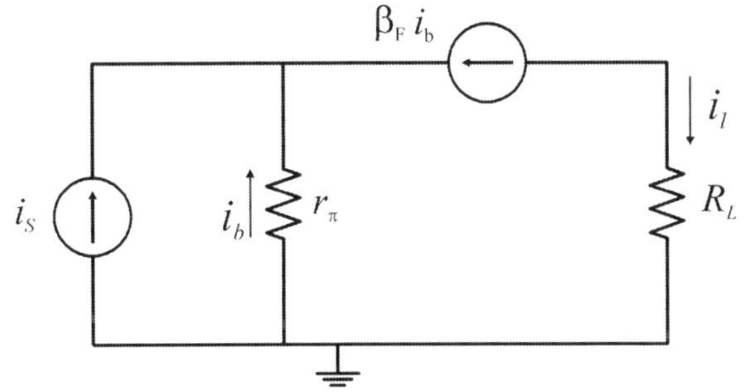

Figura 5. 73: corrente-corrente

Con le approssimazioni fatte possiamo scrivere

$$i_s = -i_b - \beta_F i_b = -i_b(1+\beta_F) \approx -i_b \beta_F \quad \textbf{(5. 193)}$$

D'altra parte

$$i_l = -i_b \beta_F \quad \textbf{(5. 194)}$$

Per il ***guadagno in corrente*** $\boldsymbol{A_{ii}}$ avremo quindi

$$A_{ii} = \frac{i_l}{i_s} \approx 1 \quad \textbf{(5. 195)}$$

Valgono ovviamente le considerazioni già fatte nel caso della configurazione a collettore comune, che quindi non ripeteremo, sottolineando però che anche in questo caso il circuito amplifica (la potenza). In definitiva la configurazione CB permette di realizzare un *buffer* di corrente, così come la configurazione CC permette di realizzarne uno di tensione.

2) Amplificatore di transimpedenza (corrente-tensione)

Le condizioni da rispettare per realizzare un buon ***amplificatore di transimpedenza*** sono

$$R_{IN} << R_S \quad \textbf{(5. 196)}$$

$$R_{OUT} << R_L \quad \textbf{(5. 197)}$$

Anche nel caso in esame pilotiamo l'amplificatore con un generatore equivalente di Norton, ovvero con un generatore di corrente con la resistenza interna $\boldsymbol{R_S}$ in parallelo, abbastanza grande per poterla considerare un circuito aperto. Per le ragioni già viste, assumeremo anche $\boldsymbol{R_E}$ grande tanto da poterla trascurare nell'analisi in alternata (approssimandola con un circuito aperto) e lo stesso faremo con il carico esterno $\boldsymbol{R_L}$ che, a differenza del caso precedente, assumeremo grande rispetto ad $\boldsymbol{R_C}$. Con queste approssimazioni e con riferimento al circuito di Figura 5. 74, possiamo scrivere

$$i_s = -i_b - \beta_F i_b = -i_b(1+\beta_F) \approx -i_b\beta_F \tag{5. 198}$$

D'altra parte

$$v_o = -i_b\beta_F R_C \tag{5. 199}$$

Per il ***guadagno di transimpedenza*** $\boldsymbol{A_{iv}}$ avremo quindi

$$A_{iv} = \frac{v_o}{i_s} \approx R_C \tag{5. 200}$$

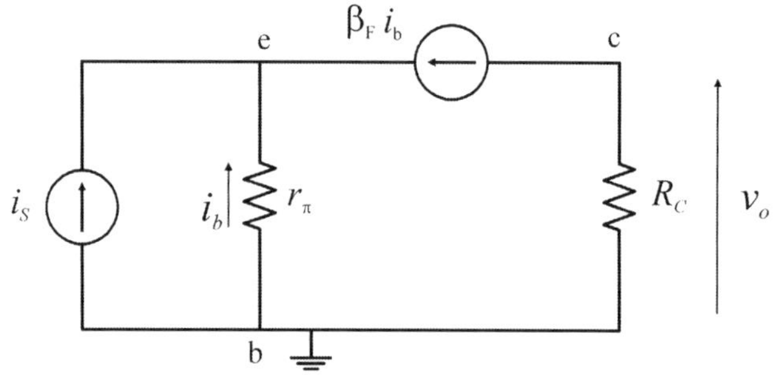

Figura 5. 74: corrente-tensione

Calcoliamo ora la condizione per la corrente di segnale $\boldsymbol{i_s}$, perché l'amplificatore funzioni in condizioni di linearità (condizione di piccoli segnali), trovando il legame di $\boldsymbol{i_s}$ con $\boldsymbol{v_{be}}$. Si ha

$$v_{be} = r_\pi i_b = -r_\pi \frac{i_s}{1+\beta_F} \approx -\left(\frac{\beta_F}{g_m}\right)\frac{i_s}{\beta_F} = -\frac{i_s}{g_m} \tag{5. 201}$$

La condizione per piccoli segnali per $\boldsymbol{v_{be}}$ è, come si sa

$$|v_{be}| << 2V_T \tag{5. 202}$$

Sostituendo la (5.201) nella (5.202) si ottiene la condizione di piccoli segnali per un BJT in configurazione CB

$$|i_s| << 2V_T g_m = 2I_C \quad \textbf{(5. 203)}$$

essendo, come sempre, I_C la corrente di collettore nel punto di lavoro scelto

5.16 Prospetto riassuntivo

Le tabelle 5.3 e 5.4 riassumono i risultati dei paragrafi precedenti.
In estrema sintesi:

1) La configurazione *CE* consente di realizzare ***amplificatori di tensione*** (tensione-tensione) e ***amplificatori di transconduttanza*** (tensione-corrente). Nel primo caso il guadagno è negativo (ovvero il segnale in uscita è in controfase rispetto all'ingresso) ed è dato dal prodotto della *transconduttanza* g_m per la resistenza di collettore R_C. Nel secondo caso il guadagno è ancora negativo (quando la corrente di segnale è entrante, la corrente sul carico è anch'essa entrante) e pari alla transconduttanza ($1/g_m$).

2) La configurazione *CE reazionata* consente di realizzare, a sua volta e con prestazioni migliori, ***amplificatori di tensione*** (tensione-tensione) e ***amplificatori di transconduttanza*** (tensione-corrente). Nel primo caso il guadagno è negativo (ovvero il segnale in uscita è in controfase rispetto all'ingresso) ed è dato dal rapporto della resistenza di collettore R_C e della resistenza di emettitore R_E. Nel secondo caso il guadagno è ancora negativo (quando la corrente di segnale è entrante, la corrente sul carico è anch'essa entrante) ed è pari all'inverso della resistenza di emettitore ($1/R_E$).

3) La configurazione *CC* consente di realizzare solo ***buffer di tensione*** di guadagno unitario. La resistenza di uscita è molto piccola e pari all'inverso della transconduttanza ($1/g_m$).

4) La configurazione *CB* consente di realizzare ***buffer di corrente*** di guadagno unitario oppure ***amplificatori di transimpedenza*** (corrente-tensione) di guadagno pari alla resistenza di collettore R_C. In entrambi i casi la resistenza di ingresso è molto piccola e pari all'inverso della transconduttanza ($1/g_m$).

	CE	CC	CB
R_{in}	$R_1//R_2//r_\pi$	$R_1//R_2$	$1/g_m$
R_{out}	R_C	$1/g_m$	R_C
A_{vv}	$-g_m R_C$	1	//
A_{vi}	$-g_m$	//	//
A_{ii}	//	//	1
A_{iv}	//	//	R_C
v_s	$<< 2V_T$	$<< 2I_E(R_E//R_L)$	//
i_s	//	//	$<< 2I_C$

Tabella 5.3

	CE REAZIONATO
R_{in}	$R_1//R_2$
R_{out}	R_C
A_{vv}	$-R_C/R_E$
A_{vi}	$-1/R_E$
v_s	$<< 2I_C R_E$
REAZIONE	$I_C R_E >> V_T$

Tabella 5.4

5.17 Bootstrapping

Nei paragrafi precedenti abbiamo visto che il BJT in configurazione CE e CC è utilizzato come amplificatore con l'ingresso in tensione. In queste applicazioni, per ottimizzare le caratteristiche dell'amplificatore, la resistenza d'ingresso dovrebbe essere molto grande, idealmente infinita: in entrambi i casi però, la resistenza $\boldsymbol{R_{IN}}$ che si riesce a realizzare non è mai di valore elevato come sarebbe auspicabile.

Se prendiamo ad esempio un BJT in configurazione CE, polarizzato con rete a quattro resistori, la resistenza di ingresso $\boldsymbol{R_{IN}}$ è data da

$$R_{IN} = r_\pi \| \left(R_1 \| R_2 \right) \qquad \textbf{(5. 204)}$$

dove

$$r_\pi = \beta_F \frac{V_T}{I_C} \qquad \textbf{(5. 205)}$$

La (5.205), in particolare, mostra chiaramente che $\boldsymbol{r_\pi}$ non è mai molto grande. Infatti, sebbene $\boldsymbol{\beta_F}$ sia in genere di valore elevato, la tensione termica $\boldsymbol{V_T}$ è piccola (26mV) ed il risultato complessivo, per valori ragionevoli di $\boldsymbol{I_C}$, è sempre dell'ordine di pochi kΩ.
Una possibile soluzione, come abbiamo visto, consiste nello sfruttare le proprietà della controreazione negativa realizzata utilizzando una resistenza di emettitore $\boldsymbol{R_E}$ (connessione CE controreazionata e connessione CC). In entrambi i casi, però, la resistenza vista in base è all'incirca la resistenza di emettitore $\boldsymbol{R_E}$ (eventualmente in parallelo con il carico esterno $\boldsymbol{R_L}$) moltiplicata per $\boldsymbol{\beta_F}$. Questa soluzione consente di aumentare la resistenza di ingresso, ma non in maniera realmente decisiva, perché sarà comunque limitata dal parallelo di $\boldsymbol{R_1}$ e $\boldsymbol{R_2}$

$$R_{IN} < R_1 \| R_2 \qquad \textbf{(5. 206)}$$

D'altra parte è buona norma di progettazione (per mantenere il punto di lavoro stabile e indipendente dalla dispersione delle caratteristiche) che la corrente che scorre nel partitore $\boldsymbol{R_1}$-$\boldsymbol{R_2}$ sia molto più grande della corrente di base. Ciò comporta la scelta, per $\boldsymbol{R_1}$ e $\boldsymbol{R_2}$, di valori piuttosto bassi, tipicamente dell'ordine (al più) della decina di kΩ.
Una soluzione più radicale, che permette di aumentare considerevolmente la resistenza d'ingresso, è il cosiddetto ***bootstrapping*** Figura 5. 75. L'idea base consiste nel mettere in serie una resistenza $\boldsymbol{R_3}$ tra l'ingresso (la base del transistor) ed il punto centrale del partitore di polarizzazione $\boldsymbol{R_1}$-$\boldsymbol{R_2}$, collegando poi tale punto all'emettitore mediante un condensatore di valore abbastanza grande da poter essere considerato un corto circuito alla frequenza del segnale. In questo modo, infatti, il partitore di polarizzazione $\boldsymbol{R_1}$-$\boldsymbol{R_2}$ sarà dinamicamente in parallelo ad $\boldsymbol{R_E}$ e sarà "riportato" in ingresso, come vedremo, con un valore notevolmente aumentato. Più esattamente, la reazione negativa esercitata dalla resistenza di emettitore $\boldsymbol{R_E}$ (che agisce sulla resistenza $\boldsymbol{R_3}$ esattamente come su $\boldsymbol{r_\pi}$), mostra al terminale di ingresso del segnale una resistenza pari a circa $\boldsymbol{R_E}$ (in parallelo, come si è detto, con il parallelo di $\boldsymbol{R_1}$ e $\boldsymbol{R_2}$) moltiplicata per $\boldsymbol{\beta_F}$.

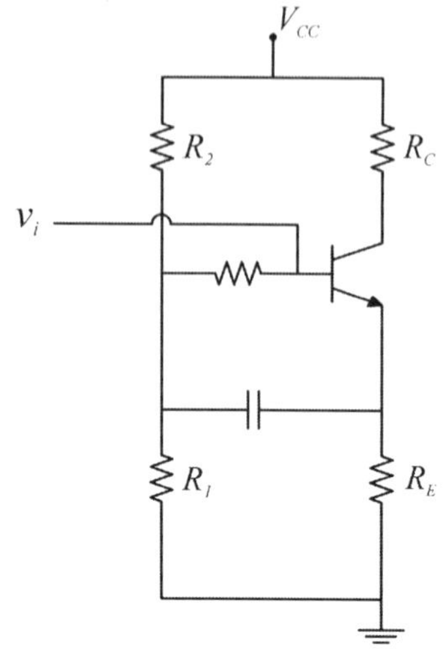

Figura 5. 75: bootstrapping

Ma vediamo ora, nel dettaglio, quanto sopra anticipato, analizzando il circuito di Figura 5. 76, ottenuto sostituendo al BJT il circuito equivalente per piccoli segnali (semplificato), dove

$$R' = R_1 \| R_2 \tag{5. 207}$$

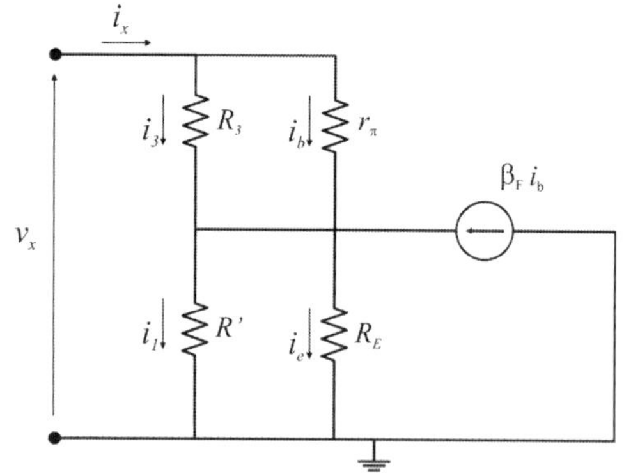

Figura 5. 76: circuito AC

Definendo ora

$$R_E' = R_E \| R' \tag{5. 208}$$

il circuito di Figura 5. 76 diviene quello mostrato in Figura 5. 77, circuito del quale calcoliamo la resistenza d'ingresso. A tale scopo, pilotiamolo con un generatore v_x e calcoliamone la corrente erogata i_x

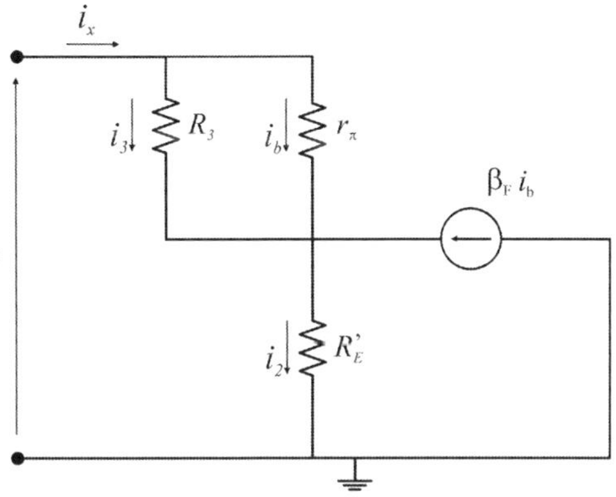

Figura 5. 77: circuito AC

Avremo

$$v_x = i_b r_\pi + i_2 R_E' \quad \textbf{(5. 209)}$$

Essendo, poi valida per i_2, la relazione

$$i_2 = i_3 + i_b + \beta_F i_b \quad \textbf{(5. 210)}$$

e per i_3 la relazione che la lega i_b attraverso R_3 e r_π , cioè

$$i_3 R_3 = r_\pi i_b \quad \textbf{(5. 211)}$$

ovvero

$$i_3 = \frac{r_\pi}{R_3} i_b \quad \textbf{(5. 212)}$$

Sostituendo la (5.210) e (5.211) nella (5.209) si ottiene

$$v_x = i_b r_\pi + \left(\frac{r_\pi}{R_3} + 1 + \beta_F \right) R_E' i_b \quad \textbf{(5. 213)}$$

Infine, essendo valida per la i_x l'espressione

$$i_x = i_3 + i_b = \left(\frac{r_\pi}{R_3} + 1\right) i_b \tag{5. 214}$$

otterremo il valore cercato per la $\boldsymbol{R_{IN}}$

$$R_{IN} = \frac{v_x}{i_x} = \frac{r_\pi + R_E'\left(\frac{r_\pi}{R_3} + \beta_F + 1\right)}{\frac{r_\pi}{R_3} + 1} \approx \beta_F R_E' \tag{5. 215}$$

Un commento, a chiusura del paragrafo, sul ruolo della resistenza $\boldsymbol{R_3}$. Come abbiamo visto, la resistenza $\boldsymbol{R_3}$ è inserita, dinamicamente, tra la base e l'emettitore di un transistor ad emettitore comune controreazionato sull'emettitore grazie all'inserimento di $\boldsymbol{R_E}$. In queste condizioni, la tensione sull'emettitore "insegue" quella di base nel senso che le due tensioni risultano, come si è visto, all'incirca uguali. Ne segue è che la resistenza $\boldsymbol{R_3}$, inserita tra due nodi a differenza di potenziale *praticamente* nulla, si comporta come un circuito aperto, indipendentemente dal suo valore effettivo: questo, per l'appunto, è il ***bootstrapping***.

5.18 Darlington

La tecnica del *bootstrapping* non è l'unica in grado di aumentare la resistenza di ingresso di un BJT. Un'altra possibilità (tra l'altro compatibile con il *bootstrapping*, nel senso che possono essere sfruttate insieme) viene dalla cosiddetta ***connessione Darlington***, nella quale si utilizza un BJT per pilotarne un altro, secondo lo schema mostrato in Figura 5. 78.

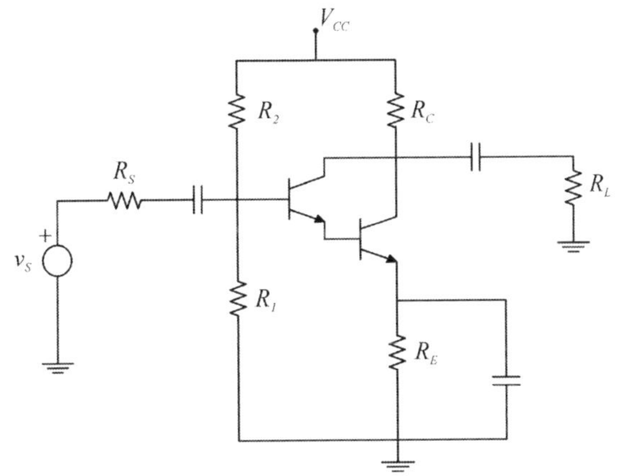

Figura 5. 78: coppia Darlington

Sostituendo ai due transistor i corrispondenti circuiti equivalenti (semplificati), arriviamo allo schema in alternata di Figura 5. 79 (dove abbiamo supposto anche $\boldsymbol{R_L >> R_C}$), schema che utilizziamo per calcolare la resistenza d'ingresso $\boldsymbol{R_{IN}}$

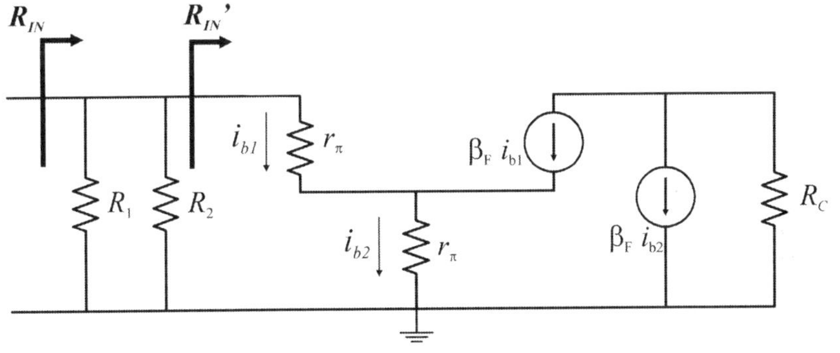

Figura 5. 79: circuito AC

Avremo dunque per $\boldsymbol{R_{IN}}$

$$R_{IN} = \left(R_1 \| R_2\right) \| R_{IN}' \qquad \textbf{(5. 216)}$$

Vediamo ora quanto vale $\boldsymbol{R'_{IN}}$ e calcoliamola utilizzando il circuito in Figura 5. 80.

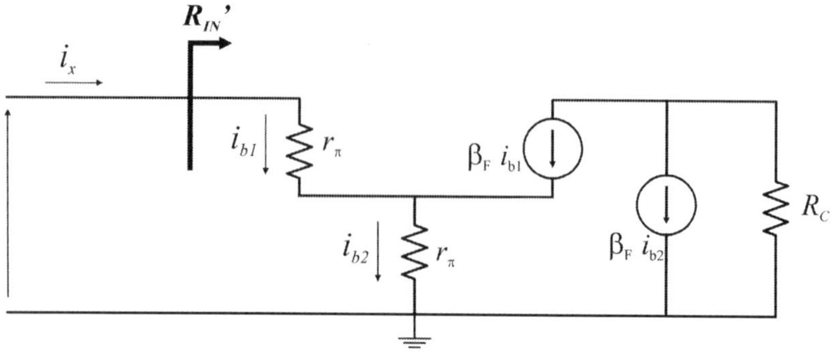

Figura 5. 80: circuito AC

Da cui

$$v_x = r_\pi i_{b1} + r_\pi i_{b2} = r_\pi(\beta_F + 1)i_{b1} \tag{5. 217}$$

e

$$i_x = i_{b1} \tag{5. 218}$$

Avremo pertanto, per la resistenza d'ingresso $\boldsymbol{R'_{IN}}$

$$R'_{IN} = \frac{v_x}{i_x} = r_\pi + r_\pi(\beta_F + 1) \approx \beta_F r_\pi \tag{5. 219}$$

La resistenza d'ingresso $\boldsymbol{R'_{IN}}$ è dunque aumentata considerevolmente mentre, come vedremo, il guadagno tensione-tensione $\boldsymbol{A_{vv}}$ rimane invariato rispetto al caso a singolo BJT. Infatti, se la resistenza del generatore di tensione è molto piccola rispetto alla resistenza di ingresso, con riferimento alla Figura 5. 80 possiamo porre

$$v_s = v_x \tag{5. 220}$$

D'altra parte, per quanto riguarda la tensione d'uscita $\boldsymbol{v_o}$ si ha

$$v_o = R_C(\beta_F i_{b1} + \beta_F i_{b2}) = R_C \beta_F(1 + \beta_F)i_{b1} \tag{5. 221}$$

Ne segue, per il guadagno di tensione $\boldsymbol{A_{vv}}$

$$A_v = \frac{v_o}{v_s} = \frac{R_C \beta_F (1 + \beta_F)}{r_\pi (\beta_F + 1)} = -g_m R_C \qquad \textbf{(5. 222)}$$

5.19 Darlington con bootstrap

Nel paragrafo precedente, abbiamo utilizzato una connessione Darglington per aumentare la resistenza d'ingresso di un transistor ad emettitore comune, ottenendone un considerevole aumento di valore. Il risultato così ottenuto, non è il maggiore possibile, perché valori di resistenza ancora più elevati possono essere ottenuti con una connessione Darlington a collettore comune. C'è da dire peraltro, come dimostreremo tra poco, che il forte aumento teoricamente ottenibile con la nuova configurazione sarebbe illusorio se non lo si combinasse con la tecnica del *bootstrapping* ottenendo così un buffer di tensione con resistenza di ingresso elevatissima (per un dispositivo a BJT): dell'ordine della decina di MΩ. La Figura 5. 81 mostra per l'appunto il circuito completo cui faremo riferimento. Una analisi qualitativa del circuito mostra intanto che la resistenza $\boldsymbol{R_E}$ sull'emettitore del secondo transistore viene prima riportata sull'emettitore del primo transistor moltiplicata per il termine $(\boldsymbol{1+\beta_{F2}})$ e quindi riportata in ingresso ancora moltiplicata per$(\boldsymbol{1+\beta_{F1}})$: ne segue che, assumendo R_E dell'ordine di 10 KΩ, la resistenza d'ingresso verrebbe dell'ordine di 100 MΩ! "Verrebbe", ma non viene perché bisogna tener conto di un aspetto sino ad ora trascurato: la piccola corrente che dal morsetto di base del primo transistor va verso il collettore anziché verso l'emettitore. Come sappiamo,infatti, la giunzione base-emettitore è polarizzata direttamente e quella base-collettore inversamente. In condizioni normali perciò, la corrente entra praticamente tutta nella giunzione polarizzata direttamente, visto che quella polarizzata inversamente presenta una resistenza $(\boldsymbol{1/h_{ob}})$ di valore elevato, intorno, all'incirca, a 10^5-$10^6\Omega$. Se però la resistenza presentata dalla "via principale" sale ai valori prima ipotizzati, sarà $\boldsymbol{1/h_{ob}}$ (che è stata indicata esternamente alla giunzione per sottolinearne il ruolo) a fissare il valor massimo per la resistenza d'ingresso (visto che agisce in parallelo alla predetta resistenza).
Per superare questo inconveniente, si ricorre allora alla soluzione circuitale di Figura 5. 81 nella quale si "degenera" il primo collettore comune di una coppia Darlington inserendo una resistenza $\boldsymbol{R_C}$ sul suo collettore e lo si collega con un condensatore all'uscita presa sull'emettitore del secondo collettore comune della coppia. Tale scelta infatti, consente, come dimostreremo, di far "vedere" al circuito una resistenza *efficace* maggiore di $\boldsymbol{1/h_{ob}}$, alzando il valore complessivo della resistenza d'ingresso.

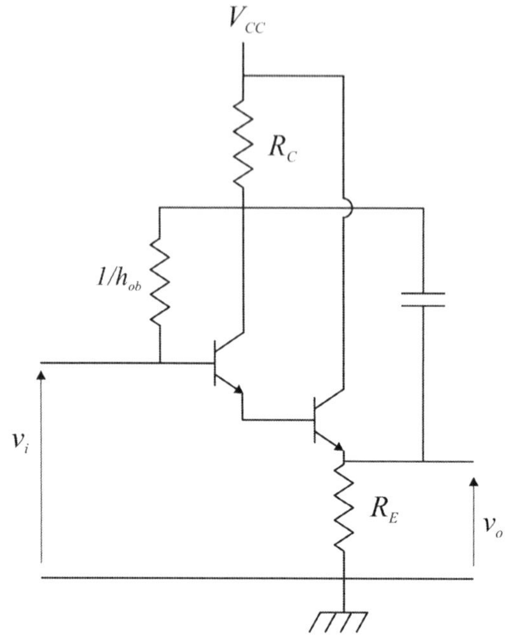

Figura 5. 81: darlington con bootstrapping

Riferiamoci dunque al circuito di Figura 5. 81 e sostituiamo ai BJT il circuito equivalente per piccoli segnali semplificato (con $r_0=\infty$). Otterremo il circuito AC in Figura 5. 82, nel quale, è stata omessa la resistenza $1/h_{ob}$ che, in base al teorema di Miller (che studieremo nel prossimo paragrafo) verrebbe riportata in parallelo all'ingresso con il valore $(1/h_{ob})/(1-A_{vv})$ ed in parallelo all'uscita con il valore $(1/h_{ob})/(1-1/A_{vv})$, valori che come vedremo sono talmente grandi da poterli approssimare con dei circuiti aperti. Inoltre la resistenza R_C va in parallelo alla R_E diminuendone il valore che diventa

$$R_E' = R_E \| R_C \qquad \textbf{(5. 223)}$$

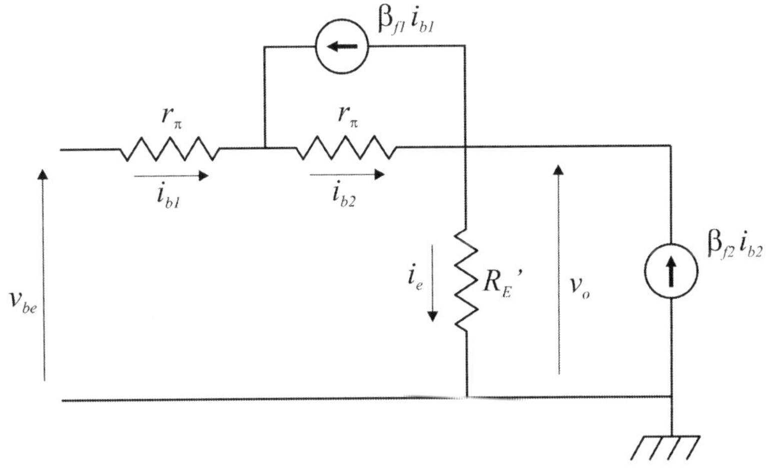

Figura 5. 82: circuito AC

Dalla prima legge di Kirchoff applicata alla maglia di ingresso si ottiene

$$v_i = r_{\pi 1} i_{b1} + r_{\pi 2} i_{b2} + i_e R_E^{'} \tag{5. 224}$$

dove si sono distinti gli elementi omologhi dei due transistor ($r_{\pi 1}$ e $r_{\pi 2}$) perché, lavorando a livelli di corrente molto differenti, non avranno lo stesso valore.

D'altra parte dalla seconda legge di Kirchoff applicata ai nodi

$$i_{b2} = (1 + \beta_{F1}) i_{b1} \tag{5. 225}$$

ed analogamente

$$i_e = (1 + \beta_{F2}) i_{b2} = (1 + \beta_{F2})(1 + \beta_{F1}) i_{b1} \tag{5. 226}$$

Quindi

$$v_i = r_{\pi 1} i_{b1} + r_{\pi 2}(1 + \beta_{F1}) i_{b1} + R_E^{'}(1 + \beta_{F2})(1 + \beta_{F1}) i_{b1} \approx R_E^{'} \beta_{F1} \beta_{F2} i_{b1} \tag{5. 227}$$

La resistenza di ingresso $\boldsymbol{R_{IN}}$ è data da

$$R_{IN} = \frac{v_i}{i_{b1}} \approx R_E^{'} \beta_{F1} \beta_{F2} \tag{5. 228}$$

Pertanto, malgrado la diminuzione di $\boldsymbol{R_E}$ diventata $\boldsymbol{R'_E}$ con la scelta circuitale fatta, la resistenza complessiva d'ingresso $\boldsymbol{R_{IN}}$ risulta molto più elevata del valore limite $\boldsymbol{1/h_{ob}}$ prima indicato.
Il guadagno di tensione $\boldsymbol{A_{vv}}$ di questo amplificatore è inoltre pari a

$$A_{vv} = \frac{v_o}{v_i} = \frac{i_e R_E^{'}}{r_\pi i_{b1} + r_\pi i_{b2} + i_e R_E^{'}} \approx 1 \qquad \textbf{(5. 229)}$$

a conferma che si tratta di un buffer di tensione di guadagno unitario. Il valore di poi, giustifica pienamente la semplificazione fatta trascurando l'apporto della resistenza equivalente $(\boldsymbol{1/h_{ob}})/(\boldsymbol{1-A_{vv}})$ in parallelo all'ingresso e della resistenza equivalente $(\boldsymbol{1/h_{ob}})/(\boldsymbol{1-1/A_{vv}})$ in parallelo all'uscita.

5.20 Teorema di Miller

In questo capitolo, abbiamo studiato vari tipi di amplificatori di tensione, dispositivi cioè in grado di dare in uscita una tensione $\boldsymbol{v_2}$ proporzionale ad una tensione di ingresso $\boldsymbol{v_1}$. Abbiamo anche più volte sottolineato che un amplificatore di tensione ideale deve avere una resistenza d'ingresso che tenda all'infinito e l'abbiamo pertanto realizzato con configurazioni che ci assicurassero una resistenza di ingresso la più alta possibile.
In particolare, nei paragrafi precedenti, trattando la Connessione Darlington, abbiamo visto come sia possibile ottenere amplificatori di tensione pressoché ideali con l'utilizzazione della tecnica del *bootstrapping*. Tale tecnica, infatti, consente di far vedere al circuito resistenze equivalenti di valore nettamente diverso da quello nominale, inserendole tra nodi con opportune differenze di tensione. Abbiamo infine giustificato le nostre assunzioni, facendo riferimento al Teorema di Miller, che ora dimostreremo. Con riferimento alla Figura 5. 83 consideriamo dunque due nodi il cui rapporto di tensione è mantenuto costante e pari a $\boldsymbol{K}$. Tra i due nodi sia presente un'impedenza $\boldsymbol{Z}$.

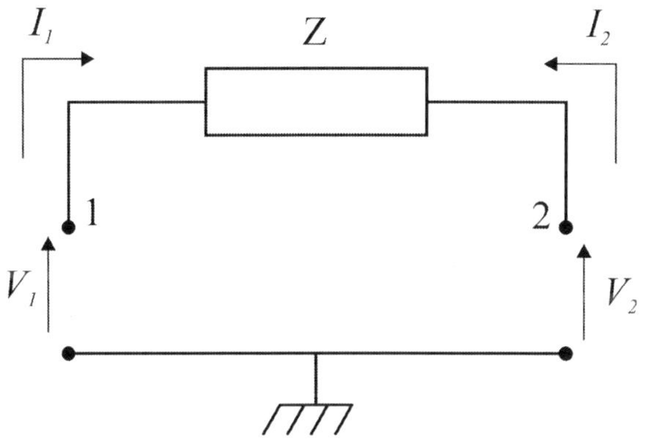

Figura 5. 83: teorema di Miller

Come è facile verificare, per le due correnti $\boldsymbol{I_1}$ e $\boldsymbol{I_2}$ si possono scrivere le espressioni

$$I_1 = \frac{V_1 - V_2}{Z} = V_1 \frac{1-K}{Z} \tag{5. 230}$$

$$I_2 = \frac{V_2 - V_1}{Z} = V_2 \frac{1-\frac{1}{K}}{Z} \tag{5. 231}$$

Ne segue che, osservando il circuito dal nodo 1, è come se ci fosse un'impedenza $\boldsymbol{Z_1}$ tra tale nodo e massa di valore pari a

$$Z_1 = \frac{Z}{1-K} \tag{5. 232}$$

Analogamente, osservando il circuito dal nodo 2 è come se ci fosse un'impedenza $\boldsymbol{Z_2}$ tra tale nodo e massa pari a

$$Z_2 = \frac{Z}{1-\frac{1}{K}} \tag{5. 233}$$

In altre parole il circuito in Figura 5. 83 è equivalente a quello in Figura 5. 84.

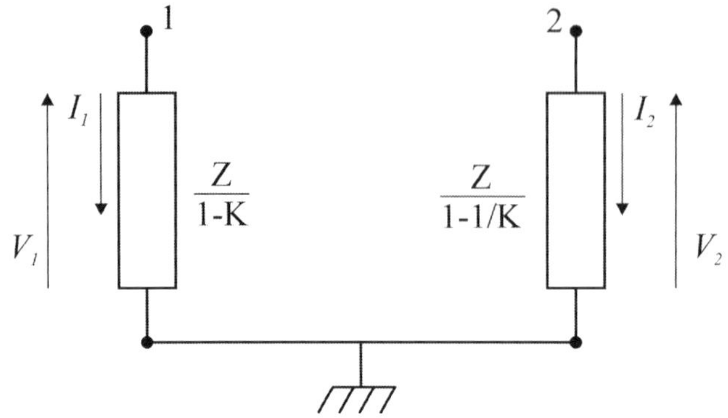

Figura 5. 84: teorema di Miller

Questa trasformazione, come abbiamo già visto, risulta molto utile per studiare i circuiti sia perché permette di tenere conto con semplicità di eventuali impedenze che colleghino direttamente l'ingresso con l'uscita di un amplificatore, sia perché ci dà un'indicazione semplice sul come agire per far vedere al circuito stesso resistenze più basse o più alte del loro valore nominale. Basterà infatti collegare la resistenza in questione tra due morsetti con ***K>1*** per abbassarne il valore o con ***K*** prossimo ad ***1*** per aumentarne, anche di molto, il valore efficace.

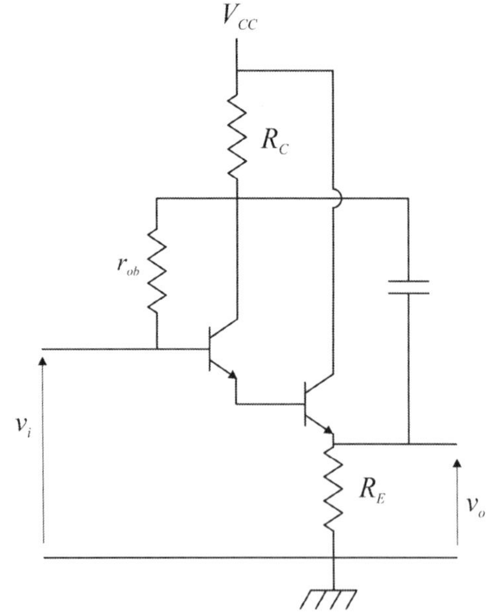

Figura 5. 85: darlington con bootstrap

Lo schema del Darlington con *bootstrap* ne è stato un esempio evidente: avendo inserito dinamicamente la resistenza parassita $\boldsymbol{r_{ob}} = \boldsymbol{1/h_{ob}}$ (Figura 5. 85) tra due punti del circuito con tensioni praticamente uguali, ne abbiamo aumentato considerevolmente il valore efficace, rendendolo praticamente ininfluente nel calcolo della resistenza d'ingresso, malgrado le altre resistenze portassero quest'ultima a valori maggiori di molti MΩ.
Chiudiamo queste note osservando che l'approccio seguito, l'utilizzazione del Teorema di Miller cioè, solo apparentemente semplifica l'analisi del circuito. Il parametro $\boldsymbol{K}$ presente nelle formule è infatti relativo alla rete di partenza e va calcolato, se si adopera il circuito di 5.87 ad esempio, tenendo conto che le impedenze equivalenti di Miller entrano nel calcolo con le espressioni implicite (5.233) e (5.234). D'altra parte, anche se il valore di $\boldsymbol{K}$ è noto solo approssimativamente, come nei casi visti in cui si sa a priori che è prossimo all'unità, l'applicazione del teorema permette di dare una prima valutazione di massima, spesso sufficiente nella progettazione.

Capitolo Sei
Amplificatori a FET per piccoli segnali

6.1 Amplificatori a FET

I transistor ad effetto di campo (FET) possono essere utilizzati per realizzare degli amplificatori in modo del tutto analogo ai BJT. Molte delle considerazioni già fatte nel capitolo 5, infatti, si applicano direttamente anche ai FET, tenendo presente che il Gate corrisponde alla Base, il Drain al Collettore ed il Source all'Emettitore. Ne segue che alle configurazioni CE, CC e CB, già descritte e studiate nel capitolo precedente, corrisponderanno le analoghe configurazioni CS, CD e CG del FET, con proprietà in genere abbastanza simili. "Abbastanza simili" e non identiche, per la presenza di importanti differenze che permettono la realizzazione di circuiti con proprietà peculiari estremamente utili in Elettronica. Intanto, incominciamo con l'osservare che la corrente di Gate è praticamente nulla (in continua ed a frequenza bassa) e quindi la resistenza di ingresso sul Gate risulta praticamente infinita (essendo l'impedenza d'ingresso praticamente capacitiva). Ciò consente di realizzare, utilizzando dei FET, degli amplificatori con ingresso in tensione pressoché ideali. Di contro, il guadagno ottenibile con un FET è tipicamente più basso di quello ottenibile con un BJT. Ancora, a differenza del BJT, abbiamo quattro tipi di transistor ad effetto di campo, uno a canale ***p*** ed uno a canale ***n***, uno di tipo ad arricchimento (***enhancement***), uno di tipo a svuotamento (***depletion***). Tutto ciò comporta la possibilità di realizzare circuiti ben più complessi di quelli ottenibili con la tecnologia BJT, con evidenti vantaggi in termini di versatilità e compattezza.
In conclusione, l'analisi degli amplificatori a FET, metterà in luce somiglianze e peculiarità nel confronto con gli analoghi realizzati a BJT e ciò avverrà già a partire dalle tecniche di polarizzazione in continua.

6.2 Amplificatore di tensione a MOSFET

Per utilizzare un MOSFET come amplificatore, è necessario che sia polarizzato nella zona di saturazione (che corrisponde alla zona di lavoro normale del BJT). Pertanto, se il dispositivo è del tipo enhancement, è necessario che la tensione tra gate e source sia maggiore della tensione di soglia V_{TH} e minore del valore per cui il MOSFET entra in regione lineare (la zona ohmica, cioè, dove il MOSFET si comporta come un resistore controllato in tensione). Per polarizzarlo correttamente ci sono evidentemente diverse soluzioni circuitali: incominciamo con quella realizzata con il circuito in Figura 6. 1, nella quale la tensione di Gate è fissata al valore

$$V_G = \frac{R_1}{R_1 + R_2} V_{DD} \tag{6. 1}$$

e la resistenza di ingresso scende al valore:

$$R_{IN} = R_1 \| R_2 \tag{6. 2}$$

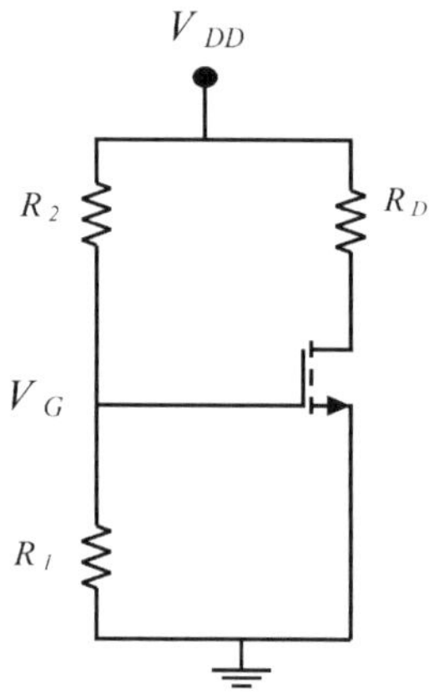

Figura 6. 1: circuito di polarizzazione del MOSFET

Passando ora al funzionamento per piccoli segnali, osserviamo intanto che, a differenza del BJT, il mantenimento del MOSFET nella regione attiva, affinché possa funzionare come amplificatore lineare, non è particolarmente critico, in quanto il range di tensioni in ingresso per cui il MOSFET non esce dalla zona di saturazione (la sua zona di lavoro normale) è più esteso che nel caso del BJT (per il quale è minore di 0.2V).

Quanto poi al modo di pilotare il transistor, osserviamo che possiamo immettere il segnale d'ingresso v_i nel Gate mediante un condensatore di accoppiamento o utilizzando un trasformatore. Il segnale v_O d'uscita può a sua volta essere estratto dal Drain mediante un altro condensatore di accoppiamento o un altro trasformatore (Figura 6. 2, Figura 6. 3)

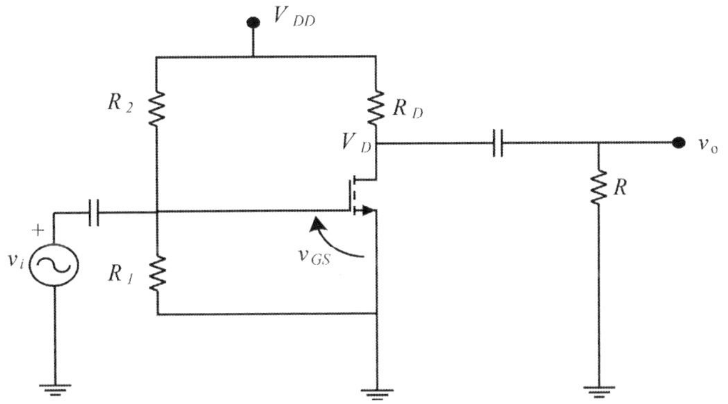

Figura 6. 2: MOSFET come amplificatore con accoppiamenti capacitivi dei segnali

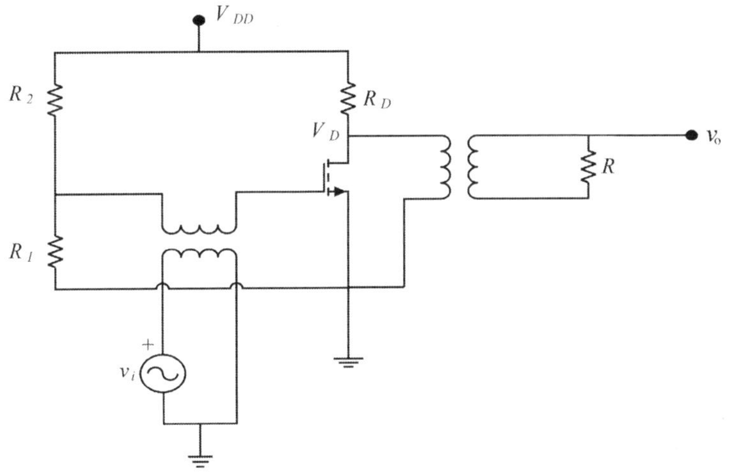

Figura 6. 3: MOSFET come amplificatore con accoppiamenti induttivi dei segnali

In entrambi i casi possiamo scrivere, mettendo in evidenza il contributo in continua (V_{GS}) e quello in alternata (v_i)

$$v_{GS} = V_{GS} + v_i \tag{6. 3}$$

indicando con V_{GS} il valore fissato dalla rete di polarizzazione e con v_i il segnale in ingresso.

In modo analogo, la tensione sul drain v_{DS} sarà la somma di un valore costante V_{DS} (che abbiamo fissato anche in questo caso con la rete di polarizzazione prescelta) e di un segnale v_d in controfase rispetto a v_i (in controfase ovvero, come sempre, quando v_i aumenta v_d diminuisce).

Con riferimento poi alla Figura 6.4, dove è indicata la funzione di trasferimento dell'amplificatore, notiamo che la pendenza della curva corrispondente è maggiore di 1 (in valore assoluto): di conseguenza, l'ampiezza di v_d sul Drain è maggiore del segnale in ingresso v_i. La topologia del circuito e la presenza di elementi reattivi (introdotti questi ultimi per separare i livelli in continua dai segnali in alternata) ci permette poi di avere in entrambi i casi sia v_i=v_{gs} all'ingresso sia v_o=v_d all'uscita. Ciò significa avere all'ingresso tutta la tensione del generatore e ai capi della resistenza "esterna" ***R*** (la *resistenza di carico*) tutta la variazione di tensione che si ha sul Drain del MOSFET, senza perdita di segnale, dunque.

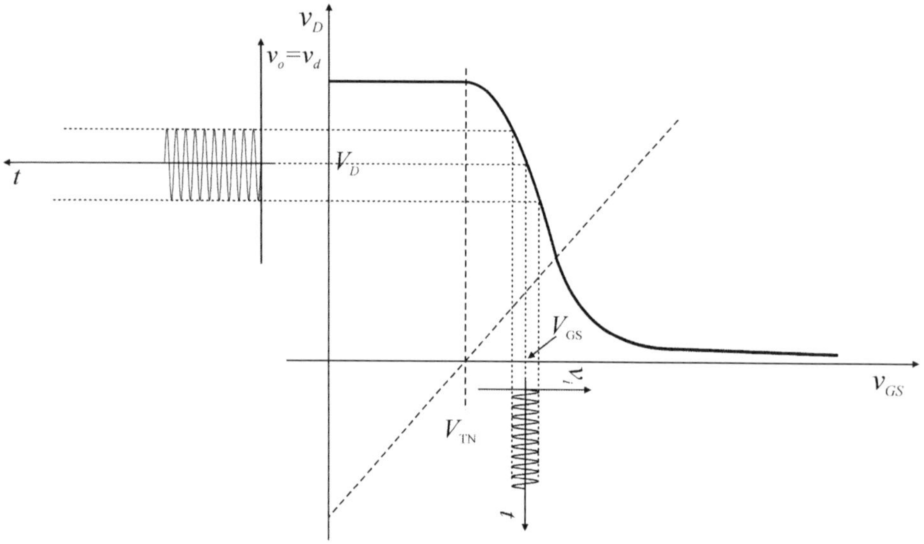

Figura 6. 4: amplificazione del segnale

Il segnale v_d può essere separato dal termine costante mediante un capacitore o mediante un trasformatore. In entrambi i casi v_o=v_d. La resistenza ***R*** sulla quale si preleva il segnale è detta *resistenza di carico*.

6.3 Reti di autopolarizzazione

Un MOSFET ad *enhancement* può essere polarizzato anche utilizzando una rete di autopolarizzazione.

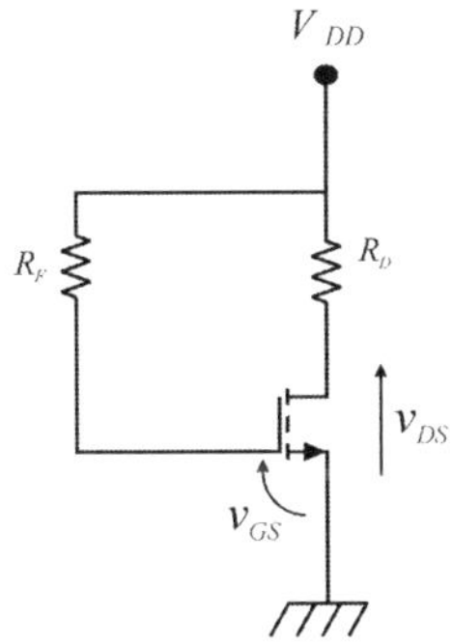

Figura 6. 5: rete di autopolarizzazione

Con riferimento alla Figura 6. 5 si noti che poiché nella resistenza $\boldsymbol{R_F}$ non può scorrere una corrente:

$$v_{GS} = v_{DS} \tag{6. 4}$$

D'altra parte se il MOSFET è in saturazione

$$v_{DS} = V_{DD} - R_D i_{DS} = V_{DD} - \frac{R_D K_n}{2}\left(v_{GS} - V_{TN}\right)^2 \tag{6. 5}$$

Uguagliando la (6.4) con la (6.5) si ottiene un'equazione di secondo grado con $\boldsymbol{v_{GS}}$ come incognita che può essere facilmente risolta e che quindi fornisce il valore di polarizzazione $\boldsymbol{V_{GS}}$, da cui poi si possono calcolare tutte le altre quantità.
Per il calcolo della resistenza di ingresso si può usare direttamente il teorema di Miller, ottenendo

$$R_{IN} = \frac{R_F}{1 - A_v} \tag{6. 6}$$

con $\boldsymbol{A_v}$ guadagno in tensione. Poiché si tratta di un amplificatore invertente (come vedremo nel seguito), il guadagno in tensione è negativo e quindi il denominatore è sempre maggiore di 1, ovvero la resistenza $\boldsymbol{R_{IN}}$ è sempre minore di $\boldsymbol{R_F}$.
Una rete alternativa è mostrata in Figura 6. 6. In questo caso è facile vedere che si ha

$$v_{GS} = \frac{R_1}{R_1 + R_F} v_{DS} \tag{6. 7}$$

procedendo, per il calcolo del punto di lavoro, come nel caso precedente.

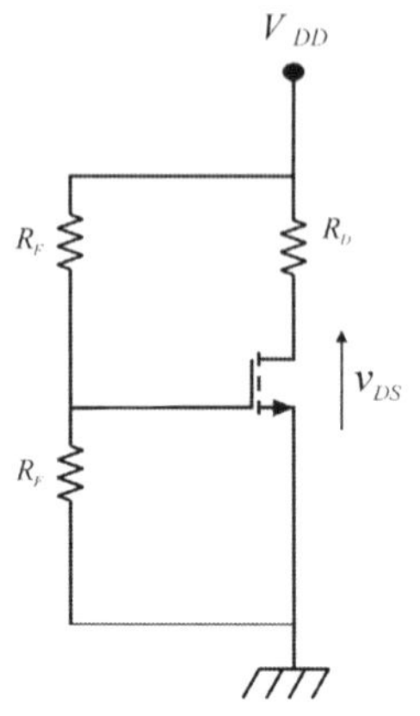

Figura 6. 6: rete di autopolarizzazione

Quanto alla resistenza di ingresso, poi, si avrà

$$R_{IN} = \frac{R_F}{1 - A_v} \Bigg\| R_1 \qquad \textbf{(6. 8)}$$

6.4 Rete di polarizzazione a quattro resistori

Vediamo, per completezza, l'ulteriore schema di polarizzazione per il MOSFET di Figura 6. 7, nel quale, ancora una volta, si utilizza la rete a quattro resistori, più volte vista nei circuiti già analizzati. In particolare osserviamo che, come già messo in luce nel caso del BJT, anche nel circuito in esame la resistenza $\boldsymbol{R_S}$ non ha funzioni di polarizzazione del transistor (la caduta di tensione ai suoi capi non ha il verso giusto per farlo).
Inoltre, la presenza di $\boldsymbol{R_S}$ non ha funzioni di stabilizzazione termica: all'aumentare della temperatura, infatti, la corrente di Drain $\boldsymbol{I_{DS}}$ (e quindi anche $\boldsymbol{g_m}$) tende a diminuire a causa della diminuzione della mobilità. Pertanto non è presente nei FET il fenomeno della deriva termica comune nei BJT. Nondimeno, la presenza della resistenza $\boldsymbol{R_S}$ in comune tra la maglia d'ingresso e quella d'uscita, produce l'effetto tipico della controreazione, stabilizzando il punto di lavoro rispetto alla dispersione delle caratteristiche e linearizzando la risposta dell'amplificatore.

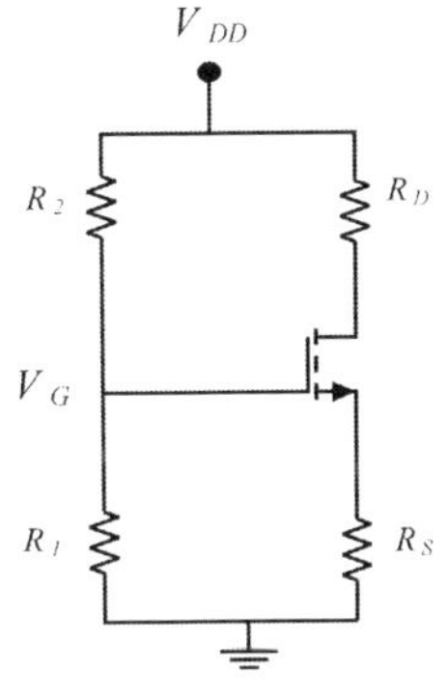

Figura 6. 7: polarizzazione del MOSFET con rete a quattro resistori

Venendo ora all'analisi del circuito in continua, osserviamo che, in generale, il calcolo di I_{DS} non è banale e che viene eseguito normalmente per via numerica. Tuttavia, se assumiamo che la tensione di controllo (V_{GS}) non si discosti molto dalla soglia V_{TH}, ovvero che si abbia

$$V_{GS} - V_{TN} << V_{TN} \quad \textbf{(6. 9)}$$

potremmo scrivere

$$I_{DS} = \frac{V_G - V_{TN}}{R_S} \quad \textbf{(6. 10)}$$

con

$$V_G = \frac{R_1}{R_1 + R_2} V_{DD} \quad \textbf{(6. 11)}$$

D'altra parte poiché in saturazione

$$I_{DS} = \frac{K_n}{2}\left(V_{GS} - V_{TN}\right)^2 \quad \textbf{(6. 12)}$$

Uguagliando la (6.10) con la (6.12) si ottiene

$$V_{GS} - V_{TN} = \sqrt{\frac{2\left(V_G - V_{TN}\right)}{K_n R_S}} << V_{TN} \quad \textbf{(6. 13)}$$

ovvero:

$$K_n >> \frac{2(V_G - V_{TN})}{V_{TN}^2 R_S} \qquad \textbf{(6. 14)}$$

che è appunto la condizione per cui possiamo usare la (6.10). Si noti che questa condizione non è la norma, ma è verificata solo per MOSFET con elevati valori di $\boldsymbol{K_n}$ (in particolare per transistor che abbiano un "fattore geometrico di forma" ***W/L***, elevato)

6.5 Polarizzazione di MOSFET a svuotamento e JFET

I MOSFET a svuotamento (*depletion*) (e i JFET) consentono l'impiego di una rete di polarizzazione molto più semplice costituita essenzialmente da un unico resistore $\boldsymbol{R_S}$. La resistenza $\boldsymbol{R_G}$ infatti, inserita nella maglia d'ingresso, ha l'unica funzione di "drenare" le cariche statiche presenti sul Gate, scaricandole a massa ed evitando così che l'accumulo delle stesse provochi una scarica elettrica in grado di danneggiare lo strato isolante. Poiché questo inserimento in ogni caso abbassa la resistenza d'ingresso, la resistenza $\boldsymbol{R_G}$ (chiamata resistenza di *bleeder*, o di *sgocciolamento*) è sostituita in soluzioni più avanzate da un diodo Zener, polarizzato inversamente, che passa in conduzione quando la tensione sul Gate raggiunge tensioni pericolose per il transistor.

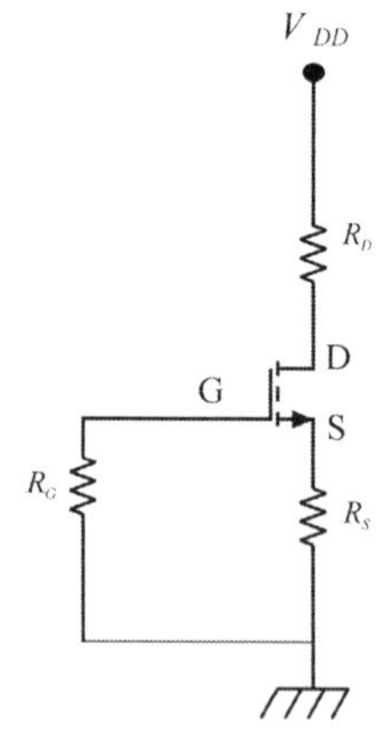

Figura 6. 8: polarizzazione automatica del MOSFET a svuotamento

Tornando ora al circuito di polarizzazione, con riferimento alla Figura 6. 8, possiamo notare che la caduta di tensione del resistore $\boldsymbol{R_S}$ aumenta la tensione sul Source rispetto al Gate collegato a massa tramite la resistenza $\boldsymbol{R_G}$ (che <u>non</u> è attraversata da corrente in continua), polarizzando automaticamente il MOSFET.

Quanto alla corrente di Drain I_{DS}, ricordiamo che, per un MOSFET a svuotamento, in generale è data da

$$I_{DS} = \frac{K_n}{2}\left(V_{GS} + V_{TN}\right)^2 \qquad \textbf{(6. 15)}$$

D'altra parte

$$V_{GS} = -I_{DS}R_S \qquad \textbf{(6. 16)}$$

Sostituendo nella (6.16) si ottiene un'equazione di secondo grado dalla quale si calcola con semplicità I_{DS}. Il caso del JFET è del tutto analogo.
Osserviamo peraltro, che sia il MOSFET che il JFET hanno una forte dispersione delle caratteristiche, fatto che può rendere alquanto indeterminato il punto di lavoro. Come mostrato in Figura 6. 9, infatti, la curva di transconduttanza, ovvero il legame tra I_{DS} e V_{GS} non è unica. Normalmente i costruttori danno una fascia di possibile variazione della stessa indicando, come è appunto nella figura, una curva di transconduttanza massima, una minima ed una media. Così, se si è scelta una resistenza R_S per avere come corrente di Drain in continua I_Q (e quindi Q come punto di lavoro), i valori possibili per l'effettiva corrente di "riposo" sono compresi tra I_A e I_B, in un intervallo cioè che può non essere progettualmente accettabile. D'altra parte aumentando il valore di R_S, l'intervallo d'incertezza diminuisce, ma i valori assoluti di corrente diventano eccessivamente bassi, spostando la zona di lavoro verso l'interdizione.

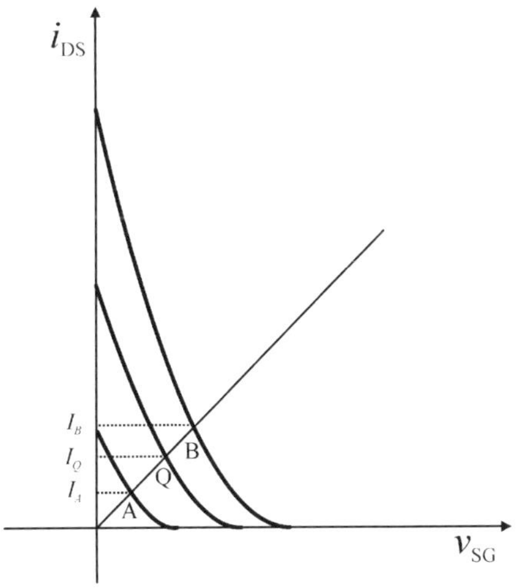

Figura 6. 9: punto di lavoro e dispersione delle caratteristiche

E' perciò opportuno passare ad una soluzione di polarizzazione semiautomatica, come quella indicata in Figura 6. 10, dove, ancora una volta, si ricorre alla rete a quattro resistori.

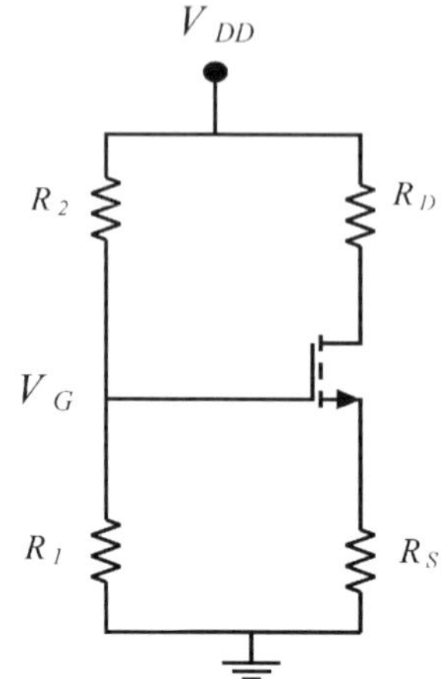

Figura 6. 10: rete a polarizzazione a 4 resistori

In questo caso, infatti, la retta di carico ha l'espressione

$$V_{GS} = V_G - I_{DS} R_S \qquad \textbf{(6. 17)}$$

dove

$$V_G = \frac{R_1}{R_1 + R_2} V_{DD} \qquad \textbf{(6. 18)}$$

La presenza di $\boldsymbol{V_G}$, in particolare, sposta il punto in cui la retta di carico attraversa l'asse delle ascisse (indicato con $\boldsymbol{V_{GG}}$ in Figura 6. 11), consentendo l'uso di una resistenza $\boldsymbol{R_S}$ maggiore (a parità di punto di lavoro prescelto) e quindi una fascia d'incertezza per la corrente di polarizzazione ($\boldsymbol{I_A}$ - $\boldsymbol{I_B}$) più stretta.

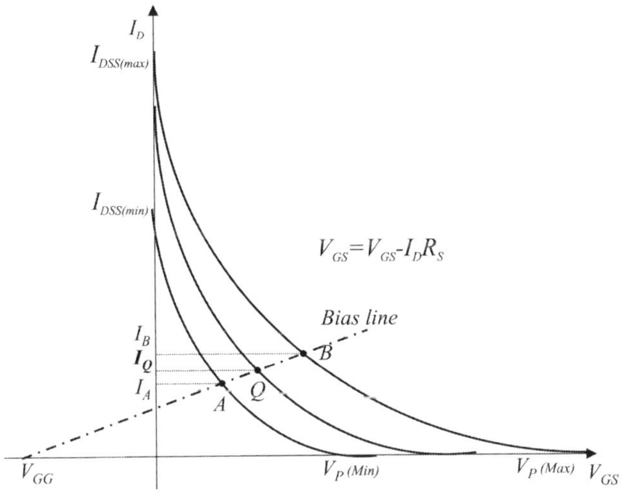

Figura 6. 11: punto di lavoro e dispersione delle caratteristiche

Per utilizzare la polarizzazione automatica, anche quando il segnale è immesso dal gate è necessario introdurre una resistenza tra gate e massa in modo che il segnale non "veda" un cortocircuito verso massa. Questa non sposta in alcun modo il punto di lavoro, in quanto non vi scorre una corrente continua, però costituisce un carico dove applicare la tensione del segnale.

L'utilizzazione della rete a quattro resistori richiede infine qualche ulteriore considerazione. Pur essendo topologicamente identica a quella già utilizzata nel caso del BJT, infatti, è opportuno notare alcune importanti differenze. La più vistosa è quella relativa alla funzione di $\boldsymbol{R_S}$. Come già osservato, nel caso in esame, $\boldsymbol{R_S}$ ha funzioni primarie di polarizzazione e non di stabilizzazione termica. Quanto al partitore $\boldsymbol{R_1}$-$\boldsymbol{R_2}$, le due resistenze sono percorse dalla stessa corrente (la corrente di Gate in continua è nulla) e sono state inserite per rendere semiautomatica la polarizzazione allo scopo di minimizzare l'effetto della dispersione delle caratteristiche. Funzioni peculiari, quindi, e sostanzialmente diverse da quelle relative alle analoghe resistenze presenti (con topologia identica, per l'appunto) nel circuito di polarizzazione del BJT.

6.6 Modello del MOSFET per piccoli segnali

Passiamo ora all'analisi per piccoli segnali dell'amplificatore a MOSFET e, per farlo, definiamo un modello linearizzato del transistor, in modo analogo a quanto già fatto nel caso del BJT. Prendiamo perciò in considerazione un MOSFET a canale ***n*** ad *arricchimento* (per gli altri FET valgono, ovviamente, considerazioni del tutto analoghe).

Come nel caso del BJT, definiamo chiaramente la simbologia impiegata, avendo cura di scrivere le maiuscole e le minuscole secondo la convenzione già indicata. Con riferimento alle grandezze in Figura 6.12 possiamo dunque scrivere

$$i_{DS} = I_{DS} + i_{ds} \qquad \textbf{(6. 19)}$$

$$v_{DS} = V_{DS} + v_{ds} \qquad \textbf{(6. 20)}$$

$$v_{GS} = V_{GS} + v_{gs} \qquad \textbf{(6. 21)}$$

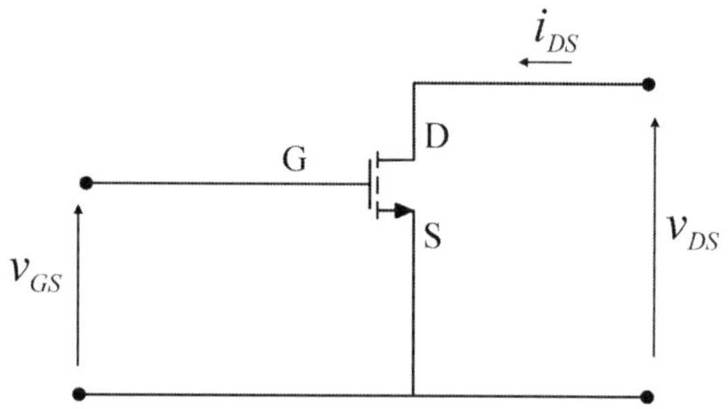

Figura 6.12: MOSFET

Si noti, in particolare, che le grandezze prese in esame sono tre soltanto, in quanto la corrente di Gate si considera nulla. Il Gate, in questo caso, è infatti (e praticamente) un condensatore: per segnali a frequenze non troppo elevate quindi si comporta come un circuito aperto e tale lo considereremo nel circuito equivalente che andremo a ricavare.

La corrente di Drain $\boldsymbol{i_{DS}}$ è funzione di $\boldsymbol{v_{GS}}$ e di $\boldsymbol{v_{DS}}$, ovvero possiamo esprimerla in forma implicita come

$$i_{DS} = i_{DS}(v_{GS}, v_{DS}) \qquad \textbf{(6. 22)}$$

che sviluppiamo poi in serie di Taylor nell'intorno del punto di lavoro fissato con la rete di polarizzazione, arrestando lo sviluppo al primo ordine. Sarà

$$i_{ds} = \left.\frac{\partial i_{DS}}{\partial v_{GS}}\right|_{\substack{v_{GS}=V_{GS} \\ v_{DS}=V_{DS}}} v_{gs} + \left.\frac{\partial i_{DS}}{\partial v_{DS}}\right|_{\substack{v_{GS}=V_{GS} \\ v_{DS}=V_{DS}}} v_{ds} \qquad \textbf{(6. 23)}$$

Iniziamo con il calcolo della derivata di $\boldsymbol{i_{DS}}$ rispetto a $\boldsymbol{v_{GS}}$. Nel capitolo 4 abbiamo visto che nella zona di saturazione la relazione tra $\boldsymbol{i_{DS}}$ e $\boldsymbol{v_{GS}}$ ha andamento parabolico:

$$i_{DS} = \frac{K_n}{2}\left(v_{GS} - V_{TN}\right)^2\left(1 + \lambda v_{DS}\right) \tag{6. 24}$$

Quindi potremo porre

$$\left.\frac{\partial i_{DS}}{\partial v_{GS}}\right|_{\substack{v_{GS}=V_{GS} \\ v_{DS}=V_{DS}}} = K_n\left(V_{GS} - V_{TN}\right)\left(1 + \lambda V_{DS}\right) \approx K_n\left(V_{GS} - V_{TN}\right) \tag{6. 25}$$

espressione che ci permette di definire la ***transconduttanza*** $\boldsymbol{g_m}$ del FET come segue:

$$g_m = K_n\left(V_{GS} - V_{TN}\right) \tag{6. 26}$$

da cui

$$\left.\frac{\partial i_{DS}}{\partial v_{GS}}\right|_{\substack{v_{GS}=V_{GS} \\ v_{DS}=V_{DS}}} = g_m \tag{6. 27}$$

Passiamo ora al calcolo della derivata di $\boldsymbol{i_{DS}}$ rispetto a $\boldsymbol{v_{DS}}$. Dalla (6.24) ricaviamo agevolmente

$$\left.\frac{\partial i_{DS}}{\partial v_{DS}}\right|_{\substack{v_{GS}=V_{GS} \\ v_{DS}=V_{DS}}} = \lambda \frac{K_n}{2}\left(V_{GS} - V_{TN}\right)^2 \approx \lambda I_{DS} \tag{6. 28}$$

Possiamo dunque definire ***resistenza*** $\boldsymbol{r_o}$ di Drain la quantità

$$r_o = \frac{1}{\lambda I_{DS}} \tag{6. 29}$$

e scrivere

$$\left.\frac{\partial i_{DS}}{\partial v_{DS}}\right|_{\substack{v_{GS}=V_{GS} \\ v_{DS}=V_{DS}}} = \frac{1}{r_o} \tag{6. 30}$$

osservando in particolare che il suo valore dipende dalla corrente tra Drain e Source I_{DS} : per valori di tale corrente dell'ordine del mA, r_o è dell'ordine della decina di kΩ.

Sostituendo infine le (6.27) e (6.30) nella (6.23), si ottiene l'equazione del modello per piccoli segnali (linearizzato) del FET

$$i_{ds} = g_m v_{gs} + \frac{v_{ds}}{r_o} \tag{6. 31}$$

Come sappiamo, di tale modello possiamo dare una rappresentazione circuitale in termini di circuito equivalente. Prima di farlo, incominciamo ad esaminare risultato dato dalla (6.31) e osserviamo, ad esempio, che le due quantità ricavate precedentemente (**g_m** e **r_o**) hanno una preciso significato "geometrico".

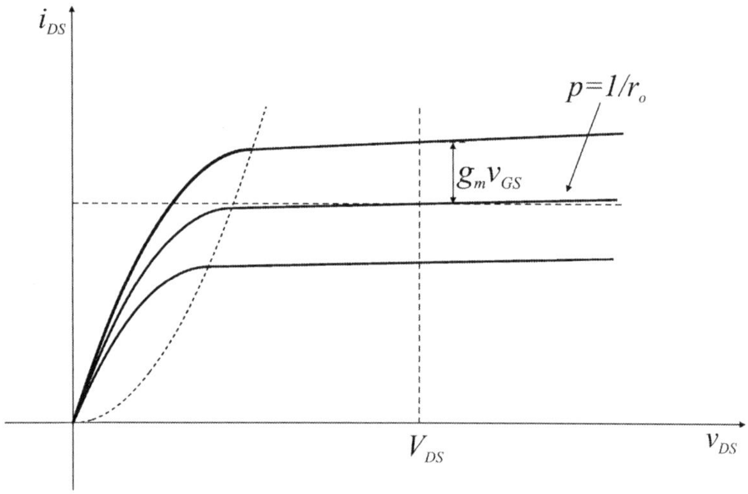

Figura 6. 13: i parametri g_m e r_0

Riferendoci infatti al piano delle curve caratteristiche d'uscita di un FET (Figura 6. 13), ad esempio, è facile vedere che **g_m** ci dà la *distanza* tra due curve caratteristiche, misurata su una verticale passante per il punto di lavoro. Analogamente, il valore di **r_o** , è legato alla pendenza della curva caratteristica che passa per il predetto punto di lavoro (il coefficiente angolare della retta tangente nel punto di lavoro è pari a **$1/r_o$**).

Ciò detto, abbiamo già ricordato che nell'analisi dei circuiti è sempre preferibile utilizzare schemi circuitali piuttosto che sistemi di equazioni. Pertanto, conviene tradurre l'equazione (6.31) nel circuito equivalente in Figura 6.14 e che, per farlo, osserviamo che tra Gate e Source non può scorrere corrente e quindi tra i due morsetti c'è un circuito aperto; quanto poi alla corrente i_{ds} , la (6.31) ci dice che è data dalla somma di due contributi, un generatore di corrente controllato dalla v_{gs} tramite la g_m ed un contributo proporzionale alla v_{ds} che corrisponde quindi a una resistenza inserita in parallelo tra Drain e Source (la r_o per l'appunto).

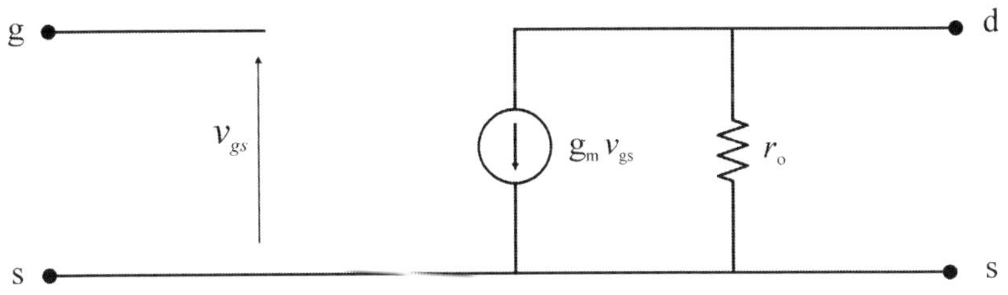

Figura 6.14: modello del MOSFET per piccoli segnali

In ogni caso, è bene sottolinearlo, nel definire il circuito equivalente per piccoli segnali, abbiamo fatto delle approssimazioni notevoli ed in particolare abbiamo assunto di poter arrestare lo sviluppo di Taylor della funzione di trasferimento del FET in zona di saturazione al primo ordine. Vediamo dunque sotto quali condizioni le assunzioni fatte risultino corrette.

La corrente i_{DS} ha un andamento di tipo parabolico al variare di v_{GS} il cui sviluppo ci dà

$$i_{DS} = \frac{K_n}{2}\left(v_{GS} - V_{TN}\right)^2 = \frac{K_n}{2}\left(V_{GS} + v_{gs} - V_{TN}\right)^2 \qquad \textbf{(6. 32)}$$

$$i_{DS} = \frac{K_n}{2}\left(V_{GS} - V_{TN}\right)^2\left(1 + \frac{v_{gs}}{V_{GS} - V_{TN}}\right)^2 \qquad \textbf{(6. 33)}$$

$$i_{DS} = \frac{K_n}{2}\left(V_{GS} - V_{TN}\right)^2\left(1 + 2\left(\frac{v_{gs}}{V_{GS} - V_{TN}}\right) + \left(\frac{v_{gs}}{V_{GS} - V_{TN}}\right)^2\right) \qquad \textbf{(6. 34)}$$

La condizione di piccoli segnali corrisponde quindi ad assumere che il termine di secondo ordine sia molto minore del termine di primo ordine, ovvero che si abbia:

$$\left(\frac{v_{gs}}{V_{GS} - V_{TN}}\right)^2 << 2\left(\frac{v_{gs}}{V_{GS} - V_{TN}}\right) \qquad \textbf{(6. 35)}$$

ovvero che per la variazione del segnale tra Gate e Source valga la relazione:

$$v_{gs} << 2(V_{GS} - V_{TN}) \tag{6.36}$$

Si noti che, dopotutto, non si tratta di una condizione particolarmente stringente (come abbiamo visto essere, al contrario, nel caso del BJT). La condizione indicata dalla (6.36), infatti, può essere controllata facilmente modificando il punto di polarizzazione del FET, ovvero variando la tensione in continua V_{GS}, cosa che può farsi agendo sulla rete di polarizzazione.

6.7 Amplificatore a MOSFET in configurazione CS

Consideriamo un MOSFET a canale ***n*** ad arricchimento polarizzato in zona di saturazione (mediante la rete di Figura 6.15) ed esaminiamone le prestazioni nella configurazione mostrata, ovvero nel montaggio con Source Comune (*CS*).

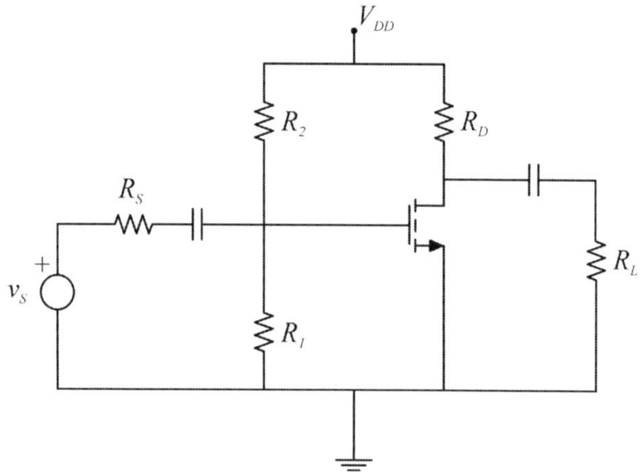

Figura 6.15: polarizzazione del MOSFET

Consideriamo pertanto i condensatori di accoppiamento e l'alimentazione come altrettanti cortocircuiti e sostituiamo al MOSFET il suo circuito equivalente per piccoli segnali precedentemente ricavato (Figura 6.16).

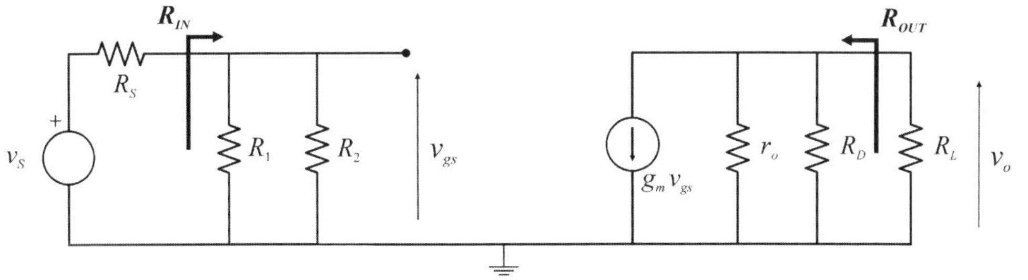

Figura 6.16: analisi AC di un amplificatore a singolo MOSFET in configurazione CS

La resistenza di ingresso R_{IN} di questo tipo di amplificatore, è la resistenza vista tra il terminale di Gate e massa e quindi, essendo un circuito aperto l'ingresso del FET, si avrà

$$R_{IN} = R_1 \| R_2 \qquad \textbf{(6. 37)}$$

La resistenza di uscita è la resistenza R_{OUT} vista tra drain e massa che, ponendo $v_{gs}=0$, ovvero aprendo il generatore di corrente controllato, vale

$$R_{OUT} = R_D \| r_o \qquad \textbf{(6. 38)}$$

ovvero, essendo in genere r_0 una resistenza di valore normalmente più grande (almeno dieci volte) della resistenza R_D , potremo assumere valida per R_{OUT} l'approssimazione

$$R_{OUT} \approx R_D \qquad \textbf{(6. 39)}$$

Tornando poi alle peculiarità dell'ingresso del MOSFET, ricordiamo che la sua resistenza interna è così elevata che, come si è sottolineato, la possiamo sostituire con un circuito aperto. Ne segue che, per questa sua caratteristica, il MOSFET in configurazione *CS* si presenta come un naturale candidato per realizzare amplificatori con ingresso in tensione, mentre non avrebbe senso utilizzarlo con l'ingresso in corrente. I possibili impieghi della configurazione *CS* sono solo pertanto due: tensione-tensione e tensione-corrente.

1) tensione-tensione

Le condizioni affinché si ricada in questo caso sono, lo ricordiamo,

$$R_{IN} >> R_S \qquad \textbf{(6. 40)}$$

$$R_{OUT} << R_L \qquad \textbf{(6. 41)}$$

Poiché la resistenza interna del generatore di segnale $\boldsymbol{R_S}$ è in genere piccola rispetto alla resistenza di ingresso $\boldsymbol{R_{IN}}$, la possiamo considerare nulla e quindi assumere che si abbia

$$v_{gs} = v_s \tag{6. 42}$$

Passando ora alla maglia di uscita, notiamo che possiamo assumere $\boldsymbol{r_o}$ e scegliere $\boldsymbol{R_L}$ di valore grande rispetto a $\boldsymbol{R_D}$, tanto da poterle trascurare entrambe nel parallelo con $\boldsymbol{R_D}$ stessa, considerandole quindi come circuiti aperti. Ne segue che tutta la corrente del generatore controllato dalla $\boldsymbol{v_{gs}}$ scorre nella resistenza $\boldsymbol{R_D}$.

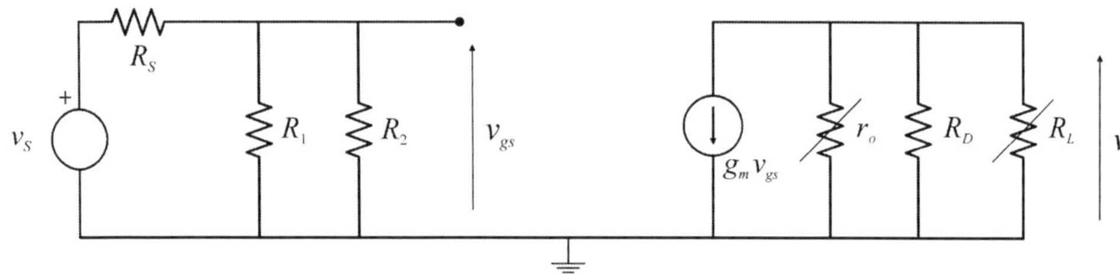

Figura 6.17: tensione-tensione

La tensione v_o è quindi data da

$$v_o = -g_m v_s R_D \tag{6. 43}$$

Il segno meno rende conto del fatto che quando la tensione $\boldsymbol{v_s}$ aumenta, $\boldsymbol{v_o}$ diminuisce, ovvero che ingresso e uscita sono, come più volte evidenziato, in controfase.

Ricordiamo poi che si definisce *guadagno tensione-tensione* $\boldsymbol{A_{vv}}$ il rapporto

$$A_{vv} = \frac{v_o}{v_s} \tag{6. 44}$$

Sarà perciò

$$A_{vv} = -g_m R_D \tag{6. 45}$$

La (6.45) insieme alla espressione (6.37) che ci dà $\boldsymbol{R_{IN}}$ ed alla (6.39) che definisce $\boldsymbol{R_{OUT}}$, completa le caratteristiche "esterne" dell'amplificatore

2) tensione-corrente

Le condizioni affinché si ricada in questo caso sono

$$R_{IN} >> R_S \qquad (6.46)$$

$$R_{OUT} >> R_L \qquad (6.47)$$

Poiché la resistenza interna del generatore di segnale $\boldsymbol{R_S}$ è, come si è detto, normalmente più piccola rispetto alla resistenza di ingresso $\boldsymbol{R_{IN}}$ (che d'altra parte possiamo fissare autonomamente con un'opportuna scelta delle resistenze $\boldsymbol{R_1}$ e $\boldsymbol{R_2}$ di polarizzazione), possiamo assumere $\boldsymbol{R_S}$ nulla, e quindi porre che si abbia

$$v_{gs} = v_s \qquad (6.48)$$

Quanto alla maglia d'uscita, se ora scegliamo il valore della resistenza di carico $\boldsymbol{R_L}$ sufficientemente basso in modo da trascurare nel parallelo con $\boldsymbol{r_o}$ e $\boldsymbol{R_D}$, entrambe queste ultime, considerandole perciò come circuiti aperti, tutta la corrente del generatore controllato dalla $\boldsymbol{v_{gs}}$ scorrerà proprio nella resistenza di carico $\boldsymbol{R_L}$.

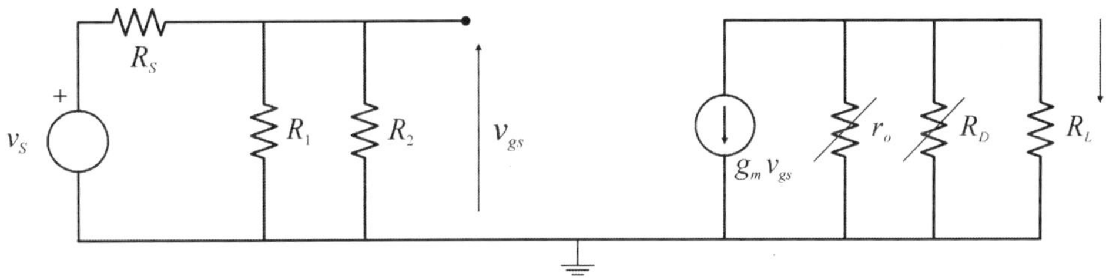

Figura 6.18: tensione-corrente

La corrente sul carico sarà perciò data semplicemente dalla

$$i_l = -g_m v_s \qquad (6.49)$$

e potremo facilmente definire come *guadagno tensione-corrente* $\boldsymbol{A_{vi}}$ il rapporto

$$A_{vi} = \frac{i_l}{v_s} \qquad (6.50)$$

Quindi

$$A_{vi} = -g_m \qquad (6.51)$$

Potremo, in altre parole, concludere che il MOSFET in configurazione Source Comune è già in partenza un buon *amplificatore di transconduttanza* con un guadagno $\boldsymbol{A_{vi}}$ che coincide con il suo $\boldsymbol{g_m}$.

Infine, sottolineiamo come le considerazioni fatte in questo paragrafo presuppongano che valga l'ipotesi di piccoli segnali, ovvero che venga rispettata la condizione già trovata per l'entità della variazione del segnale d'ingresso , per la quale si deve avere che

$$v_s = v_{gs} << 2(V_{GS} - V_{TN}) \quad \textbf{(6. 52)}$$

condizione, lo ricordiamo, che può essere controllata facilmente modificando il punto di polarizzazione del FET, ovvero variando la tensione in continua V_{GS}, agendo sulla rete di polarizzazione.

6.8 Amplificatore a MOSFET in configurazione CS reazionato

Anche il MOSFET, come già visto nel caso del BJT, può essere utilizzato in configurazione CS reazionato. In Figura 6.19 ne è mostrato lo schema circuitale.

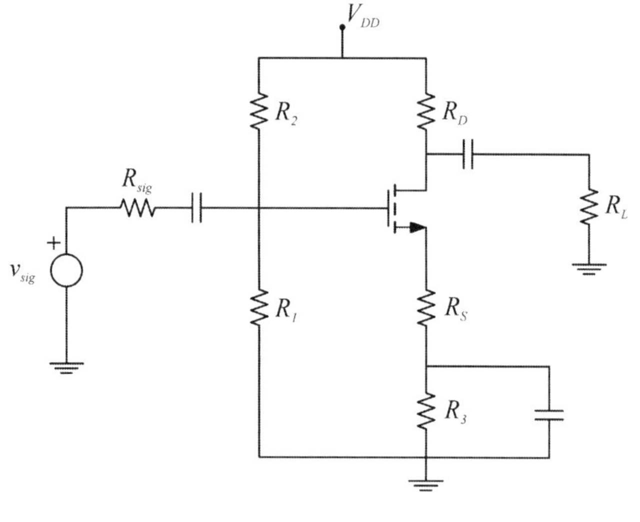

Figura 6.19: amplificatore a singolo MOSFET in configurazione CS reazionato

Procedendo in analogia con quanto fatto precedentemente e ricordando le peculiarità del MOSFET relativamente al circuito d'ingresso, possiamo scrivere per le resistenze relative all'ingresso ed all'uscita le relazioni

$$R_{IN} = R_1 \| R_2 \quad \textbf{(6. 53)}$$

$$R_{OUT} = R_D \quad \textbf{(6. 54)}$$

Analogamente, con riferimento ai due tipi di amplificatori facilmente realizzabili con il tipo di connessione in esame (*tensione-tensione* e *tensione-corrente*), potremo definire i due guadagni relativi come:

1) tensione-tensione

$$A_{vv} = -\frac{R_D}{R_S} \tag{6. 55}$$

2) tensione-corrente

$$A_{vi} = -\frac{1}{R_S} \tag{6. 56}$$

Infine, è facile ricavare le condizioni affinché valgano le espressioni (6.55) e (6.56) appena indicate. Dovrà aversi infatti per la corrente di polarizzazione $\boldsymbol{I_{DS}}$ che risulti verificata la

$$I_{DS}R_S >> \frac{V_{GS} - V_{TN}}{2} \tag{6. 57}$$

e di conseguenza che l'ampiezza del segnale $\boldsymbol{v_{sig}}$ verifichi la

$$v_{sig} << 4I_{DS}R_S \tag{6. 58}$$

6.9 Amplificatore a MOSFET in configurazione CD

Consideriamo un MOSFET a canale ***n*** ad *arricchimento* polarizzato in zona saturazione mediante la rete indicata in Figura 6.20 e montato nella configurazione a Drain Comune (CD). Si noti che come nel caso del BJT in configurazione CC abbiamo omesso la resistenza sul Drain che non ha in genere utilità pratica e che riduce la dinamica di uscita, ma abbiamo lasciato il relativo condensatore utile, come sappiamo, per filtrare eventuali disturbi sull'alimentazione.

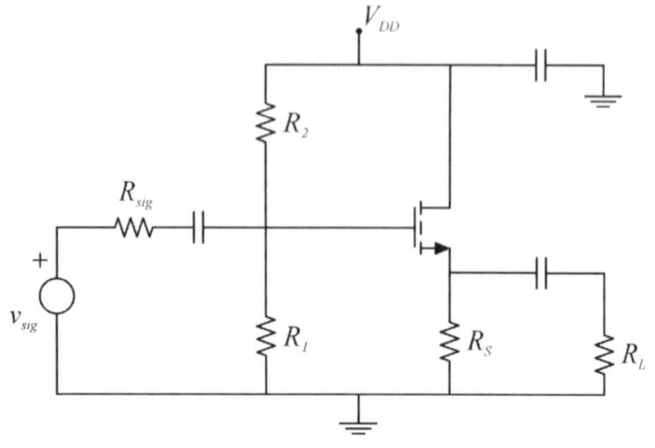

Figura 6.20: amplificatore a singolo MOSFET in configurazione CD

Cortocircuitiamo ora tutti i condensatori di accoppiamento e l'alimentazione e sostituiamo al MOSFET il suo circuito equivalente per piccoli segnali (Figura 6.21) procedendo alla determinazione di tutte le quantità che caratterizzano esternamente l'amplificatore in questa configurazione.

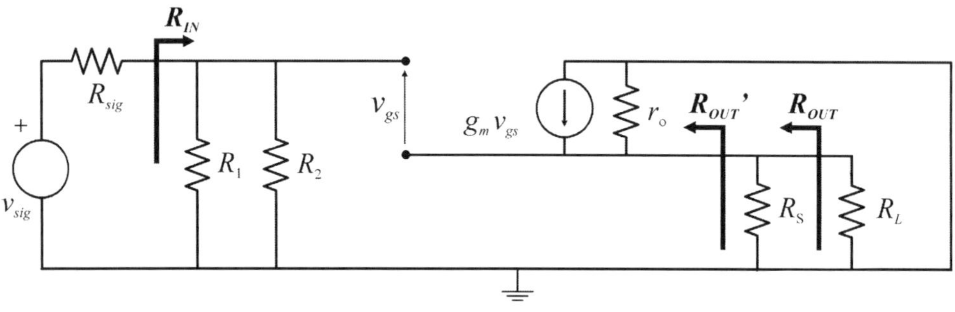

Figura 6.21: analisi AC di un amplificatore a singolo MOSFET in configurazione CD

La resistenza di ingresso R_{IN} di questo amplificatore è, come al solito, indipendente dal transistor (il Gate è un circuito aperto). Pertanto la resistenza vista tra il terminale di Gate e massa, risulta essere quella relativa al solo parallelo delle resistenze di polarizzazione. Si avrà cioè

$$R_{IN} = R_1 \| R_2 \quad \textbf{(6. 59)}$$

Quanto alla resistenza di uscita, sarà invece

$$R_{OUT} = R_S \| R'_{OUT} \quad \textbf{(6. 60)}$$

Calcoliamo R'_{OUT} con un generatore di prova, valutandone la corrente erogata. Poiché R_{sig} è di valore basso, il segnale può essere considerato direttamente applicato tra il Gate e massa. Quanto ad r_o, poiché il suo valore è in genere abbastanza grande, potremo approssimarla anche in questo caso con un circuito aperto. Ne segue che il circuito da utilizzare per valutare R'_{OUT} diventa quello di Figura 6.22.

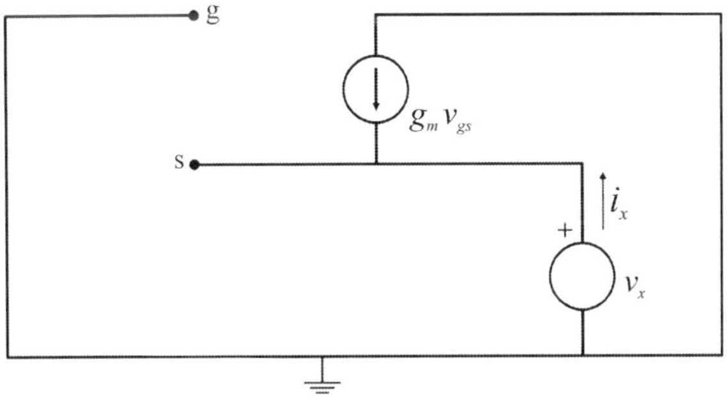

Figura 6.22: calcolo della resistenza di uscita

Il generatore di segnale v_{sig} è un generatore indipendente e quindi per il calcolo della resistenza di uscita deve essere cortocircuitato, spiegando così l'assenza, nel circuito di Figura 6.22, del parallelo delle due resistenze di polarizzazione. Ne segue che la corrente i_x imposta dal generatore di prova v_x varrà

$$i_x = -g_m v_{gs} = -g_m(-v_x) = g_m v_x \qquad \textbf{(6. 61)}$$

Quindi

$$R'_{OUT} = \frac{1}{g_m} \qquad \textbf{(6. 62)}$$

e poiché $1/g_m$ è una resistenza tipicamente piuttosto piccola, nel parallelo con R_S avremo

$$R_{OUT} = R_S \| R'_{OUT} \approx \frac{1}{g_m} \qquad \textbf{(6. 63)}$$

In definitiva, nella configurazione a Drain comune, il MOSFET presenta un'alta resistenza di ingresso ed una bassa resistenza d'uscita: esattamente i requisiti richiesti ad un "ottimo" amplificatore tensione-tensione. Ciò premesso, calcoliamone il guadagno in tensione, utilizzando il circuito di Figura 6.23.

Le condizioni da rispettare sono

$$R_{IN} >> R_{sig} \quad \textbf{(6. 64)}$$

$$R_{OUT} << R_L \quad \textbf{(6. 65)}$$

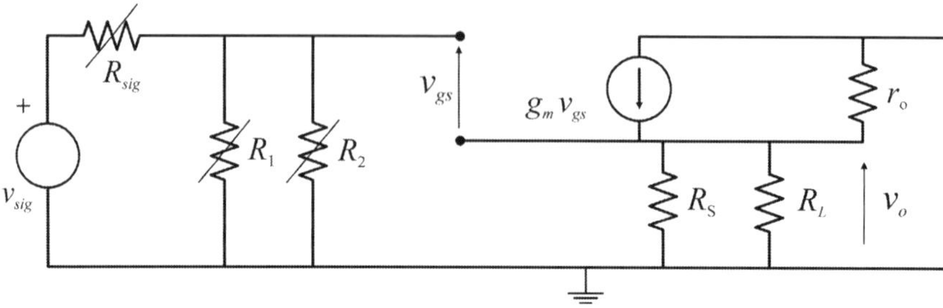

Figura 6.23: tensione-tensione

Scegliendo perciò la resistenza del generatore R_{sig} di segnale di valore basso tanto da poterla considerare un corto circuito con la conseguenza di poter trascurare anche il parallelo di R_1 e R_2 e ricordando che r_o è di valore elevato (e quindi può essere considerata un circuito aperto) e definendo infine

$$R_S^{'} = R_S \| R_L \quad \textbf{(6. 66)}$$

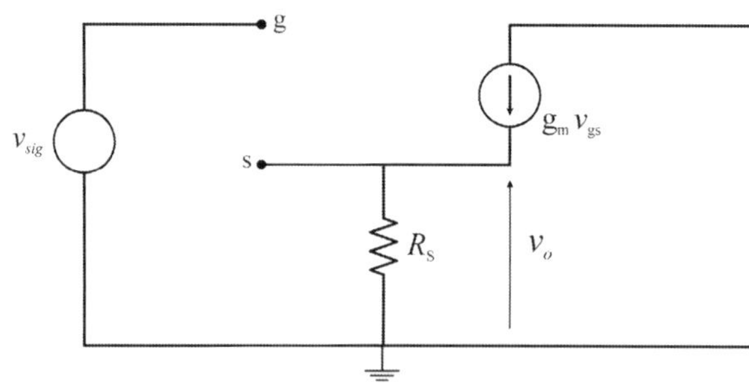

Figura 6.24: tensione-tensione

potremo scrivere per la tensione di uscita v_o l'espressione

$$v_o = R_S^{'} g_m v_{gs} = R_S^{'} g_m \left(v_{sig} - v_o \right) \quad \textbf{(6. 67)}$$

$$v_o \left(1 + g_m R_s^{'} \right) = g_m R_s^{'} v_{sig} \quad \textbf{(6. 68)}$$

da cui otteniamo, per l'amplificazione tensione-tensione A_{vv}, l'espressione

$$A_{vv} = \frac{v_o}{v_{sig}} = \frac{R'_S g_m}{1 + R'_S g_m} \approx 1 \tag{6. 69}$$

Un FET in configurazione CD, come già il BJT in configurazione CC, è quindi un buffer di tensione: alta resistenza di ingresso, bassa resistenza di uscita e guadagno unitario.

Vediamo infine, sotto quali ipotesi sarà valido quanto sin qui trovato ed in particolare la condizione per cui il guadagno $\boldsymbol{A_{vv}}$ dato dalla (6.69) sia approssimabile all'unità. Abbiamo infatti che deve essere

$$R'_S g_m >> 1 \tag{6. 70}$$

D'altra parte

$$g_m = \frac{2I_{DS}}{\left(V_{GS} - V_{TN}\right)} \tag{6. 71}$$

quindi

$$I_{DS} R'_S >> \frac{V_{GS} - V_{TN}}{2} \tag{6. 72}$$

ovvero la caduta di tensione su $\boldsymbol{R'_S}$ ($\boldsymbol{R_S}$ in parallelo con il carico $\boldsymbol{R_L}$) deve essere molto maggiore di $\boldsymbol{(V_{GS}-V_{TN})/2}$.
Inoltre, è necessario definire, anche per questo tipo di amplificatore, la condizione perché operi in regime di piccoli segnali. Dalla equazione di Kirchoff alla maglia di ingresso otteniamo

$$v_{sig} = v_{gs} + v_o = v_{gs} + R'_S g_m v_{gs} = \left(1 + R'_S g_m\right) v_{gs} \approx R'_S g_m v_{gs} \tag{6. 73}$$

Ricordando poi che la condizione per piccoli segnali su $\boldsymbol{v_{gs}}$ è

$$v_{gs} << 2\left(V_{GS} - V_{TN}\right) \tag{6. 74}$$

sostituendo la (6.74) nella (6.73) si ottiene per la tensione di segnale $\boldsymbol{v_{sig}}$ la condizione:

$$v_{sig} << 2\left(V_{GS} - V_{TN}\right) R'_S g_m \tag{6. 75}$$

Ed ancora, sostituendo la (6.72) nella (6.75) si ottiene che la condizione per il regime di piccoli segnali per un FET in configurazione CD è verificata se vale la relazione

$$v_{sig} << 4R_S^{'}I_{DS} \tag{6. 76}$$

6.10 Amplificatore a MOSFET in configurazione CG

Consideriamo il circuito di Figura 6.25 in cui un MOSFET a canale ***n*** ad *arricchimento* è polarizzato in zona di saturazione ed esaminiamone le prestazioni nella configurazione mostrata, ovvero nel montaggio con Gate Comune (*CG*). La presenza di un condensatore sul Gate, infatti, collega quest'ultimo dinamicamente a massa rendendo così il morsetto di Gate *comune* sia alla maglia d'ingresso che a quella d'uscita.

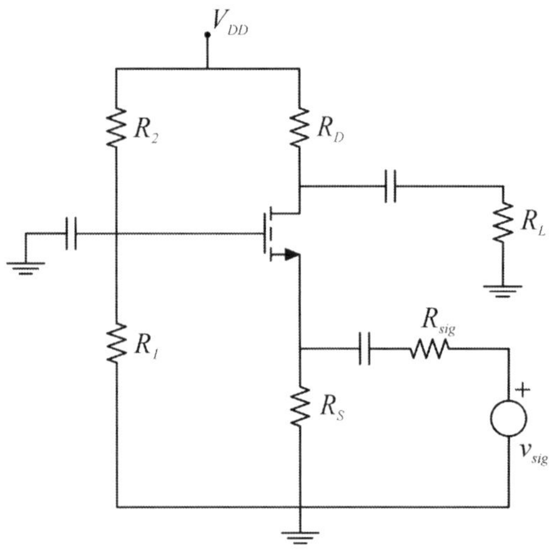

Figura 6.25: amplificatore a singolo MOSFET in configurazione CG

Cortocircuitiamo, come al solito, i vari condensatori di accoppiamento presenti nel circuito e facciamo lo stesso con l'alimentazione (Figura 6.26).

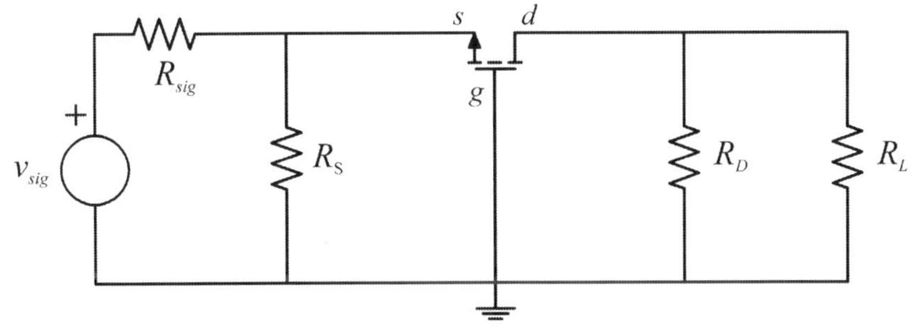

Figura 6.26: amplificatore a singolo MOSFET in configurazione CG

Rappresentiamo quindi il FET con il suo circuito equivalente per piccoli segnali ed eliminiamo dallo stesso la resistenza di Drain $\boldsymbol{r_o}$, che possiamo considerare di valore tale da poter essere sostituita da un circuito aperto (Figura 6.27).

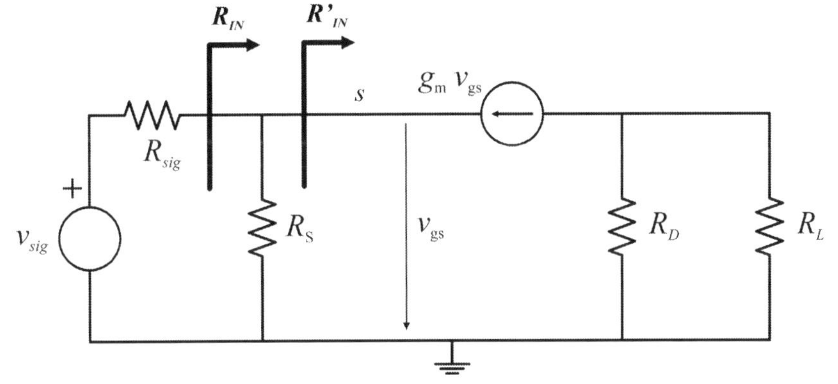

Figura 6.27: modello per piccoli segnali dell'amplificatore a singolo MOSFET in configurazione CG

Calcoliamo ora la resistenza di ingresso $\boldsymbol{R_{IN}}$ che scriviamo come

$$R_{IN} = R_S \| R'_{IN} \qquad \textbf{(6. 77)}$$

e valutiamo $\boldsymbol{R'_{IN}}$ utilizzando il generatore di prova $\boldsymbol{v_x}$ determinandone la corrente erogata $\boldsymbol{i_x}$ (Figura 6.28). Si avrà

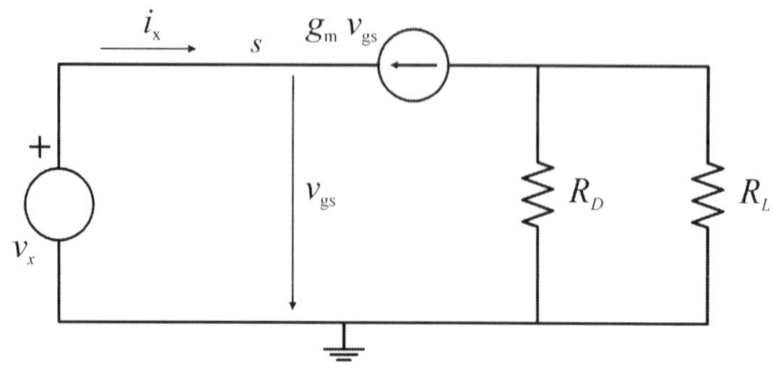

Figura 6.28: calcolo della resistenza di ingresso

$$i_x = -g_m v_{gs} \tag{6. 78}$$

D'altra parte, poiché si ha evidentemente che

$$v_x = -v_{gs} \tag{6. 79}$$

avremo per $\boldsymbol{R'_{IN}}$ l'espressione

$$R'_{IN} = \frac{v_x}{i_x} = \frac{1}{g_m} \tag{6. 80}$$

Infine, poiché $\boldsymbol{1/g_m}$ è una resistenza piccola rispetto ad $\boldsymbol{R_S}$, potremo porre

$$R_{IN} = R_S \| \frac{1}{g_m} \approx \frac{1}{g_m} \tag{6. 81}$$

In definitiva un MOSFET in configurazione *CG* presenta una resistenza di ingresso piccola e può quindi essere utilmente adoperato nella realizzazione di amplificatori con ingresso in corrente.

Quanto poi alla resistenza di uscita $\boldsymbol{R_{OUT}}$ vista dal carico $\boldsymbol{R_L}$, è semplicemente data da

$$R_{OUT} = R_D \tag{6. 82}$$

Per quanto detto, dunque, è evidente che le utilizzazioni più opportune della configurazione *CG*, saranno essenzialmente di due tipi: corrente-corrente e corrente-tensione.

1) corrente-corrente

Le condizioni affinché si ricada in questo caso (che sono, lo ricordiamo, quelle tipiche di un *amplificatore di corrente*), sono le seguenti

$$R_{IN} << R_{sig} \quad \textbf{(6. 83)}$$

$$R_{OUT} >> R_L \quad \textbf{(6. 84)}$$

Per comodità di trattazione, scegliamo di pilotare l'amplificatore con un generatore di corrente (ipotesi che corrisponde a ricavare l'equivalente in corrente del generatore di Thévenin, trasformando un generatore di tensione con in serie una resistenza in uno di corrente con in parallelo la stessa resistenza).
Facciamo poi l'ipotesi che il generatore di segnale sia un "buon" generatore di corrente, ovvero che la resistenza interna (in parallelo) $\boldsymbol{R_{sig}}$ sia grande abbastanza da poterla considerare un circuito aperto. Anche $\boldsymbol{R_S}$ sarà scelta di valore elevato essendo stata inserita allo scopo di garantire la continuità elettrica in regime DC (senza peraltro partecipare al processo di amplificazione), ovvero soltanto per poter polarizzare il transistor. $\boldsymbol{R_D}$ infine, la sceglieremo grande abbastanza da poterla trascurare nel parallelo con $\boldsymbol{R_L}$, considerandola quindi un circuito aperto (Figura 6.29).

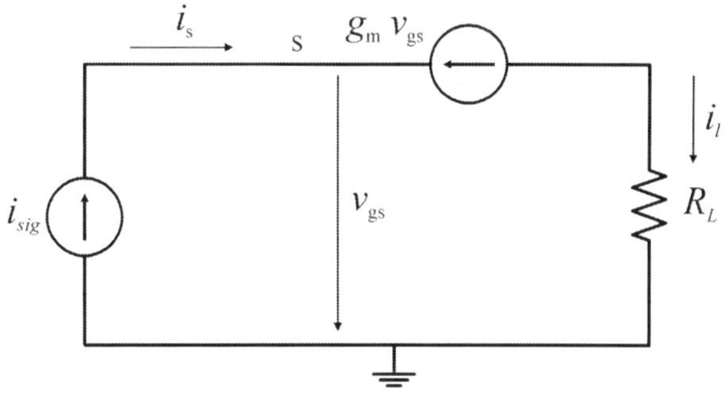

Figura 6.29: corrente-corrente

Con le predette approssimazioni, che rendono particolarmente semplice l'analisi del circuito, evidenziandone peraltro le peculiarità, possiamo scrivere

$$i_{sig} = -g_m v_{gs} \quad \textbf{(6. 85)}$$

D'altra parte

$$i_l = -g_m v_{gs} \quad \textbf{(6. 86)}$$

Ne segue che, per il *guadagno corrente-corrente* A_{ii} , potremo scrivere l'espressione

$$A_{ii} = \frac{i_l}{i_s} \approx 1 \qquad \textbf{(6. 87)}$$

In conclusione, in base ai valori trovati per le resistenze d'ingresso (6.81) e di uscita (6.2) ed in base alla (6.87) si evince che la configurazione *CG* permette, in definitiva, di realizzare un buon buffer di corrente.

2) corrente-tensione

Le condizioni da rispettare in questo caso (che sono, lo ricordiamo, quelle tipiche di un *amplificatore di transimpedenza*), sono le seguenti

$$R_{IN} << R_{sig} \qquad \textbf{(6. 88)}$$

$$R_{OUT} << R_L \qquad \textbf{(6. 89)}$$

Anche in questo caso, facciamo per comodità l'ipotesi che il generatore di segnale sia un "buon" generatore di corrente, ovvero che la resistenza interna (in parallelo) $\boldsymbol{R_{sig}}$ sia grande abbastanza da poterla considerare un circuito aperto. Supponiamo, sempre per le ragioni già sottolineate, che $\boldsymbol{R_S}$ sia grande abbastanza perché non compaia in parallelo al generatore d'ingresso e scegliamo $\boldsymbol{R_L}$ grande rispetto a $\boldsymbol{R_D}$ in modo che sia solo quest'ultima resistenza il carico visto in uscita dal transistor.

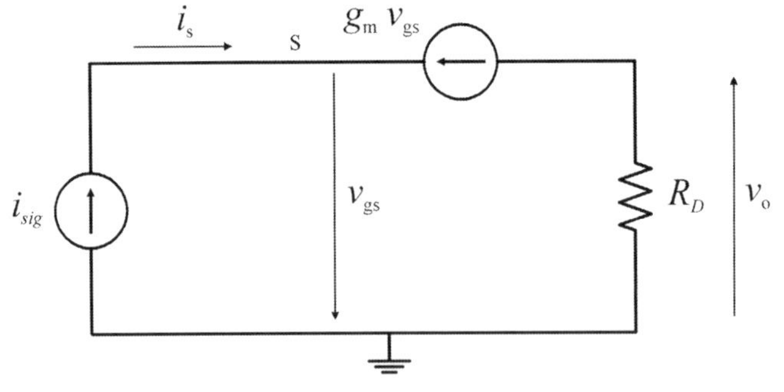

Figura 6.30: corrente-tensione

Con queste approssimazioni possiamo scrivere

$$i_{sig} = -g_m v_{gs} \qquad \textbf{(6. 90)}$$

D'altra parte

$$v_o = -g_m v_{gs} R_D \tag{6. 91}$$

Ne segue che, per il *guadagno corrente-tensione* $\boldsymbol{A_{iv}}$, varrà l'espressione seguente

$$A_{iv} = \frac{v_o}{i_s} = R_D \tag{6. 92}$$

Valutando poi la condizione per piccoli segnali, ricordiamo che deve essere

$$v_{gs} << 2(V_{GS} - V_{TN}) \tag{6. 93}$$

per cui, sostituendo la (6.90) nella (6.93), si avrà per la corrente del generatore di segnale l'espressione

$$|i_{sig}| << 2(V_{GS} - V_{TN})g_m \tag{6. 94}$$

dalla quale, ricordando la (6.71), otteniamo

$$|i_{sig}| << 4I_{DS} \tag{6. 95}$$

La (6.95) dà dunque la condizione per essere in regime di piccoli segnali nel caso di un FET in configurazione CG.

6.11 Amplificatore a doppio carico (split loaded amplifier)

Una configurazione circuitale molto utile in numerose applicazioni è l'amplificatore a doppio carico, detto anche *amplificatore a carico distribuito* (*split loaded amplifier*), mostrato in Figura 6. 31.

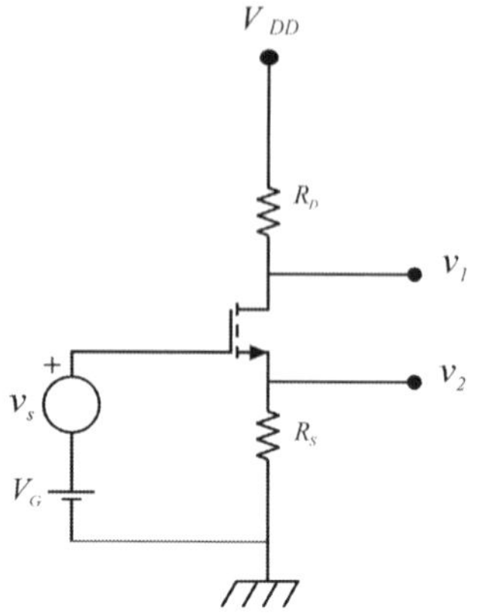

Figura 6. 31: amplificatore a doppio carico

In uscita si hanno due segnali: il segnale $\boldsymbol{v_1}$ (preso sul Drain), che è in controfase rispetto al segnale d'ingresso $\boldsymbol{v_s}$, ed il segnale $\boldsymbol{v_2}$ (preso sul Source) che è invece in fase. Di fatto, è come se fossero due amplificatori in uno.
Il primo amplificatore, quello con tensione d'uscita $\boldsymbol{v_1}$ (presa sul Drain), è un CS controreazionato (vedi paragrafo 6.8) ed è caratterizzato da guadagno in tensione $\boldsymbol{A_{vv1}}$ e resistenza di uscita $\boldsymbol{R_{OUT1}}$ pari rispettivamente a

$$A_{vv1} \approx -\frac{R_D}{R_S} \qquad \textbf{(6. 96)}$$

$$R_{OUT1} \approx R_D \qquad \textbf{(6. 97)}$$

Il secondo amplificatore, quello con tensione d'uscita $\boldsymbol{v_2}$ (presa sul Source) è, invece un CD caratterizzato rispettivamente da

$$A_{vv2} \approx 1 \qquad \textbf{(6. 98)}$$

$$R_{OUT2} \approx \frac{1}{g_m} \qquad \textbf{(6. 99)}$$

Confrontando poi la (6.96) e la (6.98) è facile dedurre che, se si scelgono le due resistenze di carico in modo che si abbia $\boldsymbol{R_D}=\boldsymbol{R_S}$, le due uscite $\boldsymbol{v_1}$ e $\boldsymbol{v_2}$ hanno la stessa ampiezza in tensione e sono, come si è detto, <u>opposte in fase</u> (in queste condizioni l'amplificatore prende il nome di *amplificatore parafase*). Si noti tuttavia che, mentre la porta ***2*** presenta una bassa resistenza di uscita ($\boldsymbol{1/g_m}$), la porta ***1*** presenta un valore elevato di resistenza ($\boldsymbol{R_D}$) pari cioè alla resistenza che collega il Drain all'alimentazione. Tale resistenza, necessaria per polarizzare in maniera opportuna il MOSFET, non può essere scelta molto piccola, impedendo

dunque all'amplificatore di avere uguali oltre ai guadagni (in modulo) anche le due impedenze di uscita.
Ne segue che l'amplificatore parafase, utile per pilotare circuiti che richiedono all'ingresso segnali di tensione uguali ed opposti, potrà essere utilmente adoperato solo interponendo tra le sue uscite e gli ingressi dello stadio successivo, una coppia di buffer di tensione.

6.12 Prospetto riassuntivo

La tabella 6.1 riassume i risultati dei paragrafi precedenti evidenziando le peculiarità delle diverse configurazioni circuitali descritte. In estrema sintesi:

1) La configurazione *CS* consente di realizzare amplificatori *tensione-tensione* oppure *tensione-corrente*. Nel primo caso il guadagno A_{vv} è negativo (ovvero il segnale in uscita è in controfase rispetto all'ingresso) ed è dato dal prodotto della transconduttanza g_m per la resistenza di Drain R_D. Nel secondo caso il guadagno A_{vi} è ancora negativo (quando la corrente di segnale è entrante, la corrente sul carico è anch'essa entrante) ed è pari alla transconduttanza g_m. La resistenza d'ingresso è molto alta (circuito aperto), ed è limitata soltanto dalle resistenze di polarizzazione.

2) La configurazione *CD* consente di realizzare solo buffer di tensione di guadagno unitario. La resistenza di uscita R_{OUT} è molto bassa e pari all'inverso della transconduttanza ($1/g_m$), mentre la resistenza d'ingresso rimane molto alta (circuito aperto), limitata ancora dalle resistenze di polarizzazione.

3) La configurazione *CG* consente di realizzare *buffer di corrente* di guadagno A_{ii} unitario oppure amplificatori *corrente-tensione* di guadagno A_{iv} pari alla resistenza di Drain R_D. In entrambi i casi la resistenza di ingresso R_{IN} è molto bassa e pari all'inverso della transconduttanza ($1/g_m$), mentre la resistenza d'uscita è pari a R_D.

	CS	CD	CG
R_{in}	$R_1//R_2$	$R_1//R_2$	$1/g_m$
R_{out}	R_D	$1/g_m$	R_D
A_{vv}	$-g_m R_D$	1	//
A_{vi}	$-g_m$	//	//
A_{ii}	//	//	1
A_{iv}	//	//	R_D
v_{sig}	$<<2(V_{GS}-V_{TN})$	$<<4(R_S//R_L)I_{DS}$	//
i_{sig}	//	//	$<< 4I_{DS}$

Tabella 6.1

Capitolo Sette
Amplificatore differenziale

7.1 Amplificatore differenziale

In molte soluzioni circuitali si deve (o si preferisce) utilizzare come segnale d'ingresso la differenza tra le tensioni su una coppia di linee, piuttosto che una sola tensione su una singola linea. La ragione è legata o al particolare "sensore" utilizzato per generare il segnale (molti tipi di antenne ad esempio) oppure, ed è il caso più comune, ai requisiti di sistema che richiedono una maggior immunità ai disturbi. Un possibile disturbo, un'interferenza ad esempio, interesserà infatti in ugual misura entrambe le linee e quindi la componente differenziale del segnale ne risulterà praticamente immune. Da qui la notevole diffusione di questo tipo di soluzione nella gran parte delle più recenti comunicazioni su filo.

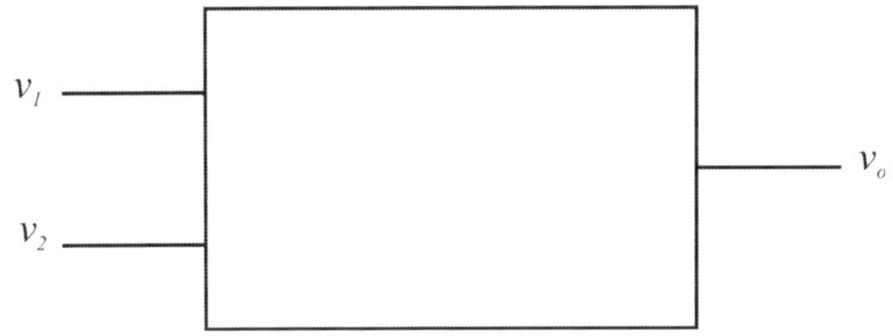

Figura 7. 1: amplificatore differenziale

Prendiamo ora in considerazione un generico dispositivo lineare che abbia due ingressi e un'uscita. Quanto ai due ingressi poi, assumiamo che uno dei due (v_1) produca in uscita un segnale proporzionale all'ingresso, conservandone la fase, e che l'altro (v_2) determini in uscita un altro segnale (sempre proporzionale all'ingresso), ma di segno opposto, ovvero sia in controfase con l'ingresso stesso. Pertanto, sommando in uscita i due effetti potremo scrivere per la tensione v_o l'espressione:

$$v_O = A_1 v_1 - A_2 v_2 \tag{7. 1}$$

essendo A_2 e A_1 i guadagni relativi ai due ingressi che definiamo rispettivamente ***invertente (v_2)*** e ***non invertente (v_1)*** in base alle assunzioni precedentemente fatte sullo sfasamento (o meno) tra i segnali d'ingresso e quelli di uscita.

Il modo più semplice ed efficace utilizzabile per analizzare l'amplificatore così costruito, è quello di introdurre, al posto dei due segnali d'ingresso (v_1 e v_2), due loro opportune combinazioni lineare, secondo lo schema indicato in Figura 7. 1.

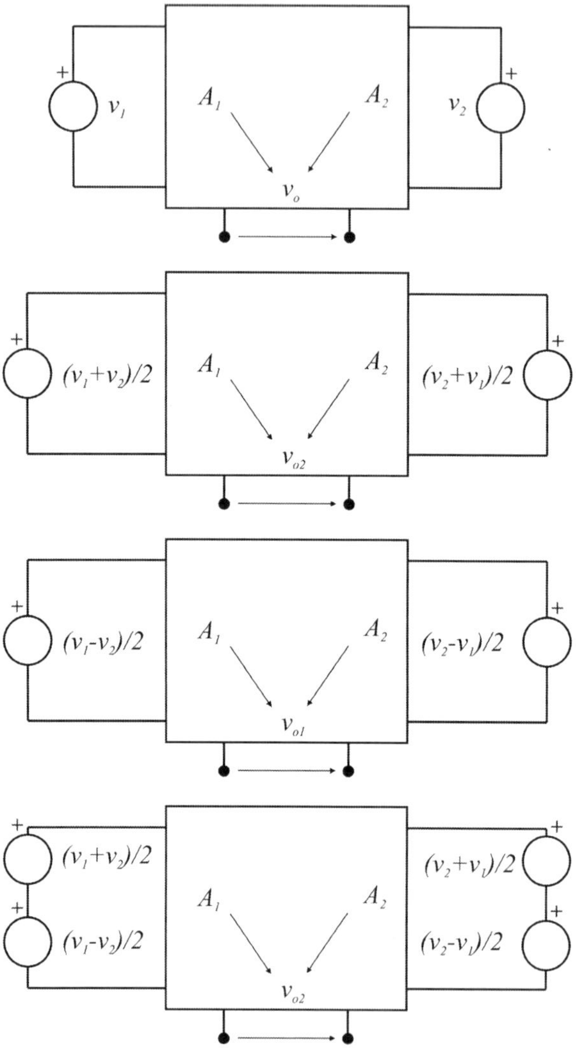

Figura 7. 2: analisi dell'amplificatore differenziale

Se ora infatti definiamo *segnale differenziale* (***modo differenza***) la quantità v_d

$$v_d = v_1 - v_2 \qquad \textbf{(7. 2)}$$

e ***modo comune*** la quantità v_c

$$v_c = \frac{v_2 + v_2}{2} \tag{7. 3}$$

La tensione d'uscita $\boldsymbol{v_o}$ dell'amplificatore la potremo ottenere come combinazione lineare delle tensioni appena definite. Si avrà cioè

$$v_O = \left(\frac{A_1 + A_2}{2}\right)v_d + \left(A_1 - A_2\right)v_C \tag{7. 4}$$

dove definiremo ***guadagno differenziale*** ($\boldsymbol{A_d = v_o/v_d}$), la quantità

$$A_d = \frac{A_1 + A_2}{2} \tag{7. 5}$$

che ci darà la tensione d'uscita $\boldsymbol{v_o}$ complessiva quando $\boldsymbol{v_c = 0}$.
In modo analogo, definiamo ***guadagno di modo comune*** ($\boldsymbol{A_c = v_o/v_c}$), la quantità

$$A_c = A_1 - A_2 \tag{7. 6}$$

che ci darà l'intera tensione d'uscita $\boldsymbol{v_o}$ quando $\boldsymbol{v_d = 0}$ **.**
Naturalmente, poiché è stato "pensato" per amplificare la differenza dei due segnali d'ingresso, l'amplificatore differenziale ideale dovrebbe avere guadagno di modo comune nullo. In questo caso, infatti, il segnale d'uscita sarebbe indipendente dai livelli medi dei due segnali d'ingresso e funzione solo della loro differenza. In altre parole, due coppie di segnali d'ingresso di 0.9 e 1.0 Volt e 5.9 e 6.0 Volt, ad esempio, darebbero in uscita lo stesso risultato. Perché questo sia possibile però, è necessario, come si evince dalla (7.6), che i guadagni relativi alle due porte di ingresso $\boldsymbol{A_1}$ e $\boldsymbol{A_2}$ siano perfettamente uguali.
Nella pratica, quanto auspicato non è mai del tutto possibile: $\boldsymbol{A_1}$ e $\boldsymbol{A_2}$ saranno molto vicini, ma mai perfettamente uguali e pertanto il segnale d'uscita dell'amplificatore differenziale dipenderà anche dal livello medio dei segnali d'ingresso. Per tener conto di tale dipendenza, e quindi valutare la qualità dell'amplificatore differenziale, si definisce il parametro ***CMRR*** (***Common Mode Rejection Ratio***), dato dal rapporto tra il guadagno differenziale e quello di modo comune, ovvero

$$CMRR = \frac{A_d}{A_c} \tag{7. 7}$$

che per il caso dell'amplificatore lineare sopra considerato, vale

$$CMRR = \frac{A_1 + A_2}{2\left(A_1 - A_2\right)} \tag{7. 8}$$

La tensione d'uscita dell'amplificatore differenziale v_o verrà perciò ottenuta dall'espressione

$$v_0 = A_d\left(v_d + \frac{v_c}{CMRR}\right) \tag{7. 9}$$

espressione che mette in evidenza come, per un amplificatore differenziale lineare ideale con A_1=A_2 , il ***CMRR*** tenda a infinito e quindi v_o sia proporzionale, per il tramite di A_d, al solo segnale differenza v_d.

7.2 Amplificatore differenziale a BJT

Prendiamo in considerazione il circuito in Figura 7. 3, *Amplificatore Differenziale ad accoppiamento di emettitore*, nel quale due BJT hanno gli emettitori collegati ad un'unica resistenza R_E , a sua volta collegata ad una tensione di alimentazione negativa ($-V_{EE}$). I terminali delle due basi sono gli ingressi dell'amplificatore e l'uscita è presa tra uno dei due collettori e massa: in questo modo, infatti, uno dei due segnali d'ingresso arriva in uscita invertito, l'altro no. Inoltre, come vedremo, nella configurazione circuitale scelta (data la sua simmetria), la resistenza di emettitore rappresenta una reazione negativa per la componente di modo comune del segnale (riducendone quindi il guadagno associato), ma non ha alcun effetto sulla sua componente differenziale, che quindi risulta amplificata molto più della componente di modo comune, aumentando il corrispondente ***CMMR***.

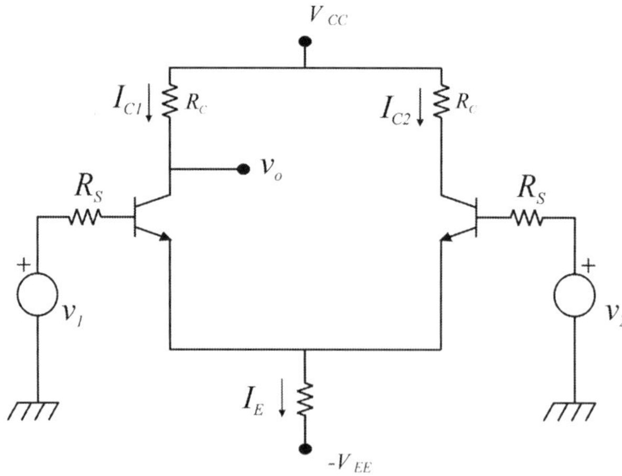

Figura 7. 3: coppia differenziale a BJT

Incominciamo con lo studio del regime di correnti in DC, ricordando, tra l'altro, l'importanza che la corrente di collettore in continua I_C ha nella determinazione del livello di amplificazione dei transistor (g_m=I_C/V_T). Per calcolare quindi il punto di lavoro cortocircuitiamo i generatori di segnale $v_1=v_2=0$ ed osserviamo che la caduta di tensione su R_s , prodotta da una corrente di base di un BJT in regione attiva diretta, può considerarsi trascurabile: le basi dei due BJT sono quindi praticamente a massa. Poiché inoltre stiamo polarizzando il BJT in regione attiva diretta, la V_{BE} risulta pari a circa 0.6V e quindi l'emettitore (in comune tra i due transistor) è alla tensione di -0.6V. Da ciò segue che la corrente I_E , che scorre sulla resistenza R_E , è data da

$$I_E = \frac{V_{EE} - (0.6\text{V})}{R_E} \tag{7. 10}$$

Inoltre, per la simmetria del circuito, ricordando che le correnti di collettore e quelle di emettitore sono all'incirca uguali, avremo:

$$I_{C1} = I_{CE} = \frac{I_E}{2} \tag{7. 11}$$

Infine la V_{CE} di ciascun BJT può essere calcolata come

$$V_{CE1} = V_{CE2} = V_{CC} - \frac{I_E}{2} R_C \tag{7. 12}$$

Trovate dunque le grandezze elettriche significative relativamente al regime in continua, passiamo alla corrispondente analisi in alternata. In particolare, per analizzare il comportamento del circuito in presenza di segnale, separiamo la componente differenziale del segnale dalla componente a modo comune, riscrivendo i due segnali d'ingresso v_1 e v_2 come segue:

$$v_1 = v_c + \frac{v_d}{2} \tag{7. 13}$$

$$v_2 = v_c - \frac{v_d}{2} \tag{7. 14}$$

Se il circuito è supposto lineare, ovvero se i segnali differenza $v_d/2$ e di modo comune v_c sono sufficientemente piccoli, possiamo considerare che agiscano separatamente ai due ingressi, sovrapponendone poi gli effetti.
Partiamo dunque analizzando il circuito quando ai due ingressi è presente il segnale v_c : il corrispondente circuito equivalente (di modo comune) è quello mostrato in Figura 7. 4.

Si noti, in particolare, che stiamo limitando l'analisi alla "metà" del circuito e che, sull'emettitore, è presente una resistenza pari a due volte $\boldsymbol{R_E}$. Ciò è dovuto alla simmetria del circuito in Figura 7. 3 che fa sì che la corrente su $\boldsymbol{R_E}$ sia il doppio della corrente del singolo emettitore (pari all'incirca a quella di collettore) di ciascun BJT e quindi che la caduta di tensione ai suoi capi sia due volte quella dovuta alla corrente d'emettitore del singolo transistor. Pertanto, se consideriamo solo una metà del circuito di partenza, allo scopo di mantenere al livello corretto la caduta di tensione su $\boldsymbol{R_E}$, dobbiamo raddoppiarne il valore($\boldsymbol{2\,R_E}$).

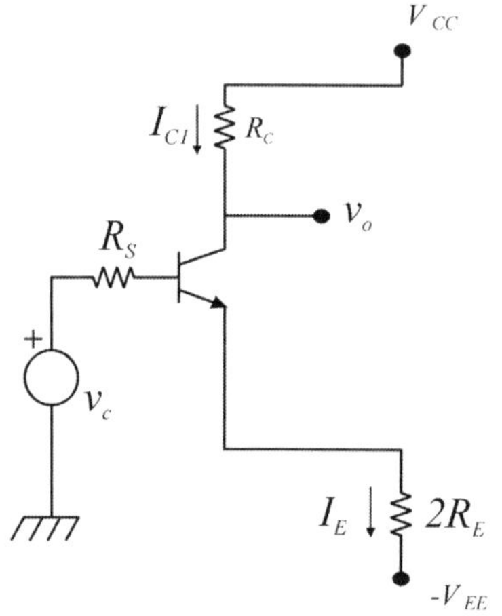

Figura 7. 4: circuito equivalente per il modo comune

Il circuito che ne risulta è un amplificatore a singolo BJT in configurazione CE reazionato, che abbiamo già analizzato precedentemente. In particolare, il guadagno tensione-tensione $\boldsymbol{A_c}$ (***guadagno di modo comune***) è all'incirca pari a

$$A_c = \frac{v_o}{v_c} = -\frac{R_C}{2R_E} \tag{7. 15}$$

Tracciamo ora il circuito equivalente per il modo differenza (Figura 7. 5). Per l'antisimmetria del segnale (ai due ingressi abbiamo rispettivamente $+\boldsymbol{v_d/2}$ e - $\boldsymbol{v_d/2}$), la corrente di emettitore uscente da uno dei due BJT è pari alla corrente di emettitore entrante nell'altro. Ne segue che non scorre corrente sulla resistenza $\boldsymbol{R_E}$ e quindi non c'è caduta ai suoi capi: il nodo comune ai due emettitori si comporta quindi come una *massa virtuale* (sia la tensione sia la corrente sono entrambe nulle).

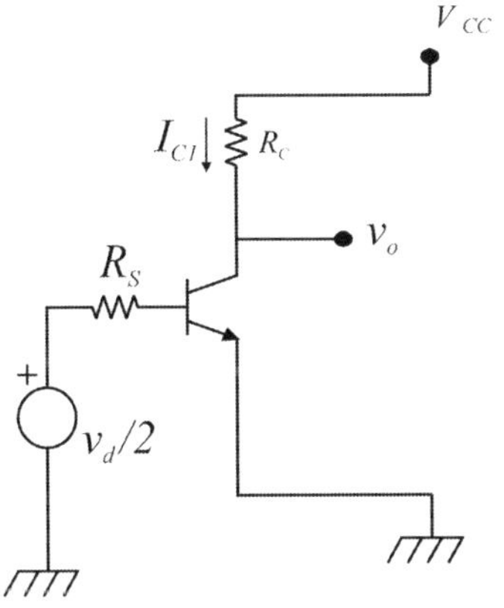

Figura 7. 5: circuito equivalente per il segnale differenziale

Il circuito che ne risulta è un amplificatore tensione-tensione a singolo BJT in configurazione CE già noto (in quanto studiato precedentemente), la cui tensione in uscita $\boldsymbol{v_o}$ è pari a

$$v_O = -g_m R_C \left(\frac{v_d}{2}\right) \qquad \textbf{(7. 16)}$$

essendo, come al solito, $\boldsymbol{g_m}$ la transconduttanza del transistor. Il **guadagno differenziale** $\boldsymbol{A_d}$ è quindi dato dalla seguente espressione

$$A_d = \frac{v_o}{v_d} = -\frac{g_m R_C}{2} \qquad \textbf{(7. 17)}$$

Ne segue che il ***CMRR*** è quindi pari a

$$CMRR = \frac{1}{g_m R_E} \qquad \textbf{(7. 18)}$$

ovvero

$$CMRR = \frac{V_T}{I_C R_E} = \frac{2V_T}{I_E R_E} = \frac{2V_T}{V_{EE} - (0.6\text{V})} \approx \frac{2V_T}{V_{EE}} \qquad \textbf{(7. 19)}$$

con $\boldsymbol{V_T}$, come sappiamo, pari a circa 26mV . Si noti, in conclusione, come il ***CMRR*** risulti limitato dalla tensione (negativa) di alimentazione. Se ad esempio $\boldsymbol{V_{EE}=6V}$, il ***CMRR*** è pari a circa a 0.01, ovvero il guadagno differenziale è circa 100 volte maggiore di quello di modo comune.

7.3 Amplificatore differenziale a MOSFET

Una configurazione circuitale analoga a quella descritta nel paragrafo precedente può essere utilizzata per realizzare un amplificatore differenziale a MOSFET, con l'ulteriore vantaggio, assicurato da questo tipo di transistor, di avere, come sappiamo, la resistenza di ingresso (sul Gate) praticamente infinita. Questa peculiarità, se da una parte rende l'ingresso assimilabile a quello di un amplificatore di tensione ideale, determina anche alcuni inconvenienti, come quello, già evidenziato, di non consentire alla capacità d'ingresso di scaricarsi, rendendo indeterminata, se non pericolosa, la tensione sul Gate. Per questo, è necessario assicurare, come già messo in luce, il collegamento a massa del Gate stesso attraverso una resistenza di *bleeder* R_G che abbassa la resistenza d'ingresso, ma consente la scarica della capacità proteggendo il MOSFET. Tale resistenza, presente in entrambi gli ingressi, li mantiene a tensione di polarizzazione nulla non essendo percorsa da corrente continua.

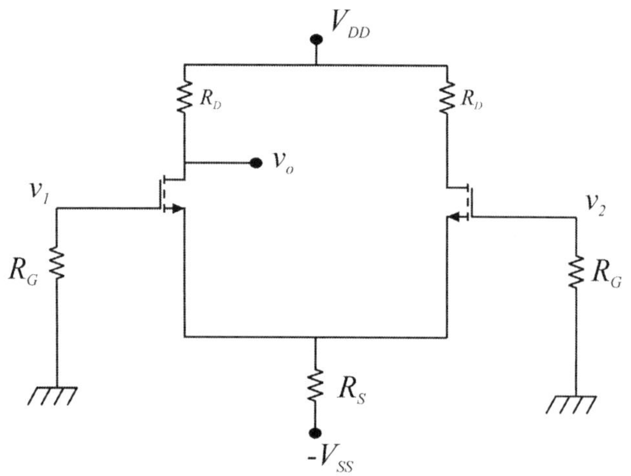

Figura 7. 6: amplificatore differenziale a MOSFET

Ragionando come nel paragrafo precedente possiamo calcolare la corrente I_S dalla espressione

$$I_S = \frac{V_{SS} - V_{GS}}{R_S} \qquad \textbf{(7. 20)}$$

essendo V_{SS} la tensione di alimentazione negativa utilizzata sul Source e R_S la resistenza in comune ai Source dei due transistor. Nell'ipotesi di MOSFET ad alto guadagno poi, la V_{GS} si può assumere di poco superiore alla soglia V_{TH} , ovvero si può porre

$$V_{GS} \approx V_{TN} \qquad (7.21)$$

Pertanto

$$I_S = \frac{V_{SS} - V_{TN}}{R_S} \qquad (7.22)$$

Valgono inoltre le seguenti relazioni (sempre nell'ipotesi di MOSFET ad alto guadagno)

$$A_c = \frac{v_o}{v_c} = -\frac{R_D}{2R_S} \qquad (7.23)$$

$$A_d = \frac{v_o}{v_d} = -\frac{g_m R_D}{2} \qquad (7.24)$$

con g_m transconduttanza del MOSFET che è data da

$$g_m = K_n\left(V_{GS} - V_{TN}\right) \qquad (7.25)$$

Dalle formule precedenti e nelle ipotesi fatte, è facile calcolare il ***CMRR*** che risulta perciò pari a

$$CMRR = g_m R_S \qquad (7.26)$$

e quindi, tra l'altro, direttamente proporzionale alla resistenza R_S sul Source.

7.4 Amplificatore differenziale con generatore di corrente

L'amplificatore differenziale visto nei paragrafi precedenti, sfrutta la reazione di una resistenza di emettitore (o di source per il MOSFET) per ridurre il guadagno di modo comune A_c, senza alterare peraltro quello relativo al modo differenza A_d . Maggiore è il valore di questa resistenza, infatti, più elevato è il ***CMMR*** e quindi migliore il comportamento dell'amplificatore differenziale.
Nella realtà, peraltro, la soluzione sin qui vista ha degli evidenti limiti di applicabilità, legati al fatto che nella resistenza di Emettitore (o di Source) scorre anche la corrente di polarizzazione del transistor. Ne segue, che la caduta di tensione su tale resistenza è comunque legata al valore complessivo delle tensioni di alimentazione utilizzate. In altre parole, il valore delle tensioni di alimentazione limita le prestazioni dell'amplificatore. L'ideale sarebbe perciò far "vedere" all'Emettitore, ad esempio, una resistenza R_E di valore elevato nel funzionamento in alternata e di valore basso nel comportamento in continua: ciò significa poter

fissare la corrente che scorre dal nodo di Emettitore all'alimentazione negativa indipendentemente dal valore della resistenza stessa.
La soluzione esiste ed è di facile implementazione. Basta infatti utilizzare, al posto della resistenza $\boldsymbol{R_E}$, un generatore di corrente che idealmente presenta una resistenza infinita e che al tempo stesso consente di fornire al circuito il valore di corrente fissato in sede di progetto. Facciamo dunque riferimento allo schema di (Figura 7. 7) ed osserviamo che nella realtà, il generatore di corrente presenterà comunque una resistenza di uscita di valore $\boldsymbol{R_o}$. Di conseguenza, il valore del CMMR non tenderà all'infinito ma avrà il valore dato dalla

$$CMRR = g_m R_0 \tag{7. 27}$$

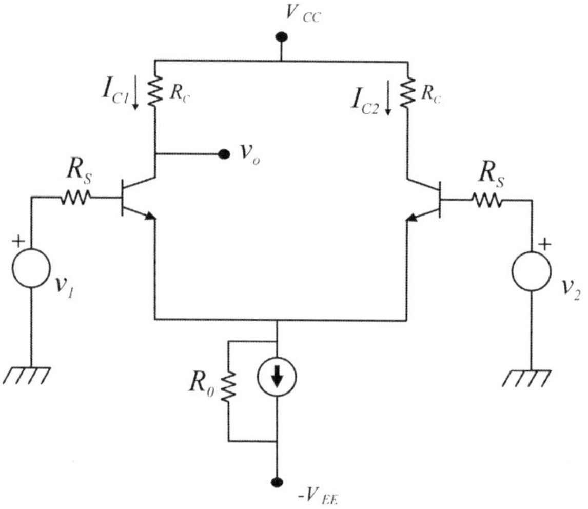

Figura 7. 7: coppia differenziale con generatore di corrente

Vediamo ora come implementare nella pratica il generatore di corrente. Una possibile soluzione circuitale è quella mostrata in Figura 7. 8, nella quale si utilizza un transistor a emettitore comune (la presenza di $\boldsymbol{R_3}$ lo "degenera": in questo caso si parla di *emettitore comune degenerato d'emettitore*). La corrente $\boldsymbol{I_3}$ nella resistenza d'emettitore (all'incirca uguale alla $\boldsymbol{I_o}$ di collettore) la calcoliamo dalla espressione

$$I_3 R_3 = V_{D1} + V_{D2} + \left(V_{EE} - V_{D1} - V_{D2}\right)\frac{R_2}{R_1 + R_2} - V_{BE3} \tag{7. 28}$$

Se ora si sceglie il partitore resistivo in modo che si abbia

$$V_{BE3} = \left(V_{D1} + V_{D2}\right)\frac{R_2}{R_1 + R_2} \qquad \textbf{(7. 29)}$$

La corrente fornita dal generatore diventa

$$I_3 = V_{EE}\frac{R_2}{R_3\left(R_1 + R_2\right)} \qquad \textbf{(7. 30)}$$

La scelta effettuata cioè, rende la corrente del generatore indipendente dalle variazioni di $\boldsymbol{V_{BE3}}$ con la temperatura: l'inserimento della coppia di diodi, ha permesso di compensare tale variazione.

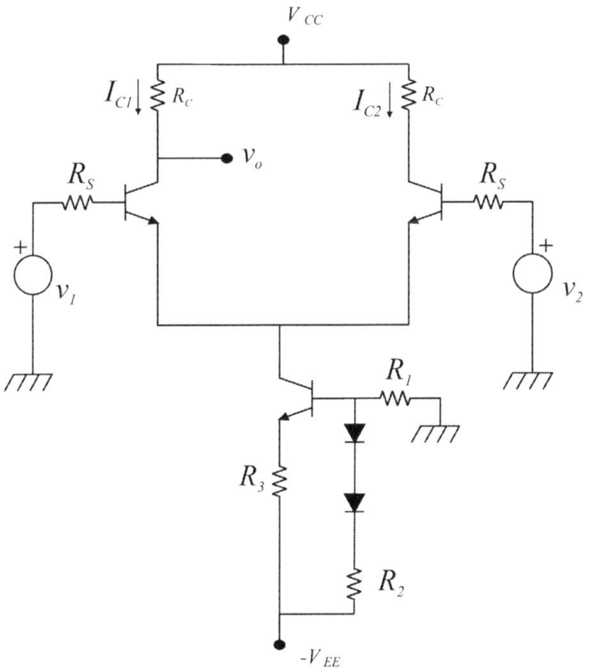

Figura 7. 8: amplificatore differenziale

Fissata la corrente $\boldsymbol{I_0}$ vediamo ora il comportamento in alternata dell'amplificatore, ovvero valutiamo la resistenza che il generatore di corrente "mostra" all'amplificatore stesso, resistenza che è quella di uscita sul collettore $\boldsymbol{r_0}$, che possiamo esprimere utilizzando la tensione di Early $\boldsymbol{V_A}$. Trascurando così la $\boldsymbol{V_{CE}}$ del punto di lavoro dell'emettitore comune rispetto alla tensione $\boldsymbol{V_A}$, avremo per $\boldsymbol{r_0}$ l'espressione approssimata

$$r_0 = \frac{V_A}{I_O} \tag{7. 31}$$

Possiamo sostituire nella (7.27) l'espressione così trovata e, tenendo conto che $\boldsymbol{I_0=2I_C}$ si ottiene per il ***CMMR*** il valore

$$CMRR = \frac{V_A}{2V_T} \tag{7. 32}$$

che è un valore molto elevato. Infatti V_T è 26mV e V_A è dell'ordine di 50V, quindi ***CMRR*** è dell'ordine di 10^3.

7.5 Amplificatore differenziale a BJT per grandi segnali

L'analisi dell'Amplificatore differenziale sin qui effettuata, è stata basata sull'assunzione di operare con segnali sufficientemente piccoli da poter considerare lineare la risposta del circuito, applicando la sovrapposizione degli effetti. Rimuoviamo ora questa limitazione ed esaminiamo l'effettiva risposta di una coppia differenziale a BJT, basandoci sullo schema in Figura 7. 9.

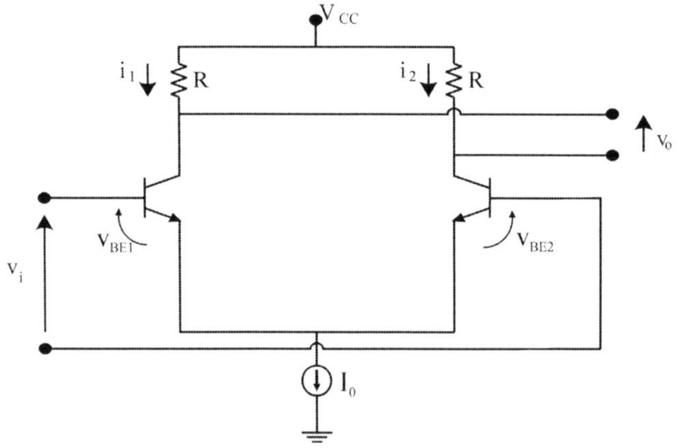

Figura 7. 9: coppia differenziale

Il segnale di ingresso $\boldsymbol{v_i}$ è la differenza di tensione applicata tra i terminali delle due basi dei BJT, ovvero

$$v_i = v_{BE1} - v_{BE2} \tag{7. 33}$$

Definendo ora $\boldsymbol{V_{BE}}$ come il valore medio delle due tensioni tra basi ed emettitore

$$V_{BE} = \frac{v_{BE1} + v_{BE2}}{2} \qquad (7.34)$$

possiamo scrivere

$$v_{BE1} = V_{BE} + \frac{v_i}{2} \qquad (7.35)$$

$$v_{BE1} = V_{BE} - \frac{v_i}{2} \qquad (7.36)$$

D'altra parte, con il modello di Ebers-Moll, le due correnti di collettore possono essere ricavate dalle

$$i_1 = I_T e^{\frac{v_{BE1}}{V_T}} \qquad (7.37)$$

$$i_2 = I_T e^{\frac{v_{BE2}}{V_T}} \qquad (7.38)$$

Potremo pertanto scrivere, per la somma e la differenza delle due correnti

$$i_1 - i_2 = I_T \left(e^{\frac{v_{BE1}}{V_T}} - e^{\frac{v_{BE2}}{V_T}} \right) \qquad (7.39)$$

$$i_1 + i_2 = I_T \left(e^{\frac{v_{BE1}}{V_T}} + e^{\frac{v_{BE2}}{V_T}} \right) \qquad (7.40)$$

Definendo poi $\boldsymbol{\Delta i = i_1 - i_2}$ e ricordando che $\boldsymbol{I_o = i_1 + i_2}$ se si sostituiscono le (7.35) e (7.36) nelle (7.39) e (7.40), avremo

$$\Delta i = I_T e^{\frac{V_{BE}}{V_T}} \left(e^{\frac{v_i}{2V_T}} - e^{-\frac{v_i}{2V_T}} \right) \qquad (7.41)$$

$$I_o = I_T e^{\frac{V_{BE}}{V_T}} \left(e^{\frac{v_i}{2V_T}} + e^{-\frac{v_i}{2V_T}} \right) \qquad (7.42)$$

Da cui

$$\frac{\Delta i}{I_o}=\frac{e^{\frac{v_i}{2V_T}}-e^{-\frac{v_i}{2V_T}}}{e^{\frac{v_i}{2V_T}}+e^{-\frac{v_i}{2V_T}}}=\tanh\left(\frac{v_i}{2V_T}\right) \tag{7. 43}$$

Quanto alla tensione v_o tra i due terminali di uscita è facile vedere che vale la relazione

$$v_o=\left(V_{cc}-Ri_2\right)-\left(V_{cc}-Ri_1\right)=R\Delta i \tag{7. 44}$$

Pertanto, la funzione di trasferimento v_o=$f(v_i)$ della coppia differenziale a BJT è data dalla

$$v_o=RI_o\tanh\left(\frac{v_i}{2V_T}\right) \tag{7. 45}$$

con l'andamento mostrato in Figura 7. 10.

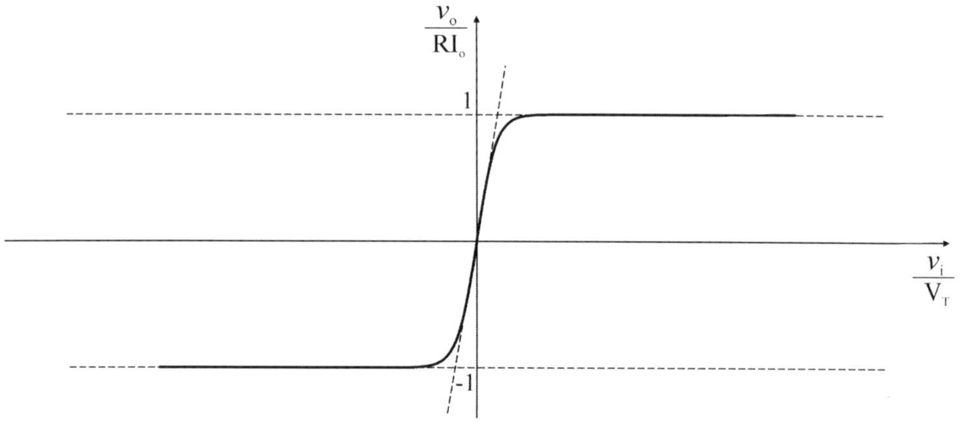

Figura 7. 10: funzione di trasferimento della coppia differenziale

La trattazione analitica sin qui effettuata e, soprattutto la Figura 7. 10, ci permettono di fare alcune considerazioni di tipo generale sulle caratteristiche dell'amplificatore differenziale. Incominciamo con l'osservare che la zona in cui l'amplificatore si comporta in modo lineare è decisamente limitata. E' facile vedere infatti che se la tensione differenziale d'ingresso supera il valore di $4V_T$ (all'incirca 100 mV) si esce dalla zona lineare: per valori di tensione maggiori l'uscita cresce infatti molto meno tendendo ad un valore massimo pari a RI_o. Ciò significa, in particolare, che la scelta della corrente di polarizzazione I_o ha un peso notevole nella progettazione dell'amplificatore, perché ne determina l'amplificazione (attraverso il g_m dei transistor) e, come si è appena visto, la dinamica d'uscita.

Aggiungiamo infine che, utilizzando un generatore di corrente I_o controllato da una tensione sinusoidale (ad esempio), è possibile modulare, con lo schema visto, il segnale d'ingresso, realizzando in pratica un moltiplicatore analogico.

7.6 Amplificatori differenziale a MOSFET per grandi segnali

Esaminiamo ora, con un procedimento analogo a quello seguito nel paragrafo precedente, il legame ingresso-uscita (non limitato ai piccoli segnali) per la coppia differenziale a MOSFET mostrata in Figura 7. 11.

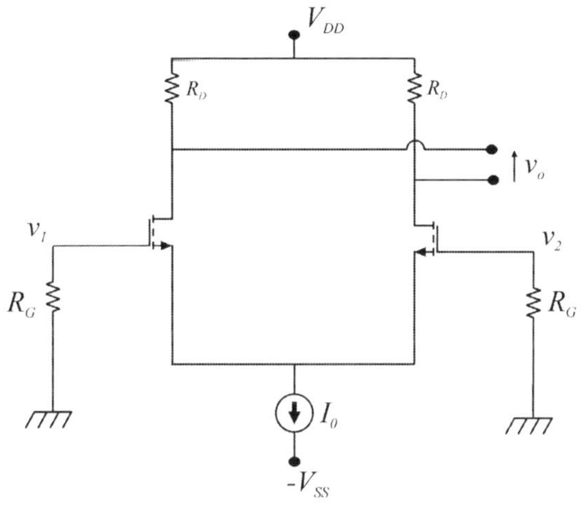

Figura 7. 11: coppia differenziale a MOSFET

I due MOSFET sono ovviamente polarizzati in zona di saturazione ed il segnale di ingresso è la differenza tra le tensioni applicate ai due terminali di gate. Sarà quindi

$$v_i = v_{GS1} - v_{GS2} \tag{7. 46}$$

Definendo

$$V_{GS} = \frac{v_{GS1} + v_{GS2}}{2} \tag{7. 47}$$

possiamo scrivere

$$v_{GS1} = V_{GS} + \frac{v_i}{2} \tag{7. 48}$$

$$v_{GS1} = V_{GS} - \frac{v_i}{2} \tag{7. 49}$$

D'altra parte le due correnti di Drain, in funzione delle relative tensioni tra Gate e Source, sono date da

$$i_{DS1} = \frac{K_n}{2}\left(v_{GS1} - V_{TN}\right)^2 \tag{7. 50}$$

$$i_{DS2} = \frac{K_n}{2}\left(v_{GS2} - V_{TN}\right)^2 \tag{7. 51}$$

espressioni che, introducendo la quantità

$$x = \frac{v_i}{2\left(V_{GS} - V_{TN}\right)} \tag{7. 52}$$

possiamo riscrivere:

$$i_{DS1} = \frac{K_n}{2}\left(V_{GS} - V_{TN}\right)^2\left(1 + x\right)^2 \tag{7. 53}$$

$$i_{DS2} = \frac{K_n}{2}\left(V_{GS} - V_{TN}\right)^2\left(1 - x\right)^2 \tag{7. 54}$$

Se ora definiamo

$$I_{DS} = \frac{K_n}{2}\left(V_{GS} - V_{TN}\right)^2 \tag{7. 55}$$

ed introduciamo le quantità $\boldsymbol{\Delta i = i_{DS1} - i_{DS2}}$ e $\boldsymbol{i = i_{DS1} + i_{DS2}}$, avremo

$$\Delta i = i_{DS1} - i_{DS2} = I_{DS} 4x \tag{7. 56}$$

$$i = i_{DS1} + i_{DS2} = I_{DS} 2\left(1 + x^2\right) \tag{7. 57}$$

e quindi

$$\frac{\Delta i}{i} = \frac{2x}{1 + x^2} \tag{7. 58}$$

Inoltre, poiché la corrente ***i*** è mantenuta costante dal generatore di corrente, potremo porre:

$$i = I_o \tag{7. 59}$$

Quanto alla tensione $\boldsymbol{v_o}$ tra i due terminali di uscita della coppia differenziale, la possiamo ottenere dalla

$$v_o = \left(V_{DD} - Ri_2\right) - \left(V_{DD} - Ri_1\right) = R\Delta i \tag{7. 60}$$

Pertanto la funzione di trasferimento $\boldsymbol{v_o = f(v_i)}$ della coppia differenziale (Figura 7. 12) è

$$\frac{v_o}{I_o R} = \frac{2x}{1 + x^2} \tag{7. 61}$$

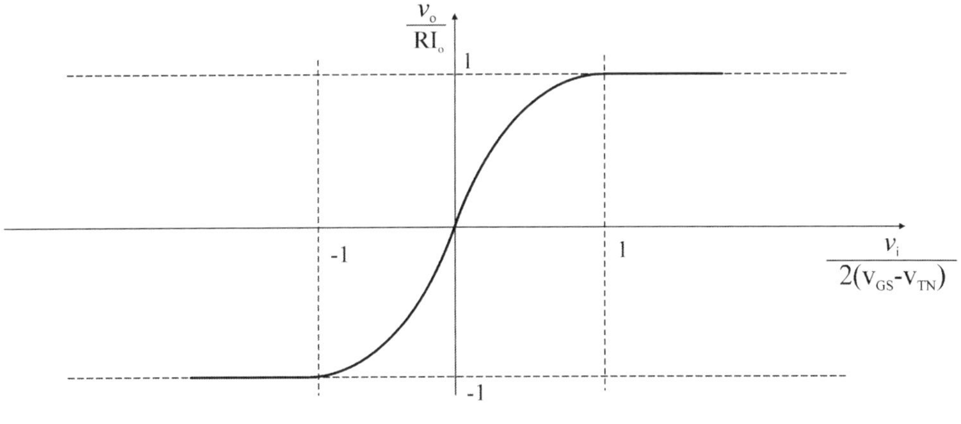

Figura 7. 12: funzione di trasferimento della coppia differenziale

Anche in questo caso, a commento della Figura 7. 12, si possono fare considerazioni qualitativamente del tutto analoghe a quelle già viste nel caso dell'amplificatore differenziale realizzato con una coppia di BJT, considerazioni alle quali rimandiamo.

Capitolo Otto
Risposta in frequenza degli amplificatori

8.1 Circuito equivalente ad alta frequenza del BJT

L'analisi delle configurazioni dei diversi tipi di transistor sin qui fatta, ha sempre avuto come ipotesi base, implicitamente utilizzata, l'indipendenza dalla frequenza dei comportamenti presi in esame. Se si esclude infatti il problema della polarizzazione, realizzata come si è visto, "isolando" il componente attivo dal resto del circuito con l'uso di condensatori di disaccoppiamento, le prestazioni dell'amplificatore sono state valutate ed analizzate considerando puramente resistivi sia i circuiti equivalenti degli elementi attivi, sia i carichi introdotti nella realizzazione dell'amplificatore stesso. Nella realtà, però, le cose vanno in modo assai differente e gli effetti degli elementi reattivi, sia quelli aggiunti dall'esterno, sia e soprattutto quelli parassiti legati alla fisica dei transistor, diventano prevalenti tanto da non poterne prescindere.
Il primo risultato di quanto ora evidenziato, è l'inadeguatezza del circuito equivalente a parametri ibridi del BJT, a trattare le problematiche relative all'utilizzazione, ad alta frequenza, dei transistor.
Di conseguenza, il circuito equivalente che viene utilizzato diventa quello di Figura 8. 1, noto come *circuito equivalente di Giacoletto*, i cui elementi (ad eccezione dei due condensatori), sono ovviamente ottenibili analiticamente dal corrispondente circuito a parametri ibridi e, come vedremo, direttamente legati (incluse le due capacità) alla fisica del transistor.

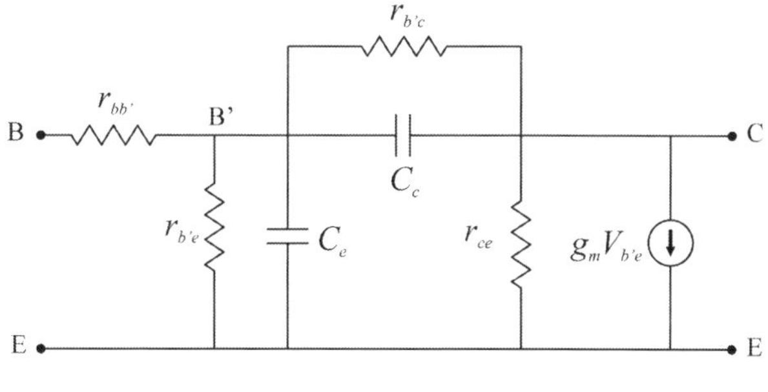

Figura 8. 1: modello di Giacoletto

I due condensatori, dunque, sono la "novità" del circuito equivalente di alta frequenza, sono cioè gli elementi base da cui dipende il comportamento in frequenza del transistor e di conseguenza quello dell'amplificatore in cui è inserito. Più precisamente le due capacità schematizzano gli effetti reattivi già messi in evidenza studiando i fenomeni di accumulo delle cariche nelle giunzioni polarizzate inversamente e direttamente. Così, la capacità C_e è sostanzialmente la capacità di diffusione relativa alla giunzione base-emettitore polarizzata direttamente per la quale vale la relazione,

$$C_e = f(I_E) \tag{8. 1}$$

Analogamente, la capacità C_c è la capacità di transizione legata alla giunzione base-collettore polarizzata inversamente, per la quale vale la relazione,

$$C_c = f(V_{CB}^{-2}) \tag{8. 2}$$

Quanto agli altri elementi, lo schema di Figura 8. 2 permette di vederne l'origine fisica ed il significato.

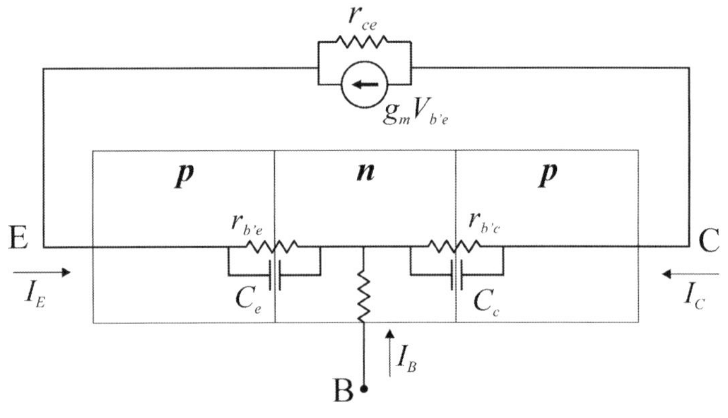

Figura 8. 2: origine fisica del modello di Giacoletto

In particolare, lo schema evidenzia il legame tra i vari parametri e le due giunzioni del BJT ma anche la presenza della resistenza di spreading di base $r_{bb'}$ e di quella dovuta all'effetto Early, r_{ce}. Infine, il generatore di corrente controllato dalla tensione ($g_m V_{b'e}$), evidenzia le basi dell'effetto transistor: l'iniezione di cariche dall'emettitore nella base legate al valore $V_{b'e}$ del potenziale di giunzione, attraverso la legge della giunzione.

Infine, nella Tabella 8. 1, sono riportati alcuni valori indicativi dei parametri presenti nel circuito equivalente e soprattutto la loro dipendenza dal punto di lavoro e dalla temperatura.

Nella tabella non sono state indicate soltanto le due resistenze r_{ce} (dell'ordine di 10^5 Ohm) e $r_{b'c}$ (dell'ordine di 10^6 Ohm), resistenze che, dato il loro valore, normalmente si trascurano nell'analisi dei circuiti.

	|Ic|	|Vce|	T	
gm	+	o	-	n10 mA/V
rbb'	-		-	n10² Ω
rb'e	-	+	+	n10³ Ω
Ce	+	-		n10² pF
Cc	o	-	o	n pF
hfe		+	+	n 100
hie	-	+	+	n10³ Ω

Tabella 8. 1

8.2 Circuito equivalente ad alta frequenza semplificato

Il modello di Giacoletto è il modello più accurato ad alta frequenza del BJT, tuttavia in molti casi pratici (soprattutto nelle analisi manuali "carta e penna") è spesso più pratico usare una versione semplificata. Gli elementi che hanno la maggior influenza nel determinare la risposta in frequenza del transistor sono le due capacità parassite e la resistenza di spreading r_x. Come mostrato in Figura 8. 3, la corrente di base prima di entrare nella zona delle due giunzione deve attraversare un percorso non breve. Ciò può essere visto come una resistenza serie (che nel modello semplificato chiameremo appunto r_x) tra il reoforo B e la giunzione come mostrato in Figura 8. 4, che è appunto il modello per piccoli segnali ad alta frequenza semplificato che spesso useremo nel seguito. La resistenza r_x ha tipicamente un valore intorno ai cento ohm ed è quindi piccola rispetto a r_π (che è dell'ordine di qualche kΩ). Inoltre, fino a che la frequenza è bassa, tutta se tutta la corrente che scorre su r_x , scorre anche su r_π . Ciò non è più vero quando le due capacità parassite entrano in gioco, ovvero al crescere della frequenza.

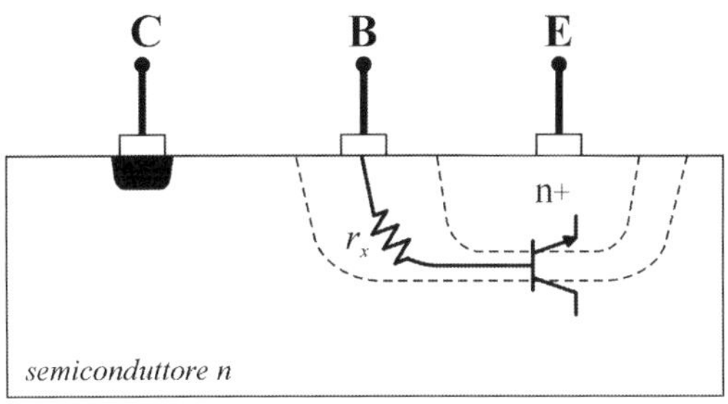

Figura 8. 3: resistenza di spreading

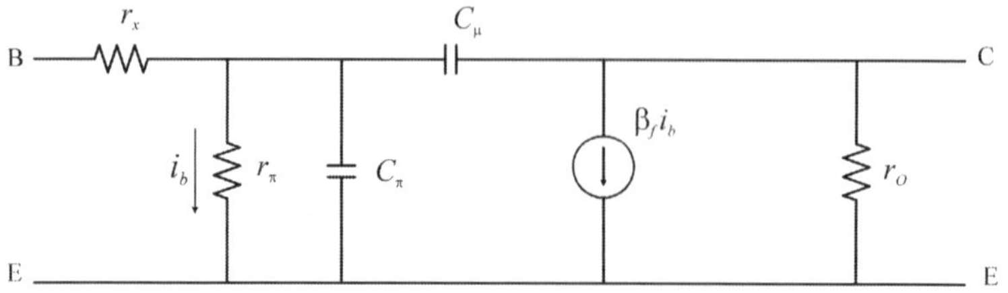

Figura 8. 4: modello AC del BJT ad alta frequenza

Nel modello in Figura 8. 4 , infine, le due capacità parassite sono date dalle due espressioni

$$C_\mu = \frac{C_0}{\sqrt{1+\frac{V_{CB}}{\phi}}} \quad \textbf{(8. 3)}$$

$$C_\pi = g_m \tau \quad \textbf{(8. 4)}$$

dove C_0 è la capacità per $V_{CB}=0$, ϕ il potenziale di giunzione, g_m la transconduttanza del transistor e τ è il tempo di transito delle cariche dato dalla (3.77).

8.3 Banda di un amplificatore

Come abbiamo messo in evidenza, gli elementi reattivi aggiunti dall'esterno nella implementazione pratica dei circuiti ed i fenomeni reattivi, schematizzati con le capacità introdotte nel circuito equivalente, influenzano in modo determinante il funzionamento in frequenza di un amplificatore, la cui funzione di trasferimento cessa di essere puramente reale. La presenza di quantità immaginarie (le impedenze di induttori e condensatori) accanto ad elementi reali (resistenze), comporta l'uso di rappresentazioni basate su numeri complessi, ovvero in termini di modulo e fase. Per questa ragione, nella progettazione degli amplificatori se ne cura la risposta in un determinato intervallo di frequenze, nel quale si cerca di ottenere una amplificazione di modulo costante e di sfasamento nullo, intervallo denominato **banda passante.** Agli estremi dello stesso vengono definite due frequenze, la **frequenza di taglio inferiore** e la **frequenza di taglio superiore** che delimitano, convenzionalmente, la banda passante. Pertanto, si possono definire tre diverse zone di funzionamento che, trascurando per semplicità la presenza di elementi induttivi, hanno le caratteristiche di seguito indicate:

- **Zona della media frequenza**, nella quale tutti gli elementi reattivi, le capacità di disaccoppiamento e di bypass aggiunte dall'esterno, nonché le capacità parassite del transistor (la capacità di transizione della giunzione base-collettore e quella di diffusione della giunzione base-emettitore in un BJT, ad esempio) possono essere trascurate considerando dei cortocircuiti le prime e dei circuiti aperti le seconde.

- **Zona delle basse frequenze**, nella quale i condensatori aggiunti dall'esterno condizionano la risposta dell'amplificatore, mentre le capacità parassite legate alla fisica del transistor possono essere considerate come dei circuiti aperti.
- **Zona delle alte frequenze**, nella quale i condensatori aggiunti dall'esterno possono essere considerati dei cortocircuiti, mentre le già ricordate capacità parassite (di transizione e di diffusione del BJT, ad esempio) condizionano la risposta dell'amplificatore.

Così, nell'intervallo di frequenze indicato come *zona della media frequenza* il guadagno risulta all'incirca costante (ovvero indipendente dalla frequenza), raggiunge i valori massimi e coincide con quello calcolato con i metodi descritti nel capitolo precedente. La "non influenza" di elementi reattivi inoltre, giustifica l'assenza di sfasamento tra l'ingresso e l'uscita ovvero l'inversione di fase tra gli stessi. Più esattamente, l'aver trascurato gli elementi reattivi, permette di considerare nullo il tempo di ritardo tra l'ingresso e l'uscita ovvero istantanea la risposta dell'amplificatore. Si tratta dunque di una approssimazione importante, della quale è opportuno vedere i limiti, definendo le condizioni per le quali i risultati ottenuti sotto tale ipotesi sono da considerarsi validi.
A tal proposito, prendiamo in esame il caso di un segnale sinusoidale in ingresso $\boldsymbol{V_i(t)}$ del tipo

$$V_i(t) = V_m \sin(\omega_m t + \varphi) \qquad \textbf{(8. 5)}$$

che, passando attraverso l'amplificatore, darà in uscita la tensione $\boldsymbol{V_o(t)}$ pari a

$$V_o(t) = A(\omega_m) V_m \sin\left(\omega_m \left(t - \frac{\vartheta(\omega_m)}{\omega_m} \right) + \varphi \right) \qquad \textbf{(8. 6)}$$

Ne segue che il segnale d'uscita risulta proporzionale a quello d'ingresso, amplificato di $\boldsymbol{A(\omega_m)}$, e ritardato rispetto a quest'ultimo di $\boldsymbol{\tau(\omega_m)=\theta(\omega_m)/\omega_m}$, quantità, in generale, entrambe funzioni della frequenza. Peraltro, in presenza di un segnale sinusoidale monocromatico, il segnale $\boldsymbol{V_o(t)}$ è sicuramente una fedele replica di $\boldsymbol{V_i(t)}$ indipendentemente dall'andamento di $\boldsymbol{A(\omega_m)}$ e di $\boldsymbol{\tau(\omega_m)}$ in funzione della frequenza.
Le cose cambiano se il segnale d'ingresso contiene più di una frequenza. Supponiamo infatti che si abbia in ingresso

$$V_i(t) = V_{1m}\sin(\omega_{1m}t + \varphi) + V_{2m}\sin(\omega_{2m}t + \varphi) \tag{8. 7}$$

In uscita si avrà

$$\begin{aligned} V_o(t) = A(\omega_{1m})V_{1m}\sin\left(\omega_{1m}\left(t - \frac{\vartheta(\omega_{1m})}{\omega_{1m}}\right) + \varphi_1\right) + \\ + A(\omega_{2m})V_{2m}\sin\left(\omega_{2m}\left(t - \frac{\vartheta(\omega_{2m})}{\omega_{2m}}\right) + \varphi_2\right) \end{aligned} \tag{8. 8}$$

Il segnale d'uscita sarà quindi in generale diverso da quello d'ingresso a meno che non si abbia

$$A(\omega_{1m}) = A(\omega_{2m}) = \text{cost} \tag{8. 9}$$

e

$$\frac{\vartheta_1(\omega_{1m})}{\omega_{1m}} = \frac{\vartheta_2(\omega_{2m})}{\omega_{2m}} = \text{cost} \tag{8. 10}$$

ovvero

$$\vartheta(\omega) = k\omega \tag{8. 11}$$

condizioni che corrispondono ad avere l'amplificazione costante con la frequenza e lo sfasamento proporzionale alla frequenza stessa. Sono queste dunque le condizioni per le quali possiamo dire di lavorare nella **zona della media frequenza**.
Così, anche se il sistema è lineare, potremo parlare dell'esistenza di fenomeni di distorsione (dette *lineari*), anche se di origine e di tipo diverso rispetto alle più note distorsioni caratteristiche dei sistemi non lineari. Più esattamente, se le due precedenti condizioni non sono verificate, parleremo di ***distorsione d'ampiezza*** se l'amplificazione non è costante con la frequenza e di ***distorsione di fase*** se lo sfasamento non è proporzionale alla frequenza.

8.4 Determinazione delle frequenze di taglio

La banda passante di un amplificatore è limitata, superiormente ed inferiormente, da due frequenze di taglio in corrispondenza alle quali il modulo della funzione complessa di trasferimento ***G(s)***, normalizzato rispetto al valore relativo alle medie

frequenze G_0, si assume si riduca di un fattore pari a $1/\sqrt{2}=0.707$, essendo lo sfasamento relativo pari $\pm\pi/4$. Di conseguenza, l'equazione da risolvere per individuare tali frequenze diventa
ovvero

$$\frac{G(s)}{G_0}=\frac{1}{\sqrt{2}} \tag{8. 12}$$

Equazione che, nel caso di un amplificatore a due stadi per esempio, realizzato introducendo quattro condensatori (di bypass e/o di disaccoppiamento) comporta di trovare le radici di un polinomio complesso di ottavo grado, scartando successivamente sei radici delle otto trovate, perché significative matematicamente ma non fisicamente. Ovviamente, il calcolo deve essere fatto con l'ausilio del calcolatore, ma priva il progettista di una qualche valutazione a priori della validità o meno del suo approccio progettuale, volto a soddisfare le specifiche assegnate.
Per tal motivo, si utilizzano delle tecniche approssimate che hanno il pregio della semplicità e rapidità di calcolo e che si rivelano particolarmente utili proprio nella fase di progetto.
Una prima semplificazione viene dalla considerazione, già sottolineata nel paragrafo precedente, che gli elementi circuitali che determinano i comportamenti in bassa o alta frequenza sono in genere ben individuabili e del tutto separabili. Più precisamente, lo ripetiamo, solo i condensatori aggiunti dall'esterno determinano il "taglio" dell'amplificazione a bassa frequenza, mentre le capacità parassite degli elementi attivi, sono le sole responsabili di quello ad alta frequenza. Ciò comporta, come si è detto, una prima semplificazione: anziché risolvere un'equazione di ottavo grado, come si è detto nell'esempio fatto, ne dovremo risolvere due di quarto grado che ci daranno, la frequenza di taglio inferiore f_L una, e la frequenza di taglio superiore f_H l'altra. Anche così, comunque il calcolo resta laborioso conservando la sua utilità, in definitiva, solo nella fase di verifica dei risultati ottenuti.
Ricorreremo pertanto ad uno dei due metodi approssimati seguenti:

- Il ***metodo dei poli***
- Il ***metodo delle costanti di tempo in corto circuito (c.c.) ed a circuito aperto (c.a.)***

8.5 Metodo dei poli

Il ***metodo dei poli*** parte dall'ipotesi che, nella funzione di trasferimento, gli zeri siano ininfluenti nel calcolo della frequenza di taglio (inferiore o superiore) e che se ne conoscano i poli, tanto da poter scrivere la funzione di trasferimento stessa nella forma

$$G(s) = K_1 \frac{s^n}{(s - s_1)..(s - s_n)} \quad \textbf{(8. 13)}$$

nell'approssimazione di ***bassa frequenza***;

$$G(s) = K_2 \frac{1}{(s - s_a)..(s - s_z)} \quad \textbf{(8. 14)}$$

nell'approssimazione di ***alta frequenza***
Esaminiamo ora alcuni casi notevoli.
Quello più facile da analizzare è evidentemente il caso in cui il polo sia uno solo con molteplicità 1. In questo caso, infatti, il calcolo di f_L e di f_H è immediato e si ha

$$G(s) = K_1 \frac{s^n}{(s - s_1)} \quad \textbf{(8. 15)}$$

ovvero $f_L=|s_1|/(2\pi)$ per la frequenza di taglio inferiore

$$G(s) = K_2 \frac{1}{(s - s_a)} \quad \textbf{(8. 16)}$$

ovvero $f_H=|s_a|/(2\pi)$ per la frequenza di taglio superiore
I semplici risultati così ottenuti, ci permettono di precisare il significato fisico della risposta in frequenza di un amplificatore, cosa che faremo facendo riferimento a due circuiti elementari che hanno, per l'appunto, f_L e f_H come frequenze di taglio: il circuito ***passa alto*** (Figura 8. 5) ed il circuito ***passa basso*** (Figura 8. 6).

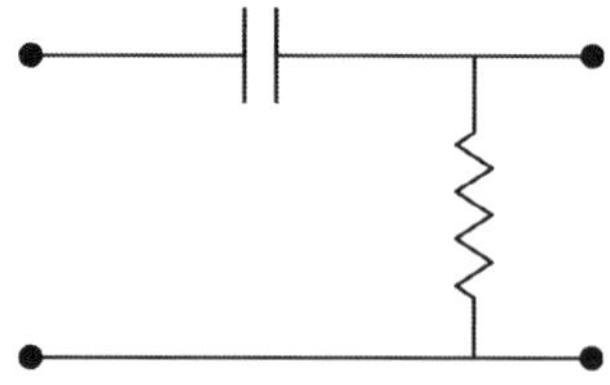

Figura 8. 5: passa alto

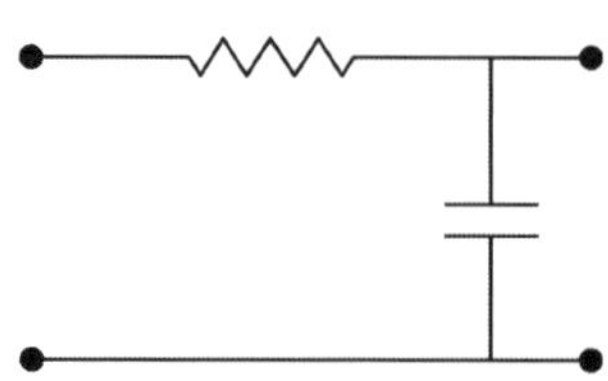

Figura 8. 6: passa basso

L'analisi del ***passa alto*** porta ad individuare, come funzione di trasferimento, l'espressione

$$A_V = \frac{V_0}{V_i} = \frac{1}{1 - j\left(\frac{f_L}{f}\right)} \qquad \textbf{(8. 17)}$$

dove $\boldsymbol{f_L=1/(2\pi R_1C_1)}$ è la relativa frequenza di taglio. Ne segue che la funzione di trasferimento ha, per il modulo e la fase, gli andamenti, in funzione della frequenza descritti dalle

$$|A_V| = \frac{1}{\sqrt{1 - \left(\frac{f_L}{f}\right)^2}} \qquad \textbf{(8. 18)}$$

$$\varphi = \arctan\left(\frac{f_L}{f}\right) \qquad \textbf{(8. 19)}$$

che mostrano come si abbia $|A_V| = 1/\sqrt{2}$ e $\varphi = \pi/4$ quando $f = f_L$, mentre si avrà $|A_V| = 1$ e $\varphi = 0$ quando $f >> f_L$, comportamento che giustifica il nome di ***passa alto*** dato al circuito: il segnale passa inalterato se la frequenza è molto maggiore della frequenza di taglio f_L (che pertanto chiamiamo ***frequenza di taglio inferiore***), mentre subisce variazioni (in modulo e fase) tanto maggiori, quanto più la sua frequenza è bassa rispetto a f_L .
In modo analogo possiamo procedere nell'analisi del ***passa basso*** per il quale è agevole individuare, come funzione di trasferimento, l'espressione

$$A_V = \frac{V_0}{V_i} = \frac{1}{1 - j\left(\frac{f}{f_H}\right)} \qquad \textbf{(8. 20)}$$

nella quale $\boldsymbol{f_H=1/(2\pi R_2C_2)}$ è la relativa frequenza di taglio. Ne segue che la funzione di trasferimento ha, per il modulo e la fase, gli andamenti, in funzione della frequenza descritti dalle

$$|A_V| = \frac{1}{\sqrt{1 - \left(\frac{f}{f_H}\right)^2}} \qquad \textbf{(8. 21)}$$

$$\varphi = -\arctan\left(\frac{f}{f_H}\right) \tag{8. 22}$$

che mostrano come si abbia $|A_V| = 1/\sqrt{2}$ e $\varphi = -\pi/4$ quando $f = f_H$, mentre si avrà $|A_V| = 1$ e $\varphi = 0$ quando $f << f_H$, comportamento che spiega, anche in questo caso, il nome di ***passa basso*** dato al circuito: il segnale passa inalterato se la frequenza è molto minore della frequenza di taglio f_H (che pertanto chiamiamo ***frequenza di taglio superiore***), mentre subisce variazioni (in modulo e fase) tanto maggiori, quanto più la sua frequenza è alta rispetto a f_H.

Chiarito dunque il significato di *frequenza di taglio* (inferiore e superiore), nel caso di funzioni di trasferimento con un solo polo, vediamo come sia possibile ricavare tali frequenze, nel caso in cui la funzione di trasferimento presenti poli multipli e coincidenti.
Calcolando il modulo delle (8.13) e (8.14) in corrispondenza di $s = j\omega_L$ e $s = j\omega_H$ rispettivamente, potremo scrivere le corrispondenti equazioni come

$$\left|G(j\omega_L)\right| = \frac{K_1\omega_L^n}{\left(\omega_L^2 + s_1^2\right)^{\frac{n}{2}}} = \frac{K_1}{\sqrt{2}} \tag{8. 23}$$

per l'espressione approssimata di bassa frequenza e

$$\left|G(j\omega_H)\right| = \frac{K_2}{\left(\omega_H^2 + s_a^2\right)^{\frac{n}{2}}} = \frac{K_2}{|s_a|^n\sqrt{2}} \tag{8. 24}$$

per l'espressione approssimata di alta frequenza. La (8.23), risolta per $f_L = \omega_L/2\pi$, porta all'espressione

$$f_L = \frac{|s_1|}{2\pi\sqrt{2^{\frac{1}{n}} - 1}} \tag{8. 25}$$

Analogamente, la (8.24), risolta per $f_H = \omega_H/2\pi$, porta all'espressione

$$f_L = \frac{|s_a|\sqrt{2^{\frac{1}{n}} - 1}}{2\pi} \tag{8. 26}$$

Le espressioni (8.25) e (8.26) consentono di calcolare quindi le frequenze di taglio (e di conseguenza la banda passante) nel caso di una funzione di trasferimento con più poli coincidenti. E' questo il caso, ad esempio, di più stadi in cascata, nell'ipotesi che non interagiscano, ovvero che la presenza di nuovi stadi non alteri il valore dei poli degli altri stadi. In questa situazione è dunque possibile usare correttamente le due formule, ricavandone il dato importante che la frequenza di taglio inferiore aumenta mentre quella di taglio superiore diminuisce, rispetto al caso di un unico polo. Ne segue che, mettendo in cascata due stadi "uguali", la banda passante complessiva risulta più stretta di quella relativa ad uno solo.

Rimane ora da esaminare il caso più generale di una funzione di trasferimento che presenti poli multipli e distinti, caso che tratteremo partendo sempre dalle relazioni approssimate (8.13) e (8.14) dalle quali ricaveremo le formule approssimate utili per la valutazione delle frequenze di taglio. L'equazione da risolvere, per calcolare la frequenza di taglio inferiore, diventa in questo caso la seguente:

$$\left|G(j\omega_L)\right| = \frac{K_1\omega_L^n}{\left(\omega_L^2 + s_1^2\right)^{\frac{1}{2}}\ldots\left(\omega_L^2 + s_n^2\right)^{\frac{1}{2}}} = \frac{K_1}{\sqrt{2}} \qquad \textbf{(8. 27)}$$

da cui, quadrando e semplificando otteniamo

$$\left(1 + \frac{s_1^2}{\omega_L^2}\right)\ldots\left(1 + \frac{s_n^2}{\omega_L^2}\right) = 2 \qquad \textbf{(8. 28)}$$

e ancora

$$1 + \frac{s_1^2 + s_2^2 + \ldots + s_n^2}{\omega_L^2} + \frac{s_1^2 s_2^2 + s_1^2 s_3^2 + \ldots}{\omega_L^4} = 2 \qquad \textbf{(8. 29)}$$

e finalmente, limitandoci ai primi due termini e ponendo

$$\frac{s_1^2 s_2^2 + s_1^2 s_3^2 + \ldots}{\omega_L^4} = X_L << 1 \qquad \textbf{(8. 30)}$$

avremo

$$\frac{s_1^2 + s_2^2 + \ldots}{\omega_L^2} = 1 - X_L \qquad \textbf{(8. 31)}$$

da cui, trascurando $\boldsymbol{X_L}$ rispetto all'unità, ricaviamo per la <u>pulsazione</u> di taglio inferiore l'espressione

$$\omega_L^2 = \sum_i \left|s_i\right|^2 \qquad \textbf{(8. 32)}$$

Un valore approssimato per difetto, dunque, nel senso che l'effettiva pulsazione di taglio inferiore sarà più alta di quella così calcolata: la (8.32) dà, insomma, un valore ottimistico della frequenza cercata. Inoltre, il calcolo non è del tutto agevole: ci sono da calcolare dei quadrati ed estrarre una radice quadrata, operazioni non proprio immediate e che, alla fine, lasciano al progettista il dubbio che quanto vuol realizzare non è detto che verifichi le specifiche richieste.
D'altra parte, se al secondo membro della (8.32) aggiungiamo "arbitrariamente" tutti i doppi prodotti, possiamo estrarre la radice quadrata di entrambi i membri e la relazione diventa la seguente

$$\omega_L = \sum_i |s_i| \qquad \textbf{(8. 33)}$$

sempre approssimata, ma molto più semplice da calcolare e che dà, soprattutto, un valore di pulsazione di taglio inferiore $\boldsymbol{\omega_L}$ maggiore di quella vera: fornisce cioè un valore pessimistico della stessa. In altre parole, se il valore dato dalla (8.34) soddisfa le specifiche di progetto, si è sicuri che nella realtà la previsione sarà rispettata e che la frequenza di taglio inferiore vera soddisferà anch'essa le specifiche.

In modo del tutto analogo si può procedere per determinare la frequenza di taglio superiore. L'equazione da risolvere, diventa in questo caso la seguente:

$$\left|G(j\omega_H)\right| = \frac{K_2}{\left(\omega_H^2 + s_a^2\right)^{\frac{1}{2}} \ldots \left(\omega_H^2 + s_z^2\right)^{\frac{1}{2}}} = \frac{K_2}{\left(s_a s_b \ldots s_z\right)\sqrt{2}} \qquad \textbf{(8. 34)}$$

da cui, procedendo come nel caso precedente, possiamo ricavare per la pulsazione di taglio superiore $\boldsymbol{\omega_H}$ l'espressione approssimata

$$\frac{1}{\omega_H^2} \approx \sum_\alpha \frac{1}{|s_\alpha|^2} \qquad \textbf{(8. 35)}$$

Anche in questo caso la (8.35) dà un valore *ottimistico* della frequenza cercata, che risulta infatti approssimata per eccesso, più alta cioè del valore reale e quindi, di fatto non del tutto utile in fase di progetto. Se però, ancora una volta, aggiungiamo tutti i doppi prodotti, ed estraiamo la radice quadrata di entrambi i membri, la relazione diventa la seguente

$$\frac{1}{\omega_H} \approx \sum_\alpha \frac{1}{|s_\alpha|} \qquad \textbf{(8. 36)}$$

Avremo anche in questo caso una formula più semplice e più utile di quella di partenza. La (8. 36) approssimerà infatti per difetto la vera frequenza di taglio superiore, ovvero garantirà al progettista che se il risultato approssimato così ottenuto soddisfa le specifiche di progetto, anche nella realtà tali specifiche saranno soddisfatte. La Figura 8. 7 riassume quanto sin qui detto.

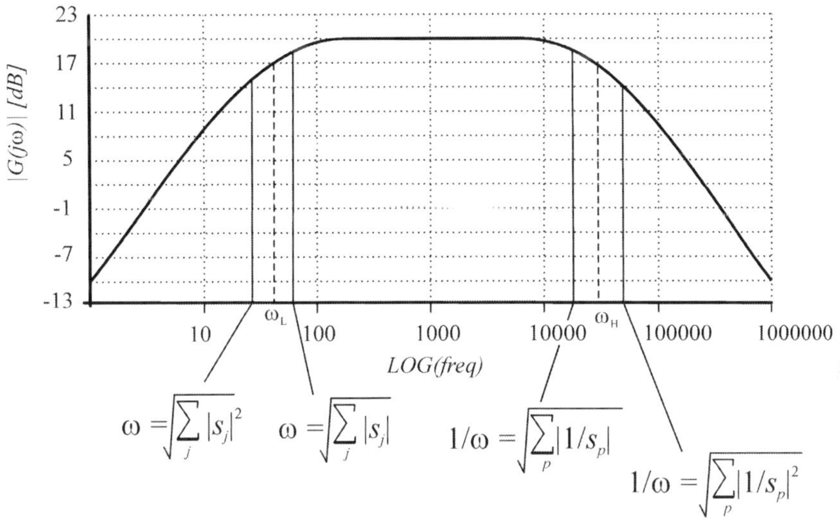

Figura 8. 7: banda passante

8.6 Metodo delle costanti di tempo

Il metodo dei poli descritto nel precedente paragrafo è applicabile senza problemi quando:

1. *Gli zeri sono sufficientemente lontani dai poli*
2. *Le radici di s sono reali*
3. *Se è agevole il calcolo dei poli, se cioè le capacità presenti non sono interagenti, in tal caso, infatti,* $|s_x|=(R_xC_x)^{-1}$.

Delle tre condizioni, la terza è quella che più spesso non è verificata. In pratica, il generico condensatore C_x vede ai suoi capi una impedenza Z_x anziché una resistenza R_x, rendendo inapplicabile il metodo dei poli. In tal caso, le capacità presenti nel circuito sono tra loro interagenti ed il metodo di calcolo delle frequenze di taglio che si utilizza è quello delle costanti di tempo in cortocircuito (τ_{js}) e delle costanti a circuito aperto (τ_{io}). Utilizzando questo approccio infatti, il calcolo di ogni costante di tempo, viene effettuato considerando tutti gli altri condensatori presenti dei cortocircuiti (nel caso delle basse frequenze) ovvero dei circuiti aperti (nel caso delle alte frequenze). Dimostremo infatti che per le formule approssimate prima viste (8.33) e (8.36), valgono le due eguaglianze seguenti

$$\omega_L = \sum_j |s_j| = \sum_j \frac{1}{\tau_{js}} \qquad \textbf{(8. 37)}$$

$$\frac{1}{\omega_H} = \sum_{i=1}^{n} C_i R_{io} = \sum_{k=1}^{n} \tau_{io} \qquad \textbf{(8. 38)}$$

ovvero che è possibile ricavare le due frequenze di taglio inferiore f_L e superiore f_H, senza conoscere i poli delle reti in esame, ma calcolando le costanti di tempo in c.c.(τ_{js}) ed a c.a.(τ_{io}), relative ai condensatori presenti: si tratta, come è facile intuire, di un risultato importante dal punto di vista progettuale, essendo τ_{js} e τ_{io} ben più facili da calcolare dei poli "veri".
Dimostriamo dunque la validità delle relazioni (8.37) e (8.38) e, per farlo, partiamo dalla funzione di trasferimento ***G(s)*** espressa in forma polinomiale e confrontiamone il denominatore ***D(s)*** con lo stesso dato in forma fattorizzata

$$D(s) = \prod_{k=1}^{q} (s - s_k) = \sum_{k=0}^{q} a_k s^k \qquad \textbf{(8. 39)}$$

Osserviamo in particolare che, per i coefficienti dello sviluppo a_o, a_1, a_{q-1}, a_q, si ha

$$a_0 = (-1)^q \prod_{k=1}^{q} s_k \qquad \textbf{(8. 40)}$$

$$a_1 = (-1)^{q-1} \prod_{k=1}^{q} s_k \sum_{k=1}^{q} \frac{1}{s_k} \qquad \textbf{(8. 41)}$$

$$a_{q-1} = -\sum_{k=1}^{q} s_k \qquad \textbf{(8. 42)}$$

$$a_q = 1 \qquad \textbf{(8. 43)}$$

Pertanto, se la funzione di partenza è relativa al circuito "ridotto" di alta frequenza, avremo

$$\frac{a_1}{a_0} = -\sum_{k=1}^{q} \frac{1}{s_k} = \sum_{k=1}^{q} \frac{1}{|s_k|} \qquad \textbf{(8. 44)}$$

da cui

$$\frac{1}{\omega_H} \approx \frac{a_1}{a_0} \qquad \textbf{(8. 45)}$$

Il rapporto dei coefficienti dei monomi di grado più basso ci darà quindi il valore, approssimato per difetto, della *pulsazione di taglio superiore* $\boldsymbol{\omega_H}$.

Se invece la funzione di partenza è relativa al circuito "ridotto" di bassa frequenza, avremo

$$\frac{a_{q-1}}{a_q} = -\sum_{k=1}^{q} s_k = \sum_{k=1}^{q} |s_k| \qquad \textbf{(8. 46)}$$

da cui

$$\omega_L = \frac{a_{q-1}}{a_q} \qquad \textbf{(8. 47)}$$

Il rapporto dei coefficienti dei monomi di grado più alto ci darà quindi il valore, approssimato per eccesso, della *pulsazione di taglio inferiore* $\boldsymbol{\omega_L}$.

Prendiamo ora il circuito ***n-porte resistivo*** di Figura 8. 8, chiuso su altrettante (***n***) capacità e rappresentato dalla sua matrice di ammettenze in corto circuito ***[g]***.

Figura 8. 8: circuito n porte resistivo

Poiché l'insieme delle capacità è descritto dalla matrice diagonale ***[C]*** la rete di Figura 8. 8 sarà descritta dalla matrice ***[Y]***.

$$[Y]=[g]+s[C]=\begin{bmatrix} g_{11}+sC_1 & g_{12} & \dots & g_{1n} \\ .. & & & .. \\ .. & & & .. \\ g_{n1} & g_{n2} & \dots & g_{nn}+sC_n \end{bmatrix} \quad \textbf{(8. 48)}$$

matrice che utilizzeremo per determinare le frequenze naturali della rete (i poli cioè della funzione di trasferimento), frequenze che per l'appunto ne annullano il determinante che, in forma polinomiale, diventa

$$\det[Y]=a_0+a_1s+\dots+a_ns^n \quad \textbf{(8. 49)}$$

dove, per i coefficienti dello sviluppo $\boldsymbol{a_o}$, $\boldsymbol{a_1}$, $\boldsymbol{a_{n-1}}$, $\boldsymbol{a_n}$, si ha

$$a_0=\det[g] \quad \textbf{(8. 50)}$$

$$a_1=\sum_{k=1}^{n}C_kG_{kk} \quad \textbf{(8. 51)}$$

$$a_{n-1}=\prod_{k=1}^{n}C_k\sum_{k=1}^{n}\frac{C_k}{g_{kk}} \quad \textbf{(8. 52)}$$

$$a_n=\prod_{k=1}^{n}C_k \quad \textbf{(8. 53)}$$

essendo $\boldsymbol{G_{kk}}$ il ***minore*** del termine k-esimo di ***[g]*** e $\boldsymbol{g_{kk}}$ ***l'ammettenza d'ingresso*** della ***porta k-esima*** con le altre in corto.

Pertanto, se la rete *n-porte* di partenza è quella relativa al circuito di bassa frequenza, avremo

$$\omega_L=\frac{a_{n-1}}{a_n}=\sum_{k=1}^{n}\frac{1}{C_kR_{ks}}=\sum_{k=1}^{n}\frac{1}{\tau_{ks}} \quad \textbf{(8. 54)}$$

Espressione che ci dà la pulsazione di taglio inferiore $\boldsymbol{\omega_L}$ in funzione delle costanti di tempo in corto circuito $\boldsymbol{\tau_{ks}}$

Analogamente, se la rete *n-porte* di partenza è quella relativa al circuito di alta frequenza, ricordando che ***G_{kk}/det[g]*** è la ***resistenza d'ingresso*** della ***porta k-esima*** con le altre aperte avremo:

$$\frac{1}{\omega_H} = \frac{a_1}{a_0} = \sum_{k=1}^{n} C_k R_{ks} = \sum_{k=1}^{n} \tau_{ko} \qquad (8.55)$$

Espressione che ci dà la pulsazione di taglio superiore ω_H in funzione delle costanti di tempo a circuito aperto τ_{ko}

8.7 Risposta a bassa frequenza di un amplificatore a CE

Nei paragrafi precedenti, abbiamo visto in dettaglio il significato fisico delle limitazioni alla banda passante di un amplificatore dovute sia all'utilizzazione di condensatori esterni che alla presenza di fenomeni reattivi legati al funzionamento del transistor, schematizzati, questi ultimi, con due capacità parassite aggiunte al circuito equivalente già utilizzato in bassa frequenza. Abbiamo visto, inoltre, l'esistenza di metodi approssimati per la valutazione delle frequenze di taglio inferiore e superiore e quindi, in ultima analisi, per la determinazione della banda passante stessa.
Vediamo ora, nei casi concreti, come si possa operare utilizzando i metodi approssimati precedentemente illustrati e, per fissare le idee, consideriamo un amplificatore tensione-tensione a BJT in configurazione CE (Figura 8. 9) di cui valuteremo la frequenza di taglio inferiore (f_L).

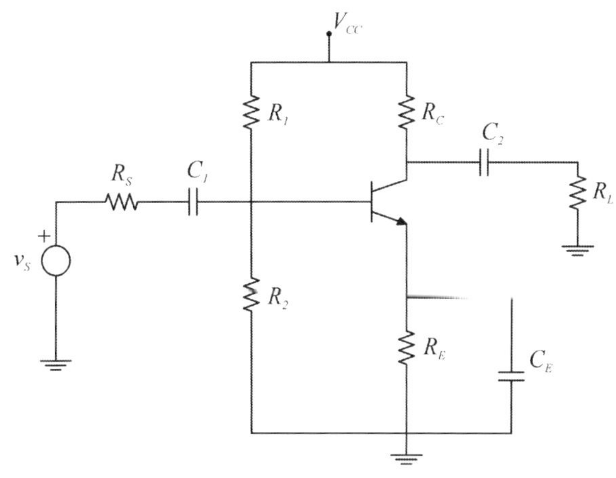

Figura 8. 9: amplificatore a singolo BJT in configurazione CE

Cortocircuitando l'alimentazione e sostituendo al BJT il suo circuito equivalente per piccoli segnali, si ottiene un circuito lineare di cui può essere calcolata esattamente la risposta in frequenza, ovvero la tensione di uscita in funzione della tensione di ingresso al variare, appunto, della frequenza. Si ottiene infatti una funzione che, in generale, è un polinomio funzione della frequenza del tipo

$$G(s) = \frac{N(s)}{D(s)} \tag{8. 56}$$

con un numero di poli e zeri dipendenti dal numero di condensatori, polinomio che, alle alte frequenze, assume un valore costante. Come abbiamo già detto, la pulsazione di taglio inferiore (ω_L) è quella per cui il quadrato del modulo del guadagno normalizzato rispetto al valore massimo è pari a 1/2

$$A^2 = \left|\frac{N(s)}{D(s)}\right|^2 = \frac{1}{2} \tag{8. 57}$$

che corrisponde ad avere per l'ampiezza A una riduzione di un fattore pari a $1/\sqrt{2} = 0.71$. Passando poi alla rappresentazione logaritmica

$$10\log\left(A^2\right) = 10\log\left(\frac{1}{2}\right) \tag{8. 58}$$

$$20\log(A) = -3\text{dB} \tag{8. 59}$$

Infine, utilizzando un grafico semilogaritmico, riportando cioè in scala logaritmica la pulsazione ω sull'asse delle ascisse, la risposta in frequenza del modulo della funzione indicata nella (8.56) assume l'andamento riportato in Figura 8. 10.

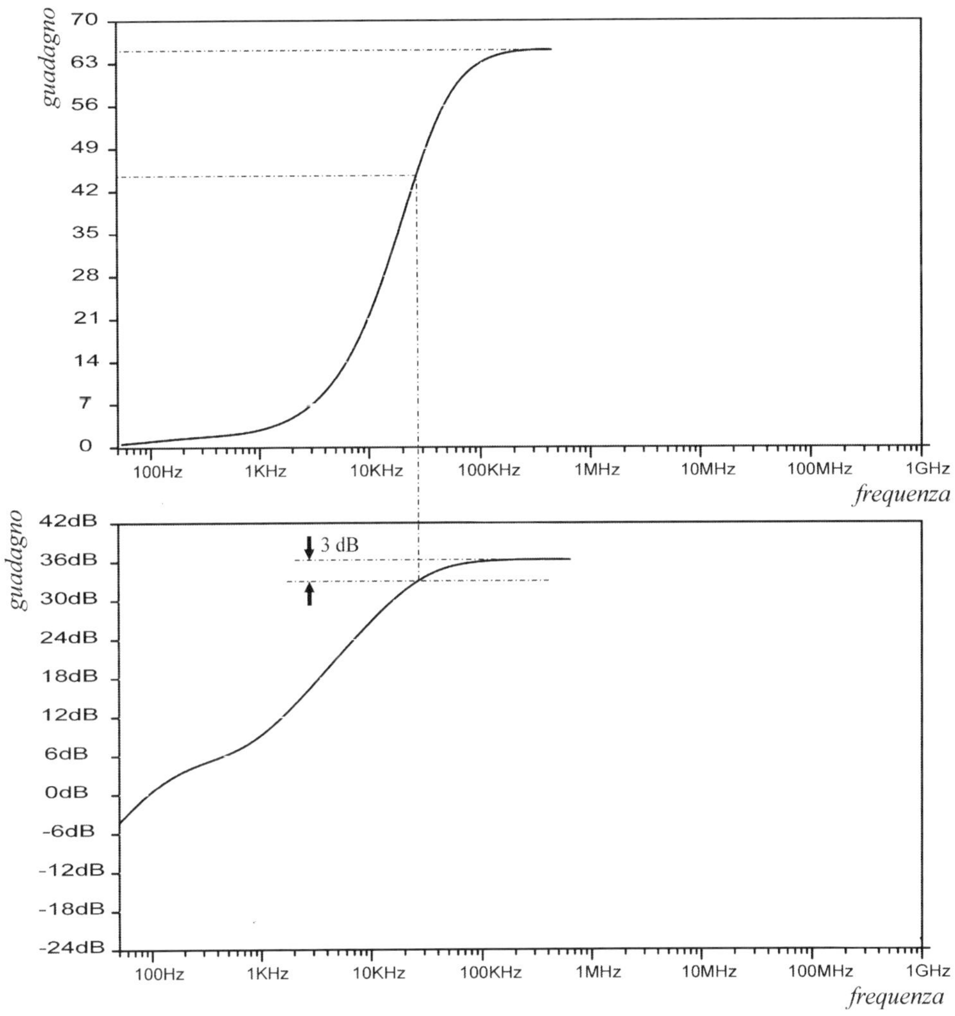

Figura 8. 10: risposta in frequenza

Il calcolo di tale funzione è, come si è detto, un'operazione piuttosto tediosa, che si esegue di solito mediante un programma di simulazione circuitale. Pertanto applicheremo uno dei metodi approssimati prima discussi allo scopo di ottenere una rapida stima della frequenza di taglio inferiore f_L, stima che risulta efficace per dimensionare, in fase di progetto, i condensatori aggiunti dall'esterno. Si tratterà di un calcolo di massima, lo ripetiamo, ma estremamente utile per indicare al progettista se le sue scelte sono corrette: va da sé che, eseguito il dimensionamento dei condensatori, il circuito così progettato andrà sempre verificato mediante una simulazione circuitale completa al calcolatore.

Incominciamo quindi calcolando la resistenza che vede ciascun condensatore considerando cortocircuitati tutti gli altri presenti nel circuito. In linea di principio, questo equivale a sostituire a ciascun condensatore un generatore di tensione di prova, a trovarne la corrente erogata ed a calcolare il rapporto tensione-corrente. Con riferimento alla Figura 8. 11 la resistenza $\boldsymbol{R_{C1}}$ che vede il condensatore $\boldsymbol{C_1}$ (essendo in particolare $\boldsymbol{R_E}$ cortocircuitata da $\boldsymbol{C_E}$) è pari a

$$R_{C1} = R_S + R_{IN} \approx R_{IN} = R_1 \| R_2 \| r_\pi \qquad \textbf{(8. 60)}$$

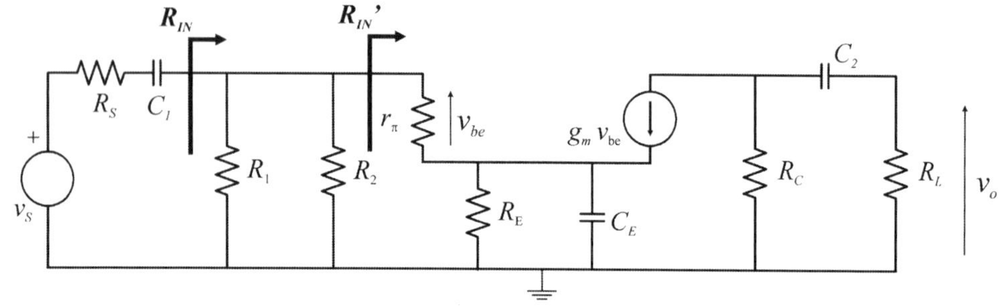

Figura 8. 11: circuito AC

Analogamente, se consideriamo molto grande la resistenza di uscita ($\boldsymbol{r_O}$) del BJT (resistenza che infatti non abbiamo indicato nel circuito di Figura 8. 11), il valore della resistenza $\boldsymbol{R_{C2}}$ che vede il condensatore $\boldsymbol{C_2}$ è semplicemente

$$R_{C2} \approx R_C + R_L \qquad \textbf{(8. 61)}$$

Per il calcolo della resistenza $\boldsymbol{R_{CE}}$ vista dal condensatore $\boldsymbol{C_E}$ infine, si noti che tale resistenza è equivalente alla resistenza di uscita di un amplificatore a Collettore Comune (anche se "degenerato" di collettore per la presenza della resistenza $\boldsymbol{R_C}$ in continua e della resistenza $\boldsymbol{R_C // R_L}$ in alternata) ed è quindi pari all'incirca a $\boldsymbol{1/g_m}$, ovvero

$$R_{CE} \approx \frac{1}{g_m} \qquad \textbf{(8. 62)}$$

Si ottengono così le tre costanti di tempo relative ai tre condensatori, calcolate, come si è visto, considerando gli altri in corto circuito. Questa approssimazione, che abbiamo introdotto nel paragrafo precedente e che viene utilizzata nel solo caso di circuiti di bassa frequenza, ci dà una formula che permette il calcolo della frequenza di taglio $\boldsymbol{f_L}$ cercata, ma non fornisce il valore dei poli "veri" relativi ai singoli condensatori, visto che nel calcolo li abbiamo considerati cortocircuitati e quindi abbiamo eliminato la loro reciproca interazione, rendendo puramente resistiva l'impedenza eventualmente vista ai capi di ciascuno di essi.

In ogni caso, prima di procedere, è opportuno precisare che, per applicare il metodo delle costanti di tempo in corto circuito, non è stato necessario verificare se il condensatore scelto fosse o meno *interagente* con uno o più degli altri condensatori presenti. Infatti, qualora il condensatore fosse risultato *interagente*, il metodo sarebbe stato correttamente applicato; qualora invece non lo fosse (nel senso che il condensatore in esame non "vede" nessun altro condensatore) il fatto di considerare tutti gli altri in corto, sarebbe stato comunque ininfluente nel calcolo. C'è solo da sottolineare, peraltro, che il polo calcolato in questo secondo caso (condensatore non interagente con altri) è il polo "vero" dovuto al condensatore in esame, visto che quest'ultimo vede comunque ai suoi capi un carico puramente resistivo. Ciò detto torniamo alle tre costanti di tempo calcolate:

$$\tau_1 = C_1 R_{C1} \tag{8. 63}$$

$$\tau_2 = C_2 R_{C2} \tag{8. 64}$$

$$\tau_3 = C_E R_{CE} \tag{8. 65}$$

a cui corrispondono le tre frequenze

$$f_1 = \frac{1}{2\pi C_1 R_{C1}} \tag{8. 66}$$

$$f_2 = \frac{1}{2\pi C_2 R_{C2}} \tag{8. 67}$$

$$f_3 = \frac{1}{2\pi C_E R_{CE}} \tag{8. 68}$$

e procediamo al calcolo della frequenza di taglio inferiore f_L utilizzando, anche in base alle precisazioni fatte, la formula trovata nel caso di condensatori interagenti. Avremo cioè, per la frequenza di taglio inferiore f_L il valore

$$f_L \approx \sum_i f_{Ci} \tag{8. 69}$$

espressione che ci dà, come sappiamo, un valore approssimato per eccesso della frequenza di taglio effettiva (non nota in questa fase). Il fatto peraltro che la frequenza di taglio vera risulti minore della f_L data dalla (8.69) comporta evidenti vantaggi in fase di progettazione. Anche non conoscendo il valore vero della frequenza di taglio inferiore, infatti, il progettista saprà *a priori* che se il valore della f_L ottenuta in via approssimata soddisfa, come già precedentemente sottolineato, le specifiche di progetto relative, a maggior ragione lo farà la

frequenza di taglio inferiore effettiva, che sarà determinata con l'ausilio di un programma di simulazione circuitale.
Rimane da vedere allora come tradurre quanto sin qui detto, in indicazioni utili da seguire in fase di progetto, per il corretto dimensionamento cioè dei vari condensatori inseriti nel circuito.

Gli approcci sono evidentemente molteplici essendo la progettazione un'attività legata più all'esperienza ed alla "cultura" del progettista che non un metodologia esattamente codificata. Ad esempio, nel caso in esame, un approccio possibile è quello di "utilizzare" il valore trovato per la frequenza di taglio con la (8.69), come specifica per dimensionare il capacitore C_E, che è sempre il più critico perché deve essere di grande capacità (e quindi dimensione), "vedendo" una resistenza di valore basso, come è quella d'uscita sull'emettitore. In tal caso, gli altri due condensatori C_1 e C_2 verranno dimensionati in modo che forniscano delle frequenze di taglio f_{c1} e f_{c2} molto più basse della frequenza di taglio inferiore, che a questo punto verrebbe praticamente determinata dal solo C_E. D'altra parte, anche se quanto detto si presenta di solito abbastanza agevole da realizzare, in quanto i due condensatori C_1 e C_2 "vedono" resistenze di valore alquanto elevato e quindi, anche se scelti di valore modesto, danno in genere basse frequenze di taglio, a volte la scelta avviene in modo esattamente opposto. C'è da notare, infatti, che il condensatore C_E ha un capo a massa, mentre gli altri due C_1 e C_2 non ne hanno. Poiché nei circuiti ibridi (non monolitici, dunque) è possibile utilizzare condensatori di capacità particolarmente elevata se hanno un capo a massa, ecco che avendo tale soluzione disponibile, si può avere una costante di tempo dovuta a C_E tanto grande (e quindi una frequenza di taglio f_{c3} tanto piccola) da poterne trascurare il contributo nella (8. 69). Ne risulta che le parti si invertiranno e saranno quindi i due condensatori C_1 e C_2 di accoppiamento, a determinare con il loro valore la frequenza di taglio inferiore complessiva dello stadio.
In definitiva, di volta in volta, il progettista farà le sue scelte sulla base, ad esempio, dell'utilizzazione prevista per il suo circuito, del peso, dell'ingombro, della disponibilità dei componenti e *last but not least* del costo economico delle scelte da lui effettuate.

8.8 Risposta ad alta frequenza di un amplificatore CE

Abbiamo visto, nel paragrafo precedente, come calcolare, in modo approssimato, la frequenza di taglio inferiore f_L di un amplificatore tensione-tensione a BJT in configurazione CE. Rimane ora da ripetere il calcolo per valutare la frequenza di taglio superiore f_H e quindi, in ultima analisi, la banda passante f_L-f_H.
Come sappiamo la frequenza di taglio superiore (f_H) è dovuta principalmente alle capacità parassite del BJT, capacità che introdurremo nel circuito equivalente del transistor allo scopo di valutarne l'effetto sul comportamento in frequenza dell'amplificatore in esame che, per fissare le idee, sarà ancora una volta

l'amplificatore tensione-tensione a BJT in configurazione CE riportato, per comodità di trattazione, in Figura 8. 12.

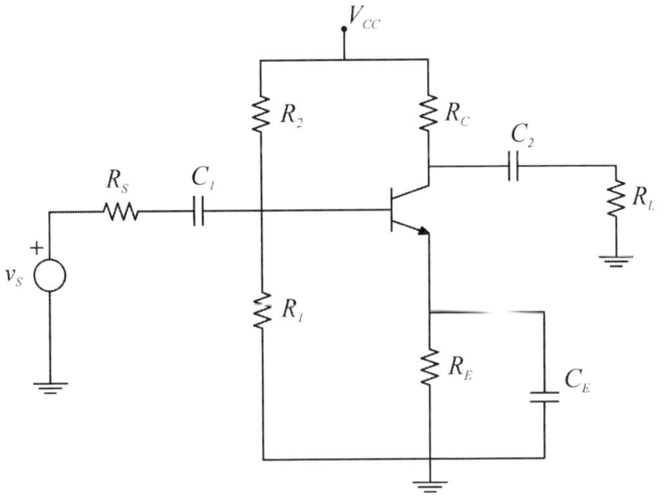

Figura 8. 12: amplificatore a singolo BJT in configurazione CE

Sostituendo al BJT il suo circuito equivalente per piccoli segnali, completato dalle due capacità parassite C_π e C_μ e semplificato con l'eliminazione della resistenza inversa della giunzione base-collettore (resistenza di valore elevato che altrimenti sarebbe in parallelo al condensatore C_μ) otteniamo come risultato il circuito lineare in Figura 8. 13. Si tratta di un circuito valido in tutti i campi di frequenza la cui analisi, effettuata con le normali metodologie circuitali, ci fornirà l'espressione del comportamento in frequenza esprimibile, ancora una volta, come un rapporto di polinomi e quindi caratterizzato dall'esistenza di zeri e di poli. Anche se non è particolarmente complicato, tale approccio è però lungo e tedioso ed è quindi preferibile ottenere l'andamento in frequenza della risposta dell'amplificatore, mediante l'ausilio di uno dei tanti programmi di simulazione oggi disponibili. Ad esempio, la risposta in frequenza mostrata in Figura 8. 14, è stata ottenuta con il programma di simulazione SPICE.

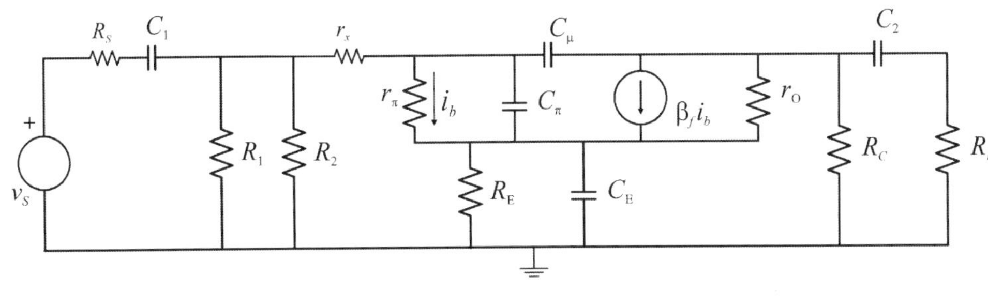

Figura 8. 13: modello linearizzato dell'amplificatore in Figura 8. 12

I grafici, con scala delle ordinate sia in valore assoluto sia in decibel, riportano la risposta completa ed evidenziano le due frequenze di taglio f_L e f_H dell'amplificatore e quindi la larghezza della sua banda passante.Tuttavia, come in precedenza, anche in questo paragrafo non entreremo nei dettagli dei programmi di simulazione, ma ci limiteremo ad utilizzare il metodo semplice ed immediato già descritto (che permette peraltro di apprezzare il peso relativo delle grandezze in gioco), valido per la determinazione approssimata della frequenza di taglio superiore f_H : il metodo delle costanti di tempo a circuito aperto.

Per valutare la risposta alle alte frequenze del circuito in esame, il primo passo è quello di cortocircuitare tutti i condensatori che ad alta frequenza presentino una impedenza trascurabile. Questa operazione, a rigor di logica, non è del tutto ovvia, visto che, *a priori*, non sappiamo quali condensatori abbiano o meno influenza in alta frequenza, ovvero "pesino" solo nella zona delle basse frequenze (sarebbe necessario infatti calcolare la resistenza che il singolo condensatore vede, prima di decidere il da farsi). Tuttavia nella pratica, gli amplificatori sono progettati in modo da avere una banda operativa, zona della media frequenze, nella quale sia i condensatori che introduciamo dall'esterno, sia quelli parassiti, non hanno influenza: i primi perché sono assimilabili a dei corto circuiti ed i secondi perché sono "ancora" dei circuiti aperti. Ne segue che, alle alte frequenze, il gruppo dei condensatori che condizionano il comportamento dell'amplificatore a bassa frequenza e che abbiamo trascurato a media frequenza, continuerà ad essere trascurabile, a maggior ragione, alle frequenze alte. Tornando così al circuito di Figura 8. 13, da una rapida ricognizione possiamo dedurre che tutti i condensatori di accoppiamento e di by-pass (C_1, C_2, C_E nel caso specifico) sono stati dimensionati per operare come dei cortocircuiti a media frequenza (dove infatti sono trascurati) e quindi saranno tali a maggior ragione ad alta frequenza. Il circuito che ne risulta, e che dovremo analizzare per valutare la frequenza di taglio superiore, sarà perciò quello mostrato in Figura 8. 15.

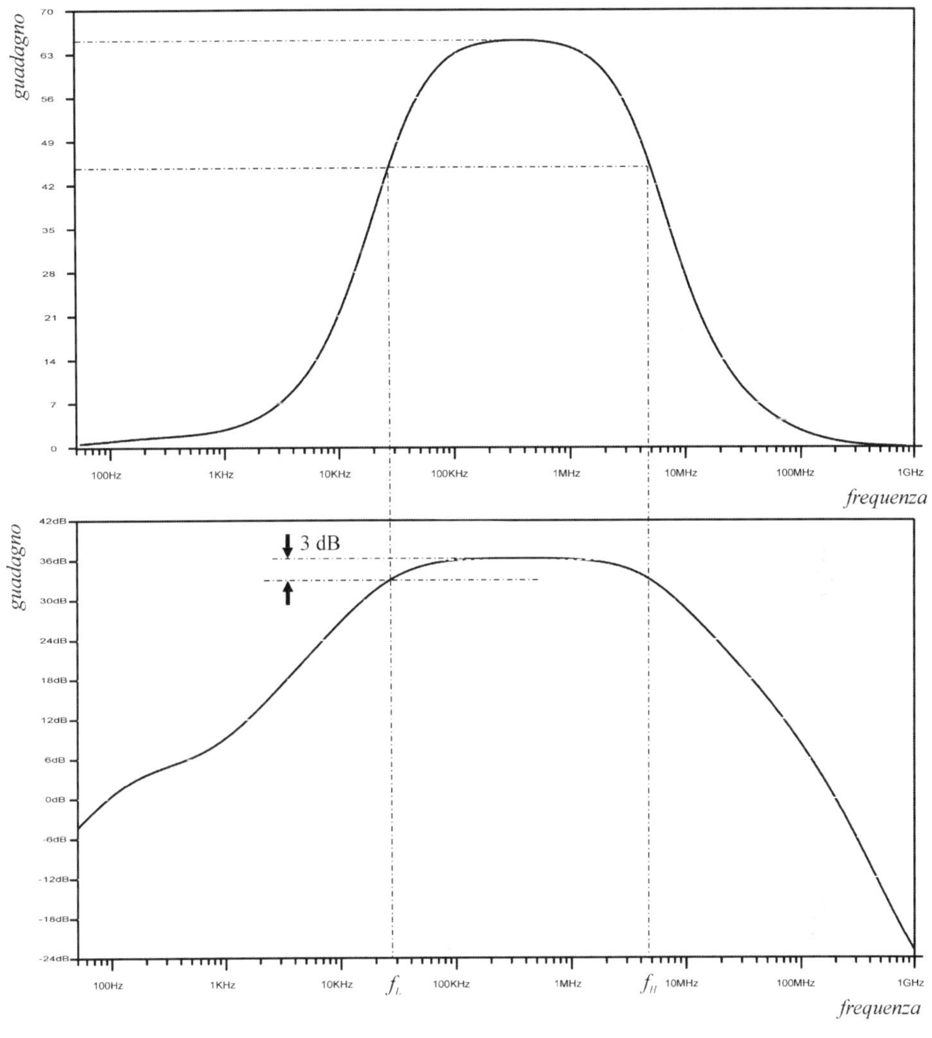

Figura 8. 14: risposta in frequenza

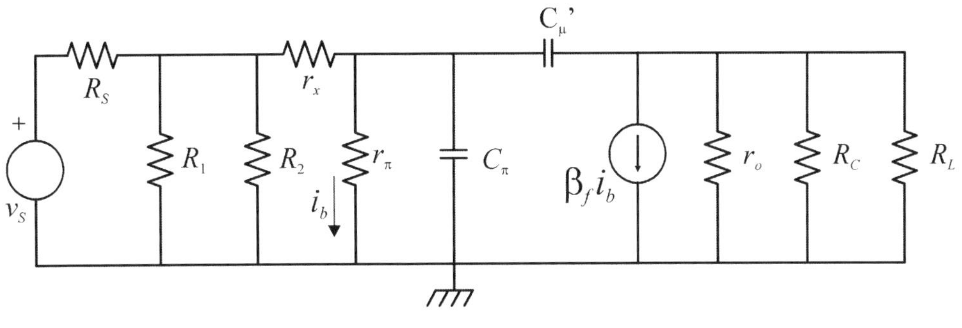

Figura 8. 15: circuito AC ad alta frequenza

Iniziamo applicando il teorema di Miller al condensatore C_μ, che darà quindi, in ingresso ed in uscita, i due condensatori equivalenti C_a e C_b. Il circuito da analizzare sarà perciò il circuito in Figura 8. 16.

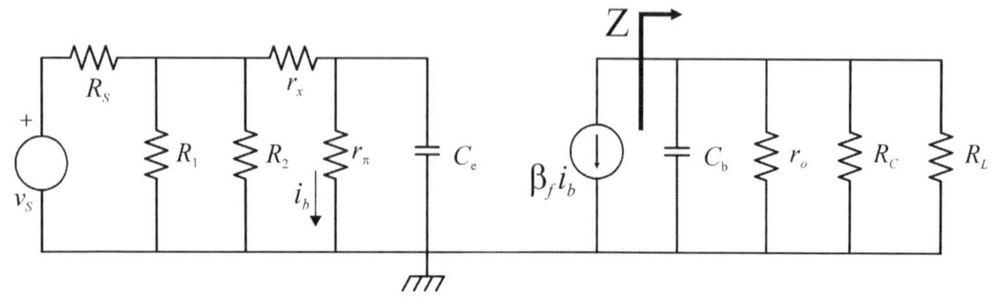

Figura 8. 16: circuito AC ad alta frequenza

dove, per l'appunto avremo per C_a e C_b le espressioni

$$C_a = C_\pi + C_\mu (1 - A) \quad \textbf{(8. 70)}$$

$$C_b = C_\mu \left(1 - \frac{1}{A} \right) \quad \textbf{(8. 71)}$$

Il passo successivo è, come sappiamo, quello di calcolare l'impedenza, o meglio la resistenza, vista da ciascuno dei condensatori considerando tutti gli altri dei circuiti aperti.

La resistenza che vede C_a è, osservando il circuito di Figura 8. 16 ed approssimandone il valore come nella (8.72), pari a

$$R_a = (R_S + r_x) \| R_1 \| R_2 \| r_\pi \approx R_S + r_x \quad \textbf{(8. 72)}$$

che porta quindi ad avere, per la costante di tempo τ_a relativa alla capacità C_a , l'espressione

$$\tau_a = \left(C_\pi + C_\mu (1 - A) \right) (R_S + r_x) \quad \textbf{(8. 73)}$$

Se, ora, approssimiamo il guadagno in tensione A con il guadagno di media frequenza (guadagno a centro banda, cioè), guadagno che è normalmente molto maggiore dell'unità con l'espressione

$$A = -g_m R_C \qquad \textbf{(8. 74)}$$

la (8.73) diviene, potendosi trascurare per quanto detto anche il contributo di C_π rispetto alla quantità $g_m R_C C_\mu$,

$$\tau_a = C_\pi \left(g_m R_C\right)\left(R_S + r_x\right) \qquad \textbf{(8. 75)}$$

Ne segue che, fermo restando il valore della resistenza (R_S+r_x) vista dal condensatore C_μ , il peso di tale condensatore (di capacità in genere molto piccola, essendo legato ai fenomeni reattivi di una giunzione polarizzata inversamente) nella determinazione della frequenza di taglio superiore, aumenta in modo significativo, essendo la capacità moltiplicata per il modulo del guadagno di tensione. Questo incremento "virtuale" della capacità tra ingresso e uscita, che limita fortemente le prestazioni in alta frequenza dei transistor e che è tanto maggiore quanto più alto è il modulo del guadagno in tensione ottenuto con l'amplificatore, è noto come *Effetto Miller*.

Abbiamo già anticipato, introducendo *l'Effetto Miller*, che il peso del condensatore C_μ riportato in ingresso e moltiplicato per il modulo del guadagno in tensione, risulta preponderante nel calcolo della frequenza di taglio superiore. Confermiamo ora quest'affermazione calcolando la resistenza R_b che vede C_b (considerando C_a un circuito aperto) e valutando la relativa costante di tempo τ_b. Si avrà, per semplice ispezione del circuito equivalente di Figura 8. 16

$$R_b = r_0 \| R_C \| R_L \approx R_C \qquad \textbf{(8. 76)}$$

Quindi la costante di tempo τ_b relativa alla capacità C_a vale

$$\tau_b = \left(C_\mu\left(1 - \frac{1}{A}\right)\right)R_C \approx C_\mu R_C \qquad \textbf{(8. 77)}$$

di valore, come si può notare, molto minore di τ_a .
Alle due costanti di tempo potremo poi associare le seguenti frequenze f_a e f_b

$$f_a = \frac{1}{2\pi\tau_a} \qquad \textbf{(8. 78)}$$

$$f_b = \frac{1}{2\pi\tau_b} \qquad \textbf{(8. 79)}$$

Siamo quindi in grado di calcolare il valore approssimato della frequenza di taglio superiore utilizzando l'espressione che abbiamo ottenuto nel caso di **condensatori interagenti**, espressione senz'altro valida per il circuito in esame, essendo tali, per l'appunto, i due condensatori. Ricordiamo, peraltro, che la formula che andremo ad utilizzare dà un valore della frequenza di taglio f_H che approssima per difetto quella reale: anche in questo caso dunque, se il valore della frequenza di taglio approssimata soddisfa le specifiche di progetto, lo farà anche quella reale con indubbio ed importante vantaggio per il progettista.
Tornando ora alla valutazione di f_H , si ha che la frequenza di taglio superiore è data dall'espressione

$$\frac{1}{f_H} \approx \sum_i \frac{1}{f_\alpha} \tag{8. 80}$$

espressione che, nel caso specifico del circuito in Figura 8. 16 diventa

$$\frac{1}{f_H} \approx \frac{1}{f_a} + \frac{1}{f_b} \tag{8. 81}$$

Tuttavia, poiché come si è notato, a causa dell'effetto Miller f_a è molto più piccola di f_b la frequenza di taglio superiore f_H è data semplicemente dalla relazione seguente

$$f_H \approx \frac{1}{2\pi C_\mu (g_m R_C)(R_S + r_x)} \tag{8. 82}$$

relazione nella quale si può ancora notare come R_s possa essere resa molto bassa (ad esempio pari a $1/g_m$ con un buffer di tensione in ingresso). Ciò significa che il limite teorico in frequenza della configurazione ad emettitore comune (CE) è, nei fatti, dovuta essenzialmente al valore della resistenza di carico R_C, essendo gli altri termini che compaiono nella formula fissati, una volta scelto il transistor.

$$f_H \approx \frac{1}{2\pi C_\mu (g_m R_C) r_x} \tag{8. 83}$$

A loro volta, i termini presenti nella formula e legati alla fisica del transistor, danno un indicazione sul come effettuare la scelta dell'elemento attivo se si vuole lavorare in alta frequenza. In tal caso infatti, sarà opportuno prestare attenzione a:

1) l'effetto Miller che moltiplica la capacità C_μ tra base e collettore;
2) la resistenza di spreading in base r_x.

8.9 Frequenza di transizione

L'aspetto messo in evidenza alla fine del paragrafo precedente, merita un approfondimento che ci consentirà sia di precisare la portata di alcune delle limitazioni di origine fisica già messe in luce sia di "aggirarle" utilizzando al meglio le connessioni possibili per un BJT .
Incominciamo con il ricordare che, a bassa frequenza, la corrente di collettore è proporzionale alla corrente di base, ovvero che vale la relazione

$$i_c = h_{fe} i_b \tag{8. 84}$$

in cui, la costante $\boldsymbol{h_{fe}}$ dipende (anche se in maniera piuttosto modesta) dal punto di polarizzazione. Vogliamo ora mostrare che a causa delle capacità parassite in un BJT ad alta frequenza, la corrente di base e la corrente di collettore sono legate da una fattore di proporzionalità che dipende dalla frequenza e che ha il tipico andamento di un passa-basso.
Per farlo, prendiamo in considerazione il circuito equivalente di un BJT in alta frequenza e cortocircuitiamo (dinamicamente) l'uscita, come in Figura 8. 17, osservando peraltro che, mentre a bassa frequenza tutta la corrente $\boldsymbol{i_b}$ che attraversa $\boldsymbol{r_x}$ è "utile" per determinare la corrente di collettore $\boldsymbol{i_c}$, ad alta frequenza il generatore di corrente d'uscita $\boldsymbol{h_{fe}i_\pi}$ è controllato solo da $\boldsymbol{i_\pi}$, ovvero dalla porzione di corrente $\boldsymbol{i_b}$ che entra nella resistenza $\boldsymbol{r_\pi}$.

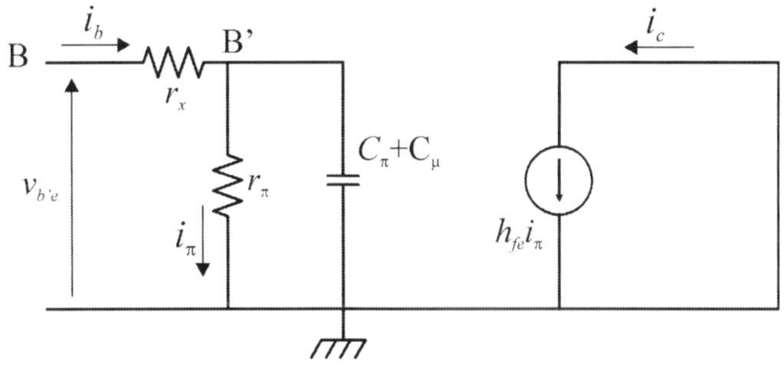

Figura 8. 17: circuito per il calcolo del guadagno in corrente di un BJT ad alta frequenza

La resistenza $\boldsymbol{r_\pi}$ e la capacità $\boldsymbol{C_\pi+C_\mu}$ costituiscono infatti un partitore di corrente per cui la $\boldsymbol{i_\pi}$ vale

$$i_\pi = i_b \frac{\frac{1}{r_\pi}}{\frac{1}{r_\pi} + j\omega\left(C_\pi + C_\mu\right)} \tag{8. 85}$$

ovvero

$$i_\pi = i_b \frac{1}{1 + j2\pi f r_\pi \left(C_\pi + C_\mu\right)} \tag{8. 86}$$

ed ancora

$$i_\pi = i_b \frac{1}{1 + j\dfrac{f}{f_\beta}} \tag{8. 87}$$

avendo posto

$$f_\beta = \frac{1}{2\pi r_\pi \left(C_\pi + C_\mu\right)} \tag{8. 88}$$

Se allora indichiamo con $\boldsymbol{h_{fe}^{(o)}}$ il guadagno di corrente a bassa frequenza con l'uscita in corto circuito ed utilizziamo il simbolo $\boldsymbol{h_{fe}}$ per indicare il guadagno di corrente in generale (anche ad alta frequenza, quindi) avremo

$$h_{fe} = \frac{i_c}{i_b} = \frac{h_{fe}^{(0)} i_\pi}{i_b} \tag{8. 89}$$

da cui, sostituendo $\boldsymbol{i_\pi}$ con l'espressione (8.87), otteniamo

$$h_{fe} = \frac{h_{fe}^{(0)}}{1 + j\dfrac{f}{f_\beta}} \tag{8. 90}$$

che è appunto l'espressione di un passa basso con frequenza di taglio superiore pari a $\boldsymbol{f_\beta}$. Confrontiamo ora la (8. 88) con la (8. 83) precedentemente trovata. Il confronto mette in evidenza come $\boldsymbol{f_\beta}$ sia molto maggiore di $\boldsymbol{f_H}$ ed inoltre come $\boldsymbol{f_\beta}$ rappresenti il valore massimo che può avere la frequenza di taglio superiore per un BJT connesso ad emettitore comune. Il confronto, mostra altresì che la diminuzione della frequenza di taglio superiore è tanto più marcata quanto maggiore è il guadagno in tensione dello stadio, guadagno che risulta essere il primo responsabile della diminuzione di f_H (e quindi della banda passante) a causa, come si è visto, dell'Effetto Miller.

Torniamo ora al circuito di Figura 8. 17 ed al fatto che, all'aumentare della frequenza, il guadagno in corrente in corto circuito diminuisce. Osserviamo peraltro che fintanto che h_{fe} è maggiore di *1* il transistor è ancora "utile". Valutiamo pertanto il valore f_T di frequenza per il quale il guadagno in corrente diventa unitario. Poiché $h_{fe}^{(0)}$ è molto maggiore di *1* il modulo del guadagno $|h_{fe}|$ diventerà unitario per valori di frequenza decisamente maggiori di f_β . Per tali valori si avrà intanto che

$$|h_{fe}| \approx \frac{h_{fe}^{(0)}}{\dfrac{f}{f_\beta}} \tag{8. 91}$$

da cui ponendo $h_{fe} = 1$ e sostituendo la (8.88) nella (8.91) si ottiene la ***frequenza di transizione*** del transistor f_T , ovvero

$$f_T = \frac{h_{fe}^{(0)}}{2\pi r_\pi \left(C_\pi + C_\mu\right)} \tag{8. 92}$$

Ed ancora, essendo

$$r_\pi = \frac{\beta}{g_m} \approx \frac{h_{fe}^{(0)}}{g_m} \tag{8. 93}$$

si avrà per f_T l'espressione

$$f_T = \frac{g_m}{2\pi\left(C_\pi + C_\mu\right)} \tag{8. 94}$$

Come si può notare, la frequenza di transizione f_T dipende <u>unicamente</u> dal tipo di transistor, dalle sue dimensioni geometriche, dai processi di fabbricazione ed infine dalla polarizzazione, mentre è <u>indipendente</u> dagli elementi circuitali aggiunti dall'esterno: è, insomma, un parametro utile per valutare la "qualità" del componente attivo.

Non è questa però l'unica considerazione che può farsi a partire dalle precedenti relazioni. Continuando ad esaminare quanto sin qui ottenuto, definiamo la quantità $f_\beta h_{fe}^{(0)}$ ovvero il prodotto banda-guadagno (in corrente) di un transistore in configurazione ad emettitore comune, quantità che risulta, a sua volta, uguale alla frequenza di transizione f_T e quindi costante ed indipendente dai carichi esterni

$$f_\beta h_{fe}^{(0)} = \frac{g_m}{2\pi\left(C_\pi + C_\mu\right)} \qquad \textbf{(8. 95)}$$

8.10 Cascode

Nei due paragrafi precedenti, abbiamo identificato nell'effetto Miller una delle principali cause che limita la risposta in frequenza di un BJT in configurazione CE, ma abbiamo anche visto che tale frequenza (e quindi la banda passante se si considera trascurabile la frequenza di taglio inferiore) può raggiungere il valore massimo f_β se il collettore è chiuso in cortocircuito. In tal caso peraltro, è evidente che l'amplificazione di tensione (e quindi di potenza) non può che risultare nulla, rendendo non utilizzabile direttamente un transistor in connessione ad emettitore comune con l'uscita in corto. C'è però una soluzione circuitale, basata sul risultato messo sin qui in evidenza, che utilizzando un BJT in configurazione CB in cascata ad un BJT in configurazione CE, consente di ottenere una frequenza di taglio superiore dell'ordine di f_β ed un guadagno di tensione (e quindi di potenza) diverso da zero. Si tratta della connessione ***Cascode***, illustrata nel circuito in Figura 8. 18.

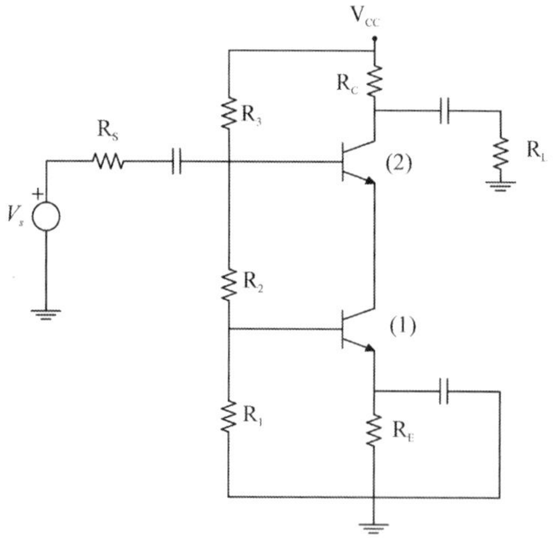

Figura 8. 18: cascode

In questa soluzione circuitale, infatti, la resistenza che vede il BJT in configurazione CE è quella d'ingresso della configurazione CB, che sappiamo essere molto bassa (***1/g_m***). Come conseguenza, il guadagno in tensione del CE è praticamente nullo, rendendo così trascurabile l'Effetto Miller e diminuendo di molto il peso del condensatore C_μ riportato in ingresso.

Partiamo dunque dal circuito equivalente in alta frequenza ottenuto, tra l'altro, cortocircuitando i condensatori di accoppiamento e di by-pass (Figura 8. 19).

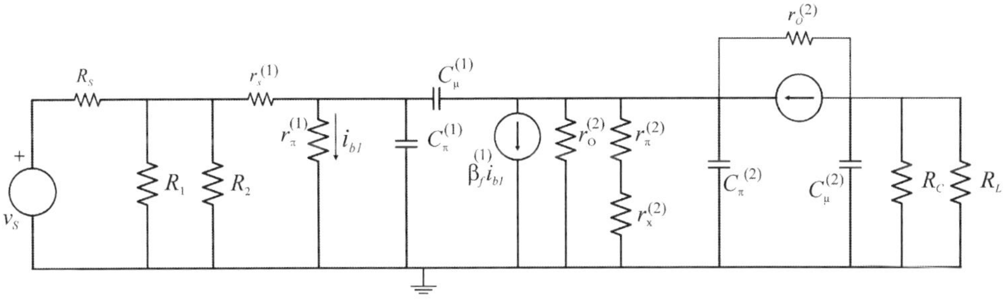

Figura 8. 19: cascode AC

ed applichiamo il teorema di Miller, trascurando (ovvero considerandole dei circuiti aperti) le resistenze di uscita di entrambi i BJT. Otterremo il circuito in Figura 8. 20, che utilizzeremo per valutare le prestazioni della Connessione Cascode.

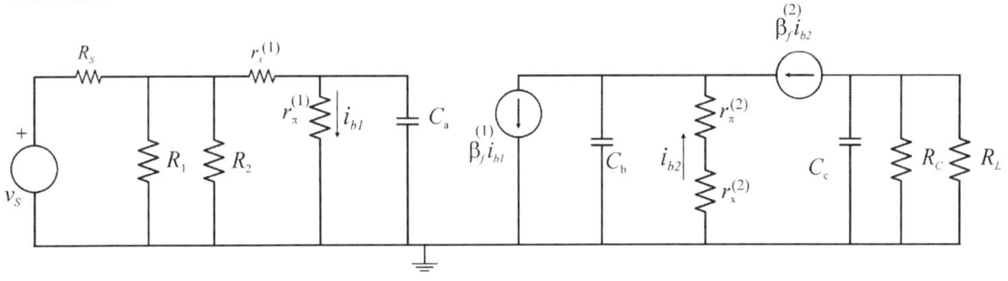

Figura 8. 20: cascode AC

Per il calcolo della frequenza di taglio superiore incominciamo indicando, per uniformità di notazione, i quattro condensatori presenti nel circuito equivalente nel modo seguente:

$$C_a = C_\pi^{(1)} + C_\mu^{(1)} \tag{8. 96}$$

$$C_b = C_\mu^{(1)} + C_\pi^{(2)} \tag{8. 97}$$

$$C_c = C_\mu^{(2)} \tag{8. 98}$$

Calcoliamo ora la resistenza che vede ciascun condensatore, considerando tutti gli altri come circuiti aperti. Utilizzando le solite semplificazioni, otterremo facilmente le seguenti resistenze

$$R_a \approx r_x + R_s \tag{8. 99}$$

$$R_b = \frac{1}{g_m^{(2)}} \quad (8.100)$$

$$R_c \approx R_C \quad (8.101)$$

e di conseguenza le tre frequenze di taglio saranno le seguenti

$$f_a = \frac{1}{2\pi C_a \left(R_S + r_x\right)} \quad (8.102)$$

$$f_b = \frac{g_m^{(2)}}{2\pi(C_b + C_c)} \quad (8.103)$$

$$f_c = \frac{1}{2\pi C_d R_C} \quad (8.104)$$

Infine, applicando la formula già vista per il calcolo della frequenza di taglio superiore f_H con il metodo delle costanti di tempo a circuito aperto avremo

$$\frac{1}{f_H} \approx \frac{1}{f_a} + \frac{1}{f_{b,c}} + \frac{1}{f_d} \quad (8.105)$$

D'altra parte, è facile verificare che delle tre resistenze viste dai condensatori, la resistenza di carico R_C è decisamente la più grande e quindi, in prima approssimazione, avremo per f_H l'espressione

$$f_H \approx f_d = \frac{1}{2\pi R_C C_\mu^{(2)}} \quad (8.106)$$

La (8.107) dà dunque il valore della frequenza di taglio superiore della Connessione Cascode, valore decisamente maggiore della corrispondente frequenza di taglio calcolata per il "semplice" BJT connesso ad emettitore comune per il quale abbiamo trovato il valore

$$f_H \approx \frac{1}{2\pi C_\mu \left(g_m R_C\right) r_x} \quad (8.107)$$

Determinato quindi il comportamento in frequenza della Connessione Cascode, valutiamone il guadagno alle medie frequenze. Per farlo possiamo utilizzare il circuito equivalente di Figura 8. 21, eliminando dallo schema elettrico tutti i condensatori, ovvero possiamo più semplicemente ricorrere ai circuiti equivalenti di bassa frequenza per le due connessioni CE e CB che la costituiscono.

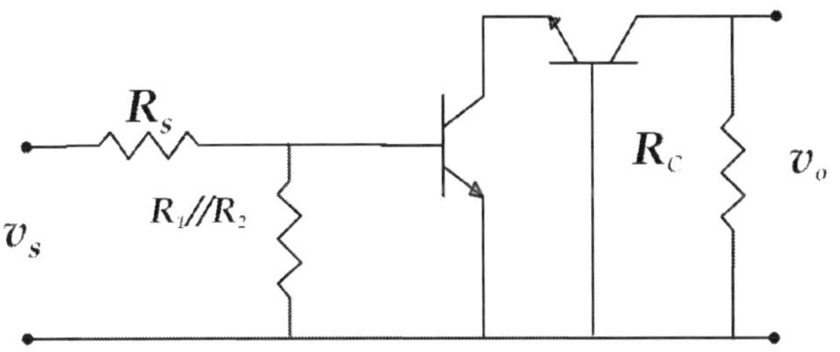

Figura 8. 21: cascode

Da tale schema ricaviamo infatti immediatamente l'espressione approssimata dell'amplificazione di tensione A_v, ricordando che potremo valutarla utilizzando la relazione

$$A_v = A_{i1} A_{i2} \frac{R_C}{R_{in}} \tag{8. 108}$$

in cui

$$A_{i1} = h_{fe} \tag{8. 109}$$

$$A_{i2} = \alpha \cong 1 \tag{8. 110}$$

Trascurando la $R_1//R_2$, A_v è perciò data semplicemente dalla

$$A_v = -h_{fe} \alpha \frac{R_C}{R_S + h_{ie}} \tag{8. 111}$$

relazione che dimostra come il guadagno in tensione , della Connessione Cascode è praticamente pari a quello dello stadio ad emettitore comune caricato dalla resistenza R_C.

In definitiva, la Connessione Cascode permette di aumentare il prodotto banda-guadagno del singolo amplificatore ad emettitore comune, sfruttando il fatto che *"lo stadio CE amplifica la corrente e lo stadio CB la tensione"*, con ciò giustificando ampiamente l'uso che se ne fa nelle soluzioni circuitali di alta frequenza.

8.11 Risposta in frequenza degli amplificatori a FET

Le considerazioni fatte fin qui per la risposta in frequenza dei BJT si estendono facilmente ai FET. Le capacità parassite del MOSFET e del JFET sono dell'ordine di qualche pF presenti tra gate e source C_{GS} e tra drain e gate C_{DG}, sono pertanto topologicamente equivalenti alle capacità del BJT e le considerazioni fatte fin qui per il BJT si applicano allo stesso modo al MOSFET e al JFET. Per i MOSFET in regione di saturazione vale, inoltre, la seguente relazione approssimata

$$C_{GS} \approx 3C_{GD} \qquad \textbf{(8. 112)}$$

Un ulteriore importante caratteristica del FET impiegato ad alta frequenza è che non presenta fenomeni analoghi alla resistenza di spreading. Questo è un vantaggio rispetto al BJT perché, come abbiamo visto, questa resistenza ha un ruolo nel limitare frequenza di taglio superiore.

8.12 Amplificatore video con compensazione in frequenza

Nel paragrafo precedente abbiamo visto come un'opportuna scelta del tipo di connessione di due stadi in cascata, ci consenta di aumentare la frequenza di taglio superiore dell'amplificatore e quindi, in ultima analisi, la sua banda passante. Nel caso in cui si voglia operare sul singolo stadio però, si può seguire un approccio differente. Le frequenze di taglio inferiore f_L e superiore f_H di un amplificatore a singolo stadio possono essere variate, infatti, utilizzando la tecnica della compensazione, aggiungendo cioè nello schema realizzativo degli elementi circuitali che compensino le cause che limitano inferiormente e superiormente la banda dell'amplificatore stesso. Tale tecnica, che abbiamo già utilizzato e descritto in altri casi, consiste nell'aggiungere nello schema realizzativo degli elementi circuitali che "compensino" le cause che limitano inferiormente e superiormente la banda dell'amplificatore stesso. Aggiungiamo infine che, il metodo che ora descriveremo, abbandonato praticamente nei circuiti discreti utilizzati nelle bande di frequenza più comuni, ha trovato nuovo uso nei circuiti sia ibridi sia, soprattutto, monolitici ad altissima frequenza.

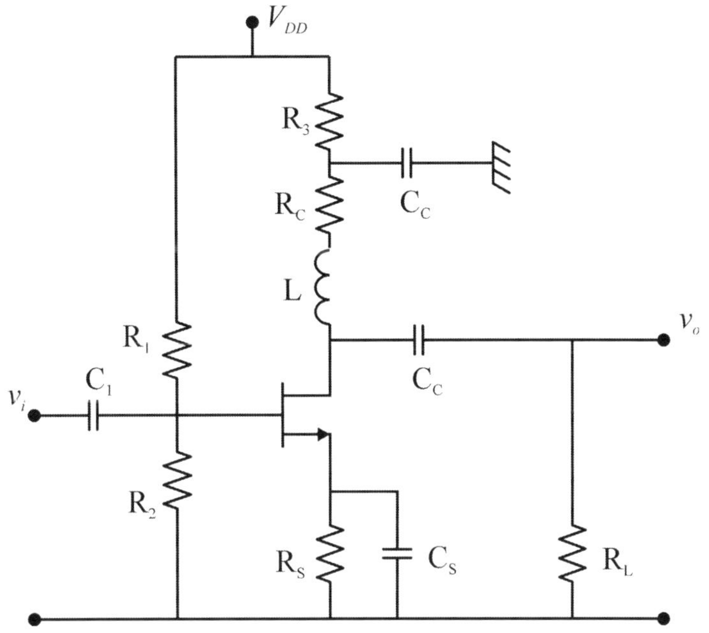

Figura 8. 22: amplificatore video

La Figura 8. 22 mostra lo schema di un amplificatore a Source comune, compensato in bassa ed in alta frequenza, mediante l'utilizzazione di elementi inseriti nella maglia del Drain, comunemente noto come Amplificatore Video. Il circuito ha conservato infatti il nome dello schema originario (realizzato con tubi a vuoto) pensato per amplificare i segnali video, a larga banda cioè, mantenendone la forma e senza introdurre apprezzabile distorsione, segnali per i quali le soluzioni tradizionali non garantivano una banda passante sufficiente.
Esaminiamo ora gli aspetti peculiari della soluzione proposta per allargare la banda passante osservando, ad esempio, che la tecnica utilizzata, sia in bassa che in alta frequenza, consiste nell'introdurre nel circuito degli elementi reattivi di reattanza opportuna in grado di contrastare, e quindi compensare, gli effetti indesiderati di altri elementi responsabili del restringimento della banda.

Compensazione in bassa frequenza

A bassa frequenza l'induttore L è un corto circuito e non influenza la risposta dello stadio. Non è così per il condensatore C_C che, al diminuire della frequenza, aumenta l'impedenza del ramo contenente il carico R_L facendo diminuire la corrente che li attraversa e quindi la tensione d'uscita. In altre parole, il transistor, considerato come un generatore di corrente costante, alimenta due rami in parallelo: uno dei due, quello che contiene R_C, vede la corrente aumentare a scapito dell'altro ramo che contiene R_L. Per evitarlo, si può pensare di introdurre in serie ad $\boldsymbol{R_C}$ un condensatore scelto in modo che il rapporto delle impedenze dei due rami resti costante al variare della frequenza, lasciando inalterato anche il rapporto delle correnti negli stessi. La presenza di tale condensatore, peraltro, non consentirebbe di polarizzare il transistor, impedendo il passaggio della corrente continua nel Drain. Da qui la soluzione di inserire il gruppo $\boldsymbol{C_3}$-$\boldsymbol{R_3}$ come indicato nel circuito di Figura 8. 22, nel quale $\boldsymbol{C_3}$ è l'elemento di compensazione e $\boldsymbol{R_3}$ assicura la continuità ohmica tra l'alimentazione ed il Drain.

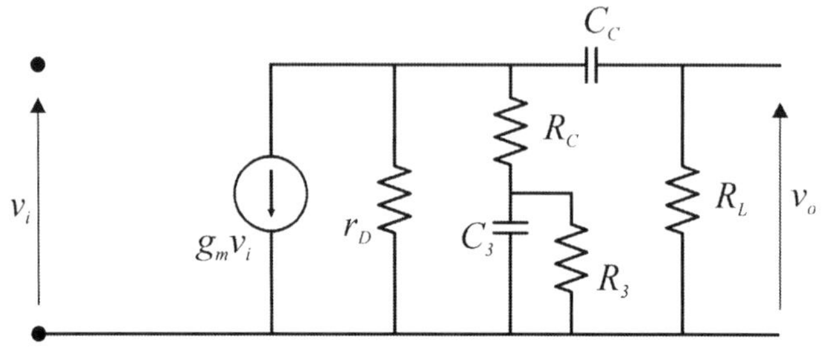

Figura 8. 23: Compensazione in bassa frequenza

Lo schema equivalente di Figura 8. 23 ci consente di dimensionare correttamente gli elementi introdotti per effettuare la compensazione. Per farlo, trascuriamo la resistenza $\boldsymbol{r_D}$ e la resistenza $\boldsymbol{R_3}$ (scegliendo ad esempio $\boldsymbol{R_3} >> \boldsymbol{10}\ \boldsymbol{X_{C3}}$). Con queste approssimazioni avremo per il guadagno in tensione $\boldsymbol{A_v}$

$$A_v = \frac{v_0}{v_i} = -g_m R_L \frac{Y_L}{Y_a + Y_L} = -\frac{g_m R_L}{1 + \dfrac{Y_a}{Y_L}} \tag{8. 113}$$

dove

$$Y_a = \frac{j\omega C_3}{1 + j\omega R_C C_3} \qquad Y_L = \frac{j\omega C_C}{1 + j\omega R_L C_C} \tag{8. 114}$$

assumendo perciò $\boldsymbol{R_C C_3} = \boldsymbol{R_L C_C}$ il guadagno in tensione diventa

$$A_v = -\frac{g_m R_L}{1 + \dfrac{C_3}{C_C}} = -\frac{g_m R_L R_C}{R_L + R_C} \tag{8. 115}$$

conservando cioè il valore della media frequenza e portando a zero la frequenza di taglio inferiore. In realtà, quest'ultimo risultato è solo apparente: la frequenza di taglio inferiore è diminuita ma non può diventare nulla perché il suo valore dipenderà ora dalla resistenza $\boldsymbol{R_3}$. Quando la condizione $\boldsymbol{R_3} >> \boldsymbol{10 X_{C3}}$ non sarà più valida, infatti, la tensione d'uscita non potrà non diminuire e l'amplificatore presenterà la sua nuova frequenza di taglio inferiore ovviamente diversa da zero.

Compensazione in alta frequenza

Il circuito equivalente che utilizzeremo per calcolare il valore dell'induttore L da aggiungere in serie alla resistenza R_C e valutarne l'effetto sulla compensazione in alta frequenza, è quello di Figura 8. 24. Partendo dal circuito di Figura 8. 22 è stato indicato il circuito equivalente per piccoli segnali, ottenuto cortocircuitando, ad esempio, tutti i condensatori aggiunti dall'esterno, mentre C_T rappresenta la capacità parassita totale (somma della capacità d'uscita dello stadio e di quella d'ingresso dell'eventuale stadio successivo). Allo scopo di rendere più semplice l'analisi, poi, è stata approssimata con un circuito aperto la resistenza d'uscita del transistor r_D e si supporrà $R_L >> R_C$ in modo da poter avere il guadagno di media frequenza pari a $A_o = -g_m R_C$.

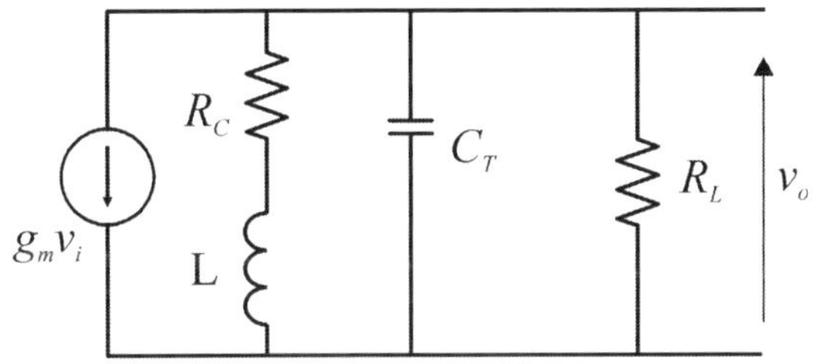

Figura 8. 24: compensazione in alta frequenza

Nelle ipotesi fatte, il guadagno dello stadio avrà l'espressione $A_v = -g_m Z_C$ ovvero sarà pari a

$$A_v = -g_m \frac{R_C + j\omega L}{1 + j\omega R_C - \omega^2 L C_T} \tag{8. 116}$$

Ed ancora, normalizzando rispetto a A_o ed introducendo le seguenti nuove variabili

$$\omega_H = \frac{1}{C_T R_C} \tag{8. 117}$$

$$m = \frac{\omega_H L}{R_C} \tag{8. 118}$$

$$LC_T = \frac{m}{\omega_H^2} \tag{8. 119}$$

essendo $\boldsymbol{\omega_H}$ la pulsazione di taglio superiore dell'amplificatore non compensato ed $\boldsymbol{m}$ il fattore di merito del circuito $\boldsymbol{LC_T}$ alla frequenza $\boldsymbol{\omega_H}$, potremo scrivere per il guadagno in tensione l'espressione

$$\frac{A_v}{A_o} = \frac{1 + \frac{j\omega L}{R_C}}{1 + j\omega R_C - \omega^2 LC_T} = \frac{1 + jm\frac{\omega}{\omega_H}}{1 + j\frac{\omega}{\omega_H} - m(\frac{\omega}{\omega_H})^2} \qquad \textbf{(8. 120)}$$

La (8.119) ci consente di determinare la quantità $\boldsymbol{m}$ (e quindi in ultima analisi il valore dell'induttanza $\boldsymbol{L}$ dalla (8.120)), che ci consente di allargare la banda passante compensando l'effetto di $\boldsymbol{C_T}$. Ponendo infatti per $\boldsymbol{\omega=\omega_H}$

$$\left|\frac{A_v}{A_0}\right| = 1 \qquad \textbf{(8. 121)}$$

ovvero, imponendo che alla "vecchia" frequenza di taglio superiore la risposta del circuito sia, in modulo, uguale a quella della media frequenza, si avrà $\boldsymbol{m=0.5}$ e quindi $\boldsymbol{L= 0.5\, C_T R_C^2}$. Scelto dunque per l'induttanza il valore così trovato, si può calcolare la nuova frequenza $\boldsymbol{\omega'_H}$ di taglio superiore risolvendo l'equazione

$$\left|\frac{A_v}{A_0}\right| = \sqrt{\frac{1+\left(\frac{\omega}{2\omega'_H}\right)^2}{\left[1+\left(\frac{\omega}{2\omega'_H}\right)^2\right]^2+\left(\frac{\omega}{\omega'_H}\right)^2}} = \frac{1}{\sqrt{2}} \qquad \textbf{(8. 122)}$$

Avremo

$$\omega'_H = 1.84\omega_H \qquad \textbf{(8. 123)}$$

La banda passante è quindi quasi raddoppiata confermando la validità dell'approccio. Ne segue che l'uso delle tecniche di compensazione può essere utile quando le prestazioni dell'amplificatore siano "vicine" a quelle prescritte dalle specifiche, in quanto semplici varianti circuitali consentono di cambiare le frequenze di taglio inferiore e superiore in modo significativo

8.13 Composite Emitter Follower

La tecnica della compensazione in frequenza, descritta nel paragrafo precedente, trova naturalmente applicazione ogni volta che l'uso combinato di reattanze di tipo differente sia utile per aumentare la banda passante del circuito in esame, allo scopo, come si è detto, di rispettare le relative specifiche di progetto.
A tale scopo, illustreremo ora un'applicazione molto più recente, dimostratasi utile nella realizzazione di circuiti integrati a larga banda ad altissima frequenza.Incominciamo ad esaminare, a media frequenza, un particolare tipo di Inseguitore di Emettitore (*Composite Emitter Follower*) che utilizza due transistor ad effetto di campo, combinandone le uscite, per migliorarne le caratteristiche generali. Successivamente ne vedremo uno schema, da esso derivato, in cui l'opportuno inserimento di elementi reattivi migliora il comportamento in alta frequenza, aumentando di fatto la banda passante (e quindi la banda di utilizzazione) dell'amplificatore. In Figura 8. 25 è indicato lo schema di funzionamento dell'amplificatore, nel quale, come è facile osservare, il segnale d'ingresso $\boldsymbol{v_i}$ raggiunge l'uscita seguendo due cammini:

1. Tramite il FET Q1, ***senza inversione di fase***
2. Tramite il FET Q2 con ***doppia inversione di fase***

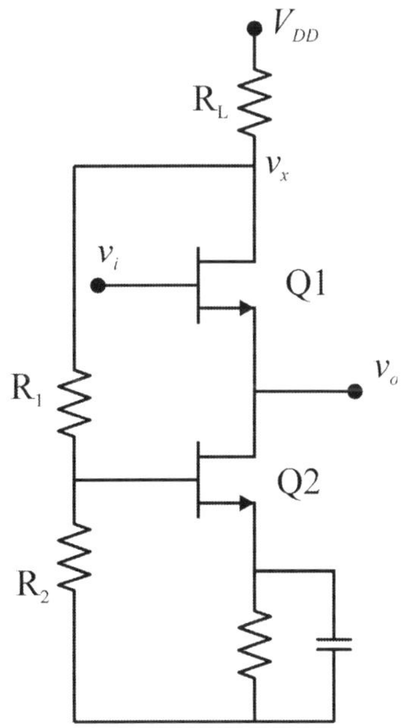

Figura 8. 25: Composite Emitter Follower

Il risultato, qualitativo, è che la tensione d'uscita $\boldsymbol{v_o}$ è data dalla somma di due contributi. Valutiamo ora le prestazioni dell'amplificatore a media frequenza (guadagno in tensione e resistenza d'uscita) utilizzando il circuito equivalente di Figura 8. 26.

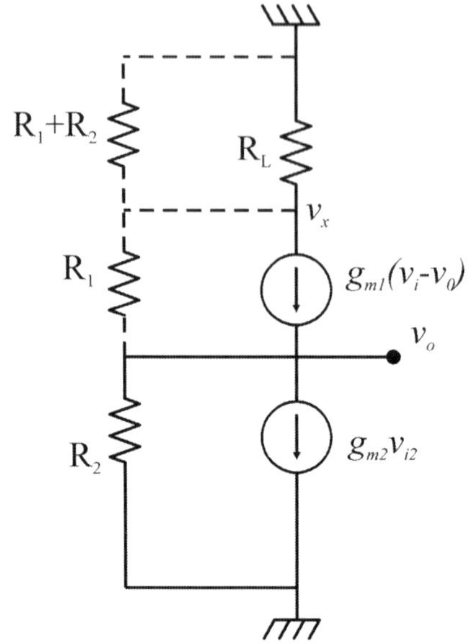

Figura 8. 26: circuito equivalente per piccoli segnali

Trascurando la resistenza r_{d1}, è agevole ottenere

$$v_{c2} = \frac{R_2}{R_1 + R_2} v_x = \alpha v_x \tag{8. 124}$$

ed essendo

$$v_x = -g_{m1}(v_i - v_0) R_L \| (R_1 + R_2) \tag{8. 125}$$

è possibile scrivere quindi

$$v_{i2} = -\alpha g_{m1}(v_i - v_0) R_L \| (R_1 + R_2) \tag{8. 126}$$

da cui otteniamo

$$v_0 = r_{d2}\left[g_{m1}(v_i - v_0) - g_{m2} v_{i2}\right] \tag{8. 127}$$

e quindi

$$v_0 = g_{m1} r_{d2}\left[1 + \alpha g_{m2} R_2 \| (R_1 + R_2)\right](v_i - v_0) \qquad \textbf{(8. 128)}$$

Ne segue che l'amplificatore si comporta come il "normale" inseguitore di emettitore

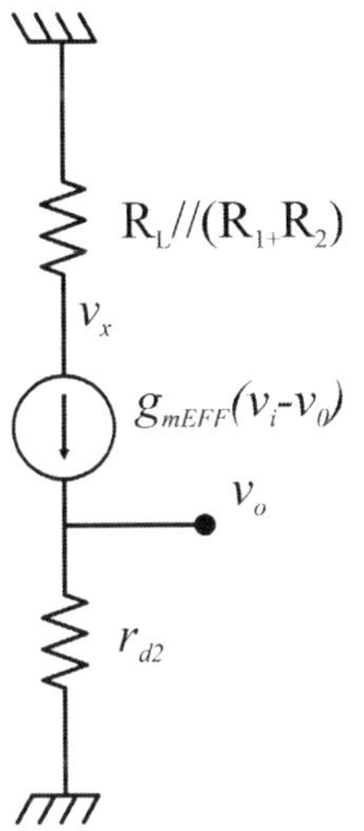

Figura 8. 27: circuito equivalente ridotto

Dove si è posto

$$g_{mEFF} = g_{m1}\left[1 + \alpha g_{m2} R_2 \| (R_1 + R_2)\right] \qquad \textbf{(8. 129)}$$

e dove quindi avremo, per il guadagno in tensione $\boldsymbol{A_v}$ e per la resistenza di uscita $\boldsymbol{r_o}$, rispettivamente le espressioni

$$A_v = \frac{g_{mEFF} r_{d2}}{1 + g_{mEFF} r_{d2}} \qquad \textbf{(8. 130)}$$

$$r_0 = \frac{1}{g_{mEFF}} \qquad \textbf{(8. 131)}$$

In altre parole il "*composite*" si comporta come un normale *emitter follower* con una $\boldsymbol{g_m}$ (e quindi con dimensioni) maggiori e quindi con un guadagno più vicino all'unità e con una resistenza d'uscita minore. Si ha infatti, come più volte indicato, $\boldsymbol{g_m = I_D / V_T}$, ovvero che la transconduttanza dipende dal livello della corrente di drain $\boldsymbol{I_D}$ e, a parità di polarizzazione, solo dalle dimensioni. Perciò con due transistori più piccoli, si "simula" un transistore di dimensioni maggiori, con i vantaggi relativi alle minori capacità parassite.

Passiamo ora a studiare il circuito di Figura 8. 28 e precisiamo che, anche se il comportamento qualitativo è analogo al precedente, il fine per il quale è stato progettato è differente (e quindi è diversa la metodologia progettuale), essendo il circuito utilizzato per compensare, ad alta frequenza, la diminuzione del guadagno del transistore $\boldsymbol{Q_1}$.

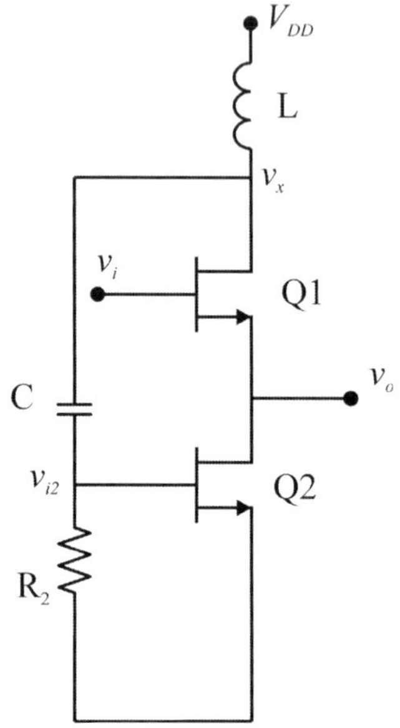

Figura 8. 28: Composite Emitter Follower modificato

La prima considerazione che possiamo fare è che la scelta degli elementi reattivi è stata effettuata in modo che, alle medie frequenze, il condensatore ***C*** sia un circuito aperto e l'induttore ***L*** un corto circuito. Ne segue che, sempre alle medie frequenze, il transistor $\boldsymbol{Q_2}$ si comporta come un carico attivo avendo $\boldsymbol{v_{GS}=0}$.
In altre parole, il circuito in esame si comporterà come un normale inseguitore di emettitore, non essendo attivo il "cammino" che porta in uscita il segnale d'ingresso $\boldsymbol{v_i}$ a sommarsi, attraverso il FET $\boldsymbol{Q_2}$ e con doppia inversione di fase a quello che passa (senza inversione di fase) attraverso il FET $\boldsymbol{Q_1}$. Le cose cambiano radicalmente, però, all'aumentare della frequenza del segnale d'ingresso perché aumenta la tensione $\boldsymbol{v_x}$ sul drain del transistor $\boldsymbol{Q_1}$ e di conseguenza sale anche la tensione $\boldsymbol{v_{i2}}$ sul gate del transistor $\boldsymbol{Q_2}$ (che tra l'altro tende ad essere uguale proprio a $\boldsymbol{v_x}$) attivando il cammino predetto.
La tensione in uscita ritorna ad essere così la somma di due contributi che si compensano aumentando, se il dimensionamento dei componenti è corretto, la banda dell'inseguitore di source come mostrato in Figura 8. 29, dove è indicato l'andamento qualitativo della risposta in frequenza dell'amplificatore originario (la linea inferiore a tratto pieno) e di quello modificato (la linea superiore tratteggiata).

Si noti, in particolare, che l'amplificazione dello stadio è ***0.5*** e non ***1***, essendo la risposta indicata quella relativa allo stadio chiuso su una resistenza di carico pari alla sua resistenza d'uscita, condizione chiave, quest'ultima, nella progettazione dei circuiti ad alta frequenza.

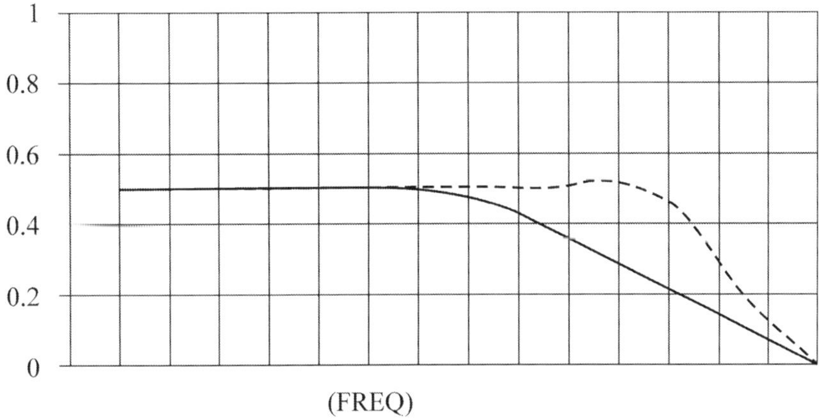

Figura 8. 29: Risposta in frequenza del Composite Emitter Follower modificato

A

B

C

D

E

F

G

H

I

J

L

M

N

O

P

R

S

T

V

Z

Made in United States
Orlando, FL
04 November 2026

90201147R00201